国家社科基金项目资助

社会责任视角下
西南民族地区乡村振兴战略金融支持研究

詹小颖　著

中国财经出版传媒集团
中国财政经济出版社

图书在版编目（CIP）数据

社会责任视角下西南民族地区乡村振兴战略金融支持研究／詹小颖著．--北京：中国财政经济出版社，2023.9

ISBN 978-7-5223-2497-5

Ⅰ.①社… Ⅱ.①詹… Ⅲ.①民族地区-农村金融-金融支持-研究-西南地区 Ⅳ.①F832.77

中国国家版本馆 CIP 数据核字（2023）第 170579 号

责任编辑：麦丽斯　　责任校对：徐艳丽
封面设计：卜建辰　　责任印制：史大鹏

社会责任视角下西南民族地区乡村振兴战略金融支持研究
SHEHUI ZEREN SHIJIAOXIA XINAN MINZU DIQU XIANGCUN ZHENXING ZHANLÜE JINRONG ZHICHI YANJIU

中国财政经济出版社 出版

URL：http：//www.cfeph.cn
E-mail：cfeph@cfeph.cn

社址：北京市海淀区阜成路甲 28 号　邮政编码：100142
营销中心电话：010-88191522
天猫网店：中国财政经济出版社旗舰店
网址：https：//zgczjjcbs.tmall.com
北京财经印刷厂印刷　各地新华书店经销
成品尺寸：170mm×240mm　16 开　21.75 印张　374 000 字
2023 年 9 月第 1 版　2023 年 9 月北京第 1 次印刷
定价：98.00 元
ISBN 978-7-5223-2497-5
（图书出现印装问题，本社负责调换，电话：010-88190548）
本社质量投诉电话：010-88190744
打击盗版举报热线：010-88191661　QQ：2242791300

序 言

在科技变革、社会转型与城镇化、农地改革、生态文明建设等政策接续实施的时代背景下，党的十九大提出实施乡村振兴战略，对“农业农村优先发展”作出顶层制度设计，“十四五”发展规划对全面推进与实施乡村振兴战略作出了系统的任务部署。在改革开放和社会主义现代化建设的进程中，我国综合国力获得了极大的增强，农业与农村取得了历史性的发展成就，一系列的强农惠农政策相继实施，粮食生产实现了历史性增长，农民收入持续提升，农村基础设施建设与公共服务保障配套逐步得以完善和优化，农村地区精准扶贫成效显著，如期实现全面脱贫，农村社会和谐稳定发展。但与此同时，城镇化背景下大规模的农村劳动力外流、老弱幼小留守农村，导致农村空心化、老龄化和农业边缘化日趋严重。村屋空置、农田农地废弃、农村产业衰落、农业与农村污染等问题凸显，并造成村容村貌与乡村人文、生态环境凋敝衰败等现象，成为实现中国式现代化、建设富强民主文明和谐美丽的社会主义现代化强国的短板。

金融支持是顺利实现乡村振兴战略目标的重要资源保障，全面推进乡村振兴战略部署亟需农村金融充分履行回归“三农”本源、支持乡村振兴的社会责任。乡村振兴战略“产业兴旺、生态宜居、乡风文明、治理有效、生活富裕”目标的实现过程具有复杂性、艰巨性与长期性等特征，需要多重领域的持续保障、支持投入与多元资源的供给配置。尤其是在我国农村经济的市场化进程加快、农村经济的货币化程度日益提升的环境下，农业与农村经济的发展对金融的依赖度日渐提升，金融支持作为实现农业与农村现代化转型发展的战略性保障机制，其重要性与战略性进一步突出，农村金融资源的有效配置是实现乡村振兴战略目标、实现共同富裕的重要投入保障。然而，长期以来的农村金融困境成为农村与农业发展的掣肘，农村金融问题因此也成为经济社会发展无法逾越、亟需解决的关键问题。

金融与经济增长理论、农村金融发展理论思想支持改善农业弱质、“三农”日益增强的信贷资金需求、实现乡村发展与复兴，是推进我国农村经济社会发展与乡村振兴目标顺利实现的关键保障。依据金融与经济增长理论，金融通过储蓄投资转化、规模经济、技术进步、生产创新、网络机制效应等内外部机制的发挥促进乡村经济增长。而对于金融资源在农村市场上的配置途径、机制与效率，农村金融发展理论基于多维度与视角进行了系统阐述，其核心思想归根结底为，在特定的时期与特定的市场条件下，金融支持农村经济发展的效率取决于金融制度供给及金融体制机制的运行。

在解决金融支持乡村发展的困境问题上，“农村金融市场范式”在当前的理论研究与农村实践中，逐渐取代“农业补贴范式”，成为农村金融理论体系的主导思想。相较于其他理论范式，“农村金融市场范式”更加强调市场机制逻辑在农村金融市场上对农村金融系统的主导性地位，主张建立公开与公平的农村金融市场秩序，遵循商业原则，由市场决定利率水平，通过创新与竞争的市场机制实现金融机构的优胜劣汰，在演进中实现金融服务的下沉。20 世纪 90 年代初期以来，我国农村金融体制改革以增量改革为路径、以“去合作化”为导向、以形成农村金融机构多元化的竞争性市场为目标，在事实上践行了“农村金融市场范式”的政策主张。

然而，多元化市场竞争与商业化主导的农村金融运行体制下的金融资源配置结构性失衡，资金离农、机构离农等多种矛盾凸显，单一市场机制逻辑难以满足乡村振兴对金融资源保障的战略性需求。实际上，国外早期文献中对金融功能的研究聚焦在“金融发展与收入平等”这一问题上，“金融功能理论学说”认为农村金融不仅要充分发挥传统的促进农村经济增长的经济功能，还应充分发挥促进农村金融资源分配正义、实现金融公平、提升社会福利、协调区域经济发展的社会功能。在大量发展中国家样本数据基础上得出的研究结论一分为二，“金融发展有效降低收入不平等”与“金融发展加剧收入不平等”，其中，较多的证据认为我国金融发展反而加剧城乡收入差距扩大、不利于农民增收，显示了金融的经济增长功能效应与社会功能效应的不均衡性。

农业的产业弱质性决定了完全的市场机制在“三农”金融领域的不完全适应性，难以实现金融在“三农”领域内对社会功能与经济功能的兼顾。“农村金融”概念自提出伊始，便具有明确的社会责任意识与强烈的社会价值立场。尽管“供给自动创造需求”的萨伊定律在农村金融市场依然适用，但由于农户“天然的财务残缺”等特征，农村金融机构无法规避因难以有效观测贷款农户的资信特征而导致较高的信息不透明风险，亦无力承担单个农户独立审计成本，造成金融机构逆向选择行为的发生概率提升，资金趋利导致乡村金融的社会责任被冲淡，原本优质的金融资源并未完成其被赋予的服务“三农”的社会责任，农村金融机构的有序发展生态也被扭曲和破坏，可持续性风险增加。在这种博弈的过程中，农村金融服务“三农”的道德要义和社会责任逐渐淡化，而农户获得金融权的人本理念也被忽视。农村金融社会责任缺失折射出金融分配正义在农村领域面临着现实困境。对普遍农户和农村贫困家庭的融资设置障碍，使得农村居民家庭在使用金融资源的机会上不均等。由于金融分配不平等促使了城乡社会成员产生贫富分化的“马太效应”，这种分配方式只能让部分优势群体获利更多，违背了罗尔斯的正义思想。在城乡二元化结构中，金融结构二元化是城乡资源禀赋、产业规模与产业比较优势的底层决定性因素，尤其是在“资源金融化与货币化”的趋势下，金融资本发挥出第一生产力动力的功能与催化剂功能进一步加剧了城乡二元化经济结构中的城乡发展沟壑。

从这个角度来看，农村金融社会责任亦是金融社会功能研究范式与伦理学研究范式对农村金融问题进行反思的机制与路径。金融伦理学充分阐释了金融不仅具有促进经济增长、优化资源配置等经济功能，也具有消除贫困、调节收入分配、实现分配正义、提升社会整体福利等社会功能。而金融发展的社会功能是通过金融资源的公平配置推动社会财富资源的公平配置而实现的，其关键的社会效应体现在使自身禀赋欠缺的主体有机会利用金融市场实现自我发展。金融是一种重要的稀缺性资源，服务于人类经济和社会的发展与进步是其产生的要义，其本质是调剂资金余缺和管理财富、风险的工具，它本身能促进经济社会繁荣和自由平等，也有助于实现分配正义，这一本质蕴涵着人本主义价值判断与道德关怀。农民群体尤其是贫困农户处于社会弱势，农村金融资源分配应以能否促进区域协调发展、提升社会福利、调节收入分配和实现社会公平为中心，而并非沿循商业金融单纯地强调和追求经济效率，它应强调公平同位于效率、社会功能与经济功能兼顾，这本身内在契合了新时代社会主义公平正义观的要求，是农村金融社会责任体系重构的逻辑起点，也是反思与批判农村金融社会责任缺失的现实矛盾的社会基础与理论准则。

因此，基于金融支持“三农”和乡村振兴社会责任缺失的矛盾，从金融伦理与金融公平思想进行反思，拟通过构建农村金融社会责任激励与约束机制，促进当前农村金融充分履行社会责任，同时实现农村金融的公平与效率目标、推动农村金融发展、支持乡村振兴目标的实现。通过对上述三个理论领域相关理论的阐述与缕析，为我国金融支持乡村发展构建基于社会责任范式的理论体系。

本研究立足西南民族地区乡村振兴战略推进的特殊困境，基于西南民族地区农村金融社会责任缺失的事实矛盾，追溯多维度根源与归因，构建金融支持乡村振兴战略与服务“三农”发展的社会责任体系，设计金融支持乡村振兴战略社会责任激励兼容机制，创新金融支持乡村振兴和服务“三农”发展的政策体系，为实现西南民族地区乡村振兴战略目标与城乡协调发展提供决策支持，对实现共同富裕、铸牢中华民族共同体意识具有重要的社会价值，同时通过新的研究视角，试图突破既往金融支农政策绩效的局限性，形成提升金融支持乡村振兴实效决策参考的新思路，为农村金融体制改革深化提供新的理论逻辑。

目 录

第一章 绪 论 ………………………………………………………………… (1)
第一节 研究背景与研究意义 …………………………………………… (1)
第二节 研究目标与研究思路 …………………………………………… (6)
第三节 研究内容、方法、技术路线与创新之处 ……………………… (7)
第四节 相关研究文献梳理与述评 ……………………………………… (13)
第二章 金融支持乡村振兴战略社会责任理论基础与分析框架 ……… (28)
第一节 金融支持乡村振兴战略相关理论 ……………………………… (28)
第二节 农村金融社会责任理论基础 …………………………………… (41)
第三节 金融支持乡村振兴战略社会责任理论分析框架 ……………… (51)
第三章 乡村振兴战略的多维描述与金融支持社会责任解析 ………… (58)
第一节 乡村振兴战略的多维理论与过程描述 ………………………… (59)
第二节 乡村振兴战略的金融支持体系结构 …………………………… (69)
第三节 金融支持乡村振兴战略社会责任内涵 ………………………… (79)
第四节 金融支持乡村振兴战略社会责任的实践逻辑 ………………… (97)
第四章 西南民族地区乡村振兴战略的特殊困境与金融需求 ………… (105)
第一节 西南民族地区概况 ……………………………………………… (106)
第二节 西南民族地区乡村振兴战略实施的特殊困境 ………………… (111)
第三节 西南民族地区乡村振兴战略的金融需求 ……………………… (126)
第四节 西南民族地区金融支持乡村振兴战略概况 …………………… (133)

第五章 西南民族地区金融支持乡村振兴战略社会责任缺失的矛盾与成因 …………………………………… (138)
第一节 西南民族地区农村金融发展现状 ……………………… (138)
第二节 西南民族地区金融支持乡村振兴战略社会责任缺失的矛盾 …………………………………………… (151)
第三节 西南民族地区金融支持乡村振兴社会责任缺失成因 …… (183)

第六章 西南民族地区金融支持乡村振兴战略社会责任体系构建 …… (201)
第一节 依据、原则、模型与方法 ……………………………… (202)
第二节 指标、层级与赋权 ……………………………………… (212)
第三节 西南民族地区金融支持乡村振兴战略社会责任评价 …… (230)

第七章 西南民族地区金融支持乡村振兴战略社会责任机制 ………… (245)
第一节 金融支持乡村振兴战略社会责任机制的设计逻辑 ……… (246)
第二节 金融支持乡村振兴战略社会责任机制构成 ……………… (275)

第八章 社会责任视角下西南民族地区乡村振兴战略金融支持政策体系 ………………………………………………… (284)
第一节 构建农村金融机构社会责任制度体系 …………………… (284)
第二节 实施金融支持乡村振兴战略社会责任绩效考核常态化 … (287)
第三节 差异化约束与激励，提升金融机构社会责任驱动力 …… (291)
第四节 优化农村金融法律供给，保障农民金融权益 ………… (296)
第五节 明确金融体系分工，提升金融支持乡村振兴协同效率 … (303)
第六节 发展西南民族地区特色金融，精准支持乡村振兴 ……… (310)
第七节 优化西南民族地区乡村金融生态环境 ………………… (323)

主要参考文献 …………………………………………………… (328)
后记 ……………………………………………………………… (338)

第一章

绪论

第一节 研究背景与研究意义

一、研究背景

（一）党的十九大提出实施乡村振兴战略，确立农业农村优先发展重大定位

在当前城镇化与现代化加速发展的背景下，基于近20多年的发展中所呈现出的城乡发展不平衡、乡村（尤其西部地区）逐渐走向衰落的实际状况，2017年10月，党的十九大作出实施乡村振兴战略的重大决策，为“三农”发展进行了重大的战略统筹部署，将“三农”发展定位为全面建成小康社会、全面建设社会主义现代化强国的一项全局性、长远性与前瞻性的关系到国计民生的国家战略决策。乡村振兴战略既是社会主义新农村建设历史任务的延续，也是国家对“三农”发展战略的统筹升级。在坚持农业农村优先发展的战略指导思想下，乡村日益发展成为我国宏观经济社会发展中的一极新动力，是新时代我国建设现代化经济体系、向社会主义现代化强国迈进的新引擎，在城乡融合协调发展的格局中乡村也逐渐成为新主角。

（二）乡村振兴战略亟需农村金融机构回归本源提升金融承载力

乡村振兴战略“产业兴旺、生态宜居、乡风文明、治理有效、生活富裕”目标的实现过程具有复杂性、艰巨性与长期性等特征，需要持续的多重领域的保障、支持投入与多元资源的供给配置。金融是“三农”发展的“造血”机制，尤其是在我国农村经济的市场化进程加快、货币化程度日益提升的环境下，农业与农村经济的发展对金融的依赖度不断提升，农村金融的主要功能也逐渐由增加资源供给持续转变为增收增效。因此，在当前市场机制失灵的农村领域，金融支持对“三农”发展与乡村振兴肩负着无可替代的重任，金融支持作为我国“三农”可持续与协调发展的战略性保障机制的重要性与战略性进一步突出。因此，金融资源的有效配置是乡村振兴战略顺利推进、实现预期目标的重要保障，在这一目标的导向下，农村金融货币资金供给的经济职能与其鲜明的社会责任和政策取向二者兼顾的特征亦成为农村领域重要的金融资源合理、有效配置的原则。

乡村振兴战略对农村金融支持提出了回归“三农”本源的时代要求。根据农业农村部测算，以全国270万个自然村委为预算单位，到2025年，我国乡村振兴需要新增资金15万亿元至20万亿元。与此同时，在此背景下，近些年的中央一号文件反复强调农村金融机构应回归支农本源，以此强化金融对乡村振兴战略的支持与保障功能。2018年“中央一号文件”《中共中央 国务院关于实施乡村振兴战略的意见》提出“推动农村金融机构回归本源，健全适合农业农村特点的农村金融体系”；2019年“中央一号文件”《中共中央 国务院关于坚持农业农村优先发展做好“三农”工作的若干意见》再次强调“农村金融机构回归本源”。同时，《国家乡村振兴战略规划（2018—2022年）》提出“发展乡村普惠金融，加大支农金融力度”；2019年2月，中国人民银行、银保监会、证监会、财政部、农业农村部联合印发《金融服务乡村振兴指导意见》，再次明确要“积极引导农村金融机构回归本源，促进农村金融资源回流”，以强化“十四五”时期全面推进乡村振兴的金融承载力。

（三）乡村发展融资难的痼疾在既有政策框架中未能有效地解决

在我国长期的金融支农实践中，“三农”融资困境成为农村与农业发展的掣肘，农村金融问题因此也成为“三农”经济社会发展无法逾越、亟需解决的关键问题。在经济社会发展的不同时期与阶段，在宏观经济社会发展战略与政策目标的设定下，农村金融承担了“支农”这一重大的社会责任功能，在这一政策性的社会责任目标框定下，经过多轮次的改革与调整，形成了当前的农村金融格局。然而，自建设“社会主义新农村”以来，在财税支持不健全、约束机制缺失、法律保障缺位的环境下，乡村金融机构服务目标偏移、资金离农、农村信贷资金逆向外流等问题严重，乡村发展所需金融资源难以保障的痼疾至今依然难以解决。在金融支农领域的长期实践中，有着浓郁的本土特色、“生于三农、长于三农”的农村金融机构，尽管其产生伊始就带有服务“三农”的使命，被赋予“支农”的重要服务目标与业务本源定位，但由于过于强调“财务绩效”而忽略“社会绩效”，导致农村金融机构“支农目标偏移”“逃离‘三农’”“支农效率低下”“历年流出农村的资金高达6000亿元”诸类问题。探究农村金融资源“逆向离农”“非农化”与“脱农”等现实矛盾的深层次根源，农村金融机构支农社会责任缺失，经济效益高于社会责任的逻辑与短期“伤农”的逐利行为，导致乡村金融资源逆向流动与资金配置扭曲，深化了乡村金融抑制和乡村金融供给矛盾，引致金融对我国乡村建设与发展的支持效率严重缺损。

（四）农村金融体制改革的政策初衷坚持服务“三农”定位

我国农村金融体制历经七十余年的改革与发展，发生了巨大而又深刻的变化。由于农业天然的产业弱质性，农村金融资源流动性严重不足、金融支农低效、农村融资难等问题一直以来成为制约我国“三农”经济社会发展的痛点与短板。为解决“三农”发展的金融有效支持这一世界性的难题，以“形成适配于‘三农’特征的农村金融体系”为目标，我国农村金融体制改革基于农村金融机构市场化与农村金融市场开放两大主旋律进行了持续性的改革与探索。1978 年改革开放以来，我国农村金融体制演变历经了农村金融体系的恢复与重建阶段（1979—1995 年）、合作金融发展阶段（1996—2002 年）、多元化金融体系形成阶段（2003—2010 年）、去合作化阶段（2011 年至今）共四个改革发展阶段。以增量改革为主线的政策思路贯穿了每个农村金融改革的阶段：1979 年改革初期恢复中国农业银行，1994 年为了分离农业银行的政策性业务与商业性业务，设立中国农业发展银行；2006 年开启新一轮增量改革，设立村镇银行、小额贷款公司等新型农村金融机构；2007 年成立邮政储蓄银行。增量改革导向催生了我国农村金融市场机构组织的“三元格局”，从而显著改观了原来机构类型单一、网点布局稀少、机构规模偏小、金融功能残缺的金融机构布局。

尽管我国农村金融体制历经多个不同政策目标的改革发展阶段，但服务“三农”发展、更好地满足“三农”融资需求的政策初衷与目标导向依然清晰与坚定。作为农村金融资源配置中最关键的载体与“三农”社会信贷资源供给的主要渠道，农村金融机构承担着金融支农、促进乡村经济社会发展的重要职能，服务“三农”发展是其关键的战略定位和业务本源。但是，在监管部门对农村金融作出“坚持服务‘三农’方向不动摇”“坚持服务‘三农’的市场地位”等政策监管与呼吁下，长期以来的金融支农实践并未取得理想的预期政策效果。现阶段，伴随着作为“支农主力军”的农村金融机构——农村信用社的商业化改革进程的进一步推进，我国农村金融商业化主导的事实格局已然形成，在商业化金融体系固有的“效率优先”的逻辑下，农村金融机构难以真正匹配广大“三农”的金融需求、实现服务“三农”发展、乡村振兴的社会目标。

（五）西南民族地区金融支持乡村振兴战略更凸显艰巨性

西南民族地区是多民族集聚而居的区域，紧连南海，内联港澳台，外邻东盟，既是国家“兴边”“固边”的多重战略要塞，也是实现民族共同繁荣、共同富裕等多重任务的载体。由于西南民族地区地理区位独特，多处于高原山丘地区，农业资源稀缺、产业基础薄弱、生态环境脆弱，同时，其经济发展滞后于中东部地区，导致贫困发生率高、深度贫困区异质性明显。加之受历史、经济、区位、资源等多种因素制约，西南民族地区自我发展能力弱，近些年来的农村副业化、空心化、农民老龄化、土地荒芜、乡村衰退等问题严重，城镇化进程缓慢，资源增量不足与政策资源支持有限同时并存，与东、中部地区相比较，西南民族地区乡村振兴战略的实施及其目标的实现面临着更加复杂的制约因素与地域的特殊性，是当前我国全面实现乡村振兴战略的短板、重点与难点。

基于这一现实问题，本研究以广西、云南、贵州、四川、重庆等西南民族五省（自治区或直辖市）为研究样本，创新性地提出农村金融机构社会责任视角下研究乡村振兴战略的金融支持问题，通过构建金融支持乡村振兴战略社会责任指标体系与社会责任激励兼容机制，创新金融支持乡村振兴战略和服务“三农”发展的政策体系，拓展乡村发展金融支持问题的理论成果研究范式，突破既往金融支农政策绩效的局限性，为农村金融支持乡村振兴提出政策与决策参考的新思路，为我国农村金融体制改革深化的方向提供新的理论逻辑。

二、研究意义

（一）创建金融支持乡村振兴战略理论研究新范式

本研究创新性地提出金融支持乡村振兴和服务“三农”发展的社会责任

研究视角，基于金融支持“三农”和乡村振兴社会责任缺失的矛盾，从金融伦理与金融公平思想进行反思，综合经济学、法学、社会学、管理学、民族学、文化学等多学科理论，通过理论溯源、框架构建、博弈论证、实践逻辑检验、深度访谈与抽样调查等定性与定量分析方法，系统地论证金融支持乡村振兴和服务“三农”发展的社会责任机制，阐明其理论内涵，构建评价体系，设计激励约束机制，创新政策体系，在一定程度上创新了乡村发展的金融支持研究范式，丰富和发展金融支持乡村发展的理论体系内涵。

（二）突破既有研究框架下农村金融改革“效率”取向，为金融支农政策绩效调控提供新的反思角度

我国乡村发展的金融需求难以保障问题在既有研究框架和结论中未能得到有效解决，金融支持“三农”发展在我国长期的实践中亦未达到政策预期效果。在经济学的“成本—收益”分析框架中，农村金融公平与农村金融效率二者可以兼顾，一定程度上的公平有利于提升金融效率而成为金融效率的制度与机制保障，因此，农村金融体系应该实现盈利目标和“支农”社会责任目标的激励兼容，并将金融公平纳入考量范围，即金融公平将成为金融市场发展质量的重要衡量标准。农村金融社会责任机制在本质上是分配正义、伦理思想与公平观在金融语境下的体现，遵循金融伦理、实现金融资源分配正义、促进金融公平是金融促进经济增长功能与实现社会功能二者的统一，而金融机构社会责任正是在“三农”领域内实现金融公平内在的可操作性机制。因此，构建金融支持乡村振兴战略和服务“三农”发展社会责任体系是重构我国农村金融支撑体系的新逻辑，亦是基于金融社会功能研究范式与伦理学研究范式对农村金融问题进行反思与评判的另一种可参照的视角与思路，为反思既往金融支持乡村发展的政策绩效、农村金融价值取向与农村金融改革方向等提供新的思路、新方法与新的审视视角。

（三）为西南民族地区乡村振兴的融资保障问题贡献新的政策思路

西南民族地区是我国全面实现乡村振兴、社会主义现代化强国与共同富裕目标的短板，本研究立足西南民族地区乡村振兴的特殊困境，缕析西南民族地区农村金融社会责任缺失的事实矛盾，并追溯多维度根源与归因，构建金融支持乡村振兴战略与服务“三农”发展的社会责任体系，设计涵盖激励与约束的内外部驱动的社会责任机制，创新金融支持乡村振兴政策体系，为实现西南民族地区乡村振兴、城乡协调发展与共同富裕提供理论依据与贡献政策支持，对于稳固边疆、实现共同富裕、铸牢中华民族共同体意识具有独特而重大的社会价值。

第二节 研究目标与研究思路

一、研究对象

以广西、云南、贵州、重庆、四川五省（自治区或直辖市）农村地区为实证研究样本（以广西、云南、贵州为重点），论证提出以乡村金融机构为主体的金融资源供给主体支持乡村振兴和服务“三农”发展的社会责任理论基础与依据，演绎社会责任理论逻辑，论证理论内涵，界定实体内容，构建评价体系，设计乡村金融支持乡村振兴的社会责任约束机制，创新乡村振兴金融支持政策体系。

二、研究目标

（一）理论目标

综合借鉴经济学、管理学、社会学、法学、民族学等学科经典理论的基础上，将理论与实践相结合、区域共性与民族个性相融合，基于社会责任这一独特的研究视角，探索金融支持乡村振兴战略社会责任缺失问题治理的理论依据与政策支撑，通过论证理论内涵、演绎理论逻辑、形成理论体系、设计可操作机制等，以实现金融支持乡村发展学术空间拓展、研究范式创新与政策创新、优化等目标。

（二）应用目标

立足西南民族地区乡村振兴战略对金融支持需求的结构性特征，基于全国共性与区域独特的“个性”，多维度调查西南民族地区金融支持乡村发展社会责任缺失的事实矛盾，深度剖析金融支持乡村发展社会责任缺失的多重归因，在此基础上构建金融支持乡村振兴战略和服务“三农”发展的社会责任指标体系，设计农村金融机构履行社会责任激励兼容机制，针对性创新金融支持乡村振兴战略的政策体系，为西南民族地区实现乡村振兴、城乡协调发展、共同富裕等战略目标提供金融支持的政策保障、实践模型与技术支持，为我国农村金融改革方向调控提供新的政策思路。

三、研究思路

本书基于乡村振兴战略的理论逻辑、战略内容、精神理念与战略目标，明确清晰地提出乡村振兴金融支持的社会责任缺失这一现实问题，围绕这一核心问题的外在表象、内在归因与解决机制，对研究目标、研究内容与研究思路进行整体研究框架设计。在研究思路的形成上，本书遵循研究内容的内在客观逻辑关系与研究任务安排的进展及研究思路相结合的原则，形成理论溯源与框架搭建→经验事实考察（成因剖析）→战略阐释（实际需求与逻辑需求）→体系构建（论证理论内涵，模型演绎理论逻辑，构建指标体系）→机制设计（内部与外部）→政策体系创新（形成与完善）的思路设计，具体思路逻辑如图1－1所示。

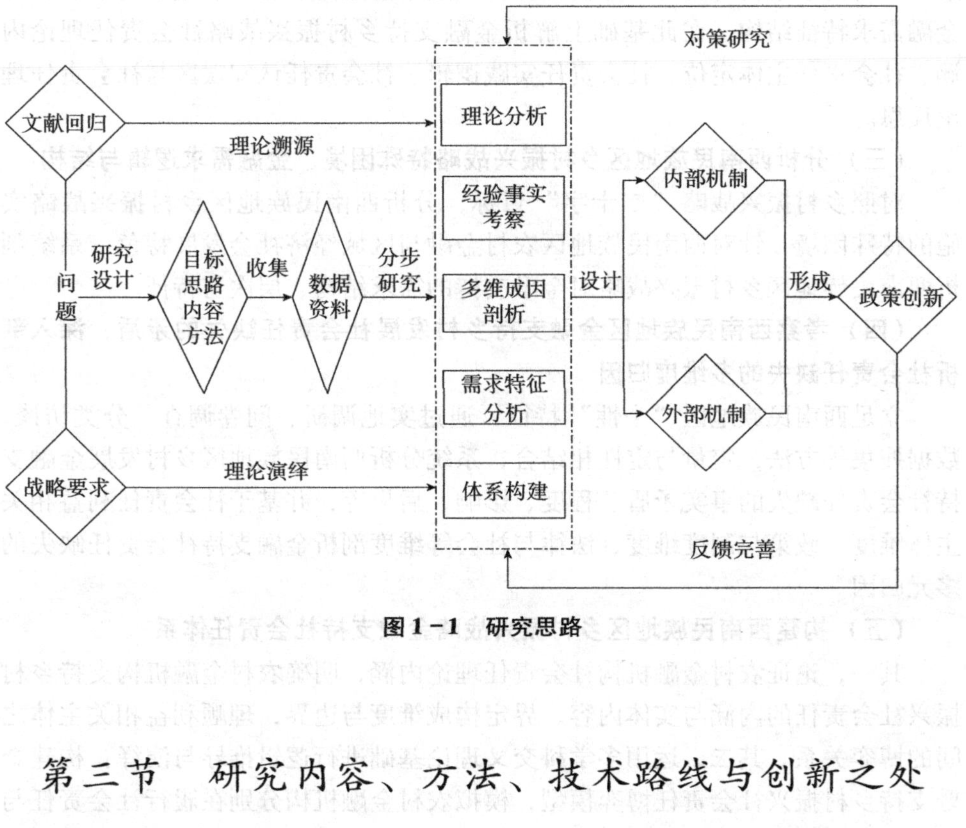

图1－1 研究思路

第三节 研究内容、方法、技术路线与创新之处

一、研究内容

（一）构建西南民族地区乡村振兴战略金融支持的社会责任理论框架

综合借鉴企业社会责任理论、金融与经济增长理论、乡村发展理论、分配

正义论等经济学、社会学、管理学、法学、伦理学、民族问题等学科的经典理论，缕析本研究理论基础，追溯理论渊源，阐释理论价值，反思理论实践价值，在此基础上搭建本研究的理论框架。

（二）阐释乡村振兴战略的历史沿循、科学内涵与内在逻辑，解析金融支持乡村振兴战略社会责任理论体系

阐释乡村振兴战略的实施背景、历史沿循、理论逻辑、科学内涵、精神实质和实践要求，基于全国共性分析乡村振兴战略的部署、规划与目标实现对金融支持的需求结构与特征。分析乡村振兴战略金融需求主体、金融需求层次与金融需求特征结构，在此基础上解析金融支持乡村振兴战略社会责任理论内涵、社会责任主体定位、社会责任实践逻辑、社会责任认知误区与社会责任理论反思。

（三）分析西南民族地区乡村振兴战略特殊困境、金融需求逻辑与结构

对照乡村振兴战略“二十字”目标，分析西南民族地区乡村振兴战略实施的特殊困境，针对西南民族地区农村金融与区域经济社会发展特色，系统剖析西南民族地区乡村振兴战略对金融支持的需求结构、层次与特征。

（四）考察西南民族地区金融支持乡村发展社会责任缺失的矛盾、深入剖析社会责任缺失的多维度归因

立足西南民族地区“个性”特征，通过实地调研、问卷调查、分类访谈、数据搜集等方法，定量与定性相结合，系统分析西南民族地区乡村发展金融支持社会责任缺失的事实矛盾、程度、影响、后果等，并基于社会责任利益相关主体维度、政策与制度维度、法律与社会等维度剖析金融支持社会责任缺失的多元归因。

（五）构建西南民族地区乡村振兴战略金融支持社会责任体系

其一，论证农村金融机构社会责任理论内涵，明确农村金融机构支持乡村振兴社会责任的内涵与实体内容，界定构成维度与边界，理顺利益相关主体之间的博弈关系。其二，运用多学科交叉理论基础进行逻辑推导与演绎：构建金融支持乡村振兴社会责任博弈模型，模拟农村金融机构分别在履行社会责任与不履行社会责任的情况下社会责任目标与经济效益目标之间、收益与成本之间的博弈关系。其三，构建乡村金融机构社会责任评价指标体系，确立指标体系构建的原则、依据、指标、权重与方法，并对西南民族样本地区进行实证评价。

（六）设计西南民族地区乡村振兴战略金融支持社会责任机制

确立机制目标与机制原则，进行理论逻辑论证与样本机构实证检验。内部机制设计由乡村金融机构践行社会责任、支持乡村振兴与财务可持续发展耦合机制，包括金融创新机制、组织管理机制、风险控制机制等构成；外部机制设计包括乡村金融践行社会责任的法律与政策监管保障机制，涵盖政府层面的评价和披露机制、立法保障机制、激励与监管机制；涉农主体层面的道德约束机制；乡村社会层面的监督机制。

（七）社会责任视角下西南民族地区乡村振兴战略金融支持政策体系创新

结合全国“共性”与西南民族地区的区域“个性”，基于社会责任机制，从社会责任制度体系、差异化约束与激励、农村金融法律供给、农民金融权益、“三元”金融机构体系支持乡村振兴协同效率、西南民族地区特色金融、乡村金融生态环境等维度创新西南民族地区乡村振兴战略金融支持政策体系框架。

二、研究方法

（一）多形态的文献资料研究与综合运用

广泛收集文献资料，获取金融、社会责任、西南民族经济社会发展等经济学、法学、民族问题、社会学等相关领域的学术期刊、理论著作、财经报道、地方案例等相关文献成果，把握金融机构社会责任研究、乡村发展与乡村振兴研究、金融支持乡村发展、乡村振兴研究、农村金融机构社会责任研究、农村金融立法等国内外相关研究的前沿动态。结合“互联网+”数据分析、大数据等信息网络系统分析工具，综合运用相关数据模拟与推导主要论点。

（二）实地走访、田野调查与线上调查研究

综合运用实地观察，田野调查、深度访谈法等，选择广西、云南、贵州、四川、重庆具有代表性的样本村落，由课题组成员对农户进行田野调查，发放调查问卷，深度访谈当地农村金融机构、新型农村经营主体、金融办和银保监分局的相关负责人，获取实地调研的第一手微观资料数据。同时，面向广西、云南、贵州、四川、重庆生源地的在校大学生发起网络问卷调查，获得西南五省（自治区或直辖市）农村单个农户的金融需求数据。通过指导大学生创新创业调研项目与大学生暑假“三下乡”调研项目，带领学生在云、川、桂等地开展实地调研，既注重理论层面的研究，也注重实践的有效性和可操作性。

（三）多学科理论综合研究与理论演绎研究

综合运用经济学、社会学、管理学、法学、民族学、伦理学等多学科理论，对金融支持乡村振兴社会责任研究进行理论溯源，论证乡村金融支持乡村振兴战略的社会责任理论体系，理论演绎乡村金融社会责任约束内外部机制。

（四）实证研究与理论逻辑研究相结合

基于理论论证与实证检验形成金融支持社会责任机制，搭建金融支持乡村振兴社会责任双重目标兼顾博弈模型，论证金融机构在单次静态博弈与动态重复博弈环境下履责与不履责行为选择的双重目标兼顾结果，同时，对西南民族地区88家样本农商行双重目标兼顾进行面板回归检验，对农村金融社会责任机制进行理论逻辑论证与实证检验。

（五）综合专家咨询法与项目评估法

对专家咨询意见进行综合整理与分析，完善社会责任机制设计与社会责任评价体系；跟踪西南民族地区乡村振兴战略具体建设项目的实施过程，评估金融支持乡村振兴的绩效，在此基础上完善政策思路。

三、技术路线

基于项目研究的经验事实考察、战略阐释、体系构建、机制设计、政策体系创新的总体思路设计，以研究目标为导向，以研究内容为步骤路线，按照理论与实践的内在逻辑关系，结合不同研究方法特征，采取如图1－2所示技术路线。

四、创新之处

（一）创建了金融支持乡村振兴战略社会责任理论体系发展研究新范式

既有文献尚未从“社会责任约束机制”角度来研究金融支持乡村振兴战略、服务“三农”与农村发展问题，本书创新性地提出我国乡村振兴进程中农村金融体系服务目标“漂移”、资金离农逆向外流、脱离服务“三农”本源等违背服务“三农”定位的矛盾根源是农村金融机构社会责任约束与激励兼容的机制缺失。本研究基于企业社会责任理论、分配正义、金融伦理与金融公平观等理论，论证理论内涵，运用博弈模型演绎理论逻辑，追溯农村金融社会责任的理论归依与理论基础，构建起乡村振兴战略金融支持社会责任理论体系，创新了金融支持乡村发展研究新范式。

（二）独创性构建了农村金融机构社会责任评价指标体系与机制

在金融机构社会责任研究领域，已有相关研究以银行业金融机构总体层面为立论依据，以大型国有上市商业银行为重点研究对象，以侧重“股东利益”的狭义的“社会责任”内涵为框架开展研究，且金融机构社会责任评价体系与

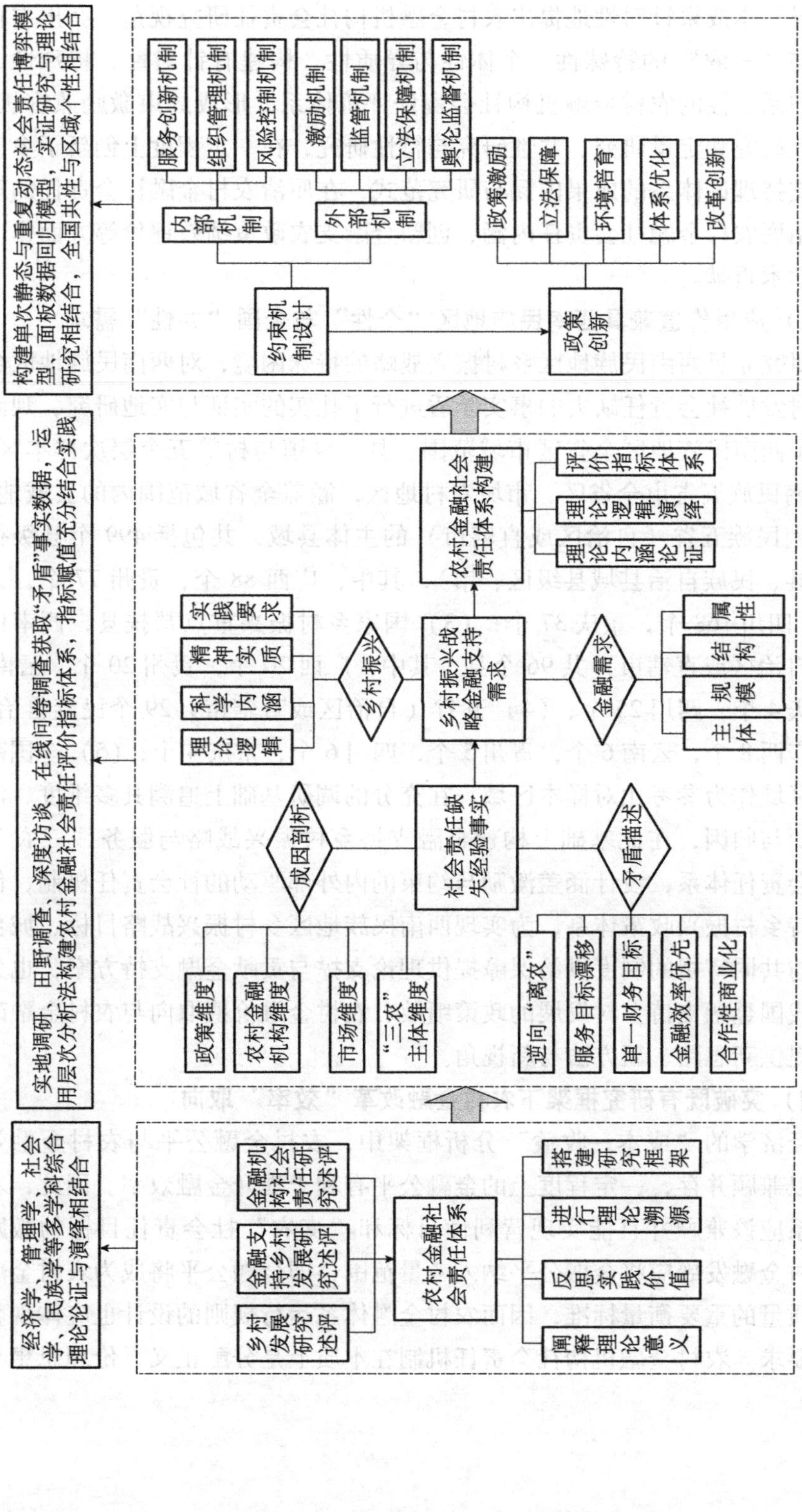
经济学、管理学、社会学、民族学等多学科综合理论论证与演绎相结合
实地调研，田野调查，深度访谈，在线问卷调查获取"矛盾"事实数据，运用层次分析法构建农村金融社会责任评价指标体系，指标赋值充分结合实践
构建单次静态与重复动态社会责任博弈模型，面板数据回归模型，实证研究与理论研究相结合，全国共性与区域个性相结合
乡村发展研究述评
金融支持乡村发展研究述评
金融机构社会责任研究述评
农村金融社会责任体系
阐释理论意义
反思实践价值
进行理论溯源
搭建研究框架
政策维度
农村金融机构维度
市场维度
"三农"主体维度
成因剖析
社会责任缺失经验事实
矛盾描述
逆向"离农"
服务目标漂移
单一财务目标
金融效率优先
合作性商业化
乡村振兴
理论逻辑
科学内涵
精神实质
实践要求
乡村振兴战略金融支持需求
金融需求
主体
规模
结构
属性
农村金融社会责任体系构建
理论内涵论证
理论逻辑演绎
评价指标体系
约束机制设计
内部机制
服务创新机制
组织管理机制
风险控制机制
外部机制
激励机制
监管机制
立法保障机制
舆论监督机制
政策创新
政策激励
立法保障
环境培育
体系优化
改革创新

图1-2 技术路线

标准各异。本成果针对性地提出农村金融机构社会责任研究视角，突出农村金融机构与“三农”的特殊性、个体性与异质性，构建有针对性、特殊性、可操作性与系统性的农村金融机构社会责任评价体系，形成约束激励兼容机制，融合定性研究和定量研究、共性研究与特性研究，在一定程度上创新了乡村振兴金融支持理论体系的成果内涵与研究范式，在厘清农村金融社会责任的理论困惑、拓展农村金融社会责任内涵、创新金融支农政策绩效评价等方面作出了一定的学术贡献。

（三）应用价值兼具西南民族地区“个性”与全国“共性”需求

本研究立足西南民族地区乡村振兴战略的特殊困境，对西南民族地区金融支持乡村发展社会责任缺失的事实矛盾进行了扎实的实证与实地研究，观测样本覆盖了西南民族地区全省区市域范围、县、乡镇与村等五个层次样本区域：（1）西南民族五省市全省区、市域农村地区，涵盖全省域范围内的县域地区；（2）西南民族五省（自治区或直辖市）的主体县域，共包括499个县级行政单位（县、民族自治县域县级区、市），其中，广西88个，贵州77个，云南129个，四川168个，重庆37个；（3）国家乡村振兴重点帮扶县，西南民族五省（自治区或直辖市）共96个县，其中，广西20个，贵州20个，云南27个，重庆4个，四川25个；（4）五省（自治区或直辖市）29个民族自治县，其中，广西8个，云南6个，贵州5个，四川6个，重庆4个；（5）全国范围的农村区域作为参考比对样本区域。在充分的调研基础上追溯其多维度、深层次的根源与归因，在此基础上构建金融支持乡村振兴战略与服务“三农”发展的社会责任体系，设计涵盖激励与约束的内外部驱动的社会责任机制，创新金融支持乡村振兴政策体系，为实现西南民族地区乡村振兴战略目标、城乡协调发展与共同富裕的制度供给保障提供理论支撑与贡献金融支持方案，也为反思既往我国金融支持乡村发展的政策绩效、农村金融价值取向与农村金融改革方向等提供新思路、新方法与新视角。

（四）突破既有研究框架下农村金融改革“效率”取向

在经济学的“成本—收益”分析框架中，农村金融公平与农村金融效率二者可以兼顾并存，一定程度上的金融公平有利于提升金融效率。因此，农村金融体系应该兼顾并且能实现营利性目标和“支农”社会责任目标的激励兼容，农村金融发展应将金融公平纳入考量范围，即金融公平将成为农村金融市场发展质量的重要衡量标准，因而农村金融体系运行规则的设计也应体现金融公平的要求。农村金融机构社会责任机制在本质上是分配正义、伦理思想与公平观在金融语境下的体现，遵循金融伦理、实现金融资源分配正义、促进金融公平是金融促进经济增长功能与实现社会功能二者的统一，而农村金融机构社会责任正是在“三农”领域内实现金融公平的可操作性机制。因此，构建金融支持乡村振兴战略和服务“三农”发展的社会责任体系与机制，突破了现有研究框架下农村金融改革以“效率”为优先的实践政策导向，为重构我国农村金融政策支撑体系提供了一个新的逻辑，亦是基于金融社会功能研究范式与伦理学研究范式对农村金融问题进行反思与评判的另一种视角与思路。

第四节 相关研究文献梳理与述评

一、乡村发展相关研究

（一）乡村发展核心研究主线

20 世纪 60 年代伊始，国外传统的乡村发展理论体系的发展核心思想以较为成熟的工业化与城市化为研究主线，涵盖刘易斯二元经济模型（Lewis，1954）、费景汉—拉尼斯二元经济论（Fei and Ranis，1964）、乔根森二元结构模型（Jogenson，1967）、缪尔达尔地理二元经济结构理论（Myrdal，1957）与罗斯托的经济增长阶段论（Rostovian，1960）。20 世纪 70 年代，在发展中国家实施以消除贫困、实现公平、增加就业为目标的发展经济发展战略替代了原来加速经济增长型战略，以乡村自身发展与空间均衡发展为核心的现代乡村发展理论兴起，乡村增长中心发展理论、综合区域发展理论、选择性空间封闭理论等理论形成了独具特色的乡村学派区域发展理论体系。20 世纪 90 年代，基于乡村可持续发展的乡村社会地理研究出现，如，Toding（1977）提出选择性空间封闭发展理论，Fr1edmann 和 Weaver（1979）的区域发展模式论证中集中对比了“功能式”与“地域式”两种发展模式。此后，学术界对乡村发展的研究方向逐渐向人文社会视角转型，向以乡村社区、乡村社会问题、城市与乡村的地位关系及乡村空间布局等为主要研究内容的后现代转型。同时，面对农村发展战略的复杂性问题，Ashley 和 Maxwell（2001）、Pwebb（2001）等学者着重对乡村发展战略实施的政策途径开展研究，强调通过赋予地方政府机构更多的决策权等分散化途径来解决和协调乡村发展面临的问题。21 世纪初期，伴随欧洲乡村复兴工程的实施，乡村生活城市化、城乡合作发展（Scarlett et al.，2001）以及乡村非农经济发展、乡村职业多样化（Barrett，2001；Maxwell，2001）等乡村发展政策研究逐渐丰富。

（二）乡村振兴战略的历史沿袭研究

乡村振兴战略与党的十六届五中全会系统提出的“社会主义新农村建设”是一个在时间顺序上的先后沿袭、在乡村发展和建设的内容与强度上的演化与升级的过程。因此，关于我国乡村振兴战略的研究可追溯到早期的社会主义新农村建设、“美丽新农村”等乡村发展的相关文献（温铁军，2000；黄宗智，2006；林毅夫，2010；龙花楼，2013；房艳刚，2015；徐勇，2013），多视角定义乡村发展的内涵、阐释乡村发展内容与路径对乡村发展、归纳乡村发展的阶段性特征等研究，其中，对乡村发展的途径、模式选择（蒋和平，2017）、政策创新与国外乡村发展与振兴的经验借鉴的研究（沈费伟和刘祖云，2016；王林龙，2018）是国内乡村发展研究较为集中与突出的方向。

自党的十九大以来，乡村发展相关研究文献日益丰富，一是主要集中于乡村振兴战略的时代意义、理论逻辑（刘合光，2018；周立等，2018）与战略内涵阐释（韩长赋，2017；陈文胜，2017；叶兴庆，2017；唐安来等，2017）、实践布局、实施路径与实现模式（张沁岚等，2017；叶兴庆，2017；何仁伟，2018；四川乡村振兴战略研究智库，2018；蒋和平，2019；刘彦随，2020）。较多学者认为，乡村振兴战略是当前我国乡村从衰落走向复兴的战略选择（凌慧敏和张强，2018；张怀超，2018）与乡村价值在中国现代化发展进程的再次定位（叶敬忠，2018；张军，2018），乡村振兴战略实施过程实质上是重构我国乡村社会经济形态和优化地域空间格局的过程（龙花楼和屠爽爽，2018；周扬，2019）。

二是关于乡村振兴战略的建设内容相关研究。张建刚（2018）、蒋云龙（2018）、孔祥智（2018）、朱兆伟（2019）认为产业兴旺、因地制宜发展乡村产业是乡村振兴的基础与核心内容。郭翔宇（2017）认为，乡村振兴战略的重要建设目标是实现农业现代化。陈秧分和王国刚（2018）认为，坚持农业、农村优先发展是各领域对传统的“重农业、轻乡村”的发展路径进行修正所达成的重要共识。在乡村振兴战略全面推进的进程中，作为乡村振兴战略的重要方向，数字乡村建设逐渐成为学术界关注的热点，王胜和余娜（2021）、韩瑞波（2021）、冯朝睿和徐宏宇（2021）、李晓夏和张秀凤（2022）的研究集中在数字乡村建设的实践路径、政策体系、现实困境以及“数字鸿沟”等领域。

三是关于乡村振兴战略推进的保障与支撑体系研究。廖彩荣等（2018）、钟钰（2018）、刘合光（2018）、李周（2017）、范建华（2019）、蒋和平和王克军（2018）、姚树荣（2020）认为，乡村振兴战略亟需秉持新发展理念从强化政治保障，优化法律供给，体制机制创新、人才培育与保障、制度供给、立法保障等领域提供根本性的制度与政策保障，为乡村振兴战略实施提供包容性的制度发展空间。可见，制度、机制与政策支持体系是乡村振兴战略研究的重要趋势与内容。

（三）民族地区乡村振兴战略个例研究

由于西南民族地区特殊的“边情”属性，既有研究均认为西南民族地区的新农村建设（沈茂英，2007）与乡村振兴战略具有独特的价值逻辑与实践逻辑（浦永，2019；耿冬梅和李青山，2019；廖林燕，2018；孔瑞和何丽芝，2021）。西南民族地区乡村振兴面临乡村衰退、多维贫困、产业滞后、民族文化凋敝、动力不足等多重困境（向燕君和郭夏坤，2019；王小梅和谭贤楚，2019），钟海燕和郑长德（2020）、安治民和任坤（2019）、张南（2019）、曾泓霖（2019）、向从武（2019）、陈真（2020）、李军和龚锐（2020）、吴国阳（2022）、李明和么加利（2021）等认为，西南民族地区应通过民族地区发展特色产业例如旅游业、农业外向化发展、文化与自然资源转化、新型城镇化建设、扶贫脱贫等内生路径来探索乡村振兴战略实施路径。陆久天和陈灿平（2021）等学者聚焦于西南民族地区数字乡村建设的路径、数字鸿沟、实践困境等问题。

二、金融支持乡村发展相关研究

（一）金融发展与经济增长关系研究

乡村发展的金融支持建立在金融发展的基础之上，国外金融发展理论形成了极为丰富与成熟的理论成果体系：戈德史密斯的金融结构理论（Goldsmith，1969）、麦金农和肖（Mckinnon and Shaw，1973）的金融抑制和金融深化理论、赫尔曼等（1981，1989）的金融约束论开创了现代金融发展理论体系。Patrick（1966）最早提出金融发展与经济增长的因果关系，此后一些学者通过统计分析技术的运用使金融发展与经济增长关系的实证研究，均支持金融发展与经济增长之间存在正相关关系的观点，为二者之间关系的论证提供了大量的经验证据（Gupta，1984；Granger，1988）。20 世纪 90 年代后，基于新经济理论，构建了新的内生增长模型（Pagano，1993），形成了金融系统对经济增长的作用渠道研究（Merton，1995；Uvinc，1997）。

（二）农村金融理论体系研究

基于世界范围内尤其是发展中国家的农村经济社会发展难以摆脱的“融资困境”，金融发展理论被广泛地应用于农村经济社会发展的研究领域中，从而形成了几大具有代表性的农村金融流派。PatriCk（1966）、麦金农（1973）、赫尔曼等（1997）、Yaron（1992）将金融发展理论运用到乡村金融领域，形成了农村金融发展模式论、农业补贴信贷理论、乡村金融市场理论、不完全竞争市场理论、农村金融发展评价标准理论五大农村金融发展理论流派。农村金融问题研究。该领域的研究主要集中于三个核心问题：一是关于农村金融机构组织、农村金融市场发展以及农村金融供需缺口问题，由供给体系的三种结构论（WynGrant and AnjeMaeNamara，1996）、农村非正式金融组织研究（Seibel，2001）、农村金融市场及供给和需求研究（Gvega，2003）构成。二是农村金融的制度形式演变及其如何提升农村金融运行机制效率研究。主要集中在互助合作制向现代股份合作制演变的研究（Argeni，2000）以及关于提升农村金融市场与机构的管理水平、降低农村金融交易成本以及增加农村金融供给予服务、产品创新等农村金融组织运营机制问题的研究（Yaron and Lacob，1994）。三是关于完善与优化农村金融管理体制研究，重点对发展中国家政府与农村金融体系二者之间的关系进行，并提出政府对农村金融体系发展的干预方式和程度（肖和麦金农，1998）的几种模式。

（三）金融支持农村发展经验研究

1. 我国农村金融改革的理论研究与实证检验

一些学者基于西方金融发展与经济增长理论框架，结合我国农村金融的本土特色与农村经济增长规律，并在大量的区域经济数据基础上广泛地对二者之间的关系进行实证检验与理论研究。大多数的研究结论均支持二者之间存在长期均衡关系（姚耀军，2004；赵洪丹，2011；丁志国，2012）。部分学者研究了金融发展与农民收入影响（李明贤等，2014；张宏彦等，2013；谢世明，2015）。既有研究均认为，金融在支持我国乡村发展中存在着金融抑制现象，但对于金融抑制所属形态则观点各异。叶兴庆（1998）、乔海曙（2001）、谢平（2001）等认为其是一种供给形态的金融抑制形式；房德东和王坚（2004）、曹立群（2000）则认为是金融抑制供给型与需求性共存；蓝海涛和马晓河（2013）、何志雄（2008）等认为供给型金融抑制是重要表现形式，而需求型金融抑制是其从属现象。部分学者认为我国农村金融体制改革旨在克服农村金融体系的脆弱性，稳定农村金融市场以解决“三农”融资困难（周小川，2004；吴晓灵和苏宁，2006）。关于农村金融制度属性之争，学术界大致有三种观点：以合作制为主导（温铁军，2006；程淑兰，1997）；以商业化为主导，甚至可能会放弃合作制（谢平，2011；文贯中，2012）；合作制金融模式和商业化金融模式并存（冯兴元，2004；陆磊，2007）。然而，从农村金融制度的改革实践来看，2007 年农信社开启全面改制为农村商业银行的转制进程，彻底放弃了农村合作金融的定位（龙超和叶小娇，2019），导致我国当前缺乏类似德国或日本的真正意义上的农村合作金融（孙同全和冯兴元，2019；张宏斌，2019；龙超，叶小娇，2019）。何广文（2001）认为，长期以来，我国农村金融供给予需求之间存在巨大的缺口，金融资源供给严重滞后于“三农”发展的融资需求，农村经济社会发展中，金融需求呈现多层次与多元化的特征，因此，农村金融体系的建设应基于需求导向，构建不同形式的金融体系来提供金融供给保障。

2. 农村金融组织机构研究

该论题的研究主要集中在三个方向，一是农村信用合作组织的改革研究（周小川，2004；谢平，2001；冯兴元，2004）。二是辨析新型农村金融机构与组织的属性、评估其发展绩效的影响因素、发展方向与可持续发展问题、改革效率等方面的研究（何广文，2008；王曙光，2009；李永平，2011；张宁等，2016；杨林生等，2014；石连忠，2020）。三是我国农村非正规金融研究。侧重于我国农村非正规金融形成的制度性、社会性与经济性因素与渊源、非正规金融运行的形式、机制、特征、与正规金融之间的关系及其政府监管（费孝通，1939；张杰，2004；温铁军，2011），非正规金融的借贷利率问题研究（姜长云，2004；何田，2002；陈锋和董旭操，2004），非正规金融与农户创收（李祎雯和张兵，2018）、农户收入水平与福利水平（李成友和孙涛，2018）及农户脱贫研究（谭燕芝和张子豪等，2017）。

3. 金融支持“社会主义新农村建设”研究

综合党的十六届五中全会系统提出“社会主义新农村建设”以来的既有相关研究文献，金融支持乡村建设与发展的主要研究内容涵括四方面：（1）金融支持乡村建设的内涵与优先发展顺序研究：如乡风文明（温铁军，2009）、村容整洁（林毅夫，2010）、生产发展（胡拓坪，2009）、新型农民培育与增收（姜长云，2006）；（2）乡村建设与金融支持尤其是农村金融支持二者关系之辨（汪洋，2005）；（3）乡村建设中金融支持的属性研究，主要集中在农村金融机构与组织的市场性与政策性之争；（4）乡村建设中金融支持的突出问题、政策效果与具体思路研究。其中，段斌杰（2010）、冯庆水和王伟（2010）等诸多学者主要集中在对金融支持乡村建设中的瓶颈和困境进行研究，且大多学者认为，在农村金融支持乡村建设的实践中，普遍存在着农村信贷资金离农外流（周振和伍振军，2015）、支持效率缺损、支持体系不完善、政策绩效不明显、支农效率低下等诸多现实问题；（5）自乡村振兴战略提出以来，农村金融作为乡村振兴战略推进的保障机制，金融支持乡村振兴也成为学术界研究的焦点。关注点：一是基于乡村振兴战略背景下我国农村金融供给侧改革深化（廖红伟和杨良平，2019）与改革路径优化研究（谢平和刘海二，2019；孙同全和冯兴元，2019；刘晓东和陈江，2020；张洁妍和陈玉梅，2019）。二是农村金融如何回归服务“三农”本源与农村资金回流机制研究（田杰，2020；程郁，2019；韩汉君和王玉，2018），于忠龙和张家华（2018）提出应以法治化推进农村金融增量利益关系的再平衡来推动农村金融回归服务“三农”本源。三是农村金融法律与制度完善研究（郑鋐，2018；丁佳，2019；何文强，2019），余红永（2018）认为农村金融立法层级过低、定位不清、内容错位，亟需明确农村金融立法应当以服务“三农”为根本的金融立法逻辑，为服务乡村振兴提供法治保障（李蕊，2022；杨皖宁，2019；孙同全和冯兴元，2019）。

（四）金融支持西南民族地区乡村发展研究

由于农村金融研究领域的方向性所限与西南民族地区地域范围的特殊性与个体性，聚焦在西南民族地区金融与乡村发展领域的相关研究相对有限，且研究内容集中在三个方向。一是采用区域金融评估指标对民族地区的宏观金融生态进程量化测度研究，以某个西南民族地区省份为研究对象（徐宁，2017）或以整体西南民族地区为样本。廖群云（2005）认为，民族地区经济发展的最大困境来自金融支持弱化，且金融资源缺乏内聚机制。中国人民银行成都分行课题组（2006）认为，西南民族地区金融供给以在存款规模上占有绝对优势的农信社为主导，而对于手续简便快捷、无需担保和抵押的民间借贷活跃，农户参与度高。由于自然条件复杂多变、生产技术低、教育水平落后、司法不健全等因素导致农村地区金融生态运行绩效低、资金流失严重的区域性特点。郭利华和任姝雯（2017）、斯琴塔娜（2018）等认为，民族地区金融抑制程度严重，金融发展水平远落低于全国均线，资本市场发展滞后、高度依赖间接融资。王曙光和王丹莉（2019）认为，边疆民族区域的金融服务与乡村振兴需求存在较大差距此外，民族地区民俗文化、生活形态各异使得民族地区金融服务需求多样性明显。

二是关于西南民族地区农村信用社与微型金融机构研究研究。雷志坚（2010）认为，农信社在西南民族地区是落实国家发展民族地区经济政策、推进民族地区新农村建设与构建和谐社会不可替代的农村中小金融机构，但由于其服务对象的弱势性、支持产业的低效性，机构点多面广、基础设施落后等特殊性，难以达到与商业银行实行统一的监管标准。戴婧妮（2017）认为，作为唯一的在农村经济落后的民族地区农村区域的金融供给主体，农信社原有供给的金融服务极为不足，在农信社股份制改革呈现“非农化”倾向后出现了较改革前更为严重的信贷排斥。杜丽君（2019）认为，民族地区的自然历史环境较为特殊，区域经济社会发展滞后，导致民族地区的农村金融机构涉农业务成本高企，加上农村地区的信用体系缺失，农户金融信用意识淡漠，极大地推高了中小型农村金融机构开展涉农业务的风险与运行成本。罗剑朝和杨凌（2019）认为西南民族地区农村普惠金涉农金融机构少、金融服务供给不够、金融服务覆盖不均衡，尤其是老少边穷地区、“小弱散”农户及特殊群体甚至存在较强的自我金融排斥，逆向资金流动现象普遍而常态化。

三是关于金融支持与西南民族地区扶贫、脱贫（杨梦源和李辉，2019；刘利，2019），金融支持与西南民族地区农业现代化（董晶珣，2017）、城镇化研究（周宇锟，2013）、普惠金融发展研究（王曙光和王丹莉，2018）。郭利华等（2018）认为，由西南民族地区的自然地理、经济社会、边疆区位等因素导致的区域特殊性是其陷入深度贫困的内因，尤其是贫困发生率高度集中的“三区”“三州”的破解路径是依然是金融支持。

三、金融机构社会责任相关研究

（一）企业社会责任研究

自谢尔顿提出“企业社会责任（CRS）”概念（Sheldon，1924）后，1931年，美国学者贝利和多德就企业是否应该承担社会责任的辩论使企业社会责任理念开始见诸学术界，此后经过鲍恩、卡罗尔、弗里曼等学者的研究，企业社会责任理论已然形成一个丰富而成熟的理论体系，先后集中在企业社会责任概念与内涵研究、企业对社会责任理论响应研究（包括企业应履行哪些社会责任即企业社会责任的内容研究、企业应如何履行社会责任研究）、企业社会责任绩效与财务绩效之间的关系研究、企业社会责任的影响因素与企业社会责任标准体系等领域的研究。

综合各类文献中关于企业社会责任的内涵最具代表性的观点，大体可分为三类：第一类观点将企业社会责任定义为“社会对企业所寄托的经济、法律、伦理以及企业自行慈善的期望与义务，包括经济责任、法律责任、伦理责任和慈善责任”（Carroll，1979）；第二类观点认为，企业社会责任是企业与其相关的社会群体之间形成的一种规范各方的权利和义务的契约，它既包括明确的法律契约，也包括隐性的非法律性质契约（Elkington，1997；Berman，2000；Rowley and Berman，2000）；第三类观点认为，企业社会责任是企业在制定政策或遵守行为准则的过程中应满足社会的价值观和目标（Bowen，1953；Davis，1960），也是企业通过自我管理满足其多个利益相关者要求的能力（Wood，1991）。此外，在行业机构领域中，世界银行集团认为，企业社会责任是企业价值观、企业与利益相关者的关系、企业遵守法律及社区、环境、消费者等相关的政策和实践。

20 世纪 70 年代后，企业社会责任理论领域的研究焦点集中在“企业通过何种途径与方式承担社会责任”与“企业应承担的社会责任所涵盖的具体内容”，这标志着理论领域中对“企业应该承担社会责任”的观点获得了普遍的认可和支持。学者们试图对企业的社会责任内容进行了更准确的定义（Carroll，1979；CED，1971；Johnson，1971；Murray，1976；Votaw，1973）。Murray（1976）、Votaw（1973）、Drucker（1984）、Wood（1991）等学者基于利益相关者、长期利润最大化、效用最大化对企业社会责任的内容进行较前期的概念研究更为系统与精确的定义。Carroll（1979）开创性地提出了被广泛应用的“金字塔”模型，认为企业社会责任的内容由经济责任、法律责任、伦理责任与慈善责任等四类责任构成，并从下到上形成一个“金字塔”模型。Wartick 和 Cochran（1985）认为，在金字塔模型基础上还应形成社会责任原则、社会响应过程以及相应的政策等内容。Clarkson（1995）在企业社会责任理论内容研究中引入了利益相关者理论，Wood 和 Jones（1995）认为，利益相关者理论明晰了企业履行社会责任的对象主体的问题，企业社会责任的执行情况可以通过企业与其相关者利益之间的关系来进行衡量与判定。此后，较多学者基于利益相关者理论对企业社会责任内容进行了新的维度拓展与模型构建，例如 Berman（1999）、Rowley（1997）、Lee（2008）等。Schwartz（2003）提出经济责任、法律责任、伦理责任与慈善责任内容存在相互交叉部分的交叉圆模型。美国经济发展委员会（CED，1971）提出企业社会责任同心圆模型。Jamali（2007）、Schwartz 和 Carroll（2003）、Lantos（2001）等学者认为，企业社会责任内容还可以分为强制性责任与自愿性责任。

20 世纪 80 年代开始，学术界对企业社会责任与商业伦理之间的关系逐渐转向为企业社会责任与企业绩效之间的关系、企业社会责任的影响因素以及企业社会责任标准体系等领域的研究。其中，较多的理论研究聚焦在企业社会责任与其财务绩效之间的关系上，并广泛地运用了实证检验的研究方法，从多个行业的实践数据中检验企业承担社会责任是否对其财务绩效造成影响以及影响的程度，基于此形成了企业是否应该履行社会责任的实证依据。因此，研究方法也从以规范研究为主转向以实证研究为主。Chih 和 Chen（2010）、Kostovetsky（2014）、Lee（2008）等学者提出财务数据分析法、环境指数测量法、统计调查法、专家声誉评价、专业机构权威数据库评价等评估企业履行社会责任业绩的方法。Chow（1987）、Purushothaman（2000）等学者认为企业规模是其履行社会责任的重要影响因素，另外，行业所属领域（Campbell，2006）、资本结构的优劣（McGuire，1988）、股权结构（Haskins，2000）、竞争战略与公司治理（Simon，2001；Eng and Mark，2003）等因素亦会影响企业对社会责任的履行意愿与程度。McWilliams 和 Siegel（2000）、Konar 和 Cohen（2001）、Porter 和 Linde（1995）、Laszlo（2003）、Barnett（2007）、Kanter（1999）、Kotler 和 Lee（2005）等较多学者均认为，企业社会责任与企业财务绩效二者之间呈正相关关系，即，企业履行社会责任可提高其自身的财务绩效。从企业社会责任理论研究的脉络发展来看，在过去的 60 多年中，学术界对企业社会责任的研究不断提出新的问题、衍生出新的研究方向、开拓出新的研究领域，企业社会责任的研究内容因而越来越丰富成熟，也逐渐成为融合经济学、管理学、伦理学与社会学等学科的重要研究领域。

（二）金融机构社会责任相关研究

近十年来，企业社会责任研究的行业与领域的具体化问题逐渐成为各学科理论研究的趋势，企业所处行业各异，企业类型各异，其承担的社会责任的内容、方式亦有所不同，结合行业环境进行具体性研究。金融机构的社会责任是企业社会责任理论在金融业范畴的应用研究。国外对金融企业的社会责任研究主要基于金融行业的实践，包括金融业的环境问题、社会风险等问题，并且主要集中于社会责任构成中的“环境责任”维度，也称为“环境金融”“低碳金融”与“绿色金融”。金融机构社会责任研究的对象大都是大型商业银行，具体是以加入赤道原则（Equator Principles）的大型商业银行为研究样本。现有文献对赤道原则下商业银行履行环境责任从三个角度展开研究：一是商业银行履行环境维度社会责任的状况。Weber 和 Scholz（2008）通过对 50 家欧洲样本银行的研究，认为大多数欧洲银行已将环境风险纳入其内部信贷风险评价体系；二是已经对加入和尚未加入赤道原则等国际社会责任准则的商业银行经营绩效等相关发展指标进行对比分析，例如，Cowton 和 Thompson（2000）、Wright 和 Rwabizambuga（2006）、Scholtens 和 Dam（2007）、Olaf（2012）等人认为，"赤道银行"比"非赤道银行"更加重视自身可持续发展，在利益相关者维度、商业伦理责任与社区关系方面表现较非"赤道银行"要相对出色；三是加入赤道原则的商业银行等金融机构履行环境等社会责任的效果研究。Scholtens（2009）、Hoepner 和 Frguson（2010）、Versclloor（1995）、Moore（2001）、Simpson（2002）、Bauer（2005）等诸多学者采用大量的样本银行数据进行实证研究，其研究结论均支持"赤道银行"履行社会责任的程度、水平与其财务绩效之间呈现显著的正相关关系。例如，Scholtens（2009）通过对 32 家大型赤道跨国银行履行社会责任的数据样本进行实证分析，支持样本银行（"赤道银行"）的社会责任履行效果评分与公司财务呈显著正相关关系。2009 年次债危机的爆发引发了对"大而不能倒"（Too big to fail）的金融机构为追求利润丧失自律与道德而导致金融危机暴发的社会责任问题的思考，引起了学术界对"大而不能倒"的金融机构应该承担什么样的社会责任、如何承担社会责任的热议。

20 世纪 90 年代，基于西方企业社会责任理论框架，企业社会责任研究在国内学术界逐渐兴起并成为管理学、经济学、法学与伦理学等诸多学科领域的研究热点，聚焦于五个方向：（1）综合梳理与述评企业社会责任理论研究的脉络演进与前沿动态（卢代富，2001；陈宏辉和贾生华，2003；章辉美和赵玲玲，2010；肖红军和李伟阳，2013；田祖海和叶凯，2017）；（2）企业社会责任的内涵、维度、特征、理论基础和责任边界研究，如石军伟等（2009）、贾兴平和刘益（2014）、李伟阳和肖红军（2011）；（3）企业社会责任与经营绩效、公司治理、财务绩效等关系研究（陈可和李善同，2010；张召国等，2013；于洪颜，2015；王化中和李超，2020）；（4）企业社会责任信息披露的制度与法律研究（朱松，2011；吉利等，2013；杨力，2014；钱明等，2016；袁利平，2020）；企业社会责任发展评价体系与模型研究（金立印，2006；黄群慧等，2009；肖红军和许英杰，2014）；（5）企业社会责任价值与股价价值变动、企业竞争力之间的关系研究（权小锋和吴世农，2015；王清刚和徐欣宇，2016；李文茜和刘益，2017）。

国内对金融企业的社会责任研究主要涉及五个方面：（1）金融企业社会责任的概念与内涵界定、履行现状研究。综合崔亚鹤和袁晋芳（2005）、张长龙（2006）、朱文忠（2007）、龚将军（2007）、田春雷（2011）、李蜀晖（2013）、姚钊松（2015）、睢立军和李婷（2016）等学者的观点，金融企业（银行业）除了自身经济效益外，还应承担社会民生、经济环境协调持续发展的社会责任，如法律责任、环境责任、道德责任和慈善责任。刘志云（2019）认为，“创新、协调、绿色、开放、共享”五大新发展理念要求金融机构承担社会责任，并进行金融机构社会责任具体制度立法实践。（2）较多学者以商业银行尤其是大型上市商业银行为研究标的开展社会责任研究，包括商业银行社会责任的定义及其履行社会责任的必要性与意义研究（龚将军，2007；贾玉琪，2007；朱文忠，2007；徐君，2008；曹涌涛和王建萍，2008；陈雁和朱文忠，2007；张长和曾思薇，2007）；商业银行履行社会责任的对策研究（何德旭和张雪兰，2009；施其武，2006；黄苏华，2009；何德旭和张雪兰，2009）；关于大型国有商业银行履行社会责任与其财务绩效之间的关系研究，较多学者基于利益相关者理论框架进行实证研究，得出的结论大都支持金融机构履行社会责任正相关关系，即金融机构履行社会责任可显著优化其财务行为、提高其财务绩效的观点（睢立军和李婷，2011；朱明秀，2011；孔俊杰，2012；乔海曙和谭明，2009；殷世波等，2014）。（3）伴随着绿色金融在国内理论研究领域的兴起以及绿色金融政策与实践的推进，环境责任成为金融机构履行社会责任的聚焦点，主要包括我国绿色金融体系的构建与长效机制的探索（马骏，2015；王修华和刘娜，2016）、绿色金融与社会责任、金融可持续发展（詹小颖，2018）、绿色信贷与绿色债券等绿色金融工具研究（詹小颖，2017）。

（三）农村金融机构社会责任研究

发达国家对“微型”“社区”及“农村”类金融机构社会责任的文献主要基于成熟的业界实践经验。在始于20世纪初期的美国农场运动中，乡村金融机构定位于服务乡村社区居民、家庭农场与家庭消费，不单以财务营利为目标，兼顾扶持小初创企业等社会责任实现（Angora，2009）；在20世纪70年代的日本“造村运动”与韩国“新村运动”中，日、韩乡村金融机构在履行社会福利责任的同时高效地促进了区域经济发展（Nawaz and Lqbal，2015）；法国通过带有福利色彩的农业金融体制约束其乡村金融企业较好地履行其社会责任（Hermes，2011）。同时，伴随着发展中国家农村金融的发展实践，农村微型金融机构在市场运行中出现了定位目标偏差，在追求利润最大化与“支农”、“支小”、支持社会弱势群体目标产生了较大的分歧。一些学者认为，农村金融机构应以商业利润和财务可持续发展为运营目标，通过监管机制可以为更多的向弱势群体提供服务。Magereete（2002）认为，农村金融的重点服务群体是其储户以及具有一定的资信能力的人，尤其是对具有自我发展能力的穷人提供资金支持来帮助其摆脱贫困。Kobeissi（2008）认为，美国《社区再投资法案》成功地以监管机制促使农村金融机构履行社会责任，银行类金融机构是金融资源配置的重要渠道，牵引着社会经济结构的发展和演化，政府监管对银行业发挥社会功能尤为重要。

邓建军（2010）认为，农村金融机构践行社会责任、正确履行农村金融资源配置功能具有显性的正外部性。张运书和高毅（2013）认为，农村金融机构兼具“经济人”与“社会人”属性，以履行社会责任为载体的社会理性应约束其经济理性，亟需对农村金融机构社会责任进行硬法规制。李喜梅（2009）指出农村金融机构履行社会责任的过程是政府、股东、债权人及服务对象等多方主体博弈的过程。但由于机制与法律的缺失及其自身的诸多因素限制，在逐利的环境下，较多的新型农村金融机构会选择采取不履行或无法履行社会责任的行为，农村金融机构社会责任意识不足（李明贤和樊英，2010）。杨娴婷和杨亦民（2012）指出，农村金融机构的“经济利益”目标与“社会责任”目标双重目标之间的矛盾亦是其不履行社会责任的矛盾之源。刘叶云（2015）认为我国农村金融机构与组织并未承担起政府实行的农村金融政策所预期的、有效的服务“三农”的社会责任。王小华（2021）提出农村金融服务乡村振兴战略必须强化金融机构责任担当，践行ESG责任理念（环境、社会与公司治理），以此推进农村金融机制创新。

近年来，有部分研究提出“农村金融权”概念，例如，季志伟（2014）从制约农民金融权益实现的涉农金融政策问题、农业金融机构问题等角度揭示“三农”贷款难问题的根源；余红永（2015）、郑鈜（2018）认为，农民金融权威为核心的农村金融立法是解决长期困扰我国新农村建设的“三农”融资难问题的关键，美国、德国等典型国家的农村金融立法提供了成熟的立法经验借鉴；于忠龙和张家华（2018）认为，农村金融回归本源的法治保障是农民金融权的实现，农民基于弱势群体应该享有金融权或金融发展权，其权利属性是一种关乎农民生存与发展，但在我国农民金融权仅仅是一种应然权利而非法定权利。"农民金融权""农村金融权"等概念的提出及对农民金融权利的研究是对当前我国农村金融未能充分履行服务"三农"的社会责任问题的法律解决途径。较为遗憾的是，关于农村金融机构社会责任的明确定义、内涵界定、内容维度以及农村金融机构履行社会责任的路径等在既有研究中均没有涉及。

四、既有研究的贡献与局限性

（一）既有文献的价值与贡献

纵观既有研究文献体系，企业社会责任、农村金融、金融支持乡村发展、民族问题等相关领域的经典研究成果为我国金融支持乡村振兴战略研究奠定了丰厚的理论和实证基础，诸多研究成果为本研究的开展与执行提供了系统的理论基础与可行的研究方法借鉴，具有宝贵的参考意义和指导价值。

1. 企业社会责任理论相关研究的指导意义

近一个世纪企业社会责任理论研究不断提出新问题、衍生出新方向、开拓出新领域，企业社会责任理论、履责理念成为融合经济学、管理学、伦理学与社会学等学科的重要研究领域，企业履责与财务绩效二者关系研究的新发展对本研究构建农村金融机构社会责任体系、研究农村金融机构社会责任目标与财务绩效目标关系具有不可替代的理论与实践指导价值。

2. 农村金融机构社会责任相关研究的指导意义

较为零散的农村金融机构社会责任研究成果为开拓金融支持乡村振兴战略社会责任研究范式提供了研判参考与思维视角，在此研究基础上，对农村金融社会责任研究的学术概念、理论溯源、系统性内涵、操作性应用价值等领域进行接续性的深化研究，成果观点与思想支持有助于拓展本领域的学术空间和研究视野。

3. 金融支持乡村发展相关研究的指导意义

金融发展理论对世界难题"农村融资"研究的动态与趋势有助于金融支持乡村振兴战略社会责任研究的背景理解、经验事实归纳等基础性研究支撑，为金融支持西南民族地区乡村振兴战略社会责任研究中的方法论思路、优化策略等个例研究提供理论研究工作基础与成果积累，是金融支持西南民族地区乡村振兴战略社会责任研究的重要现实基础。

同时，我们发现，国外研究文献中极少有针对金融支持我国乡村发展的直接研究，由于资源禀赋、制度与市场、社会结构与环境特征等诸多因素相异，我国金融对乡村发展的支持在实践路径、实现机制、机构主体、支持效率等方面同其他发达经济体相比存在较大的国情差异，因此，对我国农村金融支持乡村发展的研究还须立足国情和本土乡村区域发展特征，以进行借鉴参考与反思。

（二）既有文献的局限与拓展方向

相较于丰硕的宏观层面的农村金融研究成果，关于农村金融机构社会责任及其治理研究并不多见，为数不多的研究依然停留在“农村金融机构的社会责任是什么”阶段，相关研究内容局限于农村金融机构履行社会责任的必要性、重要性、现状和法律基础，以及对农村金融机构社会责任意识的定性判定，而对农村金融机构社会责任的内涵尚未出现明确清晰地界定，更未形成体系框架。另外，学界大都以整体层面的金融机构为研究样本，其中最主要是以大型上市商业银行为对象进行社会责任研究，该类文献并未针对农村金融机构的特殊属性进行社会责任的细分，没有系统地认识到乡村发展中乡村金融所具有显著的“社会责任”属性。

综上所述，现有研究还存在以下需拓展之处：

（1）既有研究主要基于农村金融市场化治理研究视角，强调农村金融应遵循“资金趋利”的自由市场化规律，支持金融支农也应采取商业支持模式和业务运行模式的论点，忽视了农村金融还应兼顾“三农”社会责任这一内在职能与政策属性。而世界发达国家的农村发展历程与我国长期的金融支农的实践表明，在市场失灵与政策环境复杂农村金融环境下，单一的市场化治理无法有效解决“三农”发展、实现乡村振兴世界性融资难题。

（2）既有研究成果并尚未形成清晰的学术概念，农村金融机构社会责任内涵、社会责任内容界定，学术界对农村金融机构社会责任概念的提法多样化，常见“政策性目标”“社会效益目标”“服务‘三农’目标”等措辞，缺乏明确、清晰与系统的学术界定。而在实践领域，我国相关监管部门对农村金融机构应承担的社会责任和应实现的社会责任目标的表述与内容的界定也较为零散、笼统与模糊，例如“服务‘三农’”“扎根‘三农’、“支持‘三农’的主力军”“回归支农本源”等表述。监管部门对乡村金融机构应承担何种责任、实现何类目标均为笼统的表述，如服务“三农”，尤其是对其社会目标“服务‘三农’”或“植根‘三农’”的界定模糊，不利于对农村金融机构社会责任绩效进行精准地监管与评估。

（3）关于金融机构的社会责任研究，现有研究大都以整个金融机构或整个银行业层面为主，且主要集中在对大型、全国性的上市商业银行（四大国有商业银行）的研究，在此思路下以单个金融机构为主体而构建社会责任评价体系，而且评价标准各异。综合观之，既有文献研究中尚未出现针对农村金融机构为主体构建的社会责任评价体系，更鲜有从农村金融社会责任的约束机制视角来研究金融支持“三农”发展和乡村振兴的理论研究。因此，本研究将在现有理论框架与研究体系的基础上，论证提出乡村金融的社会责任的观点并阐明其理论内涵，构建乡村金融机构社会责任指标体系，进行社会责任约束下的乡村金融支持“乡村振兴战略”的机制设计与政策逻辑优化，从研究与应用的视角和思维出发试图实现理论研究的范式创新与金融支持乡村振兴实践效果的显著提升。

第二章

金融支持乡村振兴战略社会责任理论基础与分析框架

货币金融理论源远流长，金融发展与经济增长二者之间的关系成为数百年来经济学理论研究领域历久弥新的核心课题。金融支持乡村振兴是金融发展与经济增长理论、农村金融理论、乡村发展理论研究领域的交叉点，而企业社会责任理论与社会分配正义论、伦理学、公平论构建了金融支持乡村振兴战略社会责任研究范式的理论基础与依据体系，亦是在经济学、社会学与管理学等交叉学科的语境下追溯金融支持乡村振兴战略社会责任研究范式的理论逻辑与理论渊源。金融支持乡村振兴战略社会责任的研究范式深刻地体现了在新时代我国经济社会转型、分化的发展进程中，农村金融的本源及其对乡村振兴与“三农”发展的基础性作用。

第一节　金融支持乡村振兴战略相关理论

货币金融理论体系由古典学派的货币中性理论、货币创造与经济发展理论、货币调控理论等传统理论与金融深化理论、金融约束理论等当代货币金融理论构成，哈罗德—多马模型、内生经济增长模型两大经典的经济增长模型构成了金融与经济增长关系的理论体系根基。其中涉及农村发展和农村金融经济运行的部分主要包括：农业融资理论、农村金融市场理论与不完全竞争市场论三种农村金融发展理论以及农村金融抑制与深化理论，这些理论从不同的角度论述了货币金融与农村经济发展的关系，是我国农村金融改革、制定实施金融支持“三农”政策和当前乡村振兴金融支持的相关指导性理论。

一、乡村振兴与发展理论

乡村振兴的理论本质即是乡村发展，由于乡村发展涵盖的内容繁多、体系庞杂，乡村发展一直以来是一个涵盖经济学、社会学、地理学等多个学科的跨学科、交叉性、多元化的学术研究领域，关于乡村发展相关问题的研究分散见诸于农村经济学、农村社会学、农村地理学等学科领域。20 世纪 70 年代后，国外关于发展中国家的乡村社会发展的理论体系大都侧重于“消除贫困、实现公平、增加收入”，其中，“经济基础决定上层建筑”规律使得乡村经济发展成为乡村发展研究体系中最为重要的研究领域。

（一）乡村的多学科范畴界定

1. 社会学关于乡村的范畴界定

乡村的发展是动态的，世界各国的乡村发展均历经着不同发展周期的演化。农村社会学认为，伴随着农村地域的模糊性、变迁性与社区特征的退化，“农村”概念的理论外延突破了其内涵而逐渐被更能刻画出动态、具体与综合的“乡村”概念所取代。回溯我国 20 世纪 30 年代“农村”概念的起源，主要来自于西方国家的“rural sociology”，“rural”有“农村的”和“乡村的”两种本义，我国学界在引进时使用了“农村的”这一概念。社会学家冯和法先生认为，“农村”也可称为“乡村”，但“农村”概念可以突出更宽泛的地域范围内人民共同生活的特征。美国大多数社会学家对“农村”概念的界定大致相近，将乡村特征归纳为以农业生产为主要经济基础、人口密度低、聚居规模较小、社会结构相对较简单与类同、居民生活方式及景观上与城市有明显差别的特定区域。如，社会学家吉勒特（Gillette，1916）认为农村社会是“一部分人居住在人口密集度低、面积广的区域，且生活与生产方式相同，从事的实业是农业收获，社会组织少而简单，并被空间和生产方式支配”；社会学家布尔（Burr，1965）认为农村社会是一个农业区域的人群，居住在一个农业面积上，从事团体合作的活动。

20 世纪 70 年代前，我国“农村”概念的外延涵盖农作物种植业、林业、渔业、畜牧业等，农业经济依然是主导经济形态，这是典型的以“大农业”

为主业的“农村”概念。20世纪80年代伊始，我国农村产业结构出现了显著的变化，乡镇企业兴起与发展，因此，一些社会学领域的学者认为，诸如“工业村”“建筑村”和“商业村”等专业村不再隶属于“农村”社区概念，而主张用“乡村”的概念囊括“大农业”与发展第二、第三产业的非农社区。与此同时，我国的乡村在行政地理划分上亦是指县城以下的广大农村地区，产业结构以农业为中心，从事农业生产和农民聚居的地域，具有生产力水平低下、经济发展落后、流动人口较少等特征，与学术界的理论划分相符合。伴随着城镇化、工业化和信息化等现代社会发展战略的推进，我国乡村与城市之间产生了资本、技术、信息、人口等生产要素的双向流动与交换，在此趋势下，乡村逐渐改变了传统的相对封闭与单一的发展模式，逐渐呈现出开放与构成要素多元化、复杂化的特征。在此发展背景下，乡村社会学认为乡村是一个涵盖城市地域范畴以外的一切空间地域系统，由自然、经济、社会、政治、文化职能因素等相互依赖、相互完善、相互制约所形成的具有综合性、系统性和层次性特征的社会经济体。从物质性内容形态上看，它包括地理空间、外在景观、人口分布、生产方式等内容，从非物质性形态来看，它包括经济形态、政治体系、民众社会感知、道德习俗、价值观文化等内容，因而其范畴的界定更加立体化。

2. 地理学关于乡村的概念界定

乡村地理学研究的重点领域包括空间结构形态于空间分异、乡村地域系统、村聚落类、乡村分区规划和景观、人口学特征研究，如人口数量、分布和密度及社会公正研究。综合概之，乡村地理学认为，乡村是在一定的地域范畴内，乡村是在一定的地域范畴内所形成的复合系统，该系统由地理空间、人文社会、文化习俗等若干紧密联系、作用相融的要素所构成，其中地域结构特征与社会功能突出（龙花楼等，2017）。部分观点着重强调乡村作为空间系统的特征，例如，乡村是由村庄、集镇以及其他形式的行政区域组合而构成的系统、多层次的空间系统（石忆邵，1992）。由于地域空间和发展模式不同，自然资源禀赋、经济发展程度、区位条件、文化习俗及人口资源等要素在乡村发展中的功能各异，其中，“人口”“土地”“产业”三要素相辅相成，共同构成了乡村系统在发展演化中的三大核心要素，作为我国基本国情集中体现的“三农”问题，是地理学领域的研究焦点。

3. 经济学关于乡村的范畴界定

与乡村社会学与乡村地理学有所不同的是，农村经济学依然采用“农村”

这一学术概念的表述，但农村经济学认为乡村又可同等为农村概念，是以农业为经济活动基本内容的一类聚落的总称，农业与乡村经济发展是乡村发展的核心内容与要素，由于乡村其他各类行业均为农业服务、与农业生产相关，因此，较为常见的将农村经济的主体范畴等同于农业。同时，国外学术研究领域多见将乡村经济学与农业经济学二者相等同，因此，在对乡村发展、乡村复兴等问题的研究中，农业发展是主要研究领域。

（二）乡村振兴的多学科理论描述

从语义上来看，“振兴”的反义词是“衰退”，乡村“振兴”不仅是乡村发展，还应是乡村“复兴”，即在乡村衰退的基础上的重建复兴。快速城镇化进程中的乡村经济社会衰退、乡村地区呈现空心化乃至衰退和消亡是一个世界性的普遍现象，通常表现为乡村聚落的人口老龄化、就业机会缺失、生活条件差、公共服务（饮水、医疗 资源等）缺乏、贫穷与低收入并存、农业地位相对下降与地方市场规模小等现象。

1. 社会学对乡村振兴的理论描述

乡村社会学认为，乡村复兴是一个涵盖了错综复杂的社会关系和社会生产力的社会问题，涉及乡村经济与生产关系、社会权利结构与意识形态、社会秩序与治理等多个层面的乡村社会问题。近 30 年来，国外学术界关于乡村社会学研究的脉络先后经历了从现代主义向新乡村社会学、乡村文化的演变，其中，对乡村复兴内涵的界定中，具有代表性的观点认为乡村复兴既包括乡村经济发展、社会形态结构演进、政治制度组织形式等方面的变革，也包括乡村社会中的单个主体层次和部门的变化发展（Eva，1997）。此外，也有观点认为，乡村复兴是一个政治现象，乡村实现复兴才能保障乡村社会稳定的秩序，政府在治理乡村衰退上有着不可推卸的责任和义务。政府应通过实施一系列助推乡村经济社会发展的措施与手段，扭转乡村经济衰退局面，降低乡村人口持续下降趋势。在乡村复兴的治理手段中，较多学者均强调通过农民的自觉和自助行动来阻止乡村衰退、达到复兴的目标。

2. 地理学对乡村振兴的理论描述

地理学对乡村复兴内涵的描述为通过对乡村空间系统进行重新规划、对乡村环境进行重塑、对乡村地区的景观进行再造的社会经济重塑的过程（Woods，1993），而乡村空间由乡村地理区域、乡村表征和乡村生活三个相互交叉关联的层次构成。因此，地理学对乡村复兴的研究主要集中在三个方面：乡村空间的规划调整、土地的再利用及乡村环境与景观设计。乡村复兴的核心内容是重新规划乡村空间，要实现乡村复兴目标，除乡村区域划分之外，还应重塑乡村表征关系，并关注乡村生活的变革，包括乡村发展的政策制度、热点问题、突发事件、乡村社会权力结构的变迁。

经济学对乡村振兴的理论描述。经济学对乡村复兴的描述集中在农业与农村经济的发展上。Schultz（1694）在《改造传统农业》中提出，乡村复兴内涵在本质上是农业经济实现复苏并出现质的飞越，即形成现代化发达的农业体系，并认为乡村经济的复苏必须依靠政府制度设计与政策体系实施，各级政府通过采取行动防止农村产业衰退、缓解乡村人口迁出、维持乡村社区功能的正常运作，但解决乡村凋敝趋势的根本手段是恢复农业发展的生机。乡村经济学对乡村复兴的研究重点集中在农业与农村经济的复兴领域，并将农业经济与农村经济的发展程度视为乡村复兴实现的判断标准，因此，乡村复兴的本质是农业的发展、农村经济的复兴。

以上社会学、地理学与经济学等学科领域对乡村振兴内涵的理论描述，均支持乡村复兴是一个动态演化与发展过程的观点，乡村振兴与乡村复兴是乡村从衰退、凋敝的状态向健康、可持续发展、恢复生机的改进与发展过程。因此，乡村复兴是一项涵盖了乡村经济、产业、政治、秩序、生态、地理空间及各种外在表征的系统工程，这项工程的开展需要政府的制度设计与政策实施来实现，乡村实现重构和复兴是一个渐进、累积与发展、演化的长期过程。尤其是在发展中国家，农村经济社会被纳入国民经济社会发展的核心领域。因此，尽管乡村衰退是一个国际性现象，但在我国有着农业大国特殊的本土性与国情特征，我国人口众多，所处的发展阶段和特殊国情决定了农村人口迁移、农业经济社会发展的渐进性和反复性，完全依赖城镇化而任由乡村衰退并不是一个最优的发展路径选择，乡村振兴是当前对我国农村经济社会发展做出的最优复兴路径选择。

（三）乡村振兴的经济学内涵

乡村振兴的本质是乡村发展。在社会科学研究领域，诸多学者认为，乡村发展是对乡村地区开展综合、系统性的建设并取得进展，乡村建设包括了乡村经济发展、乡村社会政治秩序以及乡村生态、空间、文化等方面的综合建设。按照发展社会经济学，“发展”这一概念定义为一个国家或某个社会摆脱经济贫困与落后，实现现代化与工业化的渐进与连续的过程，社会与经济均达到可持续发展状态。乡村发展则是指乡村从落后的农业经济状态向现代化农业转化的动态过程，这一过程还涵盖乡村社会演进与乡村空间的重构。从其内涵来看，乡村发展由经济发展、社会发展与空间地域发展构成。（1）乡村经济的发展。乡村经济以乡村产业为载体，乡村产业的核心支柱是农业，农业内部的三产融合也是其重要的产业增长点，因此，乡村经济的发展实质上是农业的发展以及农村第一、第二、第三产业结构的优化。（2）乡村社会的发展，由经济、政治、生产方式改变而引致的乡村社会文化、价值观、生活方式等社会变革。（3）乡村空间与地域的发展。优化乡村地域空间结构，对空间格局进行调整，实现乡村空间的功能提升。尽管各学科关于乡村发展的内涵主张略有异同，综合起来，乡村发展的内涵包括地域空间发展、经济发展和社会发展三个维度，其中，乡村发展的根本是乡村经济向更高阶段的发展。

世界银行认为，乡村发展是为改善乡村贫穷人民的社会经济生活为目标而采取的策略或手段。乡村发展的具体表现为乡村生产率的提升、生产规模的扩大、就业的增加、可用土地的充分动员、劳动力及资本的激活。乡村发展的利益群体主要兼顾乡村贫困人群，包括小农、佃农和无土地的人群，注重消灭贫穷与分配不均，改善乡村群体生活的价值与品质。乡村经济发展引领着乡村空间发展和乡村社会发展，无论是在自然演化还是在战略规划状态下的乡村发展，乡村经济发展是乡村发展内容中最为活跃的维度，其他维度深受乡村经济发展的牵引和支配。

二元经济理论模型（Lewis，1954）认为发展中国家具有以农业为主的传统乡村经济部门与现代城市工业部门并存的二元经济特征，传统乡村农业经济与现代城市工业经济的生产方式和运行机制不同。在发展中国家，农业的剩余劳动力边际生产率接近于零，农业过剩劳动力向工业部门的非农转移是其摆脱贫困的重要途径，大规模的非农化专业有利于抹平城乡二元经济结构。劳动力由乡村向城市工业的有效转移是实现经济增长的重要机制，而资本积累是推动劳动力由乡村向城市转移的唯一动力，因此，发展中国家应通过机制与手段向城市、工业化部门有效转移农业部门剩余劳动力，以此拉动城市经济增长，同时也能推动农业的发展。费景汉-拉尼斯的二元经济论（Fei and Ranis，1964）修正了二元经济理论模型的假设，通过对三个农业剩余劳动力转移阶段的边际产出进行分析，认为只有农业生产率的持续增长才能保障剩余农业劳动力向工业部门的非农化转移，从而间接推进工业部门的规模扩张。二元经济论的核心观点认为，如果农业发展停滞不前，农业剩余劳动力无法向工业部门进行自动、完全转移，那么，要实现农业剩余劳动力的完全转移，必须要实现农业生产率增长与工业生产率增长保持同步增长，并通过增加农业内部资本积累、提高农业生产技术水平等手段来保障农业生产率的增长，以此实现农业与工业的均衡增长。

乔根森二元结构模型（Jogenson，1967）认为，发展中国家的工业部门增长的前提条件是“农业剩余”与“资本存量规模”，当农业剩余越大，农业劳动力向工业部门提供的劳动力规模就越大，在工业资本积累的运行中，工业部门才能实现较高的增长率。如果没有农业剩余劳动力，就不会出现劳动力向工业部门的转移，因此，对于发展中国家而言，农业在经济体系中的作用巨大，农业发展滞后必然出现“二元经济”结构化倒退，农业生产率的发展则能实现农业与工业的同时增长，从而使“二元经济”结构向平衡与充分发展的高级阶段转化，因此，农业发展是一国实现工业化的重要前提。

施特尔与托德提出的选择性空间封闭理论（Stohr and Toding，1978）不主张将各地方或各区域更紧密地联结以构成一体化经济或各地方、区域闭关自守，而是基于“空间平等”的思想，认为应将发展权向各地区或者区域进行分散分配，降低各区域在空间发展上的诸如生活水平、空间系统上的不平等，并以此作为评价区域发展政策有效性标准。选择性空间封闭理论赋予区域自我规划与选择发展路径的权利，有利于该地区较大程度上控制来自其他地区发展带来的消极影响。

弗里德曼与韦弗（Friedmann and Weaver，1979）的地域式发展理论认为，对区域发展进行规划的方式包括功能模式与地域模式。其中，功能模式以效率为导向，强调最大限度运用区域内部与外部规模经济的实现，从而主张将多个在地域空间上有节点与网络联系的区域规划成一个紧密的区域整体，通过经济活动与空间组织，进行经济增长的共同布局规划，并突出非核心地区对核心城市的支持效应，尤其是非核心区域向核心城市提供源源不断的廉价劳动力与资本来发展其制造业等资本密集与劳动力密集型产业。因此，该理论将发展中国家不能实现城乡发展均衡、区域发展均衡归结于空间系统内区域联系要素的特征不具备高度联结的本质特征，该特征导致加剧了发展中国家城乡不均衡发展的趋势，并一定程度上阻碍了城乡协调发展的“有机”功能经济区的形成。

综合经济学理论体系对乡村振兴的阐述，乡村经济发展是乡村复兴与乡村振兴的根本，而这一过程实质上是发展中国家的农业从生存型耕作的生产方式向市场化耕作生产方式转变、由传统落后的农业经营向发达的现代化农业经营的变革，在此过程中，都将引起城乡发展关系与格局的变动。

二、金融支持乡村发展理论

20 世纪 70 年代以来，国外金融发展理论通过模型分析和理论描述，对金融发展对促进经济增长的作用进行了深入的研究，关于发展中国家的金融发展与经济增长二者之间研究的创新性结论也由此产生（麦金农和肖，1973）。西方金融发展理论研究均赞同大多数的发展中国家面临金融资源短缺的问题，这一问题的形成原因在于资本积累有限而形成渠道不足，同时，发展中国家在金融体系的建设上还不成熟，金融体制脆弱低效，同时缺少有效的社会金融资源动员机制，无法提升金融资源配置效率，从而导致金融资源的配置结构与效率无法满足经济增长对资本投入需求。

农业是广大发展中国家的基础性产业，因此，发展中国家的农业融资瓶颈与农业融资约束问题更加突出，如何缓解与改善农业发展面临的融资约束、优化农村金融生态问题是发展中国家经济体制改革与发展的重要领域。作为发展中农业大国，“农业金融弱质”也是引致我国农业产业弱质的更要根源之一，自 90 年代以来，我国农业内部资金积累有限，外部金融资源供给短缺，金融资源配置效率低下，导致我国农业曾出现较长时期的增长停滞，基于西方金融发展理论的核心思想，金融是我国农业现代化发展转型的关键资源支持要素。

（一）西方金融发展理论

1. 金融发展与金融深化理论

金融深化理论（麦金农和肖，1973）认为，发展中国家经济发展滞后的重要原因是存在不同程度的金融抑制，金融抑制不利于发展中国家储蓄资金的积累与投资规模的扩大，并提出通过消除金融抑制实现金融深化来促进经济发展。发展中国家应放弃金融抑制与管制政策，逐步实现金融自由化，废弃不必要的金融管制与政府对金融体系的过度干预，实施金融深化政策。尤其是要放开利率的管制，实行利率市场化，让利率真正成为市场上资金供求关系变化的信号，由市场机制对金融资源进行自由配置，才能有利于储蓄资金的积累与扩大投资规模，提高投资效益，从而促进经济的增长，形成良性循环。

金融深化理论弥补了一般金融理论缺少对发展中国家特殊的金融发展特征进行分析的缺陷，同时也克服了传统发展理论对金融影响经济增长的重视度不足，并指出金融体系和金融政策在经济发展中具有核心地位。金融深化理论的政策取向既为发展中国家进行金融体制改革与制定实施金融政策提供了理论依据，同时也为发展中国家如何促进资本的积累与形成，并以此拉动经济发展的决策理论依据。金融发展与金融深化理论及其政策取向获得了世界银行等国际性金融机构与组织的赞同，也受到较多发展中国家的政策认同，深刻地影响了广大发展中国家的金融体制改革与金融货币政策的取向。

2. 金融结构理论

金融结构理论认为，一国金融结构的改变是其经济增长的促进关键。Goldsmith（1969）基于经济增长与金融结构关系的研究视角，创造性地运用“金融相关比率”来衡量一个国家金融结构和金融发展水平的存量与流量水平，对全球35个国家在1860—1963年的宏观经济发展与金融发展数据进行实证相关性研究，得出一个国家的经济增长与其金融结构之间呈现出较高的正相关关系的结论，揭示出“金融相关比率越高，金融发展水平就越高，从而经济增长率就越高”这一规律。他认为，金融结构包括现存的金融工具与金融机构组织，金融结构的变化决定了金融发展水平趋势，而金融体制的安排与金融运行机制的效率是在特定的社会环境中促使金融结构变化的关键动力，即较为普及的金融工具与产品创新、存量金融规模的扩大以及金融机构组织的创新发展。

3. 金融约束理论

发展中国家金融自由化政策的实践结果并未达到预期的理想化目标，继而引起学术界对金融与经济发展相关理论进行反思。金融约束理论（Hellman et al.，1997）认为，金融自由化在发展中国家较为特定的低金融发展水平条件下能产生较大的社会福利效应，但是在发展中国家市场失灵的环境下，自由竞争达不到社会的最优结果，需要政府发挥积极作用。政府应采用金融约束政策，诸如控制市场存贷款利率水平与金融机构市场准入等手段，从而协调金融机构与生产部门之间的利润分配，调动社会各部门的生产、投资和储蓄的积极性，以此促进金融深化，从而推动金融发展和经济增长。金融约束理论的核心思想在于重视政府在金融配置资源过程中的调控作用，政府应预测通胀，监管银行存款，控制市场利率水平与金融机构市场准入等约束手段，弥补金融市场自由化的缺陷，维持稳定的宏观经济环境，从而促进金融业的快速发展，在此基础上推动宏观经济快速增长。当然，金融约束论政策是发展中国家在特定时期的特殊性的政策，强调发展中国家市场失灵的特定环境下依靠政府约束来实现金融深化的目标，但市场运行有其内在的规律，政府力量不能代替市场，要实现金融深化，应通过完善金融市场功能、建立健全金融体系、尊重市场规律、结合政府宏观调控监管等途径。

（二）金融支持乡村发展模式

20世纪60年代，基于发展中国家的农业与农村经济发展的实际情况，Patrick（1966）提出农村金融支持乡村经济发展的两种模式，“需求追随模式”与“供给领先模式”。

“需求追随模式”以“金融需求为动力驱动金融发展”为主要特征，认为在农村经济获得显著增长时，农村各部门领域产生更加强烈的金融需求，这种金融需求持续作用于并刺激农村金融体系的优化与完善，而金融体系的逐步优化完善助推农村经济与农产业的进一步增长，再次反作用于农村经济增长，其传导机制为：当经济增长时，其对金融资源的需求进一步扩大，刺激金融机构与组织数量的增加与规模的扩张，促进金融机构的资产负债的多样化，深化金融服务与工具的创新，即金融发展追随金融需求，金融需求引致金融发展（图2-1）。

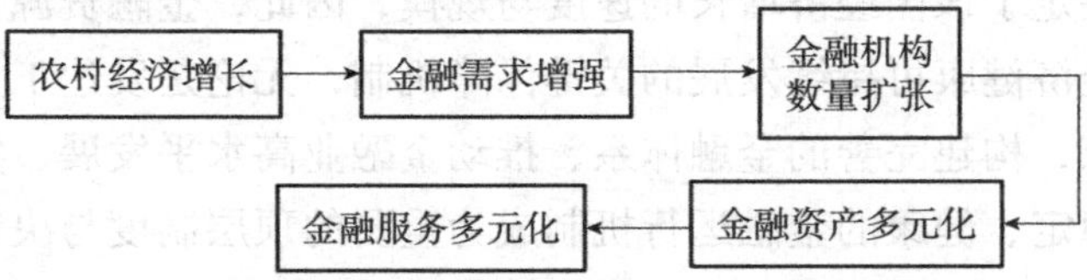

图2-1　需求追随模式传导机制

“供给领先模式”认为，只有实现金融供给的规模、质量的领先，才能促进经济水平的增长，仅当金融供给体系完善成熟、金融机构多样化、金融资源充足、金融服务与金融资产多元化时，才能有效刺激金融需求，产生拉动投资、促进农村经济增长的效应。“供给领先模式”突出金融供给拉动对经济增长的机制（图2-2）。

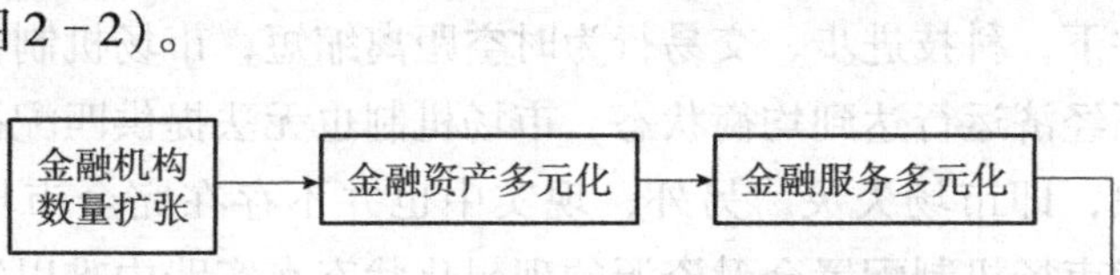

图2-2　供给领先模式传导机制

“需求领先模式”与“供给领先模式”较为系统地描述了在发展中国家农村经济发展的不同时期金融需求与金融供给二者之间的关系。在农村经济发展较为滞后的阶段，存在金融抑制与金融体系不完善等缺陷，不足的金融供给制约了农村经济发展，在这一时期，优化农村金融供给体系能拉动农村经济发展。因此，处于发展滞后时期的发展中国家选择“供给领先金融模式”要优于“需求追随模式”，完善的金融供给体系使社会剩余金融资源能充分动员并转变为储蓄成为可能。值得注意的是，发展中国家在完善金融供给体系的途径上，依赖于政府对金融体系的监管手段，并且政府对金融的管制以及管制的强化在短期内对社会剩余资金的动员是有效的。伴随着农村经济达到下一个新的增长水平阶段，金融需求不足将逐渐转化为金融发展的重点，相应地政府的金融政策制度安排也应由“供给型金融”向“需求型金融”转变。“需求型金融”更多地强调弱化政府的金融管制，充分利用市场化机制在社会储蓄资金动员中的基础性作用，构建起竞争性的金融供给体系，实现社会储蓄等剩余金融资源的有效动员与优化配置，从而拉动投资增长。

从某种意义上来说，现代经济的高度金融化使得一个国家的金融发展水平较大程度上决定了该国经济增长的速度与规模，因此，金融资源保障越来越成为促进宏观经济健康可持续发展的关键保障机制，无论是发达工业化国家抑或是发展中国家，构建完善的金融体系、推动金融业高水平发展、实现本国金融深化、形成稳定、健康的金融运行机制成为重要的顶层制度与决策目标。

新古典经济学认为，生产要素资源最有效的配置方式是市场机制。如果要实现服务于经济增长的持续、充足和便捷的融资，必须依附于一个功能健全、运行高效、制度合理的金融体系，能有效动员社会储蓄资源、促进资本形成与积累，并将其迅速转化为可持续投资，优化金融资源配置，改善金融运行效率。市场机制发生实践作用的前提是高度市场化的经济条件，即金融资源的配置和金融体系运行的基础与原则均实现了高度市场化。但在现实中，即使在完全市场化条件下，科技进步、交易行为时空距离缩短，市场机制在某些领域也并不总能保证经济运行达到均衡状态，市场机制也无法提供匹配社会效率条件的商品的现象，即市场失灵。另外，现实中也并不存在完全市场化的金融体系，单纯依赖市场机制配置金融资源的理想化状态在实践中难以实现。

（三）农村金融发展理论

1. 农业信贷补贴论

农业信贷补贴（Subsidized Credit Paradigm）理论认为，由于农业产业的弱质性与农村客户储蓄能力薄弱，商业银行难以将其作为投资的目标客户，导致农村的资金供给严重不足，因此，政府应通过构建非商业性的金融机构、增加专项与贴息贷款等外部政策性资金的途径和手段来缓解农村资金供给不足的局面。该理论主张通过开设在农村区域的银行分支机构及信用合作机构对农村注入大规模、低息的政策性资金，以此降低农业融资的利率成本，缩小农业与其他产业之间的结构性收入差距，同时消灭加剧农户贫困分化、阻碍农业生产发展的高利贷等非正规金融。21 世纪 90 年代以来，较多的发展中国家基于该理论实行以低息财政资金或政策性资金增加资金供给以满足农业发展的融资需求政策，以农村贫困阶层为投放目标的专项贷款也兴盛一时。但来自亚洲国家的实践经验显示，低息贷款被以集中的形式大笔投向较为富裕的农民，贫困农户并非其最主要的收益人，低息贷款政策的实施难以实现向贫困阶层收入倾斜的再分配目标，加上农业并非其唯一的贷款用途与投向，低息贷款并不能促进特定的农业生产与农业活动。此外，低息贷款给农业信贷带来巨大的财政压力，低还款率与较大的市场风险造成对农村金融机构的可持续发展能力的损害，无法形成一个自立、高效的农村金融体系。

2. 农村金融市场论

20 世纪 80 年代以来，农村金融理论研究的核心逐渐从信贷转向了金融，以亚当斯为代表的农村金融市场论（Rural Financial Market Paradigm）最终替代农业信贷补贴论的主流地位，研究方法也从纯理论论证研究转向量化实证研究。农村金融市场理论赞同麦金农和肖关于低息政策阻碍农民向金融机构存款、抑制农村金融发展的观点，高度依赖政府的低息政策性资金是导致农户贷款回收率降低的重要原因，高机会成本与高风险的农村资金市场难以避免形成高利率的非正规金融。农村金融市场论以农村各阶层居民具备储蓄能力为前提假设，突出强调金融市场机制作用，一定程度上批判了农业信贷补贴论的观点主张。其金融改革政策主张涵盖五个方面：（1）明确农村金融机构的功能定位为“农村内部与农业内部资金借贷的金融中介机构”，实现资金在农村盈余部门与赤字部门之间的融通，其中，动员农民储蓄是农村金融机构重要的资金来源。（2）由市场机制决定金融机构利率水平，采取实际存款正利率水平策略，发挥正利率动员农业内部储蓄资金功能，在供给端与需求端实现农村资金市场的供求平衡。（3）对农村金融市场运行是否有效的判断依据在于农村金融机构的资金融通规模及是否实现了独立自主和可持续性经营。（4）不必要针对某个特殊的目标群体而实行有别于常态化的贷款政策与制度。（5）农村非正规金融的产生具有社会与市场合理性，以非正规金融协调正规金融发展才是最优的引导与管制政策，而非实施“一刀切”式地取缔。

突出强调金融市场机制作用、主张政府放松管制与干预、实施金融自由化的思想至今在发达国家的市场经济中依然占据着主流地位，但其政策主张也存在无法解决的缺陷问题，例如，利率自由化后，小农户是否能从正规金融市场获得充分的贷款存在较大的不确定性，这类的市场失灵问题依然需要政府的干预来兼顾小农户的利益，因此，对于众多农村金融市场机制失灵与资金供求失衡并存的发展中国家而言，完全自由机制的农村金融市场难以获得预期的政策效果，采用农业补贴论主张的政府信贷干预依然较为广泛。

3. 完全竞争市场论

20 世纪 90 年代在全球范围内爆发的三次严重的金融危机引发了人们对金融自由化的深刻反思。新凯恩斯主义学派基于“有效需求理论”，对金融自由化与政府干预农村金融市场问题进行了反思和审视，在此基础上提出了不完全竞争市场论。其中，具有代表性的由斯蒂格利茨（Stiglitz，1981）提出的不完全竞争市场论的框架为：农村金融完全市场化的前提是金融市场应具有完善的体制结构，这需要消除农村金融市场有效运行的障碍，降低信息不对称成本问题。但大多数发展中国家的农村金融市场无法在短期内实现完全竞争，尤其是在农贷市场信息不对称的市场环境中，单纯依靠市场自由机制是无法发展成为一个高效、稳定的金融市场，因此，必须借助政府对金融市场的适当干预以及借款人的组织化等非市场因素来弥补市场失灵、市场缺陷的问题。

不完全竞争市场论的政策主张为：（1）稳定运行的宏观经济与市场低通胀水平是一国金融市场健康可持续发展的前提。（2）当金融市场未达到充分成熟时，保持实际存款利率的正利率水平远远要比追求利率自由化更有益，抑制存款利率水平上升产生的金融货币配置不足或不均衡等问题，可通过政府注入外部资金来解决，其前提是不损害金融机构储蓄动员积极性。（3）应通过限制新的市场准入者等保护手段，给予金融机构特殊的扶持政策以此促进金融机构的深化发展。（4）在商业银行的利益范围外，实施政策性金融措施对农村市场起到一种有效的补充。（5）农村借贷融资可通过与农资作物买卖相结合，保证农民贷款本息按约定回收。（6）借助担保融资、农业资产使用权担保及互助储蓄资金协会等抵押担保方式，改善农贷抵押瓶颈问题与信息不对称问题。（7）由农村金融市场上的信息不对称而导致的偿还违约风险概率高，政府可以通过鼓励借款农民成立联保小组、农民互助储蓄合作等方式进行改善。（8）政府应对农村非正规金融市场实施干预与引导来提升非正规金融市场的效率。

综上，农业信贷补贴论、农村金融市场论与不完全竞争理论思想主张鲜明且各有侧重（见表 2 - 1）。农业信贷补贴理论、农村金融市场理论与不完全竞争市场理论所聚焦的金融抑制、金融深化及金融约束等核心理论思想均在一定程度上受到所处不同经济社会阶段、不同类型国家的政策主张与实践检验的影响。本研究认为，市场机制在农村金融领域依然是形成竞争、减少信息不对称等现象的有效机制，但在现阶段我国的农村金融市场难以形成完全或接近于完全竞争性的金融市场，尽管金融机构数量日益多元化，规模“巨、大、中、小”结构层次分明，并形成商业性金融、政策性金融和合作金融的“三融并举”的格局，但整个农村金融体系的运行效率并不高，农村金融对农村经济发展的支持作用在长期的实践中陷入某种“低效率均衡”，农业与农村难以形成内部资金积累。其中，农村货币金融资源“逆向流出”和“非农化配置”趋势难以遏制，导致我国农村金融难以实现质的深化发展，一定程度上加剧了农业的弱质性。

表 2-1　　农村金融理论派别及主要观点

主要派别	政府干预	利率管制政策	金融机构管制	贷款资金筹集	专项贷款的有效性	对非正规金融的评价
农业信贷补贴论	必要	采取低利率管制	必要	农村外部注入	有效	弊大于利，应使其消亡
农村金融市场论	不必要	实行自由市场利率	不必要	农村内部筹集	无效	有效，应规范发展
不完全竞争市场理论	市场失效时必要	利率自由化	逐渐放松管制	内部筹集，短缺部分政府提供	方法适当时有效	政府应适当引导

因此，在市场机制作用的边际范畴之外，依然需要政府合理的介入和监管，例如，财税贴息、小额信贷、普惠金融等政策，除对整个农村金融市场秩序的维持（如利率管制）与授能环境的构建外，尤其是针对农村金融供给的载体——农村金融机构的扶持与监管政策在长期内是必要的。

第二节　农村金融社会责任理论基础

一、金融功能的“二分视野”

金融功能的“二分视野”体现在原始的金融的经济功能与外延拓展后的

金融的社会功能二者之间的思想主张侧重相异。金融发展与经济增长二者之间的辩证关系是传统的金融经济功能观念的核心主张，其研究本质聚焦于“金融是否、如何促进经济增长”这一传统功能。伴随着社会学等学科领域的分配正义论的兴起，20世纪90年代后，金融发展在促进社会公平这一功能的研究进入诸多学者的研究视野，并受到了国外多学科学术界的广泛重视，金融发展在调节社会收入分配、实现社会公平领域的功能发现逐渐成为金融发展理论研究的重心。1995年，墨顿和博迪开创了传统金融功能理论，提出“金融功能观”，并将金融的核心功能细分为六大类，在此背景下，出现了金融功能的二分视野演变：经济功能与社会功能。

金融的经济功能与社会功能的内涵、关注重点、作用机制与效应各异（见表2－2）。金融的经济功能侧重于金融发展与宏观经济增长、金融资源的配置效率、促进交易便利与投资规模扩张，以及金融业的深化发展等核心内容，调剂资金余缺、实现单位资金产出最大化、促进经济总量增长是其重点解决的领域。金融的社会功能则强调如何通过金融资源的配置来实现社会公平，具体表现为调节不同社会群体的收入分配，形成社会福利权益均等，获得个人发展机会，促进社会健康持续发展等。因此，金融的社会功能更加关注金融资源配置的公平性，强调金融发展的社会效应，诸如调节收入分配差距、减轻与消灭贫困、保护环境与分配正义与公平等，主张金融资源在不同群体间应进行公平配置，保障社会弱势群体也能获得融资机会用于自我发展，从而在整个社会实现帕累托最优。

表2－2　金融功能的二分视野

金融功能	金融的经济功能	金融的社会功能
内容	实现投资便利，扩大经济交易规模，优化资源配置，促进经济总量增长	调节群体收入分配，促进社会经济发展，提升社会福利、实现社会公平
关注重点	金融资源配置的效率，强调金融资源配置的效率，遵循市场规律、优化配置，提升效率，促进经济增长①	金融资源配置的公平性，强调金融资源配置的公平性，重点解决资金在不同群体间的公平配置
作用机制	金融资源的优化配置	金融结构调节资源配置方向
效应	经济效应：扩大经济规模，促进经济增长，提高经济总量	社会效应：调节收入分配、减轻贫困、消除不等、实现社会公平

① 袁康．重新审思金融：金融公平理念的勃兴［J］．财经问题研究，2018（01）．

金融的经济功能作为基础性与直接性的功能，其作用机制是对金融资源这一核心的生产要素进行优化配置，通过金融体系的运行，发挥出金融资源的最大产出效用，从而有效提高总体生产效率，促进经济增长，扩大经济总量。金融的社会功能的作用机制具有间接性，金融通过提升经济发展水平引致经济结构的优化与金融结构的完善，从而改善社会总体的生活水平、解决金融资源与福利在社会不同群体之间的不平等配置问题，因此，金融的社会功能本质上是对金融的经济功能所造成的分配不公问题与社会福利不均衡等问题所进行的矫正。

20 世纪以来，金融社会功能的效应研究主要集中在金融发展对收入分配的影响与消除贫困领域。Greenwood 和 Jovanovic（1990）认为，金融发展与收入分配二者之间关系的变动轨迹与库兹涅茨曲线相吻合，同样呈现出倒 U 型。Galor 和 Zeira（1993）通过对 99 个发展中国家的金融发展与贫困治理二者关系进行实证检验，得出金融发展有助于缩小不同社会群体之间的贫富差距的结论。Clarke（2004）认为微型金融与政策性金融的社会功能最为突出，这两类金融以低收入人群为客户主体，为其提供赖以生存和发展的金融资源与金融服务供给，有助于提升该类群体的收入水平，同时也促进了经济增长。Stiglitz（1998）认为市场失灵阻碍了弱势群体获得金融资源，是造成社会贫困问题的根源，要为贫困群体创造获得正规金融体系的资金服务的机会，首当其冲应扫清造成市场失灵的障碍，例如解决信息不对称与高企的融资成本。Dollar 和 Kraay（2002）、Trickle Down（2004）、Jalilian 和 Krkpatrick（2006）、Honhan（2007）通过多国数据对金融发展水平与贫困问题之间的关系进行了实证检验分析，分析结论支持“金融发展能够有效降低贫困比例”的观点。国际机构组织例如世界银行的研究致力于通过提升金融的普惠性和包容度来减少贫困现象，充分发挥出金融在促进宏观经济可持续发展与普惠分享经济发展的功能，倡导完善社会公共服务政策，优化法律监管框架，共同消除市场失灵与金融获得分配的非公平性，鼓励金融机构与组织积极采用科技手段提升金融供给效率和创新适合金融消费者需求的金融服务产品等手段，大力发展普惠金融来实现金融包容。我国原银行业监督管理委员会也提出要降低金融服务成本，坚持金融服务于实体经济发展，力图构建起服务产品与方式多元化、供给充足、具有活力、服务覆盖面广泛的普惠性金融服务体系，提升社会低收入群体与欠发达地区的金融可获得性，促进金融资源公平配置，为社会弱势群体提供发展机会与条件。

金融的社会功能为发展中国家构建一个更为合理公平的金融体系提供了理论支撑。要实现金融资源的公平配置，充分发挥金融的社会功能目标，须在金融体系运行中融入公平理念、执行社会公平标准，并以此来检验金融体系运行的社会效率水平，因此，基于金融公平理念检视和改良现有金融制度与机制，矫正金融市场的缺陷，促使金融资源实现公平配置，弥补金融配置失衡所造成的收入失衡、贫富差距增大与贫困产生等诸多社会负面效应，提升金融在弱势群体中的广泛可获得性，在金融发展的基础上实现经济增长与社会公平二者的兼容。在我国农村金融发展的实践中，农村金融市场机制缺陷、失灵问题突出，农村金融资源配置的社会功能微弱，公平只是市场调节的次优价值与效率提升的副产品，单单凭借市场机制显然不足以实现金融公平，因此，由政府介入引导和调控是最优发挥出金融的社会功能的必需。

二、企业社会责任理论

企业社会责任理论为实现农村金融的社会功能和经济功能提供了有效的机制。在市场规律自发调节资源配置的市场化条件下，提升农村金融市场主体自我约束的道德机制，有效运用约束政策加以干预金融政策来调节金融资源在农村领域中实现公平合理配置。

20 世纪初，英国学者谢尔顿（Sheldon，1924）首次提出了企业社会责任的理念，即企业在经营过程中不仅要注重经济效益，也应当注重社会效益的管理理念，表现为企业对股东、投资人、客户、员工、社区等应承担的社会责任。卡罗尔对企业社会责任的界定具有典型的代表性，他认为社会责任是社会对企业所寄托的经济、法律、伦理及企业自行慈善的期望，包括经济责任、法律责任、伦理责任和慈善责任（Carroll，1979）；企业在制定政策或遵守行为准则的过程中满足社会的价值观和目标（Bowen，1953）；企业行为应承担经济责任、社会和环境责任及其他促进社会进步的责任，如消除社会贫困、防止城市衰败等（美国经济发展委员会，1971）。在行业监管与实践领域，社会责任国际组织（SAI，1976）倡导企业在承担创造商业利润与财富等商业责任之外，还应承担保障工人权益、参与慈善公益、救助社会弱势群体等事业、遵守社会公约、保护环境等社会责任。

20 世纪 70 年代以来，关于企业社会责任内涵的界定从早期的侧重于伦理道德逻辑逐渐发展拓展到法律与经济学层面。弗里曼（Freeman，1984）的企业社会责任理论中对责任内容的维度进行了清晰地划分，即企业应兼顾其利益相关者们的利益，其中，利益相关者主要包括股东、供应商、客户、政府、社区、环境、社会等，任何被企业在实现目标的过程中所采取的行动影响的相关个人或群体均是利益相关者，例如社区、政府等。克拉克松（Clarkson，1995）根据与企业关系的紧密性将利益相关者群体划分为一级利益相关者与二级利益相关者，一级利益相关者包括雇员、企业管理人员、企业股东，供应商、顾客、投资者、政府与社区等直接关系到企业持续生存的相关者，二级利益相关者包括媒体和公众等非企业生存必要条件的社会群体。因此，利益相关者理论认为，企业是多种契约的集合体，股东、债权人、雇员、顾客、供应商等利益相关者为企业生存和发展作出的贡献形式各不相同，在决策时企业应基于更高的角度兼顾各利益相关者的利益，承担对各利益相关者相应的社会责任。

（1）克罗尔“金字塔”模型（Carroll，1991）认为，企业社会责任是全社会期望企业在经济、法律、伦理、慈善四个方面所履行的义务，经济责任、法律责任、道德责任和慈善责任自塔底向塔顶依次向上排列，构成了一个层级性的金字塔式的社会责任模型。其中，经济责任是最基本的社会责任，是企业通过向社会和消费者提供产品与服务从而获得利润来实现的，是企业承担其他所有责任的前提与基础，因此，经济责任占比最大且位于最底层；法律责任要求企业首先应成为一个守法的企业公民，遵守各项法律规章及社会“游戏”规则，企业行为符合法律与政府期望。伦理责任超越了法律，是企业行为应符合社会道德规范和伦理标准，发挥出企业的社会价值与高水平的社会期望；慈善责任是企业运作应符合社会博爱、慈善期望目标，致力于资源捐献及居民生活环境改善等自愿或者自觉行为。“金字塔”模型综合系统地阐释了企业社会责任的内涵与构成，并且强调企业承担的社会责任的发展顺序。它所概括的企业社会责任通过四个层次的内容界定，体现出对于不同层次的利益相关者所承担责任的差异性。其中，经济责任与法律责任可以归纳为法律义务，具有刚性约束力，伦理责任与道德责任则可归为道德义务。因此，卡罗尔企业社会责任模型揭示了社会责任的性质为法律义务和道德义务的统一体。

（2）同心圆模型（美国经济发展委员会，1997）。该模型由三个同心圆所构成，中心圆（核心责任圈）代表企业的经济责任，也是CSR最核心的责任，即企业首要履行生产商品、获得商业利润、回报股东、为经济增长作贡献等经济职能；中层圆是伦理责任圈，该圆圈代表企业要履行保障员工权益、保护环境、遵守法律公约等具有积极的社会价值观等职能。最外层的圆称为慈善责任圈，该圈层要求企业自觉加入到社会慈善、公益、救济、发展社区等社会活动，并在此领域承担一定程度的挑战。

（3）交叉圆模型（Schwartz，2003）。企业社会责任是经济责任、法律责任与道德责任的交叉集合体，将每个责任以圆来界定，三分责任层次形成三个相互交叉圆。交叉圆模型认为法律责任是企业行为的行事底线与标准；经济行为在于创造利润对股东与投资者尽责，同时兼顾经济考量与法律考量；道德责任是企业的行为决策应符合社会价值观，具有道德责任感。交叉圆模型描述了三种责任的地位并非是按重要到次要顺序排列而是具备同等重要性，存在动态的交叉与交互作用，强调三种责任之间的耦合性，更加类似于 CSR 模式。

企业社会责任的范围和边界研究认为，法律义务与道德义务同属于企业社会责任范畴，但二者在企业社会责任中的层次不同。以法律法规形式来约束是企业应当承担的最低限度的法律义务，而道德义务不受法律硬性约束，只能依靠企业自身的责任感与道德约束，因此，需要通过外部的引导、教育、激励与舆论监督等非正式的规范手段加以保障其实施。但在实践中，法律义务与道德义务之间的界限难以清晰分割，亦非静止不变。当社会条件发展变化时，难以实现以法律义务予以约束时，应通过实践中的道德义务来引导和规范，当道德义务的实现需要强制性手段来保障其实施时，则这种道德义务应上升为法律义务约束。法律义务责任和道德义务责任在制度经济学中被看作是一种非正式制度与正式制度安排的统一体。在企业追求利润最大化的过程中，无法通过单纯的道德谴责来遏制的违规违法行为，应通过正式的制度安排来实现，即通过法律规范的强制性约束来实现；与法律义务不同，道德义务则通过非正式制度安排来约束，例如，促进社区发展建设、保护弱势群体、发展慈善事业及社会公益捐款等企业在谋求盈利之外承担的较高层次的倡导性的道德义务。这种根深蒂固的道德观念只能通过引导与舆论监督来促使企业自愿承担，因此，道德层次的义务往往需要通过非正式社会规范中约定俗称的行为规则或关系契约等方式与途径进行引导，促进企业主动承担道德义务责任。

三、金融语境下的企业社会责任理论内涵

企业社会责任理论强调企业（机构）主体对各利益相关者承担的责任层次，经济责任、法律责任、伦理责任与道德责任为金融语境下的资源分配提供了清晰地约束激励机制体系。“金融”自产生伊始，在资金配置的过程中具有

追求“效率”与“嫌贫爱富”的市场特性，在资源配置目标的选择上更加偏爱富裕阶层，而对贫困群体设置较高的融资门槛，导致原本稀缺的金融资源更加倾向由穷人向富人转移、由落后地区向发达地区转移，真正需要金融资源的群体难以获得金融支持机会，由此导致社会群体获得金融资源的机会出现不平等，贫富分化的“马太效应”产生。这一违背金融伦理的现象深层次的原因在于特定的金融市场失灵与缺陷、体制机制的缺失、政策制度的缺位与低效等。因此，通过社会责任机制，创新激励与惩罚机制，完善制度保障，加强市场监管，使金融能真正服务于广大的社会民众，将金融服务范围涵盖到弱势群体、落后区域和大多数人，充分发挥出金融支持的经济增长功能与区域协调发展、提升社会福利、调节收入分配和实现社会公平的鲜明的社会功能，从而实现金融公平，提升金融支持效率。

（一）金融公平

公平是整个人类社会核心价值的追求目标，也是现代社会制度与公共规则设计的终极目标归依与评判尺度。公平论认为，社会公平集中体现为：（1）基于公平合理原则分配社会财富；（2）保障贫困群体的基本生存需求；（3）充分保护市场弱势群体利益（单玉华，2007），市场上的不公平性主要表现在实力强大的主体利用其资金、技术、知识和权利上的优势，在金融活动中进行欺诈、操纵等违背金融伦理的行为，对对手方造成不公平的局面，还体现在穷人与富人的不公平、弱势群体的生存和发展的不公平。在金融体系运行中，金融公平涵盖三个维度。第一维度是公平获得金融市场准入的机会，各类社会主体能平等地进入金融市场，并无歧视地获取金融服务与参与金融活动的资格；第二维度是金融交易过程公平，金融交易遵循公平的市场规则、交易主体地位平等、交易价格合理、交易双方权利义务分配公正；第三维度是金融分配社会公平效应，通过金融资源配置机制，调节社会福利向个体的分配，保障各类主体获得公平的社会福利分配的路径畅通，提升整个社会的金融福利水平。可见，在金融体系运行的整个过程中贯穿金融公平理念是金融公平的核心主旨，它既强调金融交易的内部公平、也强调通过制度保障的金融市场的外部公平。

（二）金融伦理

金融伦理学的研究对象为金融活动与金融行为的道德规范判断，对金融市场、金融理论、金融服务和金融监管四个领域的伦理现象与伦理规范开展研究，由金融行为引起的社会分配的公平性问题也在其范畴之内。博特赖特

(Boatright，2002) 开创了金融伦理学的先河，他认为现代金融亟需伦理学的约束，金融市场需要制定某些特定的伦理规则，由此作为金融交易的行为前提，以及基于规则约定符合期望的伦理行为，这一特定的伦理规则和期望的核心是公平性问题，同时还需考虑金融活动的社会影响以及如何平衡各利益群体的责任问题。市场主体所拥有的各类资源不均等导致金融活动中的谈判权不同，从而产生不公平的地位等金融伦理现象与问题。

金融伦理的内涵界定范畴宽泛，金融市场的公平性是其核心主旨，它强调遵循金融伦理原则来实现整个社会的金融公平。第一，金融伦理学认为金融活动中的个人、金融机构与金融市场均应受到金融伦理框架的约束，金融市场有效运行的前提保障是公平的金融环境。在公平的金融环境下才能实现金融交易的公平性，若经济行为与现象违背金融市场的公平原则，本质上是对特定的社会群体权利的侵犯，有悖于伦理（Shefrin and Statman，2005)。

第二，基于社会契约理论和代理理论，金融伦理学认为金融机构应遵守信用契约义务，充分尊重客户利益，在代理契约观下，发挥自身的能力提供预期金融服务与产品，并将机构利益顺序置于受托人之后。减少金融服务供给过程中对社会弱势群体的歧视与排斥是金融伦理对金融机构行为约束的期望目标，通过均等地为弱势群体提供金融服务供给以帮助其获得个体发展机会，促进金融资源的公平化配置，降低分配不公等问题，实现社会公平。

第三，金融伦理学指出金融市场监管应以有效性为目标，但实现金融有效监管目标的前提是社会成员信任市场的公平性。金融市场监管善于利用市场机制降低金融活动产生的负外部效应，采用正向激励手段与政策鼓励金融活动发挥正向外部社会效益。

第四，金融伦理思想主张金融服务实体经济，对社会养老、促进就业、改善住房、医疗教育领域的金融需求应给予充分的回应与支持，在整个社会和部门内实现金融资源的公平与合理配置，这些观点完全契合了金融应充分发挥其社会功能的思想。由此可见，金融伦理与金融公平二者在内在逻辑上是一致的，并统一于对金融资源公平配置的诉求上，体现为追求金融公平的路径与实现金融公平目标的关系。

纠正金融市场过度逐利倾向、将金融公平贯穿金融交易整个过程，降低金融交易信息不均等，规避金融欺诈与金融操纵，杜绝因金融交易主体谈判力量不对等及基于歧视性的无效定价，促使金融交易主体的利益公正是金融伦理的核心目标。从理论研究领域来看，金融伦理开辟了传统的经济增长功能之外的社会功能，反思现代金融体系的唯利是图，并试图树立现代金融运行的伦理标准，拨正现代金融运行的过度逐利的理念。当然，要实现金融资源的公平配置目标发挥金融的赎回功能，前提是在金融体系运行的逐个环节基于公平标准履行具有实际效果，同时取决于社会公平制度框架制度的建设成熟度，以及在此基础上对现有金融制度与金融运行模式进行反思，矫正金融资源市场配置缺陷而造成的负外部社会效应，改善金融配置的严重失衡，在追求金融公平的框架体系中实现经济增长与社会公平的目标契合。

（三）金融公平与社会责任

实现金融公平是金融伦理最为核心的价值内涵和目标，也是金融资源分配正义的最直接体现。金融活动中的交易主体同时具备“经济单位”与“社会存在物”双重身份，各交易主体在进行价值判断和选择的过程中承担了相应的伦理责任，即金融活动的结果除了具有促进经济增长的这一传统的经济功能，还具有区域协调发展、提升社会福利、调节收入分配和实现社会公平等鲜明的社会意义，其社会功能则重点解决金融资源因不同社会阶层而产生的不均衡或“有失公平”的配置问题，保障社会弱势阶层的融资权利，以此获得更大的个体发展机会，实现社会帕累托最优目标。因此，实现金融体系中的交易主体各方应得利益并实现利益的公平分配和分享则是金融公平的目标，这一目标通过制度公正和程序公正来约束实现，即制定规范性的法律法规条款或社会共同约定的习俗与道德认同，在金融交易程序与过程中实现金融交易双方身份平等、谈判地位均等，规避金融歧视与金融排斥等损害平等地位的行为，基于公平原则的金融资源配置作为分配基础，实现金融资源的公平配置，并以此维护社会公平、促进社会发展。

综上可知，伴随着现代经济社会的发展与进步，金融在充分发挥出促进经济增长这一传统的经济功能的同时，其实现金融资源分配公平等社会功能也将成为当前及今后现代金融体系健康、可持续运行的重要保障。但金融服务覆盖社会普遍群体、弱势群体与普通民众共享平等的金融服务与金融可得性，穷人可以公平进入金融市场获得融资资格等社会功能并非自动实现。金融公平目标的实现无法纯粹依靠金融市场主体道德自觉和自我约束的道德路径，亟需政府在市场机制形成、市场体系构建及市场运营模式监管中，以金融公平与伦理为政策导向，正向激励金融机构、金融工具创新等均应考量金融资源配置的合理性与公平性为目标，从而形成稳定的监管引导框架体系。因此，厘清某一特定金融市场的运行机理，厘清该金融市场交易主体的特征及交易行为、疏通金融市场结构、创新金融工具等关键要素，消除金融运行机制、突破金融市场结构痼疾、规范金融交易行为和完善与优化法律制度，遵循科学地进行制度设计构建机制进行约束与激励的调控原则规制金融体系公平运行的路径是金融公平的最优实现路径。

（四）农村金融与社会责任

农业是我国国民经济中的弱质产业，“金融弱质”是其突出的特征之一。我国不完全性竞争农村金融市场存在突出的供求失衡的农村金融市场失灵现象。农村金融既是金融业发展与农业发展的互动机制，也是农业、农村发展的动力与保障机制，金融支持农业发展的效率取决于市场机制的构建与制度供给。在我国农业农村向现代化转型的过程中，农业金融的弱质性阻碍了产业经济的进一步发展，并形成了一定程度上的“反向抑制”。

当前，我国农村金融体系形成了三种性质的金融分工格局，但实际上“三融并举”并未形成“激励兼容”、稳定高效的运行机制，尽管三种金融类型的市场定位、政策职能有所差别，但其整体运行在实践中长期呈现出“低效率均衡”状态，从而形成了农村金融的“逆向流动”“逆向配置”“非农化”“金融排斥”等“金融脆弱性”特征。本书认为，在新时代乡村振兴战略实施与全面推进的背景下，金融支持乡村振兴和“三农”发展的运行核心集中于农村金融资源的公平合理配置及其效率实现，公平合理配置是效率的前提和基础，效率“内生”于公平合理配置。因此，金融实现高效支持乡村振兴和“三农”发展的一个必要条件是农村经济社会必须实现金融资源的合理、公平配置，但合理、公平配置并不是一个可以任意设计的“自发性经济行为”，而是在特定的约束环境下由约束因素驱动而行的“能动性经济行为”，其目标是实现农村金融的激励兼容，在此基础上推进农村金融资源的合理配置。其中，约束条件与环境的设计是关键，既能促进农村金融市场健康可持续发展，又能解决金融支持农村发展的兼容机制，因此成为农村金融资源配置的关键性机制与制度逻辑。

企业社会责任理论强调行为主体（利益相关者）的责任担当，要求行为主体对资源、风险、价值、利益进行调整与分配时要兼顾商业利润与社会效益的原则，这在金融领域正是金融兼顾公平与效率二者目标的统一。本研究认为，在金融语境下，社会责任理论及其主张为农村金融公平这一社会功能目标的实现提供了可操作的、具体、明确与清晰的实现路径，构建了农村金融社会责任履行的主体、责任的内容范畴、责任边界、责任履行绩效评估与实现路径等研究的理论基础。在当前“金融化”纵深发展、经济社会结构转型和乡村振兴战略的全面推进时期，农村金融公平是现代金融发展的重要价值目标在“三农”领域实践的体现，而农村金融体系的社会责任正是金融伦理在现代金融体系中践行的具体约束机制，实现金融公平与金融效率二者兼顾是农村金融体系社会责任机制运行的终极目标。

第三节　金融支持乡村振兴战略社会责任理论分析框架

金融与经济增长理论、农村金融发展理论基于不同思路与视角系统地阐述了农村金融发展对促进农村经济增长的作用，在特定的时期与特定的市场条件下，金融支持农村经济发展的效率取决于一个国家或社会的金融制度供给以及金融体制与机制的构建。基于金融与经济增长理论、农村金融发展理论，金融支持对改善农业弱质、满足“三农”日益增强的信贷资金需求、实现乡村发展与振兴肩负着无可替代的重任，是推进我国“三农”经济社会发展和乡村振兴目标实现的关键保障。

依据金融伦理学、金融功能与金融正义理论学说，农村金融不仅要充分发挥出传统的促进农村经济增长的经济功能，同时还应充分发挥出促进农村金融资源分配正义、实现金融公平、提升社会福利、协调区域经济发展的社会功能。但由于我国农业的弱质性决定了完全的市场机制在“三农”金融领域的不完全适应性，单一地依赖于行业伦理的自我约束、缺乏硬性约束机制的路径难以实现其社会功能与经济功能的兼顾，而企业社会责任理论则为农村金融支持“三农”发展和乡村振兴的社会功能得以实现提供了有效的约束与保障机制。依据企业社会责任理论，在我国长期的金融支农的实践中，农村金融所呈现出的社会责任缺失诸类现实矛盾与理论预期相背而驰。因此，基于金融支持“三农”和乡村振兴社会责任缺失的矛盾，从金融伦理与金融公平思想进行反思，拟通过构建农村金融社会责任激励与约束机制，促进当前农村金融充分履行社会责任，同时实现农村金融的公平与效率目标、推动农村金融发展、支持乡村振兴目标的实现。通过对上述三个理论领域相关理论的阐述与缕析，为我国金融支持乡村发展构建基于社会责任范式可参照的理论体系。

一、理论与实践：矛盾与本质

在我国长期的金融支持“三农”与乡村发展的改革实践中，尽管实施了一系列的农村金融改革措施以促进金融支持“三农”发展效率的提升，但实践中的金融支农绩效非常有限。究其深层次原因，我国农村金融改革措施大多以“增量”原则为导向，在孤立的农村金融机构增量改革政策的状态下，极易导致农村经济社会和农村金融的制度性安排的“激励不相容”。在金融支持乡村发展的实践中，出现了普遍而又严重的农村金融资源逆向流动与逆向配置问题。

其一，农村金融资源“离农外流”现象严重（程郁，2018；吴晓灵等，2011；李维扬等，2017；熊芳等，2014；张贺，2017；张运书，2013）引起较多学者的关注。自我国新农村建设以来，出现乡村金融机构目标偏离、短期逐利与服务“三农”双重目标冲突（谢平，2019；冯兴元等，2019；何广文，2009；张正平，2013）等现象，导致金融支农的实践中“责任缺位”、服务目标“漂移”“定位不清”“非农化”趋势明显等矛盾逐渐常态化，农村尤其是偏远山区、贫困人口、乡村弱势群体、弱势产业等部门单位难以获得均等的金融服务与融资机会（李明贤和樊英，2010）。在资本逐利的大环境下，农村金融资源逆向流出农村，具有显著的“城市化偏好”，农村金融的逐利倾向使其脱离定位“三农”的定位本源（于忠龙、张家华，2018）。当前，农村金融机构基于追逐商业利润最大化目标，将极为稀缺的农村金融资源与农业资金反向输出，加剧了农村产业结构调整与优化的融资难度，货币资金成为农村市场中稀缺性的要素资源，传统小农、新型农业经营主体、贫困边缘农户等群体的融资门槛高，融资机会稀少，金融可得性依然难以改善，也进一步拉大了城乡差距，这既违背了社会主义新农村建设实现农民富裕、产业发展的目标，也有悖于“普惠”“共享”理念，有悖于金融机构“社会责任”的内在要求（张运书和高毅，2013）。

其二，农村金融资源逆向配置现象。农贷市场中的“逆向配置”与“精英俘获”而导致“内卷化”现象的出现。占农村主体的分散小农户难以成为真正农贷市场的主体，“圈红行为”、“劣绅驱逐良申”（董筱丹和温铁军，2008）、“精英俘获”现象突出，农村金融机构服务目标“漂移”。有选择性地满足其中一小部分具有较高的利润回报的融资需求，同样在放贷决策时，农村金融机构亦会根据申请农户的经济效益状况、甚至是农户所处地区的经济发达程度、交通便利程度等外在因素而选择放款或惜贷。农村金融机构对农户的“圈红”行为是服从于自身追求利润最大化的目标，未违反法律法规，但从金融公平与金融伦理视角来看，农村金融机构的圈红行为在实质上是对部分农户信贷需求的歧视。类似的圈红行为造成少数乡村富裕农户占有更多的农贷资源（温涛和朱炯等，2016）。“精英俘获”行为越来越偏离社区的整体利益（仝志辉和温铁军），也破坏了乡村良性的治理生态，大多数农户被金融机构排斥在放贷目标之外而“边缘化”，导致了农贷市场的分化进一步加剧（温铁军和杨帅，2012），成为农贷资金难以在乡村内部公平传递的根源，同时也导致了农贷市场违背了政府的政策目标。

其三，由于农村空间居住的分散性，农业生产的自然风险与市场风险并存，农村道路、通讯等基础设施建设滞后，大部分势单力薄的农户个体的信贷需求金额小并缺乏抵押担保，在经营成本的约束下，大大降低了金融机构在农村地区放贷的意愿，拒绝对诸如中小企业和贫困家庭等亟需金融支持的群体，纷纷撤并物理网点，缩减乡镇等基层金融业务。个体农户由于缺乏谈判筹码与议价能力而在农贷市场中处于弱势地位，农村金融资源分配严重偏离农户。

农村金融资源的“逆向流动”与“逆向配置”造成了农业经济与农村金融发展之间的低效循环，同时也对农业经济的发展产生了反向冲击。同时，“逆向流动”与“逆向配置”催生了农村金融体系内部的“系统性负投资”现象，即当地农户的储蓄资金在农村金融机构的配置下并未充分转化为对当地农业投资，储蓄的投资转化率低。农村金融资源的“逆向流动”产生了事实上的“抽血机制”，加剧了农业金融的供给抑制。而“逆向配置”下，农业发展丧失了产业内部资金积累的源泉，农业金融低效运行，农业内部与外部的金融资源配置错位扭曲，导致金融支持“三农”乏力，丧失了农村金融“立足农村、面向农户、服务‘三农’”的市场与职能定位，漠视农村金融服务“三农”发展的社会责任。若不能有效改善约束机制或重构相匹配的金融安排，那么，不仅是农村的储蓄资金会被市场金融抽走，稀薄的农业产业利润也会不断地转换为贷款利息被市场金融“虹吸”，使孱弱的农村经济沦为商业金融资本的依附，农村“失血症”会进一步演化为“败血症”，农村无法依靠内部资本转化为储蓄、支持乡村振兴。

二、反思与审视：伦理与正义

“农村金融”概念自提出伊始，便具有鲜明的公共性的社会价值立场，但在诸多因素的工作作用下，金融的社会责任在“利”与“义”的冲突中被农村金融机构忽视与排斥。尽管“供给自动创造需求”的萨伊定律在农村金融市场依然适用，但由于农户“天然的财务残缺”等特征，农村金融机构无法规避因无法有效观测贷款农户的资信特征而导致较高的信息不透明风险，亦无力承担单个农户独立审计成本，造成金融机构逆向选择行为的概率提升，资金趋利导致乡村金融的社会责任被冲淡，原本优质的金融资源并未完成其被赋予的服务“三农”的社会责任，农村金融机构的有序发展生态也被扭曲和破坏，可持续性风险增加。在这种博弈的过程中，农村金融服务“三农”的道德要义和社会责任逐渐淡化，而农户获得金融权的人本理念也被忽视。农村金融社会责任缺失折射出金融分配正义在农村领域面临着现实困境。对普遍农户和农村贫困家庭的融资设置障碍，使得农村居民家庭在使用金融资源的机会上不均等，由于金融分配不平等促使了城乡社会成员产生贫富分化的“马太效应”，这种分配方式只能让部分优势群体获利更多，这正是违背了罗尔斯的正义思想。

其一，农村金融支持社会责任的缺失是对社会分配正义的扭曲，体现了当前金融伦理在农村市场上的缺失，加剧了农村金融市场主体行为失范，引起农村农业融资长期遭遇金融排斥并加速资源配置不均等循环的局面。由于农村金融社会责任的长期缺失，农村金融支农的社会责任仅停留在“应然责任”层面，金融市场结构和主体能力差异，强势金融市场主体过度追逐自身商业利益最大化，漠视“三农”群体利益、农业产业公共利益，既不符合现代金融伦理思想，与金融公平原则也背道而驰。

其二，农村金融机构违背社会责任的逆向选择限制了“三农”领域的金融需求主体的自由度，大量乡村发展的融资需求被抑制或被排斥，农村金融难以发挥促进农业现代化、规模化发展的机理而使“公平与效率”问题突出。金融资源的分配正义问题在农村市场上体现得尤为明显，相较于城镇而言，农户与农民是社会贫困最集中、覆盖面最广、贫困度最强的弱势群体，由于农村金融市场的失灵、监管制度的低效和金融创新的滞后等原因，加上金融专注于“效率”的这一市场特性，在高成本、低收益与高风险的“三农”市场上，农村金融资源分配的公平与正义更是难以实现。

其三，农村金融机构不履行社会责任是农村金融伦理在我国农村金融实践领域的缺失。自20世纪80年代伊始，我国实施了三轮农村金融体制改革，但改革绩效甚微，难以达到政策预期。探究原因，学术界较多观点认为，农村金融体制改革大多以增量改革为主导，难以突破这一改革框架，未能充分考虑到农村金融对金融公平的内在需求特性及农村金融的社会功能性。我国历次的农村信用社改革难以取得农民群体的共鸣，其原因在于以商业效率原则为逻辑，以政策性目标为预期，这一矛盾使得我国农村合作金融最终收敛于商业化金融，这也恰恰是农村金融伦理缺失的经验事实与农村金融低效的根本原因。

从这个角度来看，农村金融社会责任亦是金融伦理学对农村金融问题进行反思的机制与路径。金融伦理学充分阐释了金融不仅具有促进经济增长、优化资源配置等经济功能，也具有消除贫困、调节收入分配、实现分配正义、提升社会整体福利等社会功能。而金融发展的社会功能是通过金融资源的公平配置推动社会财富资源的公平配置而实现的，其关键的社会效应体现在使自身禀赋欠缺的主体有机会利用金融市场实现自我发展。金融是一种重要的稀缺性资源，服务于人类经济和社会的发展与进步是其产生的要义，其本质是调剂资金余缺和管理财富、风险的工具。它本身能促进经济社会繁荣和自由平等，也有助于实现分配正义，这一本质蕴含着人本主义价值判断与道德关怀。农民群体尤其是贫困农户处于社会弱势，农村金融资源分配应以能否促进区域协调发展、提升社会福利、调节收入分配和实现社会公平为中心，而不能像商业金融那样单纯地强调和追求经济效率。在这个问题上应强调公平优先于效率、社会功能与经济功能兼顾，这本身内在契合了新时代社会主义公平正义观的要求分配正义和金融伦理，是农村金融社会责任体系重构的逻辑起点，也是农村金融社会责任缺失的现实矛盾被反思与批判的社会基础与理论准则。

三、机制与路径：约束与激励

市场机制下，金融市场主体的自发行为遵循“理性经济人”利益最大化原则，社会公平性往往被置于金融资源配置效率的考量之外，尤其是在市场失灵或存在固有缺陷的市场体系中，单一依赖市场规律机制自发调节的路径难以实现金融资源配置的公平性，因此，需通过约束与激励等政府干预行为来拨正并使其符合金融公平原则的要求。充分发挥出金融的社会功能效应，应通过加强政府调控监管与金融制度机制体制的创新，在宏观与中观层面上进行调控。在制度创新上，贯穿金融公平理念，通过顶层制度与管理制度的设计，保障金融体系能为覆盖社会最大化的群体面，普通群体能分享经济与金融发展成果。在机制体制的创新上，探索能实现最大范围内的阶层群体金融公平目标的金融运行形式。

要实现金融支持“三农”发展与乡村振兴的目标，需通过法律赋能、政策调控与市场机制搭配，进行约束与激励。用制度性逻辑调整农村金融法的思维范式和制度结构，通过法律赋能，明确农村金融市场主体的权利，消除“三农”金融权实现中的贫困与不公，保障能农民能获得均等的金融交易权、融资机会、金融产品议价权等金融权利，并能进行金融权利的自我保护与救济。将农村金融机构支持“三农”的“应然社会责任”落实为“实然社会责任”，通过对金融机构明确积极义务，并约束金融市场主体充分履行义务，确认和保障切实可行的金融公平配置行为。法律通过对金融市场主体课以消极义务，要求其实施促进金融公平；通过确定严格的法律责任，来约束金融市场主体充分履行强制义务行为。

组合、优化和创新激励机制，以运用经济性利益激励为主，辅以声誉激励等非经济性利益，对单个农村金融机构的交易行为形成多元化的激励，诱导农村金融机构主动地按照符合“三农”金融公平要求的方式开展金融活动。通过设置差异化规则、减免税收、奖励增补、差异化监管等直接激励手段，降低金融主体金融交易成本、基于获取更大经济利益动机而实施有利于金融公平的行为。经济激励通过改变金融主体交易的外部条件，对成本和收益进行调整和安置，对农村金融支持供给单个主体即农村金融机构的行为形成外部激励，主体能够获取经济利益，引导其作出符合法律目标的行为。非经济激励通过赋予权利、给予特殊待遇、授予资格、荣誉等手段机制引导主体行为遵循社会责任原则，提高金融发展所带来的社会福利。

四、目标与方向：公平与效率

尽管金融公平是金融的社会功能的价值旨向与金融伦理的内在要求，但金融公平常常被认为与金融效率相矛盾。当金融公平遭遇金融效率时，如何对效率与公平进行权衡与抉择是横亘于金融公平理论思想的最大障碍。市场自由论主张效率是金融配置的根本，市场机制与市场规律是金融体系运行的主导原则，金融资源的市场配置目标以利润最大化与经济效率最大化来衡量，金融道德伦理与金融社会功能等目标并不在其考量的范畴之内。但事实上，促进金融体系健康、可持续、有效运行的内在要求是金融公平，金融公平绝不是忽视市场规律而强加给金融体系的一种道德约束，金融公平与金融效率并存，是相互协调发展的关系（Mathis，1982）。在金融公平的国际实践经验中，尤努斯成功地创办了专门为穷人提供小额信贷的乡村银行，完美地践行了“贷款权也是一项人类生存与发展的基本人权，穷人也应当获得同等的信贷机会”的金融公平理念，专注经营农村贫困人口的小额信贷。孟加拉乡村银行成功地解决了传统商业银行的对穷人的金融排斥问题，为穷人提供小额贷款以帮助其摆脱贫困。另外，孟加拉乡村银行主张金融机构引入“社会企业”理念，金融机构在运营中应同时兼顾营利性与公益性。金融公平是金融体系有序运行的制度保障，也是实现金融效率最优的前提，并在经济学“成本—收益”分析框架中得到充分体现。强调金融公平并不意味着对金融效率的放弃和牺牲，反而在一定程度上有利于提升金融体系的运行效率。金融公平应被现代金融市场发展纳入考量的目标，在衡量标准、目标构成、创新发展、运行机制等环节中。

因此，农村金融社会责任机制是农村金融体系有序运行、提升效率的重要保障，也是在农村金融领域实现金融公平的内在要求，体现为金融效率与金融公平在农村领域的内在统一性。通过农村金融社会责任机制的约束与激励机制的作用，促进农村金融资源配置的公平与效率目标。金融机构作为金融供给的实体，掌握着稀缺性金融资源及其市场配置权，从理论上来看，它的资源配置、风险管理、经济调节等行为关联着社会各组织与群体个人，这种特殊性使其担负着促进国家、社会与个人发展的秉承人本理念的经济与社会责任。农村金融机构在支持“三农”发展与乡村振兴的过程中能同时兼顾社会责任目标与商业利润目标，发挥出金融促进经济增长的经济功能与实现金融公平、提升农民收入与社会福利水平的社会功能，有效支持乡村振兴战略目标的实现，并获得自身的可持续、健康发展。因此，乡村振兴战略的全面推进下，新一轮农村金融支撑体系的重构应强调农村金融机构支持乡村发展、振兴“三农”的社会责任。农村金融机构应充分履行金融社会责任、增加农村金融资源供给，最大限度满足乡村振兴与“三农”发展的金融需求，致力于促进“三农”社会、经济与环境和谐发展，将农村经济发展与社会进步纳入自我发展目标体系，助推农民增收致富、农村有效治理、乡风文明建设、乡村产业兴旺、农村生态宜居等目标的实现。

第三章

乡村振兴战略的多维描述与金融支持社会责任解析

党的十九大提出实施乡村振兴战略是乡村发展在当前我国顶层制度设计与安排中的战略性与时代性的体现。乡村振兴是一个综合经济、政治、社会、文化与环境等多个领域的范畴，具有特殊性、复杂性、系统性与地域性等多重特征。通过乡村振兴战略的实施推进农业振兴与农村发展成为我国全面建设成小康社会的关键，也是我国当前和今后一段时间内宏观发展规划的重要内容与国家战略布局的载体。金融是经济发展的“血液”，乡村振兴战略对金融支持提出了切实履行与落实社会责任的时代要求。金融支持乡村振兴是“金融”与“农业”两个产业交融的互动性体系，金融支持机制与制度的供给是实现乡村振兴战略的重要制度保障，乡村振兴战略目标的实现一定程度上取决于金融支持效应的发挥程度。本章对乡村振兴战略的实施背景、历史沿循、内涵与逻辑、时间目标等要素进行描述，分析乡村振兴战略实施进程中的金融需求主体、金融支持需求层次与金融需求特征，在此基础上解析金融支持乡村振兴战略的社会责任的理论内涵、主体定位、实践逻辑、认识误区与理论反思。

第一节　乡村振兴战略的多维理论与过程描述

一、乡村振兴战略的实施背景

“乡村振兴”等同于“乡村复兴”，“振兴”与“复兴”均含有在乡村衰退或乡村没落的基础上进行乡村重建、乡村重振的意义，乡村的“兴”与“衰”是一对出现在人类社会城乡发展史中的矛盾统一体。在世界经济社会发展的进程中，现代城市化发展的同时必然出现乡村走向衰落的现象，作为经济社会现代化发展的“必然代价”，乡村衰落成为诸多国家面临的无法规避的“现代都市发展之殇”难题。欧美发达国家与广大发展中经济体在城市经济与都市经济的发展中，都曾经出现或正在面临着乡村衰退、乡村经济萧条、不可持续发展等乡村危机的迹象与问题。西方发达国家的社会发展历史显示，无论是在20世纪抑或是由今前溯30年，在兴起的现代化、信息化的大都市背后，均不同程度出现农村人口向城市地区集聚、农村地区人口外迁的社会现象，发展中国家的城镇化、都市化的进程更是呈现出“农村空心化”“农民老龄化”“农业边缘化”的社会现象。在现代城市的“虹吸”效应下，乡村人口、物力与资源大量涌向城市，城市的贫富差距悬殊、贫困问题、贫民窟问题也日趋严重。

为应对乡村日趋衰落的问题，一些国家通过实施各种政策措施试图重建乡村，不同区域、不同国家、不同阶段的乡村重建内容各有侧重，并呈现出时代特征与国情特色。美国、欧盟等发达国家和地区早期的乡村重建的重心领域是促进农业发展和农民增收，但由于其采用的促进政策较为单一、不成体系，政策成效不大，乡村衰落的局面难以得到实质性改善，此后，欧美国家调整政策结构，逐步将原有的单一的农民增收措施扩充到实施针对整体乡村发展的综合性政策体系，通过将农业生产和社会发展综合政策实施重建乡村。日本在20世纪60年代开始实施“造村运动”的乡村复兴计划，通过颁布农业法及其他综合性改革措施较为成功地治理了乡村凋敝的问题。韩国在20世纪70年代工农业失衡的环境下推动了“新村运动”，倡导政府支持与农民自主发展相协同，激发了农民自主发展乡村的主动性和热情。而在一些发展中国家的城市化和现代化进程中，由于历史、社会、经济、政治等原因而未实施抑或无力推行乡村复兴计划或乡村复兴政策，任由农村衰落，随之产生就业困难、城市贫民窟与贫困等社会问题普遍，深陷“发展中国家陷阱”与“现代化陷阱”，最终出现乡村严重凋敝的问题与现象。

在社会主义现代化建设中，我国综合国力持续增强，经济社会繁荣发展，农业与农村也取得了历史性的发展与建设成就。一系列的强农惠农政策相继实施，粮食生产实现了历史性增长，农民收入持续提升，农村基础设施建设与公共服务保障配套逐步得以完善和优化，农村地区精准扶贫成效显著如期实现全面脱贫，农村社会和谐稳定发展。但与此同时，城镇化背景下大规模的农村劳动力外流，老弱幼小留守农村，农村人才流失严重导致的农村“空心化”、老龄化和农业边缘化日趋严重，村舍断壁残垣，村屋空置，农田农地荒芜废弃、农村产业衰落，农产品竞争力弱，农业农村污染问题突出，村容村貌与乡村人文、生态环境凋敝衰败，尤其是在“三农”和“四化”同步的战略目标规划下，成为实现共同富裕与建设富强民主文明和谐美丽社会主义现代化强国、实现中国式现代化的短板，乡村振兴战略正是鉴于当前我国农村日渐凋敝衰落、城乡差距拉大、农业边缘化、农村发展不充分的困境而提出，是推进中国式现代化的重要组成部分。

长期以来，“三农”建设为我国实施工业优先于农业、城市优先于农村的发展战略作出了巨大的贡献。在我国的工业化和现代化进程中，城市化和城镇化发展表现出了强大的极化效应。大量的农村资源和农业生产要素不间断地从乡村向城市输出，而城市对乡村的反哺和辐射带动效应极为微弱，农村资源单一流向城市的局面目前尚未得到根本扭转，成为我国长期的城乡二元分化、乡村衰落现象的主要诱因，我国城乡发展差距拉大、农村发展滞后濒临衰退、社会发展不平衡等现象集中交织于“三农”发展问题，在此背景下实施乡村振兴战略，以此推动农业现代化发展，改变乡村经济社会发展滞后的局面，重塑城乡关系，实现城乡均衡、融合发展，因此，乡村振兴战略的实施具有清晰的路径安排，也是“中国要强，农业必须强；中国要美，农村必须美；中国要富，农民必须富”战略逻辑的体现。

乡村振兴战略的实施是基于国情，在总结城乡发展的历史规律基础之上，预判未来城乡发展的变化趋势，并借鉴国际上乡村建设和乡村复兴的经验做法，对今后的乡村社会经济发展、城乡融合发展的路径进行科学部署，其核心内容是推动乡村的振兴、协调城乡矛盾与促进城乡均衡发展。乡村振兴战略体现我国对农业、农村、农民问题的根本性地位的精准判断和系统部署，也是“三农”思想在新时代中国特色社会主义思想中的集中体现。

二、乡村振兴战略的历史沿循

乡村振兴战略将乡村发展上升到国家规划与战略层面，乡村振兴战略的核心思想演化经历了一个不断积累、扩展、丰富与创新的过程（见表3-1）。在改革开放至今发展历程中，我国以“农业、农村和农民问题是关系国计民生的根本性问题”为思想导向，在不同时期与不同的发展阶段对促进“三农”发展的内容和领域各有侧重，共同构成了乡村振兴战略的历史前序。从乡村振兴战略思想的形成和演进历程来看，可向上追溯到1978年11月召开的党的十一届三中全会，提出“经济上保障农民的物质利益，政治上尊重农民的民主权利”；2005年10月党的十六届五中全会提出“建设社会主义新农村”和“统筹城乡经济社会发展”的要求。社会主义新农村建设以“生产发展、生活宽裕、乡风文明、村容整洁、管理民主”为具体建设内容和要求，以“加快改变农村经济社会发展滞后的局面”为建设目标，推进“三农”全面发展，系统与综合规划“三农”发展路径，部署发展规划。2007年10月召开的党的十七大，准确识别“三农”发展的基础性和重要性的历史地位，将“三农”定义为我国经济改革发展中的“重中之重”，并作出实现城乡经济社会一体化、均衡化发展格局的任务部署。

表3-1　“三农”战略核心思想演化

历史进程	农村战略核心指导思想
中共十一届三中全会	“经济上保障农民的物质利益，政治上尊重农民的民主权利”，确立了党和政府处理与农民关系的准则
中共十六届五中全会	建设社会主义新农村，统筹城乡经济社会发展
党的十七大	把解决好“三农”问题作为全党工作的重中之重，形成城乡经济社会发展一体化新格局
党的十八大	解决好农业农村农民问题是全党工作重中之重；城乡发展一体化是解决“三农”问题的根本途径
党的十九大	实施乡村振兴战略，实现产业兴旺、生态宜居、乡风文明、治理有效、生活富裕

党的十九大提出的乡村振兴战略是社会主义新农村建设历史任务的延续和

新发展理念的深化，它对现阶段我国农村社会经济建设发展的方向作出了战略规划，肯定了农村经济社会在我国现代化经济体系建设发展中的重要作用。与社会主义新农村建设的基本内涵相比（见表3－2），乡村振兴战略更加全面和系统。

表3－2社会主义新农村建设“二十字”方针和乡村振兴战略“二十字”目标比较

建设内容	社会主义新农村建设	乡村振兴战略	表述比较
物质基础	生产发展	产业兴旺	由“发展”到“兴旺”，层次与程度的升级
设施条件	村容整洁	生态宜居	由单个村容面貌拓展整个农村生态环境，“生态宜居”体现生态文明要求
中心目标	生活宽裕	生活富裕	由“宽裕”到“富裕”，进一步缩小农民收入差距，稳定持续来源，共同富裕
政治保证	管理民主	治理有效	有管理原则到治理结果，突出农村治理安定
精神要求	乡风文明	乡风文明	持续的精神文明建设，继承和发展

其一，乡村振兴战略以“产业兴旺”替代“生产发展”，对农村产业尤其是农业的发展繁荣程度提出了更加具体的规划和要求。从生产发展到产业兴旺，这一提法的转变，要求农村经济增长“提质增效”，向高端供给转变，实现从产量规模目标向高效高质目标转变，从粗放型生产向规模化、精细化与现代化生产转变，从资源投入依赖向可持续发展转变，同时，政策上更加聚焦，主要目标是实现农业与农村现代化。社会主义新农村建设成就为乡村振兴战略的实施提供了初步具备农业现代化与规模化发展的经济与技术基础，在此基础上纵深推进农村经济的提质增效发展，赋予农村经济更高的历史发展目标，通过发展新型农业产业、新型农业业态及第一、第二、第三产业融合，实现产业兴旺与农村经济繁荣发展的目标。

其二，乡村振兴战略以“生态宜居”替代“村容整洁”。生态宜居在原有的单一化生产场域“村容整洁”的基础上更加突出对乡村环境的综合、立体化的目标升级，将外在配套的环境基础设施与农村生产、生活环境、自然环境与生态环境的改善共同纳入目标，注重对农民生活质量的内在提升。以五位一体”中生态文明建设为指导思想，对农村“脏、乱、差”的生活环境进行改善，对农村环境污染与生态环境恶化进行治理，建设更加舒适的农村人居环境，同时大力发展低碳、绿色农业，打造农村生态文明体系，提升农民居住的幸福感。

其三，乡村振兴战略以“生活富裕”替代“生活宽裕”。生活富裕将原有“解决农民的温饱问题并基本达到小康水平”的目标进一步提升为实现农民与农村的共同富裕。在新时代全面建成小康社会目标与全面建成社会主义现代化强国的目标下，生活富裕是在生活宽裕的基础上进一步提升农民收入水平，物质生活更加富裕，精神生活更加美满。生活富裕目标的实现是建立在乡村产业兴旺的经济基础之上，依托产业振兴，保障农民生活富裕的物质基础，使广大的农民能共享国家发展和农业发展成果。

其四，“乡风文明”四字的表述没有变化，但在其内涵上被赋予了更加丰富和明确的新时代要求。在产业振兴、农民增收致富的基础上，要大力弘扬社会主义精神与价值观，推进乡村文化、社会风气、道德水平的提升，进一步提升农村文明程度，统筹发展农村经济建设和精神文明建设。

其五，乡村振兴战略以“治理有效”替代“管理民主”。治理有效以提升农村社会治理效率为目标，遵循科学性的原则，创新社会治理手段与治理模式，改革现有乡村治理体制，实现农村社会的有效治理。从管理民主向治理有效的定位转变，是乡村经济社会稳定与可持续发展的重要政治保障与制度配置，体现了国家治理体系不断完善、治理能力不断提升、治理模式现代化转型。自新农村建设以来，我国乡村治理采用民主管理制度模式，规范化程度日趋提升，伴随着乡村分化和社会的转型发展，亟需保障稳定的乡村社会秩序，并在此基础上科学、合理协调乡村多元主体之间的利益资源配置，基于管理民主，乡村振兴战略要求进一步构建自治、法治和德治为一体的乡村治理体系，提升乡村治理有效性，拓展了新时代下乡村治理的内涵与体系，清晰了乡村治理的目标。

对照社会主义新农村建设与乡村振兴战略的目标定位可知，二者以提升农民的生活水平和质量作为检验农村经济社会改革政策绩效的标尺，均充分体现出了“三农”是国民经济与社会发展的重要基础的核心思想。在二者内涵的比照上，乡村振兴战略的逻辑结构更加清晰，内涵更加系统、具体和全面，为在新时代实现农业全面升级、农村全面进步与农民全面发展明晰了科学的方向、路径和目标。

从“社会主义新农村建设”到“乡村振兴战略”的演进，是国家对农村经济社会发展战略统筹的升级，从 2002 年党的十六大提出“统筹城乡经济社会发展”，到2005年中央工作会议确定“以工补农、以城带乡”八字城乡关系大政方针，党的十七大进一步提出“统筹城乡发展，推进社会主义新农村建设”，党的十八大明确提出“实施城乡一体化发展战略”，党的十九大提出“实施乡村振兴战略”，从以往的农业反哺工业到统筹带动，再到如今的将农业农村纳入战略化布局，充分体现了党和国家对农村经济社会发展和城乡关系的认识和思考更加科学和深刻。同时，也体现出我国乡村经济社会的地位和作用日益增强，农村在我国现代化经济体系中的意义更加凸显，乡村将逐渐成为我国城乡发展中的新动力，成为我国实现城乡融合发展、建设现代化经济体系、进入城乡互动共赢新时代、建设社会主义现代化强国的新引擎。

三、乡村振兴战略的内涵与结构

（一）乡村振兴战略的内涵

乡村振兴战略是一项内容广泛、内涵丰富、体系综合的系统工程，乡村各业态内涵具体地体现在“产业兴旺、生态宜居、乡风文明、治理有效、生活富裕”的“二十字”方针上，涵盖农村产业结构的优化、农村居民空间分布的重组、农村劳动力结构的调整、乡村聚落形态的变迁、乡村生态环境的改善、乡村社会文化景观的重塑、城乡关系的更新等诸多领域的融合与协同发展，尤其是新时代下经济结构转型更加加剧了乡村振兴战略实践的复杂性和艰巨性。

第一，产业兴旺。通过提升农业生产的机械化率与规模化生产，实现农业生产的科技化、信息化、制度化和组织化水平，推动农、林、牧、渔业和农产品加工产业的转型升级，实现农业现代化发展。同时，大力培育新型职业农民，发展农业适度规模经营，推进绿色和生态农业发展，促进农村第一、第二、第三产业的融合发展与农业产业链的延伸，创造更多的农村就业与农民增收致富的机会，最终形成现代农业生产体系、产业体系和经营体系，实现农业的规模化、集约化、产业化和组织化目标，使乡村产业具有强大的活力。

第二，生态宜居。进一步优化农村人居环境、生产环境和自然生态环境，建成绿水青山的田园乡村，实现乡村生产环境、生活环境与生态环境的宜居目标。生态宜居以保护自然、保护生态环境的生态文明理念为建设指导思想，遵循自然生态系统规律，实现人与自然的和谐共生。生态宜居的内容涵盖村容整洁，保留乡村风貌与乡土气息，统筹推进乡村生态资源保护，加强农村土壤污染与农村面源污染防治，大幅改善乡村水、电、路、气、房、通讯等基础设施短缺现象。

第三，乡风文明。通过弘扬社会主义核心价值观，传承和弘扬中华民族诚实守信、遵规守约等优秀传统文化与乡村习俗，提升农民的综合素质与农村文明程度。同时，大力推进农村教育发展，传承社会文化，加快医疗卫生等社会事业发展，改善农村基本公共服务体系，将乡村传统文化与现代文明融合，培育乡村新时代新景象社会风气，践行社会主义精神文明建设。

第四，治理有效。以“自治、德治、法治”为一体，建成现代化乡村社会治理体系，提升乡村治理的科学性与成效性。提升农村基层党组织的组织力、带领力、战斗力，提高村民的民主自治能力，深化村民自治实践。通过建立现代化的乡村治理体系，有效协调单个农户利益与集体利益，发挥农民在乡村社会中的主动性、积极性和创造性，提升农民的幸福感与获得感，建设平安、和谐、有序与充满发展活力的乡村，为农村农业的现代化目标实现和“三农”经济社会健康发展提供政治保障。

第五，生活富裕。以共同富裕为目标，通过实现农村产业兴旺增加农户创业与就业机会，大幅提升农民收入水平，实现经济宽裕和衣食无忧。加大农村资源投入，补齐农村发展短板，缩小城乡发展差距、城乡居民收入差距与生活水平差距，不断改善农村居民生产与生活条件，满足农村居民对美好生活向往目标，逐步实现城乡共同富裕，使农村居民均等享受改革开放红利，提升物质与精神层面的获得感与幸福感。

（二）乡村振兴战略的结构逻辑

“产业兴旺、生态宜居、乡风文明、治理有效、生活富裕”五个子系统结构紧密、有机关联、协调统一，既相互促进又相互制约，系统地构成了乡村振兴战略的“核心”“关键”“基础”“保障”与“目标”。

（1）产业兴旺是乡村振兴的核心。“经济基础决定上层建筑”，农村经济发展的核心在于产业的发展，因此，产业兴旺是实现乡村振兴战略根本目标的经济基石。在过去较长的一段时期内，我国农村产业发展以解决农民的温饱问题为目标，主要强调农业生产的发展。产业兴旺在既有农村产业发展的基础上，强调农业发展的提质增效，同时重点推进农村产业的供给侧结构性改革，促进多元化的农村产业与业态的新发展，推动农业内部的三产融合，优化农村产业发展的质效，实现“农业增产、农村增值、农民增收”，改善城乡发展严重的“二元化”问题。现阶段，我国农村产业结构单一，缺少产业的整体规划与布局，分散经营，产业附加值低、效益增长低速，增长空间有限，市场化、组织化程度低、竞争力薄弱，将产业兴旺作为战略核心与实践突破点，提升农村产业发展的质效，延长农村产业链条，加强农村产业的科学布局，提升产业的信息化与组织化水平，推动我国农业农村现代化进程。

（2）生态宜居是乡村振兴的基础。作为新时代农村生态文明建设的核心内容，生态依据也是农村人民群众日益增长的对美好生活的需求的重要体现。基于生态文明目标要求，生态宜居是乡村对“生产、生活、生态”为一体的绿色、低碳发展的实践和探索，建设绿色的绿色农业生产环境与乡村生态环境，实现乡村美丽生活家园的乡村发展模式，其核心内涵是倡导农村低碳、绿色、可持续发展，实现。生态宜居要求大力发展农村生态文明建设，将绿水青山作为乡村产业兴旺、农业绿色发展与现代化发展的生态底色，大力推进农村生态文明建设，打造立体的文明、生态、宜居的美丽乡村家园，提升乡村生活宜居品质。

（3）乡风文明是乡村振兴的关键。乡风文明是新时代乡村精神风貌的导向呈现，乡风文明以乡风淳朴、传承中华优秀传统文化文、崇尚文明与科学为核心建设目标。乡村振兴战略的实施通过树立新时代文明风尚引导乡风文明，净化乡村不良社会风气倡导新时代精神风尚，是实现乡村振兴目标的关键环节。乡土社会是我国民族优秀文化与传统的培育土壤，乡风文明建设必须以传承中华民族优秀传统文化美德为核心内容，弘扬新时代精神文明思想。同时，乡风文明建设既为实现乡村有效治理培育良好的“德治”土壤，也是乡村生态宜居建设的基础性工程，以乡风文明推动乡村生态文明建设，营造凝人心、聚人气的、“敢创业”、“能干事”的乡村氛围，助力乡村产业发展，实现农民精神生活富裕，打造生态宜居家园。

（4）治理有效是乡村振兴的保障。治理有效是运用更加多元、开放和包容的乡村治理形式，充分整合和利用各类乡村资源，实现乡村治理手段的多元化，提升乡村治理的绩效，巩固稳定和谐的乡村社会秩序，乡村治理有效的关键是构建集“自治、法治、德治”于一体的乡村治理综合体系，探索将“村民自治”与“国家法治”等机制内嵌于新时期乡村社会治理体系中，并融入村规民约与乡风民俗中。新时代下，乡村治理既要求能盘活村民自治实施以来乡村积淀的现代治理方式下的存量资源，平衡村民自治实施以来乡村社会面临的冲突和分化，坚持依法治村，充分运用乡村治理的增量资源，形成法治和自治形成相辅相成的治理体系，采用现代化、数字化等多元化技术手段，优化乡村治理模式，有效提升乡村治理效率。因此，乡村治理有效既是有序全面推进乡村振兴战略的制度保障，同时也为乡村经济繁荣与社会稳定和谐发展提供强有力的政治保障。

(5) 生活富裕是乡村振兴的根本。乡村振兴战略以实现农业与农村现代化为总目标，而生活富裕是这一总目标在农村社会民生问题的着眼点与立足点，乡村振兴战略实施效果以农民生活水平提升和收入增长作为评价标尺。共同富裕是实现农民生活富裕的本质要求，伴随着我国改革开放的推进，农村经济社会发展取得了巨大的成就，农民的温饱问题得以彻底解决，并顺利迈进全面小康社会。但由于区域经济差异，城乡发展“二元化”、城乡差距逐步拉大等发展不平衡的社会问题凸显，不符合实现农民对美好生活追求的目标。在我国长期的城镇化建设与工业优先发展的改革实践中，城乡发展“二元化”、城乡差距逐步拉大，使得农民的“被剥夺感”上升而获得感与幸福感“边际下降”，通过补齐短板、增加资源投入、农民增收创收，创造农民美好的幸福生活，实现共同富裕。

由此可见，乡村振兴战略是一个多维度的有机整体，产业兴旺是战略核心，生活富裕是战略实施根本，治理有效是政治保障，乡风文明是精神保障，生态宜居是战略实现基础，五个子目标之间内在逻辑清晰、有机统一。

四、乡村振兴战略的要义与目标

其一，乡村振兴战略是新时代下新发展理念的乡村建设实践。其“二十字”目标的内涵全面、系统，有别于其他各时期针对某一具体的农业产业或者农村农民的发展对策，以实现乡村全面振兴为目标，既包括了农村经济社会的振兴，也包括了乡镇经济社会的振兴，是城乡协调相互促进的发展思想与城乡互动融合开放、协调发展理念的体现，实现农业的产业化与现代化总目标以及生态宜居、生活幸福的子目标是新发展理念的具体体现。

其二，乡村振兴战略提出“坚持农业农村优先发展”的重大战略思想，农村农业的现代化是乡村振兴战略的总目标。乡村振兴战略再次重申了“三农”问题是全党任务的重中之重的定位，强调了“三农”工作的总方针，明确了“三农”发展方向的重要政治导向。

其三，乡村振兴战略是城乡融合、协调发展新理念的实践。2020 年以来，在贯彻我国城乡协调发展理念的实践中，农村绝对贫困基本消灭，城乡差距缩小，乡村振兴战略以乡村为主体进行发展战略部署，在原有的城乡统筹演化到城乡融合发展，充分体现了乡村发展的主体性，在保持乡村独立性和差异化的基础上，推进城乡融合发展，消除农村发展的不充分，解决城乡发展不均衡，充分体现了城乡融合协调发展的新理念。

2017 年 12 月，中央农村工作会议重点部署了乡村振兴战略的推进任务，明确了乡村振兴战略的实施方向与实施步骤（见图 3－1），部署了任务的推进，确保乡村振兴战略实施的可操作性。以 2020 年、2035 年为进展节点，先后实现“构建起制度框架和政策体系”“基本实现农业农村的现代化总目标”的阶段性目标，到 2050 年，实现乡村全面振兴的战略愿景。

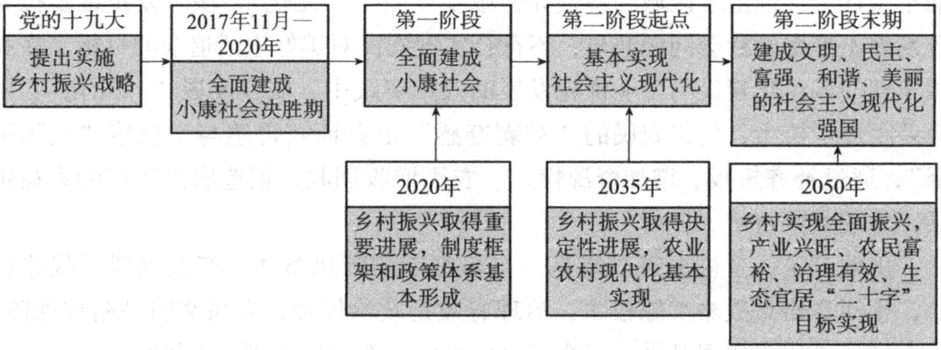

图 3－1　乡村振兴战略目标任务推进时间表

乡村振兴战略目标的全面实现与我国建成富强民主文明和谐美丽的社会主义现代化强国的目标在时间节点上相吻合。这说明，作为实现我国社会主义现代化强国建设目标的重要步骤和必然要求，乡村振兴战略这一重要的战略部署与中华民族的伟大复兴紧密相关相切，只有实现全面的乡村振兴，才能实现建设社会主义现代化强国的目标。

五、乡村振兴战略的新发展方向

2019 年 5 月，国务院印发《数字乡村发展战略纲要》，提出“全面建成数字乡村，助力乡村振兴”，并提出了三个阶段的分步建设目标与“到本世纪中叶，全面建成数字乡村”的战略目标（见图 3－2）。数字乡村是乡村振兴战略的重要方向，在全面推进乡村振兴战略的进程中，立足新时代新农情，运用互联网、大数据、区块链等信息化技术助力乡村振兴战略的推进，加快农业农村经济社会的信息化发展与现代化发展。数字乡村建设为加快农业农村现代化发展提供数字动力支持，以信息流引导资金、技术、人才流向乡村，发展乡村新业态、推动农业农村的数字化、现代化的转型发展，助推“产业兴旺、生态宜居、乡风文明、治理有效、生活富裕”战略目标的实现。数字乡村发展战略侧重于构建乡村现代化发展的政策体系，包括以数字技术、知识创新驱动为一体的现代乡村经济发展政策体系，以结构优化、可持续性良好为主导的乡村现代化经济体系，以及治理手段高效多元化的现代乡村数字社会治理新体系，推进乡村振兴现代化建设新格局，与此同时，繁荣发展乡村网络文化，培育信息时代新农民，实践中国特色社会主义乡村振兴道路。

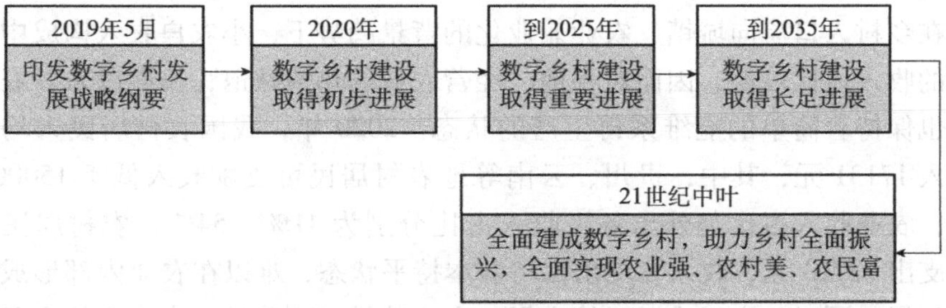

图3-2 数字乡村发展战略目标

第二节 乡村振兴战略的金融支持体系结构

一、乡村振兴战略金融需求主体

（一）分散小农户

小农户经营依然是我国当前和今后较长一段时期内的主要农业生产模式，这是乡村振兴战略实施所必须面对的基本国情。依据农业农村部的估算标准①，截至2020年底，我国小农户约2.6亿户，小农户占我国总农户数的97%。在分散经营中，小农户可实现灵活的精耕细作，家庭经营分工协作，具

① “小农户”概念首次出现于国家层面是在党的十九大报告中“实现小农户与现代农业发展有效衔接”这一表述。关于小农户的耕地面积的界定，农业农村部根据我国农村农户耕地总面积的经营规模规定测算标准为“耕地面积50亩以内”，这一标准与学界的主流估算“30—50亩”较为一致，并认为这一规模亦是我国农村家庭劳动力耕作的极限规模。按照这一划分标准，2016年，我国小农户近2.6亿户，占农户总数的97%左右，2020年我国小农户约有2.2亿户，2030年1.7亿户左右，2050年仍将有1亿户左右。

备内在激励优势，是乡村振兴重要的价值主体，但由于经营规模小，抗风险能力弱，产出效益有限，缺乏规模化经营能力和技术、资源投入，其可持续发展也面临着务农老龄化、农村空心化、耕地撂荒等困境，加强小农户的振兴成为一项艰巨的任务。我国人多地少的国情与小农户农业生产的特征决定了小农户在农民群体中占大多数的主体地位，要实现农业农村的现代化，就必然要促进小农户与农业现代化、产业化发展的密切衔接，充分吸纳小农户参与产业化经营中的产业链，振兴小农户。

在乡村人口流向城镇、农业兼业化的背景趋势下，小农户收入构成中来自农业的收入占比较低，因而对种地、经营农业的热情减退，长期以来对农业的投入也保持着简单的能维系再生产的状态。2020 年，我国农村居民人均可支配收入 17131 元，其中，贵州、云南等地农村居民可支配收入低于 15000 元，其中，农业收入占比与外出务工收入占比分别为 41%、54%，农村居民人均消费支出 13713 元，收入与支出保持基本持平状态，难以在农业内部形成规模资金积累。同时，由于难以对接市场，农户数量多而分散，小农户的主业农产品市场趋近完全竞争市场特征，种养类大宗农产品缺乏需求价格弹性，导致农产品竞争优势小，商品化率低，拉低了农户收入水平，限制了小农户掌握先进生产技术的内在动力，出现农业生产投入不足、农业收入水平趋低、最终维持简单的农业生产的不良循环。总体来说，小农户缺乏资金、技术等现代要素支撑，是我国“三农”发展及乡村振兴战略实施中亟需扶持发展的重要弱势群体。

2019 年 2 月，中共中央办公厅、国务院办公厅印发《关于促进小农户和现代农业发展有机衔接的意见》提出扶持小农户，提升小农户发展现代农业能力，要实现小农户和现代农业发展有机衔接、以农户的组织化、服务规模化带动经营规模化是全面实现乡村振兴的重要路径。小农户对农村普惠金融和金融机构无抵押、无担保的专门开发的小额信用贷款的覆盖面有着普遍的需求，同时对农村商业银行、农村合作银行、村镇银行等农村中小金融机构提出真正扎根县域的要求，同时对农村资金互助组织、为小农户服务的小额贷款机构的数量要求，亟需提高小农户的融资能力，破解小农户自有资金不足的难题及小农户难以对接市场、农业生产技术滞后、投入要素有限等问题，实现小农户的振兴，提升农业资源与生产要素配置的效率，最终实现农村产业兴旺与全面振兴。

（二）新型农业经营主体、乡村企业

构建现代化“三大农业体系”是乡村振兴战略实现农业农村现代化目标

的重要路径，要实现乡村振兴，必须要实现农村产业兴旺，以农业供给侧机构性改革为主线，发展现代化农业，大力推进产业化农业和绿色、生态、智慧与数字农业发展。现代农业三大体系的中坚和主体力量是新型农村经营主体，在农村社会分化的趋势下，适度规模经营农村主体与小农户精密融合发展，共同构成乡村振兴的中坚力量，并形成良好的农村群落生态，是培育我国新型农业经营主体的路径。截至2019年底，全国家庭农场共85.3万个，2020年累计全国家庭农场名录系统填报数量超过300万个，比2015年增加1.5倍，平均每个家庭农场农产品销售约30万元，其中，在各类规模的粮食种植类家庭农场中，经营土地面积在200亩以下、1000亩以下与1000亩以上的小型、中型、大型农场分别占总数的70.1%、27.9%、2.0%。

同时，传统分散的小农户也逐渐融入农村适度规模经营，农业生产向专业化、集中化、产业化与合作化生产模式转型。在课题组调研的西南地区一个村落，该村共有耕地5049亩，到2020年年底，该村集体耕种的面积达到100%。伴随着农村适度规模经营与土地集中化经营，农村金融需求更加突出地表现在家庭农场、集体农场、农民合作社集体经济组织等新型经营主体的规模化需求上，并且呈现出产业化、专业化、市场化等更加多元化金融需求特征。

我国当前的乡村集体企业主要包括由乡和镇、村农民集资举办的集体企业，以及集体企业改制后的个体企业、股份合作经济组织，其他形式的个体企业，以集体所有制为主，大多属于农业资源型的中小加工型企业。乡村企业经过四十多年的发展，逐渐成长为我国国民经济的重要组成部分，为实现农民小康生活、开创农村就地创业就业、推进农村工业化发展、突破城乡二元格局、助力城镇化等方面作出了巨大的贡献，但自90年代中期以来，大量乡村企业由于资本短缺与融资困境问题而陷入了长期的停产、倒闭、发展停滞的局面。乡镇企业中大多数由乡镇政府投资而发起，此类企业主要立足当地农业资源，面向市场生产资源密集型加工产品，由于信息不对称、市场竞争力弱、市场对接不充分，生产经营面临较大的市场风险，由此影响到可持续发展。

乡镇企业的金融需求以外源融资与结算服务为主。乡村企业的融资大多具有高负债率和较大比例的非规范性的直接负债融资等特征，在生产经营规模扩大的过程中获得资源投入的渠道多元化，除了当地乡镇政府的财政投入之外，民间借贷、职工入股、个人积累、金融机构贷款及外资入股是其占比较大的融资来源。伴随着我国城乡关系、工农关系的转型和发展，大众创新创业向农村衍生，返乡创业、三产融合发展，使得乡镇企业发展逐渐向规模化、集群化和产业化发展，对商业银行贷款融资需求的依赖性也逐渐增长，农村地区的农业银行等银行机构具有明显的金融供给优势，但随着农业银行在农村地区的全面撤退，乡村企业对农信社、农村商业银行的融资路径依赖增强。

（三）乡村贫困人口与特殊群体

自20世纪80年代以来，世界银行多次将贫困问题纳入全球经济与社会发展问题的重要部分，贫困问题在世界范围内成为共同持续关注的热点。我国的贫困主要包含"资源型贫困""投资型贫困"和"人口型贫困"三种基本形态，其中，由于农村投资不足与投资缺口巨大，我国农村贫困以"投资型贫困"为主要形态。由于我国经济社会发展的历史路径与制度选择，贫困问题主要集中在农村，农村脱贫因此成为我国精准扶贫、脱贫攻坚时期的核心任务。

自20世纪90年代以来，我国主要运用"金融扶贫"与"财政扶贫"相结合的手段，构建起了"经济扶贫"的政策体系与制度。其中，金融扶贫作为我国扶贫政策和实践的重要组成部分，取得了较好的扶贫、开发与增长效应，在我国精准扶贫脱贫攻坚时期发挥了重要作用。金融扶贫的内容广泛、形式多样、覆盖面广阔，金融扶贫对农村贫困人口发展生产和改善生活提供直接的信贷服务，对贫困地区、具有脱贫带动效应的乡镇企业提供融资支持，以及对农村基础设施和公共服务建设项目提供融资服务，同时对涉农企业上市、农业保险业务提供精准融资支持。金融扶贫在产业扶贫、就业扶贫中发挥了关键脱贫作用，通过对贫困农户的金融扶贫，助力贫困人口脱离了绝对贫困，促进了贫困地区的产业发展，提升了当地农村基础设施和公共服务体系的完善程度，为农村贫困地区的可持续发展注入了金融活水。2020年底，我国脱贫攻坚任务胜利完成，在现行贫困标准下农村地区消灭了绝对贫困问题，实现了全面小康社会的阶段性目标，在"十四五"期间迈入建设社会主义现代化强国和全面推进乡村振兴的新的历史阶段。

我国进入全面小康社会后，金融扶贫依然任重道远。精准时期的扶贫脱贫主要解决的是绝对贫困问题，即贫困人口缺乏生存所必需的生活物资、经济资源或经济能力而导致的贫困。2020年全面建成小康社会后，我国农村贫困转化为相对贫困为主，相对贫困主要表现为农村居民与城镇居民、农村地区与城市在收入水平、生活水平和社会公共服务、社会福利及个人发展机会等方面所表现出的严重差距问题，其核心和本质是发展不均衡、不充分的问题。因此，持续提高农村低收入人口的收入水平和生活水平、解决城乡发展的不平衡与不充分问题是我国在今后较长一段时期农村贫困治理的重要方向和任务。因此，要解决农村地区相对性贫困问题，金融扶贫也应该进行相应的模式转型，将原有定位于解决绝对贫困问题的救济型支持机制向解决相对贫困问题的开发型和开放型支持机制转型，主要侧重三个领域：一是对由原来的农村绝对贫困人口转化为相对贫困人口的金融扶贫，应重在“扶智扶贫”，即金融支持解决贫困家庭脱贫致富的生产经营、教育和医疗等生活需求，激发贫困人口的内生发展动力；二是对农村贫困落后地区的产业扶贫进行金融支持，即通过金融服务支持贫困农村地区的家庭农场等新型农业经营主体、龙头企业发展“造血”功能，从而实现可持续性发展，辐射和带动当地农村就业和产业发展，提升当地农民收入水平，助力乡村脱贫；三是对贫困农村地区完善基础设施、改善生产和生活基础条件进行金融支持，通过金融支持解决制约农村和农业发展的基础设施短缺与老化问题，完善乡村出行道路与公路网络，构建现代化农村水电能源体系，推进污染处理系统的广覆盖，实施乡村数字工程等通信网络基础设施建设，提升农村教育、科学、医疗、文体等公共服务供给。

（四）农村基层政府

农村基层政府是实现乡村有效治理的重要主体，其对金融的需求集中在对农田水利、电、气、通讯、公共服务等基础设施建设项目所需投入较大规模的资金。农村基础设施建设成本高，投入资金规模庞大，尤其在偏远山区的交通运输、电网、自来水、水利灌溉设施等，建设周期长，资金消耗大，同时还包括义务教育、医疗卫生等公共服务产品供给。截至 2020 年底，全国共有约 65 万个行政村依然存在基础设施严重短缺的现象，基础设施建设成为各村级基层政府在乡村振兴和“十四五”规划时期的重点建设领域。在农村基础设施体系中，除水电外的其他设施建设的社会效益高于经济效益，具有典型的社会公共产品属性。在农村金融体系中，农业发展银行在农村基础设施建设和开发领域的业务规模小，开发投入资金不足，国家开发银行的业务较少延伸到农村基础设施建设领域。目前，农村基层政府的相关融资需求难以在农村金融体系中获得对应金融机构的业务支持。

二、乡村振兴战略的金融需求层次

（一）产业兴旺

金融与经济增长理论认为，金融是产业发展的关键投入资源保障，是经济发展的命脉。农业作为我国国民经济的基础性产业，对推进我国经济市场化进程、全面建成小康社会发挥着重要的战略性作用。当前，我国农业生产依然处于由传统经营向规模化、产业化经营转型的起步阶段，农业所具有的“产融弱质性”特征并未减弱，农业发展面临资金短缺、自有资本积累无法形成、资金需求供给缺口巨大等严峻的局面，与农业可持续协调发展能力不强形成不良循环。

乡村振兴提出产业兴旺的目标对金融支持的需求提出了结构性的要求。一是金融需求规模的变化。要实现产业兴旺，大力发展规模农业、现代农业，必须落实金融对“优先农村与农业发展”的融资供给保障，同时，大力发展组织化农业与规模化农业，构建现代农业生产体系，扶持乡村特色产业与优势产业的发展均产生了较大规模的增量融资需求。二是金融需求结构发生变化。尤其是粮食生产和农业产业化龙头企业对金融支持有着强烈的金融需求。农村金融需求结构变迁，在原有的分散小规模农业基础上，乡村特色产业、优势产业以龙头企业、职业农民、家庭农场为主体，通过发展专业化与规模化的经营模式，“十三五”期间，全国家庭农场累计 110 万家，农民合作社达到 222. 5 万家，农业社会化服务组织 89. 3 万个，农业适度规模经营主体逐渐成为乡村产业振兴和农业现代化发展的主力军。2020 年，全国各类返乡入乡创业创新人员达到 1010 万人，比 2019 年增加 160 万人，返乡创业以特色乡村产业为主要载体，返乡创业人员的金融意识不断增强、融资需求更加旺盛。三是农业产业结构调整的金融支持需求。当前，在农村第一、第二、第三产业融合发展中，农业的产业链主要包括乡村特色、优势产业、新型农村服务业与农产品加工业三个链接点。依据产业发展理论，农业产业增长能实现的利润空间、资源空间与市场空间均取决于农业产业结构的高度化程度。在“十四五”规划时期，我国农业的竞争力将由利润、资源与市场三种增长空间所决定，并受当前潜在的“产业吸融力”影响。而在特定时期内的产业体系中，某种产业的吸融力是金融资源对不同产业“配置博弈”后的结果，因此，我国农业产业结构的调整与发展在较大程度上取决于金融支持资源和要素的投入，优先的资源配置顺序才能保障弱质性农业的吸融力。

（二）生态宜居

生态宜居的重点建设领域包括乡村生态环境治理、生产环境与人居生活环境改善及乡村资源环境恢复与保护，生态宜居要求乡村守住青山绿水，大力发展绿色金融，亟需政府引导各类金融要素与社会资本流入生态宜居建设领域，并形成农村绿色金融体系与激励机制，合力调动金融支持生态宜居建设的积极性。同时，生态宜居还包含良好的农业生产环境和条件建设，诸如乡村基础设施的完善和覆盖。由于建设成本较高，我国还有大量的乡村，尤其是偏远地区的乡村依然存在农田水利等基础设施短缺亟需改善的现象。由于乡村通讯设施建设滞后，城乡存在较大“数字鸿沟”，“十四五”期间，依然有部分地处偏远的行政村未通宽带，已通宽带的行政村内介入能力低于不足4Mb/s，互联网普及率低。在改善产业发展基础环境的进程中，农业、特色产业、休闲农业、创意农业、加工业等发展赖以配套的交通物流网、通信网络、水利灌溉、农机装备等设施亟需完善。因此，大力支持改善农村水、电、路、气、房等基础设施农村建设，并向偏远乡、村进行延伸由此而产生的乡村基础设施项目的融资需求应由政府引导，整合金融资源，发挥出政策杠杆作用，吸引多元化金融资源的参与。

（三）乡风文明

乡风文明建设具体涵盖促进农村公共社会文化服务事业的提升，加快城乡文体一体化，让农民享受到更全面的社会保障和更加多元化的公共服务，增强农民的文化自信，助力农民素质和信用水平的提升等领域，亟需充分发挥出金融的杠杆功能，吸引社会资本的参与。同时，普及诚实守信守法的金融理念，对农村居民加强征信、金融常识、金融法律法规等宣传与教育，提升农村信用生态指数，培育乡村诚信金融环境，打造“信用村”与“信用户”示范乡村，建成乡村基层治理诚信体系。乡风文明建设应推动金融参与基层治理从城镇向乡村延伸，辅助农民树立个人发展信心，改变落后思想观念，主动摒弃陈规陋习，正确处理“富脑袋”与“富口袋”的关系，促进可持续发展的观念在广大农村落地生根。金融服务乡村振兴战略支持农业“产学研”深度融合，发挥金融机构的信息技术和渠道优势，为返乡创业、涉农企业、适度经营主体、广大农民提供综合的信息、咨询、培训等社会公众服务，促进农民职业化、农村现代化，营造求知向上、诚信与自信的文明乡风。

（四）治理有效

乡村秩序治理的重要社会基础是农村产权与资产明晰，伴随着我国农地改革在全国范围内的推进，从而显著增加了对两权抵押贷款等土地金融产品和新型金融服务模式的需求。同时，伴随着农村集体经济规模壮大，合作社贷款需求增加。因此，治理有效亟需金融发挥出四个领域的支持作用，一是需要充分发挥出金融要素在农业生产中的节本增效与生产要素资本的作用，提升防范自然风险农产品价格波动剧烈的市场风险能力。二是以金融支持为杠杆，助推农地经营权、农村宅基地等各类产权资源要素的流动，提升农业生产要素的配置与产出效率，盘活沉睡的农村生产要素资源。三是以构建农村仓储物流、加工制造业基础设施金融支持保障体系，改善农村流通服务业发展的设施瓶颈，完善农村市场组织化、规模化发展环境。四是充分发挥金融扶贫在全面建成小康社会后的脱贫成果巩固作用，进一步发挥金融扶贫在解决乡村绝对贫困中的内生性支持作用。

（五）生活富裕

"生活富裕"是乡村振兴的最终落脚点，乡村兴，则农民富。2020年，我国农村居民人均可支配收入达17131元，较2015年增加5709元。伴随着农民可支配收入的提升和生活水平的改善，农民对日益增长的美好生活的向往与农村金融供给不足之间的矛盾突出，一方面，伴随着消费水平的提升，农村消费信贷需求直线上升，同时，产业化规模化的生产性的金融需求也呈增长趋势，对农村金融服务与产品产生了更加多元化的需求，例如，在线支付、投资理财、消费金融等更加个性化的数字金融产品和在线金融服务，同时也为农村金融机构的创新发展与数字化转型发展创造了广阔的市场空间。

三、乡村振兴战略的金融需求特征

（一）小额分散的金融需求依然是乡村金融需求的主体

当前在乡村地区日趋分化的背景下，从事劳动密集型生产的传统小农生产的信贷需求规模较小、期限短，手续便捷灵活，熟人亲友无息借贷、民间非正式互助合作金融及政策性金融是满足其金融需求的三个主要渠道，贫困山区与弱势群体对具有包容性的普惠金融需求也依然普遍。小农经济"短、频、快"的特征决定了其生产性资金需求主要产生于少量的种植与小规模的养殖所需，需求规模小，形式灵活，追求手续简便快捷。同时，小农户的消费性资金需求在短期内出现被电商平台覆盖的趋势。一部分规模较小的家庭农场，主要以夫妻经营的家庭作坊式经营主体，他们对经营性资金有着明确的需求，且大部分是通过向农资经营主体或上游的涉农企业进行赊账方式来满足。赊账现象在小农经营主体中较为普遍，但随着小农经营主体规模的日渐发展，其资金需求量也会变大。与银行借贷相比，赊账的资金成本较高，因此，为节约成本，小型的家庭农场融资方式逐渐从赊账转向商业银行借贷。另外，生产性信贷需求与消费性信贷需求的界限对于小农经营主体而言，其界定比较模糊。例如，养殖型的家庭农场修建房屋，该房屋既是满足其经营小型养殖场所需，同时也是其相对固定的居所，则其修建房屋而产生的借贷就难以判定是属于生产经营还是消费性范畴，而这种情况在农村地区较为普遍。

当前，农村金融机构与小农对信贷需求之间存在着事实上的信息不对称现象。对于小农经营主体而言，大部分农户均认为从银行贷款复杂烦琐，可得性较低，导致在有融资需求时对银行信贷基本不在备选融资方案内，所以，课题组在调研中通过设置“是否需要银行贷款”调研条目，有效问卷的半数以上反馈为“不需要贷款”，但实际上是存在潜在的资金需求，但这种资金需求主要依赖熟人借款、赊账等方式获得。这种现象反映了当前小农资金供需双方的信息不对称、地位不对等的问题，以及小农在农贷市场中长期处于弱势地位的客观现象，导致小农难以形成良性与正常的信贷交易。

（二）乡土培育和礼法维持下的农村社会信用弱化

乡村社会结构变迁与社会异质加剧，农户分化加剧，农村人口流动加快，打破了基于血缘、亲缘与地缘关系构建的乡村社区共同体的基础，农村传统社会关系网络趋于解体。居民的宗族和家庭观念以及礼俗信仰与乡土认同感被削弱，原有建立在亲情、邻里之间等“圈层结构”社会网络基础上人情味浓厚的传统农村信用环境瓦解，直接信用赖以生存的熟人社会环境亦逐渐淡化。农村民间自由借贷受到冲击，其规模随着乡村社会转型而趋于弱化，非正规金融占主导地位的农村金融市场格局被打破。我国征信体系以央行架构为主，以民间征信机构为补充。根据央行的统计数据，截至2019年底，人民银行征信系统覆盖的自然人数为10.2亿，在尚未被纳入征信系统的近4亿人口中，绝大多数集中在农村县域地区，对照5.5亿农村常住人口，则多数农村居民并未被国家征信体系所覆盖①。

（三）新型农业经营多元主体催生更具差异化的金融需求

第一，新型农业经营主体的融资需求规模化与周期化。较之传统小农户，新型农业经营主体的产业链较长，集约化和专业化程度较高，购置农机设施装备、加工储备设施、农用物资及投资厂房等固定资产，产生大量的融资需求，又由于流转土地费用较高，造成资金需求量大、使用周期长。伴随着农业经营主体的规模发展至不同阶段，也将产生多元金融需求。专业化、规模化农业生产的金融需求则呈现规模化、综合化与产业化的特征。在乡村重建与振兴的推进中，以现代农业产业体系、生产体系与经营体系形成的农村产业的适度规模

① 星焱. 农村数字普惠金融的“红利”与“鸿沟”[J]. 经济学家，2021（2）.

化、专业化和产业化发展，农村产业结构农产品结构的优化等，均需要规模大、周期长、多元化的金融资源的协同支持。

第二，公司化经营对股权融资需求增加。部分农业龙头企业、专业大户等新型农业经营主体采用现代公司化组织形式，通过设置财务专业岗位，建立财务制度，融资决策基本遵循公司财务规则，逐渐从传统农户向类似发达国家农场组织生产经营公司化运营模式转变，以期通过公司规范化管理获得外部长期资金的投入。由于现阶段我国农村资本市场建设与发展滞后，公司化的新型农业经营主体缺乏股权融资渠道，除自有资金外，向银行等金融机构贷款是其主要的融资途径。

第三，创业型农户面临融资瓶颈。在农户创业初期，由于对劳动力、土地、场地、配套设备、原材料、农用物资等投入较大，对资金需求迫切，创业中期面临着技术、自然灾害、难以对接市场信息等诸多风险。同时，由于乡村信用担保体系不健全、风险管理体制缺失、信息不对称等原因，农户创业面临着融资难、融资贵等问题，较难获得有效的金融服务，甚至连基本的金融服务也难以获得，融资约束下农户创业难以提高自身抗风险能力，阻碍了农户创业的提档升级。

（四）新型乡村单位与类型的金融需求日益多元化

第一，新型农村社区发展的融资模式探索。新型农村社区建设目前主要有农业服务型社区、镇区融合型社区与旅游服务型社区，尽管社区的主要功能不尽相同，但新型农村社区的发展建立在经济基础之上，对融资模式目前也处在探索中。大部分的新型农村社区建立之初的所需资金主要来源于财政投入，但存在着因地域、发展潜力、财政困难等因素，新型社区发展所获得的财政支撑不均衡，农村新型社区的改革与发展无法完全依赖于财政投入，较多的新型农村社区已通过发展农村特色集体经济，培育特色产业，发展农村第二、第三产业，在此基础上探索市场化融资模式。

第二，乡村消费金融、养老金融与投资理财金融渐成新型金融需求。无论是新型农村社区还是传统农业型村庄，居民人均可支配收入消费支出呈整体增长趋势，农村传统型金融需求向新型消费型金融需求转变，其需求由过去的仅仅满足于解决温饱及生产经营性的信贷需求转向资产增值和风险管理需求，由以婚丧嫁娶、治病、种植、养殖副业等为主的金融需求向理财、保险、养老等需求转变。

第三，土地金融化发展需求迫切。随着农村地区土地流转制度的改革创新和土地流转市场的发展，农地、宅基地抵押贷款也在稳步推进，新型农业经营主体的土地承包经营权预期可成为融资增信的重要渠道。尤其是农村土地确权登记颁证制度的稳步推进，使农村土地承包经营权抵押贷款逐步发挥出农村土地的财产权功能。

第四，责任型“三农”金融需求倍增。乡村要实现物质文明、精神文明与生态文明的目标对农村金融提出了“公平”“普惠”和“绿色”的要求，即农村金融资源配置要充分发挥出支农的社会责任。社会责任型金融的社会绩效明显，有明确的公益性、公共产品供给属性，但短期内难以实现高效的经济效益，主要包括以下几个领域：一是乡村发展的分类推进，落后的弱势农业型村庄、特色保护类村庄、搬迁类等村庄的差别化发展；二是生态农业的发展、乡村生态保护与修复；三是乡村文化的繁荣与发展，休闲价值与生态价值的开发，基础设施的提档升级与农村公共服务供给的增加；四是乡村人才与民生工程，提升农村劳动力就业质量、培育乡土人才、改善人居环境，社区居民的市民化。

（五）对绿色金融与数字普惠金融的创新发展需求持续上升

兼具绿色生态功能导向和经济发展双重功能的绿色金融是实现生态宜居、美丽乡村、数字乡村的可持续资金保障。美丽乡村与数字乡村建设对绿色金融产品与金融服务的需求主要集中在绿色信贷、绿色债券、绿色基金、绿色保险等绿色金融产品和服务，其需求更加规模化、多元化与可持续性。在我国数字乡村战略推进下，农村数字金融的普惠效应日益显现，数字化金融产品与金融服务基于普惠目标而兴起。相较于传统的农村金融，数字金融可通过网络技术、大数据和信息通讯、移动互联网等现代科技手段弥补在农村地区原本存在的传统金融服务短缺、渗透有限、覆盖面狭小、成本高企等问题，突破金融服务受限于实体物理网点的限制，提升农户金融服务的可得性，扩展金融的普惠性，强化金融服务“三农”群体的针对性，改善乡村“金融排斥”现象。

第三节　金融支持乡村振兴战略社会责任内涵

一、金融支持乡村振兴战略社会责任主体定位

（一）金融支持乡村振兴战略的社会责任主体

从理论上看，金融是货币融通的活动，其实践行业主要包括银行业、证券

业和保险业，相较于城市金融而言，农村金融市场领域的证券业与保险业的发展规模极小，对推动乡村经济发展的直接作用有限。同时，由于大型城市商业银行、股份制商业银行以及城市商业银行不以“三农”为目标市场的职能定位，金融支持乡村振兴战略社会责任主体定位为农村银行业金融机构，即在县域范围内设立分支机构和营业网点，以吸收存款和发放贷款为主要业务，服务对象主要为当地农民、农业级农村乡镇企业，其职能主要是面向“三农”提供吸收存款、发放贷款、结算为主的金融服务，满足农村、农户、农业对信贷资金的需求的存款类金融机构。综上，本研究将金融支持乡村振兴战略社会责任主体界定为以存贷款业务为主的农村银行业金融机构，主要包括以下类型金融机构：

（1）农村合作金融机构：农村信用社、农村商业银行、农村合作银行；

（2）新型农村金融机构：村镇银行、农村资金互助社、贷款公司；

（3）涉农全国性大型商业银行：中国农业银行、中国邮政储蓄银行；

（4）政策性涉农银行：中国农业发展银行。

（二）农村金融机构的特征

由于金融服务的目标群体、服务方式及市场地域不同，与城市金融机构相比，农村金融机构呈现出特征鲜明的“三农”特性。

（1）规模小，提供的农村金融服务产品单一，以吸收存款和发放信贷资金为主。相较于城市金融机构，中小型农村金融机构的规模小，例如合作银行、村镇银行等（欧美国家将农村金融机构称为“微型金融机构”），提供的农村金融服务和产品类型少，大多数基层农村金融机构主营业务集中在存、贷、汇等传统业务，投资理财、消费信贷、保险、金融咨询和代理证券等金融业务供给少，业务种类比较单一，并未形成完善和成熟的金融服务体系，在多重因素作用下金融机构的“三农”业务盈利有限，亦是较多大型商业金融机构不愿涉足“三农”领域的原因。

（2）基层营业网点多而分散，具有服务“三农”的天然优势。农村金融机构分布在县及县域以下，基层营业网点多而分散，物理网点广泛覆盖乡、镇，与城市大型金融机构相比较，直达乡镇的机构网点设置模式使得农村金融机构具有天然的农村市场渗透优势，对“三农”客户的市场黏性较高。

（3）面临较高的农业弱质性转移风险。由于农业的产业弱质性，“三农”客户从事农业生产中的自然风险和市场风极易转化为对农村金融机构的违约风险。农业生产周期长、极易遭遇自然灾害损失，农作物生产收益稳定性差，在一定程度上转化为农村金融机构面临自然风险；其次，由于农业产业化与组织化生产水平较低，市场化程度弱，加上农村交通运输农产品物流设施建设不完善，农产品价格的逐年波动大，使其市场风险突出，尤其是“旧三农”向“新三农”转化的过程中，家庭型经营主体对接市场能力有限，抗风险能力较弱，市场风险加剧成为农村金融机构不良贷款的重要产生根源。同时，“三农”客户群体的收入水平较低、信用记录残缺、金融素养弱，使农村金融机构面临的违约风险居高不下。

（4）资金成本和效益难以达到均衡。农户的农业经营收入转化为储蓄是农村中小金融机构主要资金来源，由于种植养殖业与牧业生产的自然风险特性，农户收入具有波动性，导致农村金融机构流动性受影响，资金成本和效益难以达到均衡状态。尤其是偏远和落后乡村，基层农村金融机构投资与信贷资金回流周期长，甚至投资成本难以回收。对于处于农业生产与扩大再生产中介地位的农村基层中小型金融机构而言，其投资能否在市场价值回报中得到补偿取决于多重因素，这亦是导致中小农村金融机构难以对投资运行进行调节有效的风险控制的根本原因，同时也决定了能否实现农业生产资金投入与产出达到均衡的良性循环。

因此，由于市场定位、发展模式及区域限制，农村金融机构履行社会责任的重要性要远高于其他类非银行金融机构[①]。其一，农村金融机构自设立伊始，市场定位与服务目标均立足县域，既是当地金融支农的主体机构，也是农贷资金配置的直接中介载体，相较于大型商业银与城市商业银行，农村金融机构往往掌握着一个村镇或者一个县域范围内的信贷资金的配置权，对当地农村经济的影响力大于其他机构。其二，农村金融机构的本源业务是服务“三农”，立足农村与县域，以“三农”为市场定位，面向广阔的农村，秉持服务地方经济、服务农村经济发展的原则，为我国“三农”发展提供金融产品与服务，满足农村、农户与农业对信贷资金的需求。实践显示，80%的农村金融机构的分支网点铺设在县、乡、镇，其员工的80%来自于当地本土，其约90%的投资收益来源于“三农”市场。其三，农村金融机构资金主要来源于当地农村存款与农户储蓄，“取之于民”，以发放贷款的方式将储蓄转化为投资，以此支持“三农”发展，贷款规模的变化体现了金融对农村实体经济支持强度。

---

① 党的十一届三中全会上更是明确指出了“农村金融是现代农村经济的核心”，农村金融机构被期许承担比一般农村企业更为重大的社会责任。

二、农村金融机构的范畴界定、改革历程与发展

（一）农村金融机构体系的构成

在我国农村经济社会形态发展、社会结构变迁的历程中，农村金融体制历经一系列的改革与发展，农村金融机构体系形成了包括大型涉农商业银行、农村合作金融机构、政策性银行机构、新型农村金融机构和其他金融组织共同构成的分工协作的格局（见图3－3）。在复杂多样、经济社会发展不均衡的农村市场，农村金融机构成为地域广袤的乡村地区最重要的金融服务供给主体，其重要的地位一度被称为“三农”发展的“输血机”，为促进农业生产、农村经济发展和农民增收发挥了重要作用。农村金融机构体系由合作性、商业性与政策性等“三性”金融机构金融机构构成，其中，农村信用社、农村商业银行、农村合作银行组成农村合作金融体系。农村商业性金融机构包括两个层次，一是大型国有商业银行，主要包括中国农业银行、中国邮政储蓄银行；二是村镇银行、涉农小额贷款公司、农村资金互助社等新型农村金融机构。主营农村与农业领域的政策性金融机构以中国农业发展银行为主。

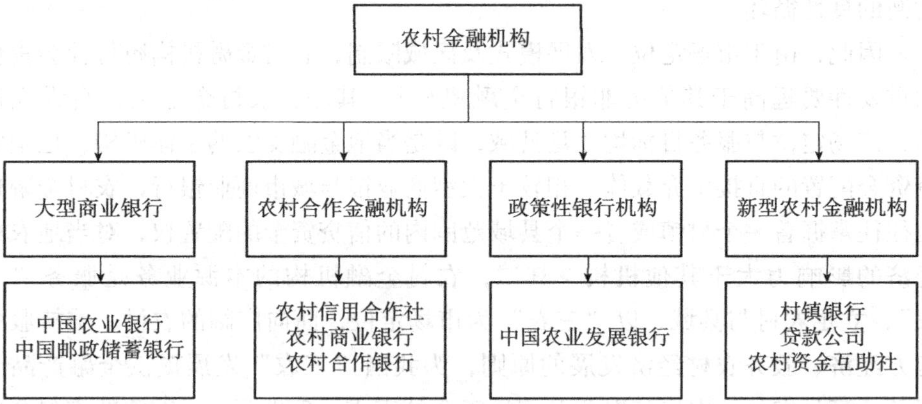

图3－3　农村金融机构体系

（二）农村金融机构的“属性之争”

农村金融机构的“属性之争”一直以来是学术界研究的热点议题。综合来看，“属性之争”主要来源于对农村金融机构性质的定位在“合作性”“商业性”与“政策性”的判定上。学术界大多赞同真正意义上的农村合作性金融是具有农业和农村经济天然的“内生性”特征，基于农村内部自发形成的金融形式，拥有其他金融类型无可比拟的与农户之间保持长期的密切的内生性

关系，相较于其他金融类型具有更高的便捷性、高效率、农民高参与度等优势。在正规农村金融机构中，农村信用社具有最多数量的分支机构网点，其网点广泛分布在农村地区，机构从业人员多，覆盖乡镇，按照其设立的定位和初衷，其职能是面向农村区域服务“三农”，向农户提供金融服务，是我国农村经济和农业发展进程中重要的提供金融服务的主力军，对我国农村产业兴旺、农业提质增效与农户增收发挥了举足轻重的金融支持作用，因此，其改革发展的意义重大。另外，在当前的农村金融机构体系中，比较接近合作性金融机构的是农村资金互助社。2007 年 1 月，银监会印发《农村资金互助社管理暂行规定》，明确了农村资金互助社的社区互助性银行业金融机构的性质，其股东由自愿入股的乡（镇）、农民与农村小企业构成，其职能定位为社员提供存贷款与结算等业务。

农村政策性金融机构是基于贯彻国家扶持农业与农村发展政策而设立，承担政策性金融业务，对农村增加投放金融资源供给和进行农村金融资源的再配置的金融机构。相较于完全商业性金融与完全财政性金融而言，政策性金融具有特殊性，一方面，充当国家贯彻落实实施扶持农业政策的工具，政府通过提供低利率贷款的窗口，为配合政府在不同历史时期、不同发展阶段下特定的农业政策的需要，通过各种政策性融资活动达到支持农业、促进农村经济社会协调发展的目的。另一方面，在纠正商业性金融在农村金融领域作用的缺陷性，提供补充性的政策性金融资源供给，从而配合实现国家对农业发展进行调控的政策效应。中国农业发展银行于 1994 年 11 月成立，是我国现行农村金融体系中唯一的农业政策性金融机构，其主要职责是依据国家政策开展农业政策性金融业务，服务于农村经济与农业发展，代理拨付财政支农资金，开展国家收购、储备、调销等流动资金贷款业务及支持农业产业化经营和大型农业农村基础设施项目建设贷款业务。

商业性农村金融机构以市场需求关系为导向，遵循市场机制进行金融资源配置。在成熟、发达、机制健全与供需信号灵敏的理想化市场环境下，商业性金融遵循市场机制原则可以实现较为高效的金融资源配置效率。基于此，商业性金融亦成为我国农村金融改革的发展趋势。农村信用社与农村合作银行改制股份制商业银行，标志着我国原有的农村合作金融最终收敛于商业性金融。改革后的农村商业银行突破了原有农村合作金融组织的经营模式，在规模扩张和业务拓展上取得较大的改革成果，成为当前我国商业性农村金融机构的重要主体。

新型农村金融机构区别于传统的国有商业银行、股份制银行在农村地区的分支机构，其经营规模小，亦被称为小型或者微型金融机构。新型农村金融机构的资本来源于经营方式更为灵活，与传统的农村信用社、农商行等农村中小金融机构区别较大。根据银行业监督管理委员会《关于调整放宽农村地区银行业金融机构准入政策，更好支持社会主义新农村建设的若干意见》（银监发〔2006〕90 号），农村金融市场开放试点方案，降低农村银行业市场准入，根据“低门槛，严监管，增机构，扩服务，先试点，后推广”的原则进行开放。在这一试点方案下，新型农村金融机构相继在全国范围内成立，村镇银行、小额贷款公司和农村资金互助社成为农村金融机构体系的有益增量补充。新型农村金融机构促进了农村金融市场形成多元投资主体格局与多种形式金融机构良性竞争，有效动员当地的农业储蓄资金的投资转化，规范民间信用的合法化发展，引导各类资本有序流向农业生产，一定程度上增加了农村信贷资金的供给规模，缓解了农村资金外流的趋势。

此外，正规金融与非正规金融亦是当前学术界对农村金融理论研究的主线之一。正规金融机构由农业银行、农村信用社、农业发展银行、邮政储蓄银行、农村商业银行、农村合作银行及新型农村金融机构组成；非正规金融机构涵盖私人钱庄、典当行、互助贷款协会、民间合会及其他非正规金融组织，也包括亲友、邻里、熟人之间的民间借贷行为。与占主导地位的正规农村金融机构相比，非正规农村金融机构是一种基于农村地区的金融供求行为而自发形成的民间信用关系。对于非正规农村金融目前并未形成统一的学术定义。亚洲开发银行与世界银行将非正规金融机构定义为“在央行或其他部门监管范畴之外，其机构注册、流动性指标、业务运行、存贷利率指标上均不受政府监管的管辖的金融机构”。由于非正规金融机构仅以追求利润最大化为目标而不承担任何社会责任，故本研究不将其纳入研究范围，仅以正规农村金融机构为研究对象，研究范畴涵盖农村合作性金融机构、商业性金融机构与政策性金融机构。

（三）农村金融机构体系改革与发展历程

自 1979 年市场化改革伊始，我国农村金融体制改革历经了三个阶段的演化。

（1）第一阶段：农村金融体制的重建阶段（1979—1993 年）。在确立了家庭联产承包责任制这一重大的农村经济体制改革的背景下，我国农村金融改革以恢复原有的传统农村金融机构与新建金融机构为主要措施，以构建多元化的农村金融机构体系并形成一定的竞争格局为目标。为支持农村经济发展，1979年恢复建立中国农业银行，并赋予其新的目标定位“支持农村商品经济，提高资金使用效益”，以农户及与农业、农村经济发展相关的企业为贷款对象。农村信用合作社在人民公社体制瓦解后在名义上也重新恢复了其合作性金融机构的性质，国务院要求农信社的农村存款应优先满足农村需要，在保障农业贷款的前提下，可适度开展农村企业信贷业务，其监管由农业银行内部组建的农村信用合作联社负责。民间借贷管制放开，允许民间自由借贷及涉农财务公司、农村合作基金会等民间金融组织成立。农村存贷款业务，股票、债券等证券等直接融资与间接融资途径。通过系列改革，初步形成有限竞争的农村金融体系格局，以中国农业银行为主体，将农村信用社定位为基层金融机构，并将其他金融机构作为重要补充，同时，该阶段的金融体系依然存在着诸如政策性和商业性混淆不清、机构较为单一、目标定位不清晰、相互利益冲突等问题。

（2）第二阶段：政策性金融、合作性金融与商业性金融分工协作的金融体系框架构建阶段（1994—1996年）。在前一阶段的基础上，我国农村金融体制更加明晰了改革的目标和思路，即“建立一个能够为农业和农村经济发展提供及时、有效服务的金融体系”。1994年，为剥离农业银行与工行的政策性金融业务，保障政策性信贷资金的及时运转，中国农业发展银行成立，其主要职能是承担涉农政策性贷款，实施国家农业发展政策。为了进一步强化农信社的合作金融属性，将农信社归由地方县级联社负责，并由中国人民银行直接监管，由此农信社彻底与农业银行脱钩解除行政隶属关系。农信社在管理体制上实现了重大的变革，恢复了其农村合作金融机构的性质，但由于缺少农户的参与，在支农实践中，农信社逐渐偏离了其合作的属性，单纯追求经济效应最大化而非服务于农民社员。1994年，金融体制改革继续推进农村信用社的商业化改革，1995年开始大量组建农村信用合作银行。同时，为了加快推进农业银行的商业化改革进程，相继实施了经营目标责任制原则，改革集中管理贷款审批权限。经过这一阶段的改革，农村金融体系形成了以农村合作金融为基础、商业性金融和政策性金融分工协作的新格局，进一步夯实了农村金融服务“三农”发展的基础。

（3）第三阶段：农村金融风险控制与农信社全面改革深化阶段（1997—2002年）。1997年亚洲金融危机爆发，我国金融体制改革以控制风险为重要内容继续推进。基于风险权衡与利润考虑，1997年中央金融工作会议提出“国有商业银行收缩县（及以下）机构”的方针政策，农业银行从1998年开始大规模、全面撤并县域范围内的分支机构和网点，退出了县域农村金融市场而转向了城市。同时，对民间借贷等非正规农村金融实行严格监管，并在1999年取缔清算了全国范围内共28588家农村信用合作基金会。农业发展银行的涉农贷款业务范围进一步收缩，以较为单一的粮油储备、收购和调销等纯政策性贷款为主，其综合性职能转变成为单一的粮油收购环节贷款的政策性职能。

农村信用社逐渐成为农村金融市场的主导机构，国家先后出台了一系列针对农信社改革的措施，进一步推进以农村信用合作社的深化改革为重点农村金融体制改革，不断探索农信社的改革方向。例如明晰产权、完善经营管理体制，放宽对农信社贷款利率浮动范围的限制，加大财政投入剥离农信社的不良资产，推动并深化地方农信社改革试点，鼓励与促进农信社金融创新，推广小额信用贷款和联保贷款等。截至2002年底，全国范围内的农信社数量达4万家，其存贷款规模也列居全国金融机构第四位，成为农村金融市场的主力军。

（4）第四阶段：农信社产权和管理体制改革阶段（2003—2006年）。2003年6月，国务院继续推进以农村信用社的产权和管理体制改革为核心的第二轮农村金融改革，在下发的《关于印发深化农村信用社改革试点方案的通知》中，将农信社改革的目标定位为服务“三农”的社区性金融机构，由农户、农村经济组织和其他社会经济组织入股，充分发挥其地位优势，充当农村金融的主力军，推动农村经济发展，为实现社会主义现代化和建设社会主义新农村服务。2003年11月底，以“明晰产权关系、强化约束机制，增强服务功能，中央适当支持，地方政府负责”为目标的农信社新一轮改革试点推行，国务院批准了浙江、山东、江西、贵州、吉林、重庆、陕西和江苏八省农信社改革试点实施方案。2004年8月，21个省农信社试点改革获批，到2006年底，农信社改革在全国范围内铺开。

2004年开始，在继续推进农户小额信用贷款和农户联保贷款的基础上，国务院提出鼓励和引导社会资本、外资参与农村金融市场，探索由自然人、法人或民间团体等主体发起的小额信贷组织等多种所有制金融组织，并先后出台若干指导意见，加快启动多种所有制金融组织的试点工作。2005—2006年，在严控风险的前提下，农村金融市场准入条件逐步放宽，鼓励在县域范围内发展多种所有制的金融组织，允许外资、民间资本出资参股，尤其是大力培育小额信贷组织，并最早在四川、贵州、内蒙古、山西和陕西开展商业性小额贷款试点。

（5）第五阶段：多元化的农村金融机构形成（2006年至今）。经过多年的深化改革，农村金融基本形成了合作性农村金融、政策性农村金融和商业性农村金融并存的体系，但由于体制机制、城乡二元化、农村金融排斥等诸多原因，农村金融机构支农效率低下，小农贷款问题依然难以解决，政府开始探索发展多种形式、多元所有制的农村金融机构。在进一步放宽农村金融市场准入条件的基础上，2006 年，村镇银行、农村资金互助社、贷款公司、小额信贷公司等多种形式的新型农村金融机构试点在六省推行。同时，政府积极鼓励银行类金融机构在农村地区设置专营贷款业务的子公司，并推进实施“只贷不存”的小额信贷公司试点。2009 年，根据银监会农村金融机构增设计划，在全国范围内设立村镇银行 1027 家、贷款公司 106 家、农村资金互助社 161 家，共 1294 家新型农村金融机构[①]。2007 年开始，汇丰、花旗、渣打等外资银行也纷纷进入农村金融市场，其网点覆盖了我国西部、中部和华东、华北等区域。农业银行、农信社与农发行等传统农村金融机构进一步深化改革。首先，农业银行于 2009 年整体改制为股份制商业银行，并于 2010 年 7 月在上海证券交易所挂牌上市。改制后的农业银行的经营方针依然是面向“三农”，并围绕服务“三农”新增了农村基建、农业生产资料与农业综合开发等三大类贷款业务，扩大了农村贷款支持业务范围。同时，进一步强化农信社监管，银监会对农信社与农村合作银行、商业银行的监管实行统一监管标准。这个阶段的农信社新的管理体制框架构建成形，农信社也逐渐实现了业务的覆盖广度和深度的拓展、利润的大幅增长与资本充足率的持续改善。

三、农村金融机构社会责任内涵

（一）企业社会责任内涵的泛化与金融机构社会责任

表 3－3 描述了企业社会责任内涵的泛化过程及金融机构社会责任的演化。根据企业社会责任层级理论（Carroll，1995），企业社会责任的内容包含四个层次：（1）经济责任，盈利是企业承担所有责任的经济基础；（2）法律责任，企业的各项经营活动必须遵守法律；（3）伦理责任，企业的各项活动都应当符合社会的伦理道德；（4）慈善责任，企业必须为公众的福利、生活水平的提高而进行的慈善活动。社会责任利益相关主体理论（Freeman，1984）认为，企业是基于契约联结的集合体，该契约的各方是其各类利益相关者，为获得各利益相关主体利益的最大化，利益相关者通过长期合作、共同投入各种资源，

---

① 中国银监会《新型农村金融机构 2009—2011 年总体工作安排》（银监发〔2009〕72 号）。

共同承担一定的风险、共同经营以获得最大利益。因此，企业应对其利益相关者承担企业社会责任。企业利益相关者主要包括股东（投资人）、供应商、客户、政府、社区、环境和社会，企业社会责任是由企业对股东（投资人）、供应商、员工、客户及社区与社会的责任所构成。

在企业社会责任的行业实践领域，SA8000 企业社会责任标准体系、全球报告倡议（GRI）是企业社会责任理论的行业指导典范。1997 年，全球首个道德规范国际标准 SA8000 企业社会责任标准体系（Social Accountability 8000）诞生，确保企业所生产和供应的产品符合社会责任标准要求是其首要宗旨，同时该体系还突出了对员工的权利、社会福利与保障的标准，例如，员工的劳动环境、工资福利待遇、合理的劳动标准等相关规定，用来评判与审查企业在保障职工的正当权益、遵循社会公德、改善劳动环境与条件等方面履行国际公认的社会责任情况。1997 年，在联合国环境规划署（UN Environment Programme）的推动下，全球报告倡议正式诞生，全球报告倡议在全球范围内呼吁所有企业应将其在经济、社会、环境等方面所履行的责任情况与其财务报告同等进行信息披露，促使企业在社会可持续发展、环境保护、社会经济稳定发展等领域履行自我的社会责任。2002 年，GRI 将企业社会责任报告的信息披露指标调整为三大指标体系，分别是经济效益指标、环境效益指标与社会效益指标，为全球的企业和机构广泛提供可持续发展综合报告框架，并逐渐发展成为全球统一标准。2006 年 10 月、2013 年 6 月，GRI 先后发布了第三版《可持续发展报告指南》（简称“G3”）和第四版《指南》（G4），其对可持续发展的定义获得了全球的广泛认可。SA8000 企业社会责任标准体系、全球报告倡议均是在没有进行行业区分的前提下提出的兼具总括性与原则性的企业社会责任泛化指标体系。

相较于商业企业而言，金融机构（企业）处于具有较强外部性特征的服务性行业，它是一个以货币资金这一重要金融资源为经营对象、具有特殊功能、身处特殊环境的融资中介机构，因此，金融机构社会责任具有特殊性和具体性的领域概念。2007 年 12 月，中国银行业监督管理委员会发布《关于加强银行业金融机构社会责任的意见》，将银行业金融机构的社会责任归纳为“维护股东合法权益、重视和保护员工的合法权益、营造良好市场竞争秩序、保护和改善自然生态环境、改善社区金融服务，关心社会发展”等内容。突出强调银行业金融机构履行社会责任是构建和谐社会的必然要求，也提升银行业金融机构竞争力的重要途径，倡导银行业金融机构将社会责任建设纳入到构建自我价值观和企业文化中，以实现企业经济效益和社会效益的统一。2009 年 1 月，银行业协会发布《中国银行业金融机构企业社会责任指引》（以下简称指引），将银行业金融机构的“企业社会责任”细化为“对其股东、员工、消费者、商业伙伴、政府和社区等利益相关者所应承担的经济、法律、道德与慈善责任”（见表 3－3），并对三个责任层次的内容进行了详细的界定，并倡导与呼吁各类金融机构积极履行社会责任。该指引是首个全国性的银行业金融机构企业社会责任行业指导性文件，对我国法人银行业金融机构均普遍适用，范畴涵盖城市大型商业银行、股份制商业银行、城市中小商业银行、农村金融机构、政策性银行及新型农村金融机构。同年 5 月，中国银行业协会首次发布《中国银行业社会责任报告》，标志着我国由行业倡导的银行业金融机构履行社会责任信息的首次披露。

表 3－3　金融机构社会责任定义

时间	来源	企业社会责任的定义
1990 年	《中国金融企业管理年鉴》	对金融企业社会责任的定义：为所处社会的全面和长远利益而必须关心、全力履行的责任和义务
1995 年	企业社会责任层级理论	企业社会责任包含经济责任、法律责任、伦理责任、慈善责任
2001 年	国际社会责任组织(SAI)	金融企业社会责任有别于金融企业的商业责任，它包括遵守商业道德、保护环境、保护劳工权利、捐赠公益事业、发展慈善事业、保护弱势群体等，即除了要创造财富和对股东负责之外，还必须承担对全社会的责任
2009 年	银行业协会《中国银行业金融机构企业社会责任指引》	银行业金融机构对政府、社区、股东、消费者、员工、商业伙伴等利益相关者应承担经济责任、社会责任、环境责任
2007 年	《中国银监会办公厅关于加强银行业金融机构社会责任的意见》	银行业金融机构应承担对股东、员工、金融消费者、金融市场、环境、社区与社会等领域的社会责任，集中在各利益相关主体的合法权益、维持市场秩序稳定、保护生态环境及促进社区与社会发展等具体的责任内容
2010—2021 年	我国上市金融企业社会责任信息披露	上市金融企业（银行、证券、保险）主要披露其市场、投资者、员工、社会、政府、环境等几个层次的社会责任履行信息

（二）农村金融机构社会责任的特殊属性

相较于城市大型商业银行与中小型城市商业银行而言，农村金融机构在规模、实力、战略定位、服务目标群体、市场业务、经营特征等领域均存在较大的差异性，“三农”金融市场的特殊属性更加鲜明突出，作为“三农”金融服务的主力军，政策性与市场性并存于一身，这使得农村金融机构履行支持乡村振兴和服务“三农”发展的社会责任更具有特殊性，在全面推进乡村振兴战略、实现农业、农村现代化的背景下，农村金融机构履行社会责任更具紧迫性。

（1）农村金融机构服务对象是“三农”群体。农民是农业生产力发展的基础性主体，农业生产力水平的高低很大程度上取决于农民这一农业智能要素个体发展权利的实现程度，重要关系到全面小康社会的实现和实现乡村的全面振兴。同时，农民是“三农”的核心，兼具农村金融机构资金的供给者与信贷资金需求者的双重身份，这种天然的纽带决定了农村金融机构相较于其他商业企业或城市金融机构所承担的社会责任更具特殊的价值。正是这一主体特征阐释了农民与农村金融机构应履行的社会责任之间具有天然的耦合点。

（2）农村金融需求的特殊性。由于农业生产与经营活动的特点，相较于其他产业，农村金融需求鲜明的特殊性。一是季节性与周期性。由于受到气候、季节及农作物自然生长周期的影响，农业资金的贷款需求也呈现出季节性特征。相较于工商企业，在农作物的春种季节对信贷需求旺盛，秋收期资金回流归还贷款，农业生产贷款期限也随之呈现出周期化特征。二是信贷回收的风险性。农业生产过程中的自然风险难以规避，极易造成农业生产的严重损失。在农产品的销售流通中，亦存在突出的市场风险。农产品在流通和市场销售的过程中，具有鲜活、易腐、贮存时间短的特征，这导致在产销、流通和市场销售等流通链条上的高成本，也更容易出现物流运输风险和贮存风险，加上农产品市场价格的波动性，使得农户无法按期还款的信用风险也随之增加。三是农业贷款的低利性。由于受土地、自然风险以及生产水平落后等多种因素制约，分散小农的农业生产规模小，尤其是单户传统经营方式，其贷款规模具有小额、零散性特点，同时受自有资金规模与资金积累所限制，小农户的偿债能力较弱，普遍存在违约风险，由此而形成农业贷款的低利性。

（3）农村金融机构风险防范与控制的特殊性。农村金融机构自有资金规模小、资金来源不稳定，面临比其他金融机构更高的流动性风险，加上农业生产的自然灾害风险、农产品滞销风险级及农民收入波动风险，进一步加大了农村金融机构风险管控的难度，导致其自我防控风险能力低下，若无政府政策扶持难以突破风险困境。相较于其他金融机构组织，农村金融机构在政策保障与制度供给博弈中主动权小，在金融机构体系的市场博弈中处于弱势地位，在内外困境交织下承载着城乡差异化带来的多种社会矛盾冲突。同时，由于生于“三农”与长于“三农”，农村金融机构通过农贷资金深入渗透到“三农”经济社会，从而形成了广泛而密切的利益相关者网络，当前农村社会的信用生态环境不佳，信用链条脆弱，农村金融机构在任一风险控制环节的失当，对当地金融市场、金融体系、农业生产将会产生较大影响，还会波及整个农村经济社会的稳定乃至国家金融安全。

（4）农村金融机构制度干预的特殊性。由于我国农村金融制度安排次于城镇，导致农村在金融资源分配的争夺中处于制度博弈弱势，农民所需融资发展权在多方利益相关主体博弈过程中被挤占。长期以来，动员农村金融资源服务于城镇工业化一直是我国城乡发展上制度干预的导向，通过自上而下的制度安排与机构调整，将农村金融定位为我国工业化战略的资金支持渠道，从而离服务“三农”、支持“三农”这一本源社会责任渐行渐远。监管部门对农村金融机构履行支持“三农”的社会责任在一系列的政策中得以充分体现。如表3－4所示，2004—2019年连续15年的中央一号文件均部署农村金融改革，对加快农村金融体制创新和支持农村经济的发展提出明确要求，对培育和发展农村金融机构进行政策引导。

表3－4　　农村金融机构社会责任政策导向

时间	政策导向	来源	具体措施
2014年	强调坚持服务“三农”定位	《国务院办公厅关于金融服务“三农”发展的若干意见》（国办发〔2014〕17号）	涉农金融机构要进一步下沉服务重心，切实做到不脱农、多惠农，更好地发挥支农主力军作用
2015年	提出金融资源应向“三农”倾斜	“中央一号文件”《关于加大改革创新力度加快农业现代化建设的若干意见》	农村金融体制改革以金融资源向“三农”倾斜，保持农村信贷总量能够持续增加
2018年	推动农村金融机构回归本源	“中央一号文件”《中共中央 国务院关于实施乡村振兴战略的意见》	银行业金融机构应提升对“三农”和偏远地区金融服务的可得性、覆盖率，为“二十字”目标“输血”

续表

时间	政策导向	来源	具体措施
2018 年	强调农村金融必须服务于乡村振兴	《乡村振兴战略规划（2018—2022 年）》	加大金融支农力度，健全适合农业农村特点的农村金融体系，将金融资源配置到农村经济社会发展的重点领域和薄弱环节，满足乡村振兴金融需求
2019 年	强化县域法人金融机构回归“三农”服务本源	银保监会《关于推进农村商业银行坚守定位强化治理，提升金融服务能力的意见》（银保监办发〔2019〕5 号）	推动农村商业银行、农村合作银行、农村信用社逐步回归本源，为本地“三农”服务
2020 年	强调农村金融保障打赢脱贫攻坚战和补足全面小康“三农”领域突出短板两大重点资源供给	“中央一号文件”《中共中央 国务院关于抓好“三农”领域重点工作确保如期实现全面小康的意见》	强化对“三农”信贷激励，提高风险容忍度，适度扩大县域法人机构与业务定位县域的金融机构支农支小再贷款额度，提升资金外流严重县存贷比
2021 年	再次强调要“持续推动农村金融机构回归本源”	“中央一号文件”《中共中央 国务院关于全面推进乡村振兴加快农业农村现代化的意见》	持续深化农村金融改革，运用支农支小再贷款、再贴现等政策工具，实施优惠存款准备金率，加大对机构法人在县域、业务在县域的金融机构的支持力度，推动农村金融机构回归本源

尽管近些年来，为了解决城乡二元化经济结构严重失衡现象的加剧，农村金融制度改革持续推进，改革以调整金融机构为重点内容，以增加金融机构数量来提升金融供给总量为思路，一定程度上忽视了农村金融回归“三农”本源的社会责任的政策、法律等外部生态环境的塑造，农村金融机构的逐利本性使资金逆流离农的惯性一直持续至今，农村金融机构的功能异化与服务“三农”的功能性缺失问题依然未能有效解决。

（三）农村金融机构社会责任内涵

按照企业社会责任层级理论、企业社会责任利益相关理论，依据中国银行业协会印发《中国银行业金融机构企业社会责任指引》中关于银行业金融机构社会责任的划分，农村金融机构社会责任的相关利益主体亦包括股东（投资人)、消费者、员工、环境几个维度，农村金融机构社会责任的内容包括经济责任、社会责任与环境责任。结合企业社会责任理论和利益相关主体理论，农村金融机构社会责任利益相关主体包括股东（投资者)、政府、“三农”、员工、环境，其社会责任分别为：(1) 股东（投资者)，实现财务盈利目标，获得持续的财务发展；(2) 政府，促进区域“三农”发展、缩小城乡差距、维护和稳定区域金融经济发展；(3) 员工，员工权益，保障员工的正当权益和福利；(4) 环境，对农村人文环境和资源环境的社会责任。

制度经济学社会责任理论认为，制度性责任是基于法律层面、具有强制性承担的法律义务，由法律进行规制；非制度性乡村责任是基于人本价值、道德伦理与正义层面而自愿履行的一种道德义务软约束，它源自各相关利益主体的博弈均衡，影响着企业的市场忠诚度和社会美誉度。由制度经济学社会责任理论可知，农村金融机构社会责任的内容由制度性责任和非制度性责任构成，其中，本文对农村金融机构作为一般企业对股东（投资人)、员工、政府、环境等所具有的由法律所规制层面的一般企业社会责任不作讨论，本书仅从金融正义和金融公平的视角讨论反映农村金融机构的核心社会责任，即农村金融机构对农民、农村、农业的社会责任，即支持乡村振兴和服务“三农”发展的社会责任。

承担社会责任是时代发展的要求，在不同的社会发展阶段，金融机构社会责任的内涵和要求也有所差别。对金融机构而言，不同类型的金融机构其社会责任的侧重点相差异。农村金融机构作为金融资源配置的现实载体，应坚持支持乡村振兴战略、服务“三农”发展的市场定位，以服务本地、服务县域为经营原则，在自觉遵守法律、法规等制度性责任与诚信经营的基础上，以满足乡村振兴和“三农”发展的金融产品与服务创新为导向，以不断提升金融服务农村经济与社会发展能力与水平为目标，通过为“三农”提供多途径、多方式的、符合农村和农业特点的金融服务，增加农民收入、兼顾农村弱势群体利益，践行对农村地区金融资源优化配置、经济社会与环境和谐发展的责任，并在特定时期勇于担当对社会的道义责任，实现社会责任目标与经济效益目标兼顾，这是我国农村金融机构回归“三农”本源、实现金融资源分配正义亟需践行的社会责任担当，也是本研究所强调的新时代农村金融机构支持乡村振兴战略和服务“三农”发展的社会责任内涵。

四、厘清农村金融机构履行社会责任的几大误区

当前我国对金融机构社会责任的关注主要集中在大型商业银行或上市商业

银行的环境责任维度，即在应对气候变化、环境治理领域所履行的“绿色责任”。对于中小型农村金融机构而言，其社会责任应具有针对性和特殊性。由于缺少对农村金融机构社会责任进行明确的界定和系统的论证，在监管部门实施的监管条例和相关政策中，关于农村金融机构社会责任的提法与表述大多较为笼统、模糊，缺乏统一的内容界定、执行标准与监管准则，使得农村金融机构、相关监管部门、“三农”主体、社会群体等对农村金融机构社会责任的认识存在诸多的误区。在金融支持乡村振兴和服务“三农”发展的体系重构中，厘清对农村金融机构履行社会责任内涵的认识误区，澄清农村金融机构应履行的社会责任的科学内涵，这是我国农村金融机构社会责任体系建设中必须纠正的理论误区，也是构建农村金融机构履行社会责任机制的关键前提。

（一）社会责任不等于慈善、捐助与公益

误区之一：农村金融机构履行社会责任等同于慈善捐助、福利救济等行为。

农村金融机构履行社会责任与其进行慈善捐助完全是两个不同的概念，二者存在较大的差异。首先，农村金融机构履行支持乡村振兴、服务“三农”发展的社会责任应是一种常态性、内嵌于其日常各项经营活动的行为，而不是偶然性、自发性的慈善捐赠与救济等行为。毋庸置疑，公益慈善捐助的确是农村金融机构对社区履行社会责任的一种体现，但它仅仅是所占社会责任承担内容极小比例的一部分。农村金融机构履行社会责任是在风险可控、财务效益可持续的前提下，使“三农”群体能最大程度上获得金融服务的支持，因此，农村金融机构的社会责任并不是慈善金融，而是内嵌于其日常的业务运营，不应将二者简单等同。

其次，相比较慈善捐赠行为而言，农村金融机构的社会责任的范围更加广泛。农村金融机构社会责任的相关利益主体包括股东、“三农”、社区（本书主要研究对“三农”的社会责任），它面向更为广阔的“三农”领域，覆盖农村、农业、农民三个宽泛的层面，若仅仅将其社会责任等同于慈善捐助，显然是对其社会责任的内涵认识不清晰，不利于农村金融机积极履行社会责任。最后，从法律层面来看，慈善捐赠是金融机构的自主与自愿行为，更多受到道德规范的约束，在法律上并未给予强制性规定，为了鼓励企业更好地承担社会责任，法律通常采取激励模式，而不是惩罚模式。因此，农村金融机构救助弱势群体、慈善捐赠、资助贫困学生、救助灾害、无偿赞助公共事业等支持社会福利和社会公益事业行为，并非就是履行了自己的支持乡村振兴和服务“三农”

发展的社会责任，二者存在着较大的差异。农村金融机构履行社会责任尽管在当前并未形成法律约束，但我国金融监管部门对其监管的导向均是服务“三农”这一具体的要求。当前，慈善捐助是较多的银行业金融机构在年报中对履行社会责任信息披露的重点内容，这也反映了一定程度上银行业金融机构对社会责任的认识偏差。

（二）社会责任与财务利润二者并非矛盾关系

误区之二：金融机构社会责任目标与经济效益目标之间相互矛盾，此消彼长。

除了政策性金融资源外，其他金融资源均具有天生的资本“逐利性”和内在“增值性”特性，在这一市场机制的作用下，金融资源的效率导向特性一定程度上决定了市场上的资金配置格局，由此而产生了金融机构绿色社会责任与其经济利润之间是矛盾的关系的认知。而实际上，农村金融机构履行社会责任与其追逐商业利润之间并非一种矛盾的关系。

短期内农村金融机构的财务目标与社会责任目标之间的冲突主要体现在营利性与社会责任效益之间的矛盾。一方面，社会责任要求农村金融机构秉持服务与发展农村地方经济社会的原则，最大限度满足当地农村地区和贫困群体的金融需求，扩大信贷服务深度与广度，增加农民收入、减少贫困。另一方面，“企业本质”与资本逐利决定了农村金融机构以利润最大化为经营目标，利润是其生存发展的根本。而在实践中，农村地区特有的布局分散、小规模、劳动生产率低、产业化程度弱等固有弱质性，使得农村金融机构的信贷投放面临着较大的自然风险、市场风险与信用风险，加上现有风险分担机制不成熟，“三农”业务难以达到预期的平均利润水平。为了追求利润最大化目标，在客户选择上，偏离对小额贷款有较大需求的农户，转而向更加富裕的人群提供大额度贷款，导致其偏离服务“三农”的社会责任。但是，从长期来看，农村金融机构履行支持乡村振兴和服务“三农”的社会责任并非是一种支出成本，反而是其发挥出充分的外部正效应的过程。为了取得经营上的长期成功、注重长期利益规划，农村金融机构以一定的短线商业利润为成本，积累外部的正向效应和资源，使其在今后的市场竞争中比其他金融机构获得更为有利的地位，从而获得长期利益，这本身也是一种发展战略规划。因此，农村金融机构社会责任是其健康持续发展的内在要求，支持乡村振兴与服务“三农”与是农村金融机构的原始赋能与运行定位，农村金融机构履行社会责任与其产品经营是一个融合的过程，农村金融机构在服务“三农”的同时亦是在履行其社会责任。长期来看，农村金融机构的社会责任目标与经济目标之间是一种长期统一、相互兼容的关系。

（三）强调社会责任并不意味着放弃和牺牲金融效率

误区之三：强调农村金融机构履行社会责任意味着偏离社会主义市场经济原则，放弃和牺牲了金融效率。

强调农村金融机构的社会责任并不意味着对农村金融效率的放弃和牺牲，农村金融机构履行社会责任反而能有效提升农村金融效率。基于“成本—收益”分析框架可知，金融公平不仅是金融的社会分配功能体现，亦是实现长期金融效率的保障。实现金融资源分配正义是农村金融公平观的核心主旨，矫正农村金融资源在“三农”领域分配环节中的市场失灵行为，最终消除金融资源分配导致的贫富差距，实现农村金融公平。但由于市场存在信息不完全、不对称等缺陷问题，农村金融机构社会责任缺乏适合的生长土壤，加上法律法规滞后、政府监管不到位、社会中介组织监督力量薄弱等因素，致使农村金融机构欠缺履行社会责任的外在动力和约束机制，因此，金融公平是农村金融市场有序运行且实现金融资源效配置效率最优的机制保障。从长期效应来看，金融公平与金融效率的双重目标既能并存也能协同，且在配套机制下实现二者的激励兼容。因此，强调金融机构社会责任并非是对农村金融配置效率的损害，反而社会责任有助于提升金融配置效率，扩大金融资源配置的经济效益规模与社会效益规模。我国长期的金融支农绩效难以达到政策预期的实践也从侧面说明，在农村金融市场上，强调金融机构的社会责任实质是强调农村金融资源配置的公平性，农村金融机构履行社会责任并非是理想主义者背离市场规律而强加给金融体系的外在道德约束，而是在市场缺陷的实践环境中农村金融体系有效运行的内在要求。

（四）社会责任并非自发的道德责任，而是“法定支农”责任

误区之四：农村金融机构的社会责任是道德责任。

由于对社会责任的理解偏差，部分金融机构认为社会责任是一种自发的道德责任，在道德层面上可自愿履行，不受法律的约束。事实上，尤其是对农村金融机构而言，支持乡村振兴、服务“三农”发展的社会责任是涵盖经济、法律与道德等层面要求的综合体，是一种内涵多元化的责任体系，兼具“硬法责任”与“软法责任”的特征。乡村振兴是党和政府为解决新时代“三农”问题而采取的重大战略举措，农村金融机构作为农村社会的单元主体，支持乡村振兴、服务“三农”发展是机构设置的职能目标和政策目标。从道德层面来说，农村金融机构也应该承担支农的责任，但这需要在农村金融机构与"三农"社会之间形成良性互动，农村金融机构为农村经济社会发展提供资金支持，同时吸收农业与农村内部的金融资源，成为金融机构较为稳定的资金来源，亦是农村金融机构的资产业务发展及财务利润获取的主要渠道。但在实践中，由于农村金融机构依然是以财务获利最大化作为其主要的行为动机与经营目标，从而导致漠视社会责任履行，例如对广大的小散农户、农村企业小微的金融排斥与融资歧视。通过法律赋能、强制、激励、调控等调整方法，明确农村金融机构在支持乡村振兴与服务"三农"发展领域的积极义务，约束其漠视社会责任的市场行为，增进农村金融机构履行社会责任的意识与能力，优化农村金融体系结构，促进农村金融资源公平配置和金融活动公平开展，维护农村金融体系的公平运行，实现金融的社会效益与经济效率。

第四节　金融支持乡村振兴战略社会责任的实践逻辑

一、解决乡村振兴金融资源保障问题的亟需

金融支持是乡村振兴战略实施与全面推进的关键投入保障，乡村振兴战略对农村金融提出了巨额新增金融资源"量的配置"要求，尤其是在当前阶段，农村金融机构的资金集散功能作用更应强化。要落实乡村振兴战略规划今后五年的重点任务，平均每年的总投资规模超过5万亿元，其中每年新增有效金融需求约为4万亿元。由于财政资金的投入规模有限、投入领域集中在部分层面，金融将是乡村振兴最主要、可持续与最常态的资金配置渠道。2018年中央一号文件《中共中央 国务院关于实施乡村振兴战略的意见》（以下简称《意见》）指出要大力推动农村金融机构回归"三农"本源，提升金融对乡村振兴的承载力，最大限度地满足乡村振兴和"三农"发展中的重点领域和薄弱环节的金融需求，将金融资源配置的重心定位在"三农"市场。乡村振兴战略的"二十字"目标一定程度上改变了农村金融需求的结构特征，亦提升了金融资源"质的配置"要求。乡村振兴是农村地区实现物质文明、精神文明与生态文明三个层次的振兴，在高风险、低收益和高成本的"三农"金融特征

的环境下，“产业兴旺”“生态宜居”“乡风文明”“治理有效”“生活富裕”的建设内容使农村金融需求特征亦发生了结构性的新变化，对农村金融机构提出了“公平”“普惠”“绿色”和“低碳”的要求，农村金融机构的资金配置一方面亟需履行金融支持“三农”发展和乡村振兴的社会责任，同时履行社会责任也将为农村金融机构的可持续发展创造更好的金融生态和发展空间。

乡村振兴背景下，农村金融需求的质的结构与量的变化呈现出更加多元化、多层性的特征，多元化农村金融需求质的结构与量的规模变迁对农村金融机构提出了更加多元化的金融支持要求：一是农业的产业化、现代化发展转型发展要求金融服务支持能形成更大的金融承载力要求。农业产业的产业化、现代化及第一、第二、第三产业的融合发展转型改变了原有传统的单一农业产业结构，新产业格局的形成需要投入和消耗更多、更持续的金融资源，对金融支持尤其是农村金融服务和产品产生巨大的依赖。这对农村金融体系提出了新的时代要求，金融产品和服务的创新要根植于“三农”、更加贴近于农业生产转型发展的实际特性、符合“三农”社会群体的转型、分化发展，以服务与支持“三农”发展为可持续发展责任目标。

二是新型农村经营主体的发展亟需适配的金融服务与产品供给。在农村社会转型分化的进程中，新型农业经营主体逐渐发展壮大，数量增加、规模逐渐扩大，成为乡村振兴的重要推进乡村力量。新型农业经营主体改变了原有传统小农的生产经营方式，其生产规模与经营模式与原有传统被动的金融服务体系不适配，应改革传统的分散、小额为主的金融服务与产品，创新专业化、规模化与多元化的金融服务与产品成为当前农村金融改革创新的重要目标。

三是农村发展的不均衡与不充分较大程度上限制了乡村地区的普惠金融发展水平。长期以来，我国农村地区尤其是偏远农村山区和贫困地区经济发展缓慢，偏远山区与欠发达农村地区缺乏健全和完善的金融服务体系，当地金融机构的网点铺设数量稀少、金融服务与产品种类等金融供给极为有限，且金融服务创新滞后，“需求抑制”与“金融排斥”现象并存，普惠金融发展滞后，难以有效支撑当地的农业生产的融资需求和普惠金融需求。

四是对能扎根农村、切实支持乡村振兴和服务“三农”发展的金融机构的要求。当前农村金融市场上的存贷型金融机构包含五类：大型国有商业金融机构、农村信用社（农村商业银行、农村合作银行）、新型农村金融机构、地方性中小城市商业银行、村级资金互助与社区合作基金等合作金融组织。各类农村金融机构履行支持乡村振兴和服务“三农”发展的作用发挥有较大差异，且存在偏离服务“三农”、“非农化”、服务目标“偏移”等趋势。履行支持乡村振兴与服务“三农”发展的社会责任与否并非取决于金融机构的规模，而是农村金融机构是否能扎根“三农”市场，主动充分发挥出金融支持的最大效用。

乡村振兴战略思想是“创新、协调、绿色、开放、共享”新发展理念的集中表现，农村金融的“社会责任”与“乡村振兴”在理论与实践上均具有耦合性。乡村振兴战略是“社会主义新农村建设”“美好乡村建设”的演化与升级，它以“创新、协调、绿色、开放、共享”的新发展理念为引导，以“产业兴旺”“生态宜居”“乡风文明”“治理有效”“生活富裕”为目标，其愿景是到2050年实现乡村全面振兴。从理论上看，金融机构社会责任传统理论在新发展理念中得以体现和传承。其中，“创新”要求金融机构通过自我管理与业务创新实现“金融机构的效益与社会效益的最大化；“协调”主张区域与城乡、物质文明和精神文明应实现互相包容与平衡发展，同时也要求农村金融机构能实现社会责任效益最大化与自身利润目标可持续的兼顾统一性；“绿色”要求金融机构应承担环境保护的社会责任；“共享”要求“群体共享”与金融机构社会责任对弱势群体享受金融服务的权利及“利益相关者在对金融机构的利益诉求”上具有一致性，可见，新发展理念在传承金融机构社会责任理论的同时也创新了社会责任传统理论的内涵。

二、纠正农村金融机构“脱农”、服务目标偏离“三农”本源

坚守服务“三农”的市场定位，以最大限度满足“三农”发展的金融需求为目标是农村金融的本源，也是农村金融机构设立的政策性初衷。但在我国长期的金融支农的实践中，诸多原因导致农村金融资源的配置偏离“三农”群体，农村金融机构存在“离农”与“脱农”的现象与趋势，农村金融机构服务目标偏离“三农”本源，金融排斥现象严重，使得金融成为我国“三农”发展的支持政策体系与制度保障中的一个突出短板。历年数据显示，我国农户贷款、涉农贷款及农林牧渔业贷款增速均低于各类贷款平均增速，这与农业、农村在国民经济社会中的基础性地位极不匹配。加上县域资金流出呈现增长态势，农村金融资源稀缺进一步加剧了农村金融排斥问题，并形成长期的非良性循环。无论是农村金融服务的覆盖广度还是金融服务深度，均无法达到满足“三农”发展的需求，从而加大了农村贫富悬殊、城乡发展失衡。尤其是在市

场信息不对称、农业投资周期长、金融机构成本高企、风险多维，政策性与商业性缺乏激励相容等金融市场环境下，亟需通过社会责任约束机制，纠正农村金融机构“脱农”、服务目标偏离“三农”本源，激励农村金融机构回归“三农”本源、扎根乡村、立足县域经济发展，坚守“支农支小”的市场定位，提高“三农”信贷的可获得性，满足农业生产经营的资金需求，创新适配于“三农”特征的金融服务与产品，承担支持乡村振兴和服务“三农”发展的社会责任。

三、农村金融权益保障、农业弱质性与农村金融正义的需求

农业虽然是其他产业发展的基础，但农业的自然特性和社会特性导致其弱质性特征突出，主要表现为农业面临的自然风险和市场风险较大等，无论是小农户的分散经营形式还是规模农业经营都难以规避的风险。从农业的社会性来看，由于农产品的需求弹性特点，被赋予了维护国家经济社会稳定和安全的经济功能、生态功能和社会功能等基础属性。农业收益在更多情况下不遵守工业经济学追求利润最大化的一般规律，它不以追求利益最大化为目标，而是更多地表现为公共产品性质和有公益性。因此，农业的产业属性与社会属性使其无法在完全市场机制作用下吸引大规模的金融资源投入，需要基于顶层设计的政策性扶持。

除农业的产业属性与社会属性外，产业结构不合理也是农业对生产要素资源的“吸融力”远远低于其他产业的重要原因，金融资本逐利的过程实际上也是金融资源在各产业配置博弈的过程，农业由于弱质性而产生金融资本“产业歧视”，在市场金融资源的配置博弈中处于弱势地位，弱质性与金融资源配置弱势地位导致农业发展陷入“恶性的金融贫困陷阱”循环。长期来看，这种不良循环格局对农业增值提效、农业的供给侧结构性改革及其农业在国民经济中的基础性作用产生较大影响，阻碍农业的规模化、现代化、产业化发展，农业产业结构优化受限，难以突破城乡二元化发展格局。可见，农业的产业弱质性对金融支持具有鲜明的政策依赖性。

作为弱质产业经营主体，农民的金融权保障尤为重要，农村金融机构践行支持“三农”发展和乡村振兴的社会责任是现代农村金融权益保障的需要。近年来，随着中央扶贫力度的不断加大，出台了诸多有关保障农民金融权益领域的政策。学界对于农民的金融需求权利保障的观点均认为，农民作为弱势群体应该享有农民金融权或农民金融发展权，其权利属性是一种关乎农民生存与

发展的人权，国家是保障此项人权的义务主体。从金融资源需求的个体来说，金融亦应被视作为一项基本“人权”，这也正是金融根植于服务个人与社会发展进步实践的内在道德要义。当前来看，我国农民金融权利的发展水平在实践上依然处在较低层次，尽管农民金融权目前在我国的法治实践上亦仅是一种尚未成为法定权利的应然权利，但其与乡村振兴战略以人为本的新理念和新要求是高度契合的。

同时，我国农村金融监管理念的转型迫切提出农村金融机构履行支持乡村振兴和服务“三农”发展的社会责任的监管要求。伴随着我国市场经济的发展，我国农村金融监管以金融安全为核心监管理念统摄整个监管框架，以促进农村金融发展为监管主题，构成农村金融监管法律规范和制度体系。在社会进步与经济发展理念下，农村金融发展的新需求对农村金融监管提出了新的理念要求。其中，金融监管的普惠性是在金融正义的要求下衡量金融监管正当性的重要构成部分，即农村金融监管权的正当性不应仅仅体现在以金融安全为主、金融效率为辅的理念上，还应体现普惠、公平和系统性金融安全的融入度，在新时代实现“以人为本”、更加有“温度”的农村金融监管，彰显正义、平等与自由等内在价值的农村金融法律，而这一新发展理念与当前关于乡村振兴发展的顶层设计高度契合。

农村金融机构履行支持乡村振兴战略和服务“三农”发展的社会责任亦是金融分配正义在农村领域的要求使然。货币资金在配置的过程中具有追求“效率”与“嫌贫爱富”的市场特性，在目标选择上更加偏爱富裕阶层，对贫困群体设置较高的融资门槛，金融资源的配置更加倾向从穷人向富人转移、从落后地区向发达地区转移，由此导致财富实力强的阶层更易获得金融支持，而真正需要金融资源的群体难以获得资金支持，社会群体由此获得金融资源的机会出现不平等现象，贫富分化的“马太效应”由此产生。但从本质上看，金融是一种资金的融通调剂和财富管理的工具，它本身并不会必然性地导致社会贫富分化和分配正义的缺失，反而在合理有效的机制引导下，金融能够发挥出促进社会经济发展繁荣和个人自由平等的作用。因此，通过金融机构社会责任机制的监管与创新，在遵循市场规律的框架下，采用激励与惩罚机制创新，完善制度保障，加强市场监管，发挥出农村金融促进社会分配正义的正面效用与功能，使金融能真正服务于广大农村，金融服务范围覆盖“三农”领域大多数人，使普通农户、农民也能够切实享受到金融服务权益，实现金融资源在农村领域的分配正义与金融公平。

四、加快乡村发展与破解城乡差距的需求

农村金融机构践行支持乡村振兴战略与服务“三农”发展的社会责任回归本源，这是实现农村地区追求实质性发展公平、获得金融资源支持的发展诉求，某种程度上也是作为区域性金融机构的农村金融机构承担的对其所在区域的社会责任。在当今国际经济与社会中，区域发展权理念以法律、规章制度等多种形式普遍而客观存在。尤其是在我国实施乡村振兴战略与国家主体功能区战略的时代背景下，为区域协调发展提供法治保障日趋重要。为满足农村区域经济社会发展的法权要求，国家应赋予农村区域发展的法定权利，用法律保障农村区域发展权。

农村区域发展的首要保障即是克服城乡二元结构性问题，缩小城乡差距，保障社会和谐需要农村金融机构积极承担支持乡村振兴与服务“三农”发展的社会责任，发挥金融支持农村农业提质增效发展的“造血”机制功能。农村地区，尤其是西部民族地区乡村，由于历史基础、地理资源与环境条件差异，农村交通设施、医疗保险、网络通讯、文化教育、人力资源等基础设施建设短缺与公共服务体系不完善，产业与经济发展水平相对滞后，城乡差距、东西部差距、不平衡与不充分发展集中为一体。农村金融机构由于其服务“三农”群体的市场定位，在城乡差距加剧的外部环境下，履行支持乡村振兴战略与服务“三农”发展的社会责任具备显著的外部效应社会普惠性特征。

要破解城乡发展差距瓶颈问题，要充分发挥出金融是经济增长直接的动力机制的经济规律与效应，通过增加对“三农”群体的金融供给作为资源投入保障，在定价机制、放贷目标群体、重点投入产业等领域上形成有效的运行机制，构建广度与深度的农村金融服务供给体系。这要求农村基层金融机构明确社会责任战略与机制，以支持乡村振兴与服务“三农”发展为职能定位，立足当地，充分挖掘本土农村的区域优势与要素资源价值，“支农、支小、支新”，服务于当地农村经济社会发展，实现农业提质增产、农民增收致富、缩小城乡发展差距目标，以金融机制凝聚乡村振兴合力缩小城乡差距沟壑，助力中国式现代化目标实现。

五、农村金融机构自身可持续发展的内在需求

农村金融机构通过信贷资金供给履行支持乡村振兴和服务“三农”发展的社会责任，这既是农村金融机构的市场经营定位和发展目标，也是农村金融

机构实现自身可持续发展的内在要求。农村金融机构的可持续发展必须将自身的生产发展与国家的政策、重大产业结构调整、自身的财务优化与稳健的经营成长密切契合起来，履行金融支持乡村振兴战略和服务“三农”发展的社会责任。相较于城市大型金融机构而言，大部分中小型农村金融机构规模小、自担风险、自负盈亏，自有资金较少，资金来源渠道狭窄、财务不可持续发展风险高，仅有充分履行支持乡村振兴和服务“三农”发展的社会责任，支持国家“三农”重大政策规避政策风险，发挥扎根“三农”的地域优势与立足“三农”社会的口碑与声誉优势，切实下沉“三农”，深耕“三农”经济社会，形成稳定优质的“三农”信用关系，最大限度增加“三农”金融服务供给，提供可持续的储蓄资金供给，优化自身的财务结构，获得财务可持续发展，以此形成一个良性的、健康的和可持续发展的资金循环体系，实现农村金融的资金集散作用的最大化。

六、农业农村现代化的金融资源持续性的供给保障

要实现农业农村的现代化这一乡村振兴战略总目标，必须坚持“四个优先”，以农业供给侧结构性改革为主线，加大对构建现代农业“三个”体系的金融资源倾斜与投入。伴随着现代农业建设的推进和农业生产水平的持续提升，需要大力度改善大量的农田水利基础设施、大批的农机装备的升级换代，广泛的农村流通、加工业的进一步发展，农村交通物流、水利、能源、信息化等将成为农村基础设施建设的重点投入建设领域。伴随着农业规模化经营逐渐形成，家庭农场、农民合作社、专业合作社、农业龙头企业等新型农业经营主体培育提速，返乡、下乡创业、乡村旅游等新业态激增，各类农业经营主体的金融需求更加多元化、专业化和规模化。从当前的农业融资现状来看，农业融资的总需求缺口大。根据中国人民银行和国家统计局公布数据，2019 年全国农业增加值为 7.47 万亿元，当年年末全国农业法人贷款余额 3.97 万亿元，农业的贷款产业增加值比率（产业法人信贷余额/产业增加值）为 56%，远远低于工业和服务业（103%），而随着乡村振兴战略的推进，农业规模化生产水平的持续提升，必然需要更多的资金投入和支持，在有限的财政政策倾斜和政策支持下，金融是持续可行的投入资金保障，而农村金融机构社会责任为其提供了激励兼容的保障机制。

金融支持是乡村振兴与“三农”发展的战略性保障机制，推进乡村振兴必须解决好对农业与农村优先投入的资金保障问题。在特定的经济社会制度

下，金融不仅具备货币资金供给的经济职能，同时也具有鲜明的社会功能与政策功能，金融资源的理想配置格局应建立在效率性与合理性的基础之上，兼顾经济效率与社会效益的双重目标。在市场机制失灵的农村金融市场，金融资源“逆向流出”、“逆向配置”、脱离支农“本源”等服务目标偏移的问题长期存在难以改善，农村金融机构由于趋利目标，难以发挥出预期的“支农”作用。因此，应明确农村金融机构的社会责任内容，构建农村金融机构社会责任评价指标体系，重塑激励约束机制引导资金回流、使农村金融机构真正立足“三农”、服务县域经济社会发展，助推乡村振兴战略目标的实现。

第四章

西南民族地区乡村振兴战略的特殊困境与金融需求

西南民族地区地处边境，多位于山丘、盆地、高原等区域，生产方式主要以农业为主，耕地资源短缺，生态环境脆弱，产业基础薄弱，经济发展水平滞后于中东部地区，贫困发生率较高，是国家扶贫攻坚时期贫困治理的重点目标地区、全面建成小康社会的“短板”，也是相对贫困治理的重要区域。西南民族地区（广西、四川、云南、贵州、重庆）是“民族”“贫困”和“农村”三个维度叠加重合的区域。由于资源条件、历史与文化特征、市场化水平、代际传递等诸多因素的影响，西南民族地区乡村振兴战略的实施及其目标的实现面临的制约因素更加复杂化、任务更艰巨，具有鲜明的特殊性。2021 年 4 月，广西、云南、贵州、四川、重庆分别有 20 个、27 个、20 个、25 个、4 个县被确定为国家级乡村振兴重点帮扶县，占西部十省（自治区或直辖市）乡村振兴重点帮扶县总数的 60%。西南民族地区乡村振兴战略的推进在农业的提质增效、特色农产业培育、广大分散小农户维系日常生计、脱离绝对贫困后的边缘贫困群体的自我发展、农村基础设施建设与村寨生态宜居建设等领域具有集中而又多层次、多元化的金融需求。

第一节　西南民族地区概况

一、西南民族地区的研究范畴界定

民族地区是一个宽泛的概念，目前并没有统一与明确的学术定义，综合民族学、地理学、经济学与社会学领域的代表性观点，民族地区在不同的语境下有“少数民族省区”“少数民族聚居地区”“民族自治地方”等特指内涵。本研究采用“少数民族省区”界定，并综合行政地理区域划分与经济区域划分，将西南民族地区研究样本为广西壮族自治区、云南省、四川省、重庆市、贵州省。

（一）广西壮族自治区

广西壮族自治区（以下简称广西）是以壮族为主体的少数民族自治区，地处我国南疆，东邻粤、港、澳，北靠湖南、贵州两省，西与云南省接壤，南临北部湾，面向东南亚，西南与越南毗邻，全区土地总面积 23.76 万平方公里。2019 年末，全区户籍总人口 5695 万人，其中乡村人口 2426 万人。广西是全国少数民族人口最多的省区，少数民族人口占其总人口的 37.2%，少数民族人口总数在全国居第 1 位，第六次全国人口普查数据显示，在西部地区 12 省份中，广西少数民族人口比重为 37%。区内有壮、瑶、汉、毛南族等 12 个世居民族，并有满、白、黎、土家等 44 个其他民族成分。壮族是广西也是中国人口最多的少数民族，壮族人口占其总人口的 32.5%，在壮族人口比重最高的县级行政区达到 99.7%。全区共设 12 个民族自治县、59 个民族乡。

2020 年，广西全区 GDP 为 22156.69 亿元，增速为 3.7%。其中，第一产业增加值 3555.82 亿元，增长 5.0%；第二产业增加值 7108.49 亿元，增长 2.2%；第三产业增加值 11492.38 亿元，增长 4.2%。第一产业增加值占地区生产总值为 16.0%，第二产业增加值占 32.1%，第三产业增加值占 51.9%，第一、第二、第三产业对经济增长的贡献率分别为 21.9%、19.9% 和 58.2%。

（二）云南

云南省地处我国西南边陲，总面积 39.41 万平方公里，东邻贵州、广西，北与四川交界，西北紧接西藏，西接壤缅甸，南毗邻老挝和越南，是全国边境线最长的省份之一，共有 8 个州（市）的 25 个边境县分别与缅甸、老挝和越南交界。2019 年末，云南全省常住人口 4858.3 万人，其中乡村人口 2482.1 万人。云南是我国民族种类最多的省份，全省少数民族人口数达 1621.26 万人，占全省人口总数的 33.6%，第六次全国人口普查数据显示，在西部地区 12 省份中，云南少数民族人口比重占为 33%，民族自治区域面积为 27.67 万平方千米，占全省总面积的 70.2%，是全国少数民族人口数超过千万的 3 省区（广西、云南、贵州）之一。除汉族外，有 25 个人口超过 6000 人的世居少数民族，其中，白族、傣族、傈僳族等 15 个民族为云南特有，各族人口数均超过全国该民族总人口的 80%。省内设有 8 个自治州、29 个民族自治县，140 个民族自治乡，各民族分布呈大杂居、小聚居的特点，由于少数民族聚居特点，事实上云南省被认定是少数民族省份，享受国家民族政策。

2020 年，云南地区生产总值为 24521.90 亿元，增速为 4.0%，其中，第一产业增加值 3598.91 亿元，增长 5.7%；第二产业增加值 8287.54 亿元，增长 3.6%；第三产业增加值 12635.45 亿元，增长 3.8%，第一、第二、第三产业结构为 14.7 ∶ 33.8 ∶ 51.5。

（三）贵州

贵州省位于云贵高原东部，总面积 17.62 万平方公里，2019 年末，全省常住人口 3623 万，其中乡村人口 1847 万。各少数民族人口为 1255 万人，占全省人口 36.11%。第六次全国人口普查数据显示，在西部地区十二省份中，贵州少数民族人口比重占贵州 36%。全省有 49 个民族，仅次于云南和新疆，居全国第三位。其中，世居民族有汉族、苗族、布依族等 18 个民族。全省设有 3 个民族自治州、11 个民族自治县、253 个民族乡，民族自治区域面积 9.78 万平方公里，占全省国土面积的 55.5%。由于贵州省少数民族的聚居特点，事实上贵州省就被认定是少数民族省份，享受国家民族政策。

2020 年，贵州省地区生产总值 17826.56 亿元，增速为 4.5%。其中，第一产业增加值 2539.88 亿元，增长 6.3%；第二产业增加值 6211.62 亿元，增长 4.3%；第三产业增加值 9075.07 亿元，增长 4.1%。第一、第二、第三产业结构为 14.2 ∶ 34.8 ∶ 50.9。

（四）四川

四川省位于我国西南，东连重庆，南邻滇、黔，西接西藏，北界青、甘、陕三省，总面积 48.5 万平方公里。2019 年末，全省常住人口为 8375 万，其中乡村人口 3870 万。四川是一个多民族、多语种的大省，共有 55 个少数民族成分，是全国最大的彝族聚居区、第二大藏区和唯一的羌族聚居区。省内共有彝族、傈僳族、纳西族、布依族等世居少数民族14个。省内共设3个民族自治州、4个民族自治县，全省少数民族总人口415万人（其中彝族185万人、藏族125万人、羌族25万人、苗族13万人、回族约11万人），占四川省总人口的5.68%。省内少数民族人口分布集中，主要聚居在凉山彝族自治州、甘孜藏族自治州、阿坝藏族羌族自治州等3个自治州，以及马边彝族自治县、峨边彝族自治县、北川羌族自治县等自治县内，另外，包括成都在内有18个少数民族散杂居的市，散居的少数民族人口数约80余万人。

2020年，四川省地区生产总值（GDP）48598.8亿元，增速为3.8%。其中，第一产业增加值5556.6亿元，增长5.2%；第二产业增加值17571.1亿元，增长3.8%；第三产业增加值25471.1亿元，增长3.4%，第一、第二、第三产业结构为11.4∶36.2∶52.4。

（五）重庆

重庆位于我国西南部，地处长江上游，总面积8.24万平方公里，2019年末常住人口3124万，其中乡村人口1037万。重庆是我国西部唯一辖有民族自治地方的直辖市，辖4个自治县、1个享受民族自治地方优惠政策的区（黔江区）和14个民族乡。第六次全国人口普查数据显示，重庆市共有少数民族人口194万，渝东南民族地区的4个民族自治县和1个民族自治州是重庆市少数民族人口的聚居区，该地区幅员1.7万平方公里，居住的少数民族人口180万人，占重庆市总人口的6.37%，以土家族和苗族为主，区域内各少数民族仍保留着传统习俗。

2020年，重庆全年地区生产总值25002.79亿元，比上年增长3.9%，第一产业增加值1803.33亿元，增长4.7%；第二产业增加值9992.21亿元，增长4.9%；第三产业增加值13207.25亿元，增长2.9%。第一、第二、第三产业结构为7.2∶40.0∶52.8。

西南民族五省（自治区或直辖市）的民族自治行政区域划分如表4-1所示。

表4-1　西南民族地区自治行政区域划分

西南民族五省（自治区或直辖市）	民族自治州	民族自治县
广西		龙胜各族自治县、金秀瑶族自治县、融水苗族自治县、三江侗族自治县、隆林各族自治县、都安瑶族自治县、巴马瑶族自治县、富川瑶族自治县、罗城仫佬族自治县、环江毛南族自治县、大化瑶族自治县、恭城瑶族自治县

续表

西南民族五省（自治区或直辖市）	民族自治州	民族自治县
云南	西双版纳傣族自治州、德宏傣族景颇族自治州、怒江傈僳族自治州、大理白族自治州、迪庆藏族自治州、红河哈尼族彝族自治州、文山壮族苗族自治州、楚雄彝族自治州	峨山彝族自治县、澜沧拉祜族自治县、江城哈尼族彝族自治县、孟连傣族拉祜族佤族自治县、耿马傣族佤族自治县、宁蒗彝族自治县、贡山独龙族怒族自治县、巍山彝族回族自治县、石林彝族自治县、玉龙纳西族自治县、屏边苗族自治县、河口瑶族自治县、沧源佤族自治县、西盟佤族自治县、南涧彝族自治县、墨江哈尼族自治县、寻甸回族彝族自治县、沅江哈尼族彝族傣族自治县、新平彝族傣族自治县、维西傈僳族自治县、漾濞彝族自治县、禄劝彝族苗族自治县、金平苗族瑶族傣族自治县、普洱哈尼族彝族自治县、景东彝族自治县、景谷傣族彝族自治县、双江拉祜族佤族布朗族傣族自治县、兰坪白族普米族自治县、镇沅彝族哈尼族拉祜族自治县
贵州	黔东南苗族侗族自治州、黔南布依族苗族自治州、黔西南布依族苗族自治州	威宁彝族回族苗族自治县、松桃苗族自治县、三都水族自治县、镇宁布依族苗族自治县、紫云苗族布依族自治县、关岭布依族苗族自治县、玉屏侗族自治县、印江土家族苗族自治县、沿河土家族自治县、务川仡佬族苗族自治县、道真仡佬族苗族自治县
四川	甘孜藏族自治州、凉山彝族自治州、阿坝藏族羌族自治州	木里藏族自治县、峨边彝族自治县、马边彝族自治县、北川羌族自治县
重庆		秀山土家族苗族自治县、酉阳土家族苗族自治县、彭水苗族土家族自治县、石柱土家族自治县

资料来源：《2020 广西统计年鉴》《2020 云南统计年鉴》《2020 贵州统计年鉴》《2020 四川统计年鉴》《2020 重庆统计年鉴》。

二、西南民族地区经济社会发展总体概况

西南民族地区是我国最大的少数民族聚居地区，幅员 190.42 万平方公里，占全国民族自治地区总面积的 51.7%，总人口 3409.9 万人，其中全区共有少数民族人口 2214.6 万人，占全国少数民族人口总数的 55.4%，且 75% 以上的人口集中在农村社区，自治区、自治州和自治县分别占全国自治区、自治州、

自治县总数的20%、46.67%、55.54%。因此，本书研究样本区域既兼顾了我国大西南民族地区，又能重点考察少数民族大杂居、小聚居的民族聚居区域，兼具一般性与特殊性。

2019年，广西、贵州、云南、四川、重庆GDP总量分别为21237.4亿元、16769.34亿元、23223.75亿元、46615.8亿元、23605.77亿元，在全国31个省（自治区或直辖市）GDP总量排名中分别位于第18位、第25位、第20位、第6位、第17位，第一、第二、第三产业结构分别为16.0 ：32.1 ：51.9、13.6 ：36.1 ：50.3、13.1 ：34.3 ：52.6、10.3 ：37.3 ：52.4、6.6 ：40.2 ：53.2（见表4－2），相较于全国平均水平，西南民族地区除重庆外第一、第二、第三产业结构中农业占比依然很高。2019年，西南五省（自治区或直辖市）GDP增速分别为6.8%、9.1%、8.9%、8.0%、7.7%。人均GDP是衡量区域经济发展水平的重要指标之一，2019年广西、贵州、云南、四川、重庆人均GDP分别为42964元、46433元、47944元、55774元、75828元，除重庆外均远低于全国人均GDP水平70892元。人均可支配收入分别为23328元、20397元、22082元、24703元、28920元，均低于全国平均水平30733元。

表4－2　2019年西南五省（自治区或直辖市）主要经济增长指标

地区	地区GDP（亿元）	全国31个省（自治区或直辖市）GDP总量排名	人均GDP（元）	人均可支配收入（元）	第一、第二、第三产业结构
广西	21237.14	18	42964	23328	16.0 ：32.1 ：51.9
贵州	16769.34	25	46433	20397	13.6 ：36.1 ：50.3
云南	23223.75	20	47944	22082	13.1 ：34.3 ：52.6
四川	46615.8	6	55774	24703	10.3 ：37.3 ：52.4
重庆	23605.77	17	75828	28920	6.6 ：40.2 ：53.2
全国	990865	—	70892	30733	7.1 ：39.0 ：53.9

数据来源：《2020广西统计年鉴》《2020云南统计年鉴》《2020贵州统计年鉴》《2020四川统计年鉴》《2020重庆统计年鉴》。

如表4－3所示，西南民族地区五省（自治区或直辖市）第一产业增加值占GDP比重均高于全国3.9%，其中四川第一产业增加值占GDP比重的51.4%，广西为23.22%。从乡村人口占总人口比重看，除重庆外，其他四个省均超过全国平均水平，其中，贵州乡村人口占全省总人口为51.0%，云南为51.1%，广西为48.9%，第一产业从业人员占全省从业人员比重均远远高于全国水平，其中贵州、广西、云南分别为58.83%、48.6%、48.4%。五项指标显示，广西、云南、贵州、四川等四省的农业规模总量、农村人口均远远超过我国平均水平。

表4-3　2019年西南五省（自治区或直辖市）农村、农业基本情况

统计指标	广西	贵州	云南	四川	重庆	全国
农业增加值占GDP的比重（%）	23.22	14.6	14	51.4	6.57	3.9
乡村人口占总人口比重（%）	48.9	51.0	51.1	46.2	33.2	39.4
农业就业人员（万人）	1388.0	1074.9	1533	1716	529.9	19445
农业从业人员总从业人员比重（%）	48.6	58.83	48.4	35.1	26.5	25.1
乡村就业人员（万人）	2495.3	1061.7	2221	3173	1232.8	33224

数据来源：《2020中国劳动统计年鉴》《2020中国农村统计年鉴》《2020广西统计年鉴》《2020云南统计年鉴》《2020贵州统计年鉴》《2020四川统计年鉴》《2020重庆统计年鉴》。

第二节　西南民族地区乡村振兴战略实施的特殊困境

长期以来，西南民族地区经济社会发展水平滞后于东部、中部地区，内生性经济发展动力不足，加之近些年的城镇化建设催化大量的乡村资源流失，传统乡村劳动力、资金、技术、消费等资源要素向城市转移流出，使乡村原本稀缺的生产要素更加短缺。对照乡村振兴战略所提出的“产业兴旺、生态宜居、生活富裕、治理有效、乡风文明”的“二十字”目标，西南民族地区推进乡村振兴建设及目标的实现所面临的困境诸多，任务艰巨，短板突出。

一、乡村经济发展滞后，产业基础薄弱

（1）农村产业结构单一，以传统种养业为主，生产方式落后。振兴乡村经济是西南民族地区乡村振兴的决定性内容，西南民族地区农村区域目前依然处于农业产业结构单一、农业生产方式传统粗放、农业发展的基础脆弱、产业发展落后的阶段，在农业产业结构中，主要以粮食种植与生猪、牛、羊养殖畜

牧业为主，对地区特有自然资源的开发方式初级、简单。山丘、高原、盆地等复杂的地貌特征，导致耕作不便，进一步限制了西南民族地区农业的产出水平，使其农业经济在总体上呈现出半自足自给状态。同时，受农村基础设施短缺、落后的影响，农业生产以传统人工为主，机械化率低，生产方式原始粗放，技术落后，生产经营成本高，农业经济效益低，导致西南民族地区农业的产业化程度低。尤其是在偏远村寨和山区，交通运输等基础设施欠缺，农业生产资源稀缺，农村区域呈现出孤立、分割和封闭的状态，农业的市场化水平难以提升。由于农业发展基础薄弱、区域经济水平落后、地形复杂、基础设施短缺等多重问题叠加，农业发展陷入低产出低投入与的不良循环。一些少数民族集聚的偏远山区难以维持农业再生产，自给自足能力弱化，农业无法发挥出经济效益和社会效应，农民增收的传统动能减弱，普通小农户增收渠道较少，较大程度上制约了西南民族地区农业向规模化、效益化和现代化的转型发展。

（2）特色农业产业发展缓慢，特色农业资源开发不足，多以低端产品供给为主。在西南民族地区村寨、乡镇等地区，地域特色鲜明的当地特色农产业发展的农业资源禀赋极为丰富（见表4－4），具备乡村振兴、产业兴旺的资源条件。近几年西南民族地区各地政府也陆续加大了对当地特色农业产业发展的扶持，西南民族地区的绿色农产品供给的明显增加。

表4－4　　西南民族地区代表性特色农业资源

地区	特色气候资源	代表性特色农产品	农业之最
广西	气候温暖，雨水丰沛，光照充足	陆川猪、田东芒果、永福罗汉果、恭城月柿、苍梧六堡茶、容县沙田柚、百色番茄、全州禾花鱼、融安金橘	糖料蔗、金橘种植面积、产量全国最大
贵州	气温变化小，冬暖夏凉，气候宜人	兴仁薏仁米、遵义朝天椒、麻江蓝莓、盘州刺梨	全国唯一没有平原支撑的省份
云南	亚热带高原季风型立体气候特点显著	临沧普洱茶、元谋蔬菜、德宏小粒咖啡、漾濞核桃	动植物种类数为全国之冠
四川	亚热带湿润，气候垂直变化大	广元朝天核桃、通江银耳、凉山桑蚕茧、宜宾早茶、龙安柚、合江荔枝、资中血橙	全国最大的中药材基地和芳香油产地
重庆	亚热带季风性湿润气候	永川秀芽、石柱黄连	猪肉生产基地，荣昌猪全国猪种之首

资料来源：中国特色农产品优势区公示名单（第一批、第二批、第三批）。

根据2020年农业农村部对"三区三州"农特产品的摸底调查数据，部分西南民族地区的农业特色产业的培育显示出一定的成效，如四川阿坝藏族羌族自治州汶川县的"汶川三宝"特色水果产业，带动果农增收，6000余农户每户增收超过5000元。但大部分民族地区尤其是深度贫困地区的特色农业产业当前仍处在起步发展期，特色农产品仍以初级产品为主，附加值较低，农户卖的大多是"初字号"农产品。其主要原因在于农业精深加工不足，附加值低，农产品的加工程度与商品化程度较低。2020年，广西、贵州、云南、四川、重庆的主要农产品加工转化率分别为68%、51%、50%、58%、65%，除广西外，其余四省（自治区或直辖市）主要农产品转化率均低于全国平均水平67%。加上生产难以与市场需求信息有效对接，导致盲目种植、养殖，农产品"滞销卖难"成为常态，不利于激发特色小农参与特色产业发展的积极性。整体上看，西南民族地区特色产业尚未形成规模优势，市场化程度低，特色农产业的产业链短缺品质优良、特色鲜明、消费者青睐的优质特色产品供给有限，富饶的特色农业产业资源难以转化为"产业兴旺"。

（3）新型农业经营主体尤其是大型农业产业化龙头企业量少、规模小，龙头企业和自主品牌难以培育。根据2019年农业农村部发布的第八次监测数据，西部地区的农业产业化国家级重点龙头企业的数量为268家，低于具有传统农业优势的中部地区（378家）与东部地区（449家）。其中，除四川农业产业化龙头企业数量居全国第二外，广西、贵州、云南、重庆的龙头企业处在全国范围内分布数量少的区域有20—30家（见表4-5）。农业产业化龙头企业的空间分布与地理区域和资源禀赋密切相关，反映了西南民族地区的农业产业集聚发展滞后于东部与中部地区。由于农业产业化龙头企业数量少、规模不大，产业链条短，产业集聚规模有限，无法对小农户生产形成规模化对接，加上农产品交易市场体系不健全，信息化与产业化水平低，对当地的农村经济发展难以发挥出辐射与带动效应不大。

表4-5　2020年国家级农业产业化龙头企业分布

地区	广西	贵州	云南	四川	重庆	东部	西部	中部	全国
数量（家）	27	24	23	51	31	449	268	378	1095

资料来源：2019农业农村部第八次监测合格农业产业化国家重点龙头企业名单。

（4）农业技术落后，抵御自然灾害的能力较弱。从气候条件上看，西南民族地区海拔较高，以山区为主，地形地貌特殊，气候环境复杂多样化，民族、州县等区域的降水、气温等敏感度大，干旱缺水、洪涝、大风等农业灾害发生频繁，灾害风险等级高，防范和抵御自然灾害的能力较弱。统计数据显示（见表4-6），西南民族地区的年灾害频率高于全国平均频率的2倍。2019年，十大自然灾害几乎覆盖了西南五省（自治区或直辖市），广西大型洪涝灾害、贵州水城特大山体滑坡灾害、四川特大山洪泥石流灾害、长宁地震与木里森林火灾，均造成大面积的农作物受灾，农作物绝收面积与直接经济损失大幅上升。自20世纪90年代以来，广西、云南、贵州、四川等省（自治区或直辖市）的受灾频率增长、受灾面扩大，乡村生态环境保护成为新时代下民族地区乡村振兴战略实施面临的重要挑战。同时，复杂的地形地貌成和脆弱的自然气候条件阻碍了当地农业生产的机械化和科技化进程，农业机械化水平低。2020年，广西、贵州、云南、四川、重庆的农作物耕种收综合机械化率分别为65%、40%、50%、63%、52%，均远远低于全国平均水平71.25%。同时，由于西南民族地区农业生产与经营技术落后，经营模式单一，农业生产规模效应不明显，加上农业生产综合基础设施建设滞后，抗风险能力薄弱，在自然灾害发生频繁的乡村地区，较大范围与面积的“灾害减产”“灾害绝产”成为灾后常态。

表4-6　　2019年西南民族地区农业受灾情况

统计指标	贵州	广西	云南	四川	重庆	全国
遭受自然灾害县（个）	85	87	78	135	21	348
受灾人口（万人）	277.2	356	949.4	487.6	145.9	13759.0
农作物受灾面积（千公顷）	141.0	247.8	1568.9	324.0	78.3	19256.9
农作物绝收面积（千公顷）	23.9	24.9	122.7	33.2	12.7	2802.0
农作物总播种面积（千公顷）	5481.6	5989.2	6938.9	9693.0	3345.7	165930.6

数据来源：国家统计局。

（5）农业三产融合度较低。发展第二、第三产业是逐步提升西南民族地区三产融合的关键。西南民族地区人文景观资源富有少数民族特色，西南五省区自然风光秀丽，村寨分布独特，民族文化气息浓厚，民族习俗传统，多元化的民族传统文化特色，为第一、第二、第三产业发展创造了独特的资源和产业要素，尤其是发展旅游业的优势显著，旅游业也因此成为西南民族地区最具发展潜力的第三产业。尽管拥有如此丰富的旅游业开发与发展资源，但具有较大的品牌效应、规模化的西南民族地区旅游产业优势不明显，支柱产业稀少，虽然近几年西南民族地区旅游业发展快速，但由于市场体系不完善，资金、交通等基础设施的制约，多元化的民族地区旅游资源潜力尚未充分挖掘出来。2019年西南民族地区5A级旅游景区的年度旅游总收入和门票收入数据显示（见表4-7），尽管旅游资源丰富，但西南民族地区旅游业规模在全国旅游业中的占比依然较低，同时，“创意农业”“生态旅游农业”等新业态少，在乡村振兴建设的进程中还亟需加速产业发展资源开发和整合的速度。

表4-7　　　　2019年西南民族地区5A级旅游景区基本情况

地区	景区总数	固定从业人员（人）	接待人次（万人）	旅游总收入（亿元）	门票收入（亿元）
全国	280	164291	120861.89	2132.08	370.73
广西	7	1823	842.64	5.37	2.20
重庆	9	3420	1308.04	20.15	7.36
四川	13	5045	3779.62	89.56	15.27
贵州	7	3245	2852.46	36.74	6.45
云南	8	5500	2021.90	23.49	8.55

数据来源：《2020中国文化文物和旅游统计年鉴》。

除旅游业外，其他行业发展重点均不突出，缺乏支柱产业支撑。从第二产业的发展来看，目前西南民族地区加工业规模小，零散，乡镇加工企业少，可持续发展困难，投入资源受限，尤其是民营企业用工难、成本高、融资难等问题突出。

二、农村收入增长缓慢，深度贫困集中区

（一）农户收入水平低于国家平均水平

西南民族地区农户生活水平较低，收入增长缓慢，农村居民人均可支配收入五省（自治区或直辖市）均低于全国平均水平。2019年全国农村居民可支配收入为16021元，广西、云南、贵州、四川、重庆农村居民人均可支配收入分别为13676元、11902元、10756元、14670元、15133元（见表4-8）。同时，农村居民人均可支配收入增长缓慢。这表明，西南民族地区主要产业农业的发展依然滞后，对区域地方经济和农民增收的贡献有限。

表 4 – 8　　2013—2019 年西南民族地区农村居民人均可支配收入　　单位：元

地区	2013	2014	2015	2016	2017	2018	2019
广西	6791	8683	9467	10359	11325	12435	13676
贵州	5898	66712	73877	8090	8869	9716	10756
云南	6724	7456	8242	9020	9862	10768	11902
四川	8381	9348	10247	11203	12227	13331	14670
重庆	8493	9490	10505	11549	12638	13781	15133
东部地区	11857	13145	14298	15498	16822	18286	19989
中部地区	8993	10011	10919	11794	12806	13954	15291
全国	9988	10489	11422	12363	13432	14617	16021

数据来源：2014—2020 年各省（自治区或直辖市）经济与社会发展统计公报、《2014—2020 中国农村统计年鉴》。

表 4 – 9 显示，2018—2019 年，西南民族地区农村居民人均可支配收入位次均分布在全国 31 个省（自治区或直辖市）位次的中后段。其中，贵州 2018 年、2019 年位次均为第 30 位，云南排在第 28 位，广西、四川、重庆分别排在第 22 位、第 21 位和第 19 位。

表 4 – 9　　2016—2019 年西南民族地区农村居民人均可支配收入位次　　单位：位

年份	贵州	广西	云南	四川	重庆
2016	30	22	28	20	21
2017	30	22	28	21	19
2018	30	22	28	21	19
2019	30	22	28	21	17

数据来源：《2017—2020 中国农村统计年鉴》。

课题组调查发现，西南民族地区农村年收入分布呈“中间大、两头小”的特征。依据全国农村居民五等份收入分组统计口径，西南五省（自治区或直辖市）农村居民人均可支配收入五等份中位数分别为：广西 12818 元、贵州 9414 元、云南 9075 元、四川 12831 元、重庆 12698 元，均低于全国农村居民可支配收入五等份的中位数 13984.2 元（见表 4 – 10）。同时，五省（自治区或直辖市）农村居民可支配收入的低收入组、中间偏下收入组、中间偏上收入组与高收入组的人均可支配收入均低于全国农村居民人均可支配收入平均水平。

表4-10　2019年西南五省（自治区或直辖市）农村居民人均可支配收入五等份收入分组

单位：元

地区	农民居民人均可支配收入	低收入组人均可支配收入	中间偏下收入组人均可支配收入	中间收入组人均可支配收入	中间偏上收入组人均可支配收入	高收入组人均可支配收入
广西	13676	6866	9258	12818	17466	30118
贵州	10756	2926	6548	9414	13320	25587
云南	11902	6259	7692	9075	11983	20387
四川	14670	6960	10173	12831	16834	29597
重庆	15133	3789	8603	12698	18976	33058
全国	16021	4263	9754	13984	19732	36049

数据来源：《2020中国劳动统计年鉴》《2020中国农村统计年鉴》《2020广西统计年鉴》《2020云南统计年鉴》《2020贵州统计年鉴》《2020四川统计年鉴》《2020重庆统计年鉴》。

（二）民族自治地区农村居民人均可支配收入低于全省

西南五省市中，民族自治地区的农村居民人均可支配收入低于全省平均水平，例如，2019年四川甘孜州农村居民人均可支配收入仅为11555元、阿坝州12893元、凉山州12548元，均低于四川全省农村居民人均可支配收入平均水平14670元（见表4-11）。2019年，云南全省农村居民人均可支配收入平均水平为11902元，在其11个民族自治州内，怒江傈僳族自治州农村居民人均可支配收入仅有7165元，是全国农村居民人均收入水平处在最低层次的区域，其次为迪庆藏族自治州9446元。2019年贵州11个民族自治县中，有7个自治县的农村居民人均可支配收入低于全省平均水平10756元。

表4-11　2019年四川、云南、贵州民族自治地区农村居民人均可支配收入

单位：元

民族自治州	农村居民人均可支配收入	民族自治州	农村居民人均可支配收入
阿坝藏族羌族自治州	12893	西双版纳傣族自治州	14478
甘孜藏族自治州	11555	德宏傣族景颇族自治州	11409
凉山彝族自治州	12548	怒江傈僳族自治州	7165
迪庆藏族自治州	9446	大理白族自治州	12665
红河哈尼族彝族自治州	11330	文山壮族苗族自治州	11133
楚雄彝族自治州	12015	紫云苗族布依族自治县	9740
威宁彝族回族苗族自治县	10359	关岭布依族苗族自治县	9760

续表

民族自治州	农村居民人均可支配收入	民族自治州	农村居民人均可支配收入
松桃苗族自治县	9847	道真仡佬族苗族自治县	11267
玉屏侗族自治县	12835	沿河土家族自治县	9741
三都水族自治县	11214	务川仡佬族苗族自治县	11191
镇宁布依族苗族自治县	9704	印江土家族苗族自治县	9483

资料来源：《2020 贵州统计年鉴》《2020 四川统计年鉴》《2020 云南统计年鉴》。

（三）贫困发生率高，贫困地区覆盖度广

西南民族地区西南五省（自治区或直辖市）是全国贫困面范围最大的区域，乡村是深度贫困的集中区域，贫困人口数量较多，贫困率较高，尤其是集中连片深度贫困区，区域贫困与个体绝对贫困并存。国家级贫困县①主要分布在该区域。截至2020年3月5日，全国范围内国家级贫困县分布的10个省级行政区内，贫困县数量前3位均分布在西南民族地区，其中，贫困县数量最多的是云南省，共有38个；其次是广西，共计22个；贵州省9个；四川省有7个。2019年统计年鉴数据显示，2018年，广西、云南、贵州、四川、重庆农村贫困人口分别为140万人、179万人、155万人、171万人、13万人，共占西部地区农村贫困人口数量的72.8%，其中，广西、贵州、云南农村地区贫困发生率分别为5.7%、7.8%、4.8%（见表4－12）。

2020年底，我国脱贫攻坚加速推并进取得重大胜利，在全国范围内实现了现行标准下的脱贫摘帽，西南民族地区各级贫困县、贫困村均摘帽、出列，贫困人口全面实现脱贫，部分人口较少的民族实现了整族脱贫。但已脱贫地区的脱贫标准较低，返贫率也比较大，返贫风险与新致贫风险高，同时，大多数脱贫农户转化为相对贫困群体，成为全面小康社会后相对贫困治理的重点贫困人口。因此，西南民族地区的扶贫减贫、农民增收成为乡村振兴战略下最为迫切的发展要求，提高农民收入水平，缩小城乡收入差距，提升农村居民社会机会公平与体系保障，是西南民族地区实现“生活幸福”的重要目标。

① 国家级贫困县的确定以县为单位，以年人均收入、人均GDP、人均财政收入为标准，采用“631指数法”，全国21个省（自治区或直辖市）共认定592个国家重点扶贫县（旗、市），主要分布在少数民族地区、边境地区、特困地区与革命老区，其中少数民族地区县、边境县分别占比31%、45%。其中，西南民族地区边境县与民族自治县人均年收入为1500元。

表 4-12 2018 年西南民族地区农村贫困人口数量

统计指标	贵州	广西	云南	四川	重庆
贫困人口（万人）	155	140	179	171	13
贫困发生率（%）	7.8	5.7	4.8	2.9	0.6
截至 2020 年共退出国家级贫困县数总计（个）	66	54	88	36	18

数据来源：国家统计局。

作为重点贫困地区、边境地区与民族地区，区域性深度贫困使得西南民族地区实现乡村振兴的任务要比东部、中部等发达地区更加艰巨，加上受到历史、现实等诸多问题交织在一起，自我发展能力较差，从绝对贫困转化为相对贫困，进入全面小康社会后解决相对贫困的难度更大，耗时将更加漫长，投入和成本更高，共同制约着西南民族地区乡村振兴的推进，西南民族地区也因此而成为全国范围内乡村振兴战略实施的短板区域。

三、乡村基础设施建设滞后，农村公共服务供给依然短缺

（一）农村基础设施建设滞后，短缺与老化现象普遍

由于西南民族地区多高原、山丘和偏远山区，地形险峻复杂，交通、电信、通讯等基础设施建设成本高，设施建设滞后，较大连片村落与村寨尚未开通公路，成为乡村振兴推进的瓶颈。尤其是“三区三州”地区，少数民族村寨地区，地势险要，交通闭塞，基础设施状况差，有相当多的行政村尚未建成乡村公路，没有实现通电、通讯。根据《交通运输部印发通知 确保具备条件的乡镇和建制村如期通客车》，截至 2021 年 3 月，当前除西藏外，全国还有 13 个具备条件的乡镇、1077 个具备条件的建制村未通客车，其中，主要分布在广西、重庆、四川、云南等省。截至 2020 年底，西南民族自治地区共 82 个乡（凉山州 53 个、甘孜州 29 个）、1474 个建制村（凉山州 476 个、阿坝州 7 个、甘孜州 991 个）未通硬化路，多是泥泞路、砂石路与黄土路，极易冲毁，较大程度上影响出行，亟需改造升级，五省区行政村的通车率为 68%，亦低于全国行政村的平均通车率水平 87%。西南民族地区农村基础设施建设滞后与其农村经济发展水平落后、农村经济商品化程度低密切相关，农村基础设施建设的完善因此成为西南民族地区“产业发展”“生态宜居”建设的重要投入领域。

（二）农村公共服务供给不足

农村公共服务供给是农村生产与发展的条件保障，农村经济发展与公共服务产品供给水平等指标呈正相关关系。“十三五”时期，西南民族地区乡村的通讯、医疗、卫生、水利、教育、就业和社会保障等公共事业依然与城市存在巨大的差距，尤其是边境山区与偏远山区的基础设施短缺。例如，截至2019年年底，四川甘孜民族自治州内，白玉、德格、巴塘、道孚等县内的多数乡镇的通讯设施短缺，约133个村寨尚未开通通信网络，87个村寨未开通电视通讯。四川的45个深度贫困县共6980个行政村，其中，约2000个村未设置村医；大约5万人口存在饮水水源问题。同时，在西南民族地区的高海拔山地与高原地区，农村基础设施与公共品的供给随之大幅度减少，在川滇的横断山区，各村落在出行、通讯、就医、与外界信息交流等方面极不便利，山区的居民在生产与生活上处于闭塞的状态。

（三）城镇化率较低，区域发展不平衡

西南民族地区的发展不平衡主要体现在偏远村落与经济发达乡村之间、偏远山丘地区与平原之间、城市与乡村之间，区域发展不平衡成为西南民族地区乡村振兴推进的较大阻碍，其中，城乡“二元化”现象突出。长期以来，农村与城市发展不平衡的结果导致乡村与城镇发展存在较大的差距，乡村基础设施建设滞后，公共服务配套设施远远落后于城镇，农村居民难以平等地分享国家改革开放的发展红利。如何在城乡进行资源再布局，搭建城乡共享公共服务圈，增加农村科教、医疗、文化等配套供给是西南民族地区生态宜居、生活富裕需解决的重点问题。尽管西南民族地区城镇化率在全国31个省（自治区或直辖市）城镇化排位较为靠后，2019年，广西、云南、贵州、重庆的城镇化率分别为50.8%、48.9%、49.1%、66.8%，在全国31个省（自治区或直辖市）城镇化率水平排位中排在第27、28、29位（见表4－13），但在区域内与农村发展的不平衡程度较高。

表4－13　　2019年西南民族地区常住人口城镇化率

统计指标	贵州	广西	云南	四川	重庆	全国
乡村人口（万人）	1847	2426	2482	3870	1037	55162
常住人口城镇化率（%）	49.1	50.8	48.9	53.79	66.8	60.6
全国城镇化率排位（位）	29	27	28	24	8	—

数据来源：《2020中国统计年鉴》。

四、乡村治理体系不够健全、法制环境欠佳

（一）乡村社会治理水平低、治理体系不健全

经济发展滞后使西南民族地区乡村的社会发展形态较多地停留在传统阶段，少数民族群众的价值观、经济观、法制观、契约观保持传统农业社会的特征，一定程度上影响了整体乡村治理的成效。党的十九大报告中特别强调现代乡村治理体系要实现自治、法治、与德治并重，自治是基础、法治是保障、德治是根本，构建完善有效的乡村治理体系是必要的发展方向，对于促进乡村可持续发展及保障乡村振兴战略的成果具有重要意义。自治缺位、德治真空是当前西南民族地区乡村治理面临的两大困境，部分偏远村寨自治能力弱，“等、靠、要”思想常态化，对乡村社会公众性事务的参与热情不高，不利于农户参与乡村经济社会发展过程。另外，缺乏协助乡村治理的社会组织机构，例如，在广西瑶族聚居区中，创新探索多元化的乡村社会组织，但多以集体经营、实现“产业兴旺”与增收为目的，例如“协会 + 公司 + 农户”等经营类的组织，发展家庭养殖业与特色种植业，类似面向乡村和农业的公益性社会组织稀少，社会治理功能有限。如何遵循乡村振兴战略提出的“三治融合”（自治、法治、德治）的乡村治理新理念，增强乡村居民的向心力、凝聚力与主人翁意识，更好地激发乡村居民乐于、主动、积极参与“三治融合”，提升自治效率是西南民族地区乡村社会治理的重要方向。

（二）乡村社会信用环境建设滞后

受教育水平、社会环境与法制环境的综合影响，西南民族地区农村社会信用生态环境欠佳，由于长期以来农户对信用的不认知，信用意识薄弱，乡村治理中关于“诚信”理念的宣传和观念教育不足，加上农村信用体系尚未在全国范围内建成，西南民族地区农村信用体系建设更为滞后，对失信行为尚未形成有效的惩戒机制，使得恶意拖欠和逃废金融债务的现象屡屡发生。另外，商业银行等金融机构在民族地区乡村的维权难度较大、成本高，金融机构对本息追偿的诉讼案胜诉率高、但执结率低的现象较为常见，不利于西南民族地区良好农村金融生态的培育与金融市场的健康持续发展。

（三）执法环境受多重因素影响亟需改善

由于受民俗、传统民族文化、地缘等多种关系的影响，西南民族地区司法机关的执法力度受到一定程度的削弱。尤其是西南偏远民族地区的多民族村落，依然延续“宗族治村”模式，以“德治”为主要治理手段，加上村落与

村寨分布在辽阔的丘陵山区，不同民族集聚而居，民族文化传统和宗教习俗的个体化差异性大，司法机构执法环境受影响，法治手段疲软。完善治理方式，优化乡村执法环境，强化民主与法治认同及民族传统多样化并存是西南民族地区乡村实现治理有效的目标。

五、缺乏乡村振兴“引路人”

（一）人口增速减缓，人口老龄化

西南民族地区人口与村落分布具有显著的垂直地带特征，农村人口数量、山地人口数量在空间上的分布呈金字塔型结构，集聚度高但村落分布密度低，有共同文化传统与生活习俗的少数民族聚族而居。根据第七次全国人口普查数据，西南民族地区少数民族人口增速高于汉族人口增速。其中，云南少数民族儿童人口负增长，2000、2010、2020 年 0—14 岁儿童增长率分别为 -6.06%、-14.35%、-15.07%，成年人口也出现增速减缓现象。第七次全国人口普查结果显示，少数民族老龄化特征明显，2020 年云南民族地区 60 岁以上的人口数量占总人口的15.1%，65 岁以上人口数量超过全省总人口的9%，按照国际标准，云南已经进入老龄化社会。

（二）人口综合素质普遍较低，乡村优质劳动力稀少

农村仍以低层次文化素质的人口为主体。由于原生性的文化观念根深蒂固，农村居民对外界信息、新技术与新技能的学习能力较弱，导致思想观念陈旧，农村人口素质不高，普遍缺乏现代职业型“新农民”等优质劳动力。西南民族五省（自治区或直辖市）均是农业大省市，农村人口约占总人口的60%，由于城乡经济社会和教育发展水平存在较大的差异，致使城乡人口受教育程度也存在明显的差异。根据第七次全国人口普查数据，西南民族地区文盲人口主要分布在乡村，例如，2020 年云南省文盲人口 219.33 万人，其中乡村文盲人口达 208.84 万人，占 79.19%，文盲人口中每 10 人中有近 8 人分布在乡村。2020 年，云南省 6 岁及以上人口中，小学及以下受教育程度的人口占65.8%，农村小学在 6 岁及其以上人口所占比重分别是城、镇的 2.55 倍和1.56 倍。2020 年云南各行业的受教育人口中，农林牧渔业小学及以下人口数占 66.5%，受教育水平是所有行业受教育程度最低的。乡村文盲率过高对于提高农业劳动生产率、推进农业产业化与城镇化极为不利，农村地区的扫盲和脱盲任务依然艰巨，提高人口文化素质依然任重而道远。

西南民族地区少数民族地区文盲率偏高，尤其是乡村人均受教育年限偏

低。第七次全国人口普查数据显示，西南五省（自治区或直辖市）的民族地区农村人口中的15岁以上的文盲人口、文盲率、半文盲率均高于各省区的农村平均水平，大多数民族自治县乡村人口平均受教育年限5.68年，均低于平均水平8.75年。例如石渠、白玉等县文盲半文盲人口占比高于70%。另外，少数民族妇女文化素质普遍较低，西南12个超过百万的少数民族育龄妇女（15—49岁）文盲比率分别为：藏族77.4%，哈尼族69.9%，彝族56.1%，布依族51.8%，苗族49.6%，傣族41.7%，白族33.1%，侗族和瑶族31.4%，壮族、土家族等在13.1%—23.9%。西南民族地区乡村存在多种语言交流障碍，影响外界信息的交流与共享。在偏远山区乡村存在语言屏障，大部分少数民族人口仅使用当地本族语言，不会用汉语进行交流，不同民族之间、同一民族不同村落之间、同一民族不同县域之间均存在多种语言习惯现象，例如，分布在四川道孚县域的藏族人口由于居住的村落不同，所使用的语言有“扎巴”“安多”“康方言”“尔龚语”四种，加上无法使用汉语，同民族、同村落、同县域之间的交流也存在障碍。

（三）乡村人口流失严重，缺乏龙头企业与乡村振兴引路人

长期以来，西南民族地区有效耕地容量未见增长，农业生产就地吸纳劳动力的能力有限，由此形成了大量的绝对过剩农村劳动力，统计数据显示，这一过剩农业人口达到农村总人口的40%，使原本滞后的农村经济压力增加。伴随着我国城镇化的推进，农户单依靠农牧业收入已难以保障日常生活，以外出务工补充家庭收入来源成为大多数农村居民收入的主要来源渠道。从20世纪80年代开始，西南民族地区乡村进城务工的人口逐渐增多，目前西南民族地区农村的青壮年大都外出务工，老人和孩童留守乡村，“老人农业”现象普遍，由此导致西南民族地区农村副业化、空心化，农民老龄化，同时伴随着土地荒芜、乡村衰退、农业边缘化等问题。表4－14显示，2014—2019年，西南五省（自治区或直辖市）农村人口逐年流失，农村人口占全省市总人口比重持续下降，在流出的农村人口中，30%流向地级市区，20%的农村人口流向本地县城，约30%农村人口流向一线城市和省会城市。懂技术、懂经营的新型职业农民和有知识、有热情、知晓熟悉各项扶持政策的青壮年劳动力离乡进城，农村适度经营主体与龙头企业的数量少、规模小，难以形成明显的带动效应与辐射效应，乡村人才严重匮乏使西南民族地区乡村振兴面临着人才不足的掣肘。同时，多数村寨主任与支部书记老龄化现象明显，缺少创新性和前瞻性，乡村振兴的主体意识不强，对乡村振兴战略认识不全，难以发挥出乡村振兴的主体性、积极性和导向性，导致乡村向外获取资源、引领村民发展产业的能力较弱。

表4-14　西南五省（自治区或直辖市）农村人口数及占总人口比重

地区	广西		贵州		云南		四川		重庆	
指标	农村人口（万人）	占比（%）	农村人口（万人）	占比（%）	农村人口（万人）	占比（%）	农村人口（万人）	占比（%）	农村人口（万人）	占比（%）
2014	2567	54.0	2104	60.0	2747	58.3	4371	53.7	1209	40.4
2015	2539	52.9	2047	58.0	2687	56.7	4292	52.3	1178	39.1
2016	2512	51.9	1985	55.9	2623	55.0	4196	50.8	1140	37.4
2017	2481	50.8	1932	54.0	2559	53.3	4085	49.2	1105	35.9
2018	2452	49.8	1889	52.5	2521	52.2	3979	47.7	1070	34.5
2019	2426	48.9	1847	51.0	2482	51.1	3870	46.2	1037	33.2

数据来源：《中国农村统计年鉴》（2015—2020年）。

六、乡村态环境恶化，生态环境问题突出

自然生态环境是经济社会发展的物质基础和空间载体，西南民族地区自然环境脆弱与生态环境进一步恶化加剧了农业的弱质性。总体上看，西南少数民族地区自然条件恶劣、地貌地形特殊、地理环境封闭，山地、丘陵、高原面积占其总面积超过90%，四川、重庆、云南、贵州四省区的山地丘陵面积占总面积的93%。西南民族五省市的少数民族人口均分布在偏远山地和高原地区，例如藏族、羌族、纳西族等少数民族均居住在海拔1500—2500米的云贵高原。除了山丘、高原外，该地区多见裸岩、冰川及干旱、半干旱和高寒阴湿，较大程度上压缩了农业生产和经营的有效地理、环境空间，加之地处偏远、自然环境恶劣、自然灾害频繁，传统农业生产和经营赖以可持续发展的资源容量极为有限，发展空间受限。同时，农用耕地分布零散、碎片化，土质瘠薄，土地产出效益低，当地农户大都采用广种薄收，粗放经营来维持生计。由于农业生产长期处于粗放经营状态和采用较为原始的生计手段，以牺牲环境为代价导致了生态环境退化、农业所依赖的耕地资源生态状况逐渐恶劣。在地势较为平坦的农业耕作区域，农药、化肥长期被超标使用，采用漫灌、浅耕和地下水、地力的过度使用、过度放牧，导致土地营养流失，遭受严重污染破坏，西南五省（自治区或直辖市）的部分民族地区的农业耕作土壤污染超标，达到全国平均

水平的两倍之上。在民族地区的牧区，存在过度放牧、草原超载放牧等问题，人、畜、草地之间的关系持续失衡，湿地不断干涸，草原不断退化，生态环境不断恶化，给民族地区的乡村发展造成了巨大的生态条件威胁，恶化的资源环境对农业生产与经济发展的约束力度进一步趋紧。

七、定位为乡村振兴重点帮扶区域

2021 年 8 月，国家乡村振兴局公布西部 10 省（自治区或直辖市）国家乡村振兴重点帮扶县名单。在综合考虑各省（自治区或直辖市）的经济社会发展水平的基础上，依据各地人均 GDP、脱贫摘帽时间顺序、返贫风险高低，人均一般公共预算收入以及农民人均可支配收入等经济发展指标，确定 160 个国家乡村振兴重点帮扶县，广西、云南、贵州、四川、重庆分别为 20 个、27 个、20 个、25 个、4 个重点帮扶县（见表 4－15），共占西部 10 省（自治区或直辖市）乡村振兴重点帮扶县总数的 60%，多集中于民族自治县。

表 4－15　西南五省（自治区或直辖市）国家重点乡村振兴帮扶县分布

地区	数量	国家重点乡村振兴帮扶县
广西	20 个	马山县、融水苗族自治县、三江侗族自治县、德保县、那坡县、凌云县、乐业县、田林县、隆林各族自治县、靖西市、昭平县、凤山县、东兰县、罗城仫佬族自治县、环江毛南族自治县、巴马瑶族自治县、都安瑶族自治县、大化瑶族自治县、忻城县、天等县
重庆	4 个	城口县、巫溪县、酉阳土家族苗族自治县、彭水苗族土家族自治县
四川	25 个	金川县、黑水县、壤塘县、阿坝县、若尔盖县、红原县、道孚县、炉霍县、甘孜县、新龙县、德格县、白玉县、石渠县、色达县、理塘县、盐源县、普格县、布拖县、金阳县、昭觉县、喜德县、越西县、甘洛县、美姑县、雷波县
贵州	20 个	水城区、正安县、务川仡佬族苗族自治县、关岭布依族苗族自治县、紫云苗族布依族自治县、织金县、纳雍县、威宁彝族回族苗族自治县、赫章县、沿河土家族自治县、松桃苗族自治县、晴隆县、望谟县、册亨县、锦屏县、剑河县、榕江县、从江县、罗甸县、三都水族自治县
云南	27 个	东川区、会泽县、宣威市、昭阳区、鲁甸县、巧家县、盐津县、大关县、永善县、镇雄县、彝良县、宁蒗彝族自治县、澜沧拉祜族自治县、武定县、元阳县、红河县、金平苗族瑶族傣族自治县、绿春县、马关县、广南县、泸水市、福贡县、贡山独龙族怒族自治县、兰坪白族普米族自治县、香格里拉市、德钦县、维西傈僳族自治县

资料来源：《中央农村工作领导小组办公室 国家乡村振兴局关于公布国家乡村振兴重点帮扶县名单的通知》。

西南民族地区乡村振兴的推进困难重重，农业、农村、农民发展面临诸多的障碍和限制，但同时，西南民族地区丰富和独特的自然资源、多样化的民族传统文化资源为其特色农业产业发展创造良好的要素禀赋。西南民族地区乡村振兴的特色路径应当充分利用其富饶的农业自然资源、独特多样的传统民族文化资源与优越的绿色生态资源，正视特殊困境，将当前“富饶的贫穷”最终转化成特色化的乡村振兴之路，为乡村建设和产业发展充分运用优势资源，在相关资源支撑和保障政策体系下，走出一条具有民族特色的乡村振兴的路径。

第三节　西南民族地区乡村振兴战略的金融需求

乡村经济发展是西南民族地区乡村振兴的第一要义，产业兴旺是乡村振兴的经济基础，是实现乡村生态宜居、乡风文明、治理有效、生活富裕的物质支撑。对于西南民族地区而言，农业发展在整个乡村振兴战略中的地位关键而重大，农业是西南民族地区民众的立身之本，是西南民族地区乡村经济社会发展的基础与核心产业，农业依托乡村而存在，农业兴则民族地区经济社会稳定。农村金融资源是农业与社会发展的重要“输血”机制，但 20 世纪 80 年代以来，由于历史、制度、社会、地理等诸多因素影响，金融资源大量流向东部地区，区域分配不均衡，西南民族地区的农业发展与社会发展中金融“失血”现象相比其他地区更加严重，地区经济与农业长期以来受到资金不足的严重制约而发展滞后。因此，在乡村振兴战略背景下，推进西南民族地区农业的“增量”“提质”和农村经济社会的发展，对金融资源的需求尤为迫切。

一、产业兴旺亟需持续的金融资源保障

（一）农业的增值提效、规模化与现代化发展产生持续性大规模的融资需求

对西南民族地区而言，农业的规模化与现代化发展是整个区域的核心发展领域，农业的增量提质发展亟需大规模持续的金融资源投入。乡村振兴战略以推进农业供给侧结构性改革为主线，这一主线与实现“产业兴旺”的目标高度契合，是推进农业经济以市场需求为根本发展宗旨的转型与改革，农业的现代化、信息化、规模化转型发展与农村第一、第二、第三产业的融合发展升级是我国农业供给侧结构改革的重要内容和方向。西南民族地区以分散小农为主

体，通过对接市场延伸农业产业链，培育适度规模的农业经营主体，吸纳分散小农户，促进农业产业向规模化和产业化方向发展，并最终实现农业经济的转型与产业升级。因此，金融支持农业产业特别是规模化发展是支持西南民族地区乡村振兴的首要任务，金融支持有助于推进西南民族地区农业的标准化与规模化生产，从而引导民族地区的农业实现“增产”“提质”。因此，促进西南民族地区分散式的小规模经营向相对集中的适度规模经营，培育农业的新业态，提升小农户参与农业产业化的程度，促进农业与其他产业融合，改变粗放型农业生产方式均需要持续的金融支持和资金投入，同时，农业生产中的农用生产资料与服务价格较高也推高了“三农”信贷需求规模。由于西南民族地区农业内部储蓄积累不足，财政资金难以保障充足的投入，农业的规模化发展面临较大的资金供需缺口，要促进西南民族地区农业生产经营方式由粗放型向集约型转变、提升农业生产能力，向现代化农业转型发展，必须依赖持续与大规模的金融资源投入作保障。

（二）特色产业培育与发展亟需金融扶持

充分利用丰富密集的农业资源，将富饶的农业资源转化为产业发展动力，做强做大民族地区特色与优势农业产业，是西南民族地区实现产业兴旺的本土化路径。西南五省（自治区或直辖市）的特色农业资源集中在名贵中药材、特色水果、奇异花卉、牛羊、茶叶、咖啡、蔬菜等地区特色农产品，并且是全国的主要生产供给产地，充分利用丰富而富有特色农业资源与生态资源，是西南民族地区寻求与发达地区农村差异化发展的产业振兴路径。

金融资源是西南民族地区特色产业与新型产业培育与发展关键的保障机制。西南民族地区乡村生态旅游业、休闲农业、创意农业等服务型农业和创新型生物农业、社会化订单农业、工厂化农业等多种农业新业态发展亟需金融的可持续投入和支持，对金融支持的产品和服务方式的丰富化、供给渠道的多元化、资源投入的可持续性均提出了更高的创新要求。发展特色、打造特产、做大产业、做出品牌、发展绿色生态也是金融支持西南民族地区产业兴旺的重要领域，通过金融扶持培育新型和特色民族多元化产业发展模式，金融支持打造西南民族地区产业链、提升产业竞争力、进一步优化农业的生产体系、优化农业产品结构区域布局、农业经营方式和农业经营组织形式特色农业优势农业做大做强。

（三）乡村非农产业兴旺发展的金融资源保障

乡村非农产业发展是西南民族乡村地区产业兴旺的差异化的实践路径，非农产业的兴旺发展是促进农村第一、第二、第三产业融合发展的关键路径，也是农民就业、创业、拓宽增收渠道的重要途径。西南民族地区第一、第二、第三产业融合发展的关键点、创新点与基础均在于依附各地丰富和独特的民族文化、传统文化、秀美的风光、独特的地理环境，因地制宜推动农业多功能的开发、多维价值的实现，创新多元化的新业态，尤其是在旅游观光、康养、生态、休闲、娱乐、文化传承等方面的经济价值与社会效益。金融支持应充分发挥支持西南民族地区，支持各种资源的多元化价值的开发和产业化，围绕西南民族地区当地有基础、有特色、有潜力的产业，大力发展具有与其自然地理特征与文化特征相结合的非农产业。当前，以提升农产品附加值的农产品加工业、以农村电子商务为主要发展领域的乡村信息产业、以乡村区域文化创意为载体的文化产业、以乡村人文旅游、科普旅游为发展重点农业旅游产业的优化升级和乡村民宿、酒店业，将乡村文化资源转化为文化软实力与影响力的文化产业和乡村康养产业等特色产业为西南民族地区乡村非农产业经济发展的重点领域。

现阶段，缺乏金融支持和资金投入是西南民族地区乡村非农产业培育和发展面临最为突出的瓶颈。由于民族地区农业剩余资金积累率较低，乡村第二、第三产业发展所需投入资金缺口较大，乡村中返乡创业、从事租赁和商务服务业、住宿和餐饮业、农产品加工业等中小微型工业企业和民营工业企业普遍缺乏信贷支持，生产和生活性服务对普惠型小微企业贷款的投放规模与覆盖率均有上升的需求，亟需针对农业产业化、农村中小企业的针对性金融产品与服务，尤其是对金融机构提出加大农业产业化、农村中小企业的支持力度、稳步增加贷款投放规模的要求，尤其是普惠型乡村小微企业融资需求的缺口较大。

二、新型农村经营主体培育的规模化金融需求

专业大户、家庭农场、农民合作社、农业产业化龙头企业等新型农业经营主体是现代农业转型发展的中间力量，是推动西南民族地区产业兴旺、发展中农经济的智力与从业载体，也是西南民族地区乡村振兴战略推进的中坚力量。《2019 中国新型农业经营主体发展分析》显示，农业农村部第八次监测合格的农业产业化国家重点龙头企业中，四川共 51 家，其他四省市的农业产业化龙头企业数量较少，重庆 31 家，广西 27 家，贵州 24 家，云南 23 家。要完善西南民族地区“三大农业体系”，亟需通过金融支持土地流转、土地入股与土地托管等模式发展适度规模经营，发挥培育新型农业经营主体的金融支撑功能。

同时，新型农业经营主体对接市场进行适度规模化经营，生产投入周期更加贴近市场需求，因此，对融资需求在规模、周期、抵押物资等方面也更加灵活，在大型机具购置、场地建造、产品加工、原材料采购、运输储存与销售等环节的融资需求较多，因此，新型农业经营主体对各类经营流动性资金、扩大规模所投入的长期资金等表现出更加多元化、周期化与灵活性的需求，要求银行等金融机构在信贷产品的设计、种类、金融服务内容和方式等环节紧贴新型农业经营主体的特征开发和设计专业化、特色化、针对性的金融服务产品，转变当前的“一刀切”贷款政策，创新金融产品和服务，提升新型农业经营主体客户的精细化管理。

在农业产业的现代化转型中，西南民族地区乡村发展中的新型农业经营主体将会对金融支持的规模和力度提出更高的要求。西南民族乡村地区产业结构的优化调整意味着传统粗放型的农业生产方式的转变，相对于小农户，新型农业经营主体的规模化经营对资金的需求量大。种植型、养殖型与农产品加工型新型农业经营主体在初期投入规模较大，大型的农业机具、原材料采购、水利设施、农用物资、仓库场地、技术改造、加工生产场所、雇用人工、运输交通、市场销售等环节产生大量的信贷需求，其他途径难以满足其融资规模，银行等金融机构贷款成为其最主要的融资渠道。但银行抵押质押贷款条件限制了新型农业经营主体的信贷融资，由于自身积累有限，大型固定资产等财产抵押体系不成熟、农地使用权抵押未完全开放等原因，难以获得银行的抵押认定。加上当前农业保险的覆盖面小，新型农业经营主体投保意愿小，没有发挥出切实的保险功能，在缺少相应的风险分担补偿机制的保障下，新型农业经营主体的“融资难”与“融资贵”现象突出。因此，新型农业经营主体的融资需求与银行信贷政策难以匹配，资金需求规模更大、对银行的抵押条件难以跨越门槛，也是当前农村金融机构金融服务与产品创新的立足点，在贷款类型、贷款规模、贷款抵押质押等环节上应紧扣种植业、养殖业、农村加工业的产业特征，主动跟进农业产业链进行定位和创新。

三、广大分散小农户的生产性与消费性贷款需求

西南民族地区地域广阔，区域经济发展不平衡，农村人口众多，在乡村振兴战略推进的进程中，小农经济依然是西南民族地区农村农业生产的主要经营模式。小农户普遍并长期存在是我国的基本国情，据估算，2030 年我国仍将有约 1.7 亿户小农户，2050 年仍将有 1 亿户左右。传统分散小农户依赖土地耕

种维持生计，小规模的农业生产在将来一段时期内依然占绝对比重。相较于东部沿海地区，我国农户平均经营土地7.5亩、5.7块地块，超过60%的耕地种植和近40%的畜禽养殖，小农户是西南民族地区农业生产经营的最基本单位和重要主体，未来仍将是一大批小农户在农村生活就业与从事农业生产经营。例如，贵州山地丘陵面积占比约为93%，丘陵山区居住分散，耕地分散，农业耕作空间有限，形成了以小农户生产耕作为主体的生产格局。受生活习俗与生产方式影响，分散小农户的信贷需求主要由消费性信贷需求与生产性信贷需求。农户消费信贷需求来自于农用房舍建造、子女教育支出、住房贷款与汽车贷款；生产性信贷需求主要包括农户为维持生计的农业生产投入、个体小型家庭农场经营发展等维持现有规模购买农机具、种子、农药化肥等农用物资及其他投资等小额投资需求。伴随着农户人均可支配收入水平的提升，农户的消费信贷需求规模逐步提升，结构也逐步优化，农户消费信贷需求呈现出快速增长的趋势。

四、脱离绝对贫困后的小额普惠金融需求

金融扶贫是西南民族地区农村脱贫攻坚的重要保障机制，贯穿在产业扶贫、电商扶贫、易地搬迁扶贫和就业扶贫等精准扶贫方式中。西南民族地区西南五省市是全国贫困面范围最大的区域，乡村是深度贫困的集中区域，贫困人口数量众多，尤其是深度贫困县和贫困村、贫困户的脱贫要求农村金融机构能做到“应贷尽贷”，向贫困地区技术扶贫、产业扶贫下沉，尤其是对贫困农户脱贫后的小额普惠型贷款的需求增加，对金融机构提高参与金融精准扶贫的积极性和热情要求。2020年底，在我国实现全面脱贫、进入全面小康社会后，金融扶贫依然任重道远。对于西南民族地区农村来说，目前解决了缺乏生存所必需的物品和服务等经济资源或经济能力的绝对贫困，而不是相对贫困。相对贫困主要表现在区域发展不均衡、城乡发展不平衡上，个人发展的机会不均等、不充分等方面，大部分在精准时期脱贫的农户将转化为相对贫困群体，这部分群体也将是西南民族地区在全面小康后的贫困治理中的重要领域。同时，西南民族地区的贫困问题是“资源型贫困”“投资型贫困”和“人口型贫困”三种形态交织而形成的，其中，农村投资不足而导致“投资缺口”所形成的“投资型贫困”是西南民族地区农村贫困的基本形态。因此，持续提高低收入人口的生活水平、解决不平衡不充分发展的问题，依然是西南民族地区乡村振兴建设中的长期任务。

进入小康社会后解决相对性贫困问题对西南民族地区的金融扶贫提出了新的要求：一是对相对贫困农户、农村小微企业等贫困个体的金融扶贫，通过金融资源倾斜，扶持贫困人口在维持生产、教育、医疗、个人发展能力等方面的投入，着重在对贫困人口的能力发展进行金融支持，例如劳动技能培训、创业培训、实用型农业种养技术培训、获得教育机会等，对于人口较少的民族而言，要实现整族脱贫。二是金融支持贫困地区的特色农业、产业的发展，尤其是具有较大的辐射作用的新型农业经营主体，能发挥出农村产业发展的社会带动效应，实现更多的民族和贫困人口脱贫致富。三是通过金融投资农村贫困地区的农业基础设施建设和社会公共服务产品，以区域脱贫为目标，解决贫困地区基础设施短缺和老化以及公共服务不均等的问题，为区域脱贫改善生产条件和平台保障。

五、农村基础设施建设的金融需求具有较强的外部性

农村基础设施建设的完善、社会公共服务产品供给是西南民族地区实现生态宜居、产业兴旺的重要设施保障。乡村地区的水、电、网络、公路等基础设施项目工程是西南民族地区乡村基础设施建设重点投资领域，也是大规模的资金需求领域。（1）通过农村供水设施改良和重建，解决西南民族地区偏远的乡镇乡村的居民缺水问题和饮水安全问题，同时推进重大水利工程项目建设，提高西南民族地区乡村人均有效灌溉面积率。（2）成立乡村自然灾害防御基金，推进水旱灾害防御体系建设，是增强西南民族地区乡村地区抵御自然灾害能力的重要保障。（3）西南民族地区农村电网水利系统的升级改造，向贫困山区布局重大电力资源工程，完善能源基础设施体系。（4）要普及西南民族地区乡村通讯、移动互联网、物联网等基础设施，加大信息化设施建设，填补乡村信息化网络硬件设施，为乡村电商经济发展打造设施保障，创新农产品的销售新模式，提升农产品的商品化率降低，民族地区乡村的“数字鸿沟”效应。（5）以民族地区乡村公路改造升级项目为核心，改变乡村“不通车”“不通路”的出行困难现状，以行政村为单位，逐步建立公路、铁路、水路等交通网络，推动乡村振兴。（6）进行小规模土地改良、农村医疗设施和废弃物处理设施建设、水产动物养殖设施改造和重建等，逐步推进高标准农田建设、农村土地整治等农业基础设施建设。

与其他经济效益回报较高的商业项目不同，农村基础设施建设与社会公共服务供给均具有社会公平产品属性，外部性强，社会效益远远高于经济效益，

投资规模大，建设周期长，加上西南民族地区乡村地形地貌复杂，丘陵高原居多，基础设施建设成本高，需要财政资金、金融资源及社会资本等多元化金融资源的统筹支持。据测算，乡村振兴时期西南民族地区的基础设施建设投资规模高达数万亿元，其中的财政支持有限。20 世纪 80 年代以来，西南民族地区基础设施建设项目因遭遇融资难的“资金荒”而导致许多建设项目搁浅，“十三五”期间，在西南民族地区规划的基础设施建设项目近 30% 不能按时实施，最终缓建或停建。要实现 2025 年西南民族地区生态宜居的目标，须要有长期、稳定和充足的金融资源的供给，除了有限的财政资金投入及其对社会资本引流外，金融市场资金配给是最主要的可持续性的融资来源。

六、生态宜居建设亟需大力发展农村绿色金融

西南民族地区生态宜居建设对绿色金融与数字金融的需求日益增长。生态宜居在西南民族地区的实现路径为发展低碳绿色新农业，加强乡村生态环境治理与生态资源保护，守住青山绿水，打造美丽宜居的乡村生态。绿色、低碳、生态、循环经济是西南民族地区发展新农业、促进农业供给侧结构性改革的方向与目标。这要求西南民族地区农业生产方式要逐渐从高污染、以环境为代价的粗放型生产向资源节约、生态环保与现代化转变，大力发展低碳、绿色、休闲与生态农业，优化农业产业结构。同时，发展西南民族地区以生态旅游、特色农业、康养农业，生态产业，扶持农村中小绿色企业、民族特色企业，大力开发乡村区域生态资源等亟需大量的绿色金融资源投入。与此同时，加强乡村生态环境治理与建设，改善农村生产生活环境，推进美丽宜居乡村建设，建设特色农业产业发展带动田园示范村寨，将各田园示范村寨连成线形成田园综合体示范带，打造西南地区生态宜居、生活富裕、农业兴旺的美丽村寨。西南民族地区生态宜居建设对农村绿色金融形成了巨大的需求，兼具绿色生态功能导向和经济发展双重功能的绿色金融是生态宜居建设的可持续资金保障，主要体现在对绿色信贷、绿色债券、绿色基金、绿色保险以及绿色基金等绿色金融产品和服务的需求更加规模化、多元化与可持续性。

七、数字乡村建设推动乡村普惠金融数字化转型发展

数字乡村建设①是数字中国建设工程的重要领域，也是乡村振兴战略的重

① 2022 年《乡村建设行动实施方案》提出“实施数字乡村建设发展工程，推动农村千兆光网、第五代移动通信、移动物联网与城市同步规划，消弭城乡数字鸿沟，落实‘农业农村优先发展’”。

要推进方向，数字乡村建设通过完善与优化农村地区信息基础设施建设，采用大数据、人工智能、移动互联网等数字科技手段，推动信息技术与农村生产生活的多方位的系统性融合，深度赋能农村经济社会发展。农村数字普惠金融以农村地区完善的信息基础设施建设为载体，相较于传统的农村金融，数字金融可通过网络技术、大数据和信息通讯、移动互联网等现代科技手段弥补在西南民族地区原本存在的传统金融服务短缺、渗透有限、覆盖面狭小、成本高企等问题，突破金融服务受限于实体物理网点的限制，提升农户金融服务的可得性，扩展金融的普惠性，强化金融服务“三农”群体的针对性，有效改善西南民族地区乡村“金融排斥”现象。同时，西南民族地区乡村振兴在教育、返乡创业、特色农业、农村电商、农资购销等领域亟需数字金融创新多元化的应用场景，并针对民族地区农业、特色产业发展的差异化特征，探索民族地区本土化的特色数字金融产品与服务，促进数字金融转型助力乡村振兴与数字乡村建设。

当前，西南民族地区发展乡村数字金融存在诸多的瓶颈，其中，西南民族地区乡村广泛推行数字技术面临较大的挑战，数字金融硬件基础设施短板是其金融数字化转型的关键制约因素。《中国互联网络发展状况统计报告》显示，截至2021年，西南民族地区农村互联网普及率与网民比率分别为47.3%、25.8%，远远低于全国乡村地区互联网普及率60%与全国乡村网民比率32%。

第四节　西南民族地区金融支持乡村振兴战略概况

一、金融支持乡村振兴战略政策体系

自2018年9月，西南民族五省（自治区或直辖市）陆续制定并出台金融支持乡村振兴的意见与相关措施。为了弥补现行农村金融服务的短板，满足乡村振兴的多元化金融需求，各地围绕乡村振兴制定出台了完善金融体系的实施意见，同时制定了提升金融服务乡村振兴的阶段性目标（见表4－16）。

表 4-16　　西南民族地区出台金融支持乡村振兴政策

地区	政策	内容
贵州	2019 年 4 月，人民银行贵阳中心支行、贵州银保监局、贵州证监局、省财政厅、省农业农村厅联合出台《关于金融服务乡村振兴的实施意见》	2020 年前，持续加强金融助推脱贫攻坚力度，提升涉农贷款、农户贷款和新型农业经营主体贷款增速，强化农村信用体系建设，增强资本市场和保险市场服务“三农”水平。2035 年，基本建成多层次、广覆盖、适度竞争、有序创新的农村金融体系。2050 年，全面建立现代农村金融组织体系
广西	2019 年 8 月，广西壮族自治区人民政府办公厅下发《广西壮族自治区人民政府办公厅关于金融服务乡村振兴的实施意见》	到 2035 年，基本建立多层次、广覆盖、可持续、适度竞争、有序创新、风险可控的现代农村金融体系；到 2050 年，现代农村金融组织体系、产品体系全面建立，城乡金融资源配置合理有序，城乡金融服务均等化全面实现
云南	2021 年 7 月，云南银保监局印发《关于云南银行业保险业高质量服务巩固脱贫攻坚推进乡村振兴的指导意见》	推动银行业保险业为实施乡村振兴战略引流资金，探索多元支撑、创新引领、融合发展的金融服务乡村振兴。提出 7 个“+”：平稳过渡 + 长效机制、金融供给 + 重点领域、产业支撑 + 云南特色、金融创新 + 数字科技、错位竞争 + 高效服务、党领导 + 激励约束、信用建设 + 信息平台
四川	2021 年 7 月，四川银保监局印发《四川银行业保险业高质量服务乡村振兴的指导意见》	健全乡村振兴金融服务体系，各类银行、保险机构要找准自身定位和服务重点，充分发挥差异化优势，着力提升金融服务县域经济的能力
重庆	2018 年 9 月，重庆 11 部门联合印发《关于金融服务乡村振兴战略的实施意见》	聚焦城乡融合发展是金融服务乡村振兴的重点领域，金融助推城乡资源要素优化配置与合理流动，各金融机构要立足实际，完善和创新金融服务机制，推动各类主体、各种要素聚焦乡村振兴金融服务

二、金融支持乡村振兴战略的实践试点

2021 年，西南民族五省（自治区或直辖市）陆续进行金融支持乡村振兴的试点实践。2021 年 10 月，四川进行了全国首个乡村振兴金融创新示范区试点，2021 年 7 月，贵州打造“金融服务乡村振兴示范县”试点，广西、云南、重庆探索“信用村”“普惠金融示范试点乡村”等试点（见表 4-17）。

表 4-17 西南民族地区金融支持乡村振兴试点

地区	金融支持乡村振兴示范点建设	金融支持乡村振兴具体措施
广西	2021 年 4 月，印发实施《农村金融改革“田东模式”六大体系升级建设方案（2021—2023 年）》	分步建设农村金融改革“田东模式”六大体系。2021 年：开发完善农村信用信息系统升级版，完成 44 个县（市、区）的升级建设，初步建成“1+14+N”模式农村信用体系。2022 年：完成 89 个县（市、区）的升级建设，实现农村信用信息的动态更新缓解“三农”与银行间信息不对称问题。2023 年：实现全区 100% 覆盖，有效服务普惠金融、社会治理等领域，农村信用体系服务“三农”的成效充分显现
	2021 年 9 月，建成兴业县金融服务乡村振兴示范点	为提升农村金融服务水平，有效解决农业农村“融资难、融资贵”问题，推进农业农村现代化，兴业县建立健全县农村金融服务平台，打造金融服务乡村振兴示范点
四川	2021 年 10 月，四川推进全国首个由国家乡村振兴局、地方政府和国有大型商业银行联合共建的乡村振兴金融创新示范区	探索金融高质量服务乡村振兴的有效路径，推动形成乡村振兴“四川模式”的金融支撑
云南	2021 年 7 月，云南省首个金融服务乡村振兴示范县——凤庆县金融服务乡村振兴示范县	健全金融服务乡村振兴体制机制，改善乡村振兴重点领域融资状况，形成金融服务乡村振兴的“凤庆经验”，完善“政银担”合作机制，设立风险补偿资金，做大担保业务规模，完善风险分担机制，充分发挥财政资金引导和撬动作用，支持特色产业和优势产业
	2021 年 2 月，云南呈贡区实施“乡村振兴整村授信”示范	万溪冲社区成为呈贡区农村信用合作联社实施整村授信的首个示范村。呈贡区联社完成万溪冲社区整村授信 495 户，授信金额 1.1 亿元，授信覆盖率超过 80%
重庆	2021 年 7 月，乡村振兴普惠金融试点示范重庆 7 个区县试点“普惠金融+智慧县域”建设	在信用信息体系建设、涉农金融指标等方面率先达标，在金融供给保障、产品和服务创新等方面先行先试，探索普惠金融支持乡村振兴的有效路径，发挥示范作用带动全域发展

三、金融支持乡村振兴战略的成效

2018 年，广西 8 个“两权”抵押贷款试点的“两权”抵押贷款发放规模较 2017 年增长 94%；全区发放金融精准扶贫贷款规模为 545 亿元，较好地推动了乡村振兴建设与脱贫攻坚。同时，为改善农村金融机构的资金外流、提升金融机构县域资金运用比例，以农业银行为代表的金融机构对存贷比低于 30% 的县域支行网点进行撤并，存贷比低于 30% 的县域支行网点减少 3 个。2019 年，广西涉农贷款新增 740.6 亿元，同比增长 7.84%；2020 年，广西涉农贷款新增 1236.1 亿元，同比增长 13.31%。2020 年，广西县域贷款余额约 8011 亿元，同比增长 19.58%，高出全区各项贷款增速 4.17%，县域贷款占全区贷款规模的 22.76%，同比增加 0.79%。

为提升农村授信覆盖面助力乡村振兴，云南积极推进农村信用体系建设。2019 年，云南在农村信用体系建设领域取得较好的成效，全省共评定信用乡镇 414 个、信用村 4397 个、信用户 727.5 户，在全省范围内完成建档农户 945.8 万户。同时，加大对深度贫困民族地区乡村的建档授信支持，2019 年底，怒江州独龙江乡完成了整乡建档，“直过民族”独龙族实现了整族授信，怒江州独龙族因此成为全国首个实现了“整乡建档”与“整族授信”的人口稀少的少数民族。2020 年末，云南涉农贷款发放规模 1.13 万亿元，同比增长 10.22%，较 2019 年增加 2.55%。其中，农业贷款、农村贷款、农户贷款规模分别为 1719.57 亿元、9422.49 亿元、3069.46 亿元，同比增长 14.10%、13.72%、11.96%。

2019 年，贵州涉农贷款投放规模为 12220.7 亿元，较 2018 年加 1271.6 亿元，同比增长 12.0%。同时，作为重点贫困地区，贵州 2019 年的金融扶贫贷款投放规模为 4355 亿元，贷款投放规模位于全国各省扶贫贷款前列。

2019 年，四川新增涉农贷款为 808.7 亿元，占各项新增贷款的 28.8%。其中，深度贫困地区的各项贷款投放规模为 1820.6 亿元，较 2018 年同比增长 16%，并高于全省各项贷款增速 3.1%。2020 年，全省涉农贷款投放规模同比增长 11.5%，高于 2019 年 6.7%。

2019 年，重庆涉农贷款投放规模为 5758 亿元，同比增长 7.7%。自

2018 年 11 月推进县域"普惠金融"区县试点，共发放贷款 61.6 亿元，获得贷款的农户、农村企业及县域小微企业为 4.9 万人。2019 年，重庆投放扶贫小额信贷的覆盖率为 35.66%，较 2018 年提高 10%。2020 年，重庆全市涉农贷款投放规模新增 532.3 亿元，同比增加 53.5 亿元，增速较 2019 年提高 1.2%。

第五章

西南民族地区金融支持乡村振兴战略社会责任缺失的矛盾与成因

西南民族地区金融支持乡村振兴与服务“三农”发展社会责任缺失的矛盾与成因既有中、东部地区的共性因素，也凸显西南民族地区的特殊“区情”因素。政府维度、农村金融机构维度、市场维度与“三农”主体维度存在诸多深层次根源：农村金融机构社会责任不明晰、机制缺位与监管不健全、双重目标冲突，农业金融弱质性与民族地区信用风险交织，市场化定价机制与“三农”属性冲突，共同导致了农村金融资源“离农”逆向流出、逆向配置，农村金融机构服务目标“漂移”、“财务目标”优于“社会责任目标”，农村金融体系“效率优先”高于“公平与正义”、合作性逐渐向商业化改革演化等社会责任缺失的矛盾。

第一节　西南民族地区农村金融发展现状

一、西南民族地区省域金融发展现状

（一）西南民族地区银行业发展概况

西南民族地区金融体系以间接金融为主，直接融资市场发展相对滞后，银

行业金融机构作为金融机构体系的主体，其机构营业网点分布的密度和深度较大程度上反映了该地区的金融发展水平。

1. 银行业金融资产规模

截至2020年末，全国银行业资产总规模约290万亿元，西南民族地区五省（自治区或直辖市）银行资产总额为138701.2亿元（见表5－1），占全国的8.79%。

表5－1　2015—2020年西南民族地区银行业金融资产规模　单位：亿元

年份	广西	云南	贵州	四川	重庆
2015	30330.2	33333.7	25047.3	75919.4	39376.4
2016	33679.7	36842.0	30810.6	85060.8	43160.9
2017	35891.5	39846.5	34755.1	92629.5	47064.7
2018	38527.2	40935.5	37047.7	96733.6	51305.4
2019	42213.4	44168.9	40027.5	102248.7	53705.2
2020	47363.0	48054.8	43994.7	110000.4	59000.0

数据来源：《云南省金融运行报告（2016—2021）》《广西壮族自治区金融运行报告（2016—2021）》《贵州省金融运行报告（2016—2021）》《四川省金融运行报告（2016—2021）》《重庆市金融运行报告（2016—2021）》。

运用平均每万人银行资产、平均每万平方公里银行资产、平均每亿元地区生产值银行资产三个指标对西南民族地区的银行业发展程度进行衡量（见表5－2）。2019年，广西、贵州、四川、重庆平均每万人占银行资产分别为8.51万元、11.04万元、12.23万元、17.18万元，均低于全国平均水平20.86万元，广西、贵州、四川、重庆平均每万平方公里拥有银行资产分别为1776.6亿元、2271.7万元、2103.8万元、6082.5万元，低于全国平均水平3020万元；广西、贵州、四川、重庆平均每亿元地区生产值需要银行资产分别为1.99元、2.39元、2.19元、2.28元支撑，高于全国平均水平0.29元，这也意味着银行业支持民族地区可持续发展的潜力不足。由此可见，西南民族地区每万人拥有的银行资产规模、每万平方公里拥有的银行资产等正向指标均低于全国水平，每亿元地区生产值所需要的银行资产这一逆向指标值高于全国水平。

表 5-2　　2019 年西南民族地区人均银行资产指标值

指标	广西	云南	贵州	四川	重庆	全国
平均每万人银行资产（万元）	8.51	9.87	11.04	12.23	17.18	20.86
平均每万平方公里（亿元）	1776.6	1906.5	2271.7	2103.8	6082.5	3020
平均每亿元地区生产值（元）	1.99	2.07	2.39	2.19	2.28	0.29

数据来源：根据西南民族五省（自治区或直辖市）2020 年统计年鉴数据计算整理。

2. 银行业金融机构营业网点数量

近年来，西南民族地区金融主体不断丰富，银行业机构体系逐渐发展和完善。2020 年，在各类银行业金融机构中，农村商业银行、农村合作银行和农村信用社的网点数量最大，云南、广西、贵州、四川、重庆分别为 2211 家、2344 家、2288 家、5808 家、1763 家（见表 5-3）；其次是国有大型商业银行、邮政储蓄银行、城市商业银行、股份制商业银行、新型农村金融机构、政策性银行等，西南五省（自治区或直辖市）中的财务公司、信托公司及外资银行的数量均较少。

表 5-3　　2020 年西南民族地区银行业金融机构情况　　单位：个

机构类别	云南	广西	贵州	四川	重庆
大型商业银行	2426	1836	1069	3370	1327
政策性银行	89	66	73	115	39
股份制商业银行	384	194	126	524	294
城市商业银行	241	745	521	972	287
城市信用社	0	0	0	0	0
小型农村金融机构	2211	2344	2288	5808	1763
财务公司	4	2	2	6	4
信托公司	1	0	0	2	2
邮政储蓄银行	—	972	977	3072	227
外资银行	7	4	1	23	23
新型农村机构	185	586	170	303	124
其他	5	5	14	7	8

续表

机构类别	云南	广西	贵州	四川	重庆
合计	5553	6758	5241	14202	4089

数据来源：《云南省金融运行报告（2021）》《广西壮族自治区金融运行报告（2021）》《贵州省金融运行报告（2021）》《四川省金融运行报告（2021）》《重庆市金融运行报告（2021）》。

按照人口、国土面积和地区生产总值分别计算西南民族地区银行业金融机构营业网点在五省（自治区或直辖市）分布的密度和深度指标（见表5-4）。数据显示，广西、云南、贵州、四川、重庆每万人拥有银行营业网点数分别为1.27、1.14、1.42、1.69、1.40，低于全国11.31个/万人的平均水平，约为全国平均水平的12%；每万平方公里拥有的银行营业网点数分别为264.98、141.43、239.70、292.69、534.34，远低于全国平均水平1611.46个/万平方公里；每亿元产值所需要银行业营业网点数分别为0.296、0.240、0.308、0.305、0.186，除重庆外，其他四省（自治区、直辖市）均高于全国平均水平0.22个/亿元，这一逆向指标说明民族地区银行业机构对地方产值的支持效率要低于全国平均水平。

表5-4　2019年西南民族地区银行业机构营业网点密度与深度

指标	广西	云南	贵州	四川	重庆	全国
人口（万人）	4960	4858.3	3622.95	8375	3124.3	140005
面积（万平方公里）	23.76	39.41	17.62	48.6	8.24	960
产值（亿元）	21237.14	23223.75	16769.34	46615.8	23605.77	990865
每万人拥有银行营业网点（个/万人）	1.27	1.14	1.42	1.69	1.40	11.31
每万平方公里拥有银行网点（个/万平方公里）	264.98	141.43	293.70	292.69	534.34	1611.46
每亿元产值所需要银行服务网点（个/亿元）	0.296	0.240	0.308	0.305	0.186	0.22

数据来源：根据西南五省（自治区或直辖市）统计年鉴与金融运行报告（2020）计算整理。

3. 数字金融转型发展趋势下银行业网点变化新趋势

农村商业银行与国有大型商业银行共同构成了西南五省（自治区或直辖市）县域与市区金融机构体系的主体。近几年来，伴随着移动互联网、通讯技术与金融科技的快速发展，线上银行业务交易规模日益扩大，加上新冠疫情暴发的影响，银行物理网点的零售业务逐渐从线下向线上转移，全国范围内的国有大型商业银行网点出现撤并趋势。2020 年底，全国范围内的银行业金融机构营业网点共计 22.44 万个，分别比 2019 年、2018 年减少 679 个、1268 个。其中，网点数量下降显著的是国有大型商业银行，2018—2020 年，全国共关闭 1573 个营业网点，按照七大区域划分，大型国有商业银行在东部地区关停的网点为 782 个，位居全国七大区域首位。在西部地区，大型国有商业银行在少数省域出现少量的新增，四川、西藏、云南分别新增 39 个、7 个、8 个。在此趋势下，西南五省（自治区或直辖市）的国有大型商业银行网点主要以收缩趋势为主，表 5－5 显示，2018—2020 年，广西、贵州、重庆的国有大型商业银行网点数量分别减少 81 家、24 家、26 家。

表 5－5　2018—2020 西南五省（自治区或直辖市）主要银行业网点数量　　单位：个

区域	农村商业银行			国有大型商业银行		
	2018	2019	2020	2018	2019	2020
广西	642	669	856	2904	2864	2823
云南	810	918	1114	2418	2419	2426
贵州	1488	1544	1660	2038	2021	2014
四川	4431	4456	4586	6407	6365	6446
重庆	1773	1772	1763	3054	3037	3028

数据来源：根据银保监会 2018—2020 年底公布的银行营业网点数据整理得出。

与国有大型商业银行网点收缩趋势相反，农村商业银行在全国范围内则呈现出网点增设与扩展的趋势①。在全国七大区域中，东部地区增设网点数最多，达到 1588 个，西部地区增长了 1105 个，位居第二，中部与东北地区分别增长 1047 个、114 个。在西南五省（自治区或直辖市）农村地区，基于电网、移动网络、通讯等基础设施不完善，线上金融与数字金融发展滞后，加上农村人口老龄化结构特征突出，导致农村居民依然对银行物理网点与现金柜台保有强烈的刚性需求，客观上推动了农村商业银行在县域范围内的物理网点数量扩张。农村商业银行是西南民族五省（自治区或直辖市）农村金融机构中的主体，伴随着农信社改革的深化，西南民族五省（自治区或直辖市）农村商业银行的营业网点数量也呈现逐年增长的趋势，2018—2020 年，除重庆缩减了 10 个网点外，广西、云南、贵州、四川的农村商业银行均呈现网点新增扩张的趋势。

---

① 西藏自治区尚未设立农村商业银行或网点。

4. 银行业就业贡献率

银行就业贡献率指标是反映当地银行业发展的直接社会效益之一。2019年，广西银行业金融机构从业人数95638人；贵州银行业金融机构营业网点从业人数73265人；云南银行业金融机构从业人数是80153人；四川银行业金融机构从业人员为23.5万人；重庆银行业金融机构从业人员数为71598人。按照西南五省（自治区或直辖市）的就业人员总数计算，银行业就业贡献率最高的是重庆0.4%，其他四省（自治区或直辖市）均为约0.3%，均远远低于同口径的全国银行业就业贡献率0.56%。

5. 银行存贷款规模

银行存款规模数量是地区经济发展水平的标志，是反映银行机构设立是否方便公众与地区金融服务可得性的一个重要指标，也是反映一个地区未来经济社会发展获得资金支持程度的指标，更是反映一个地区金融发展程度的重要指标。与此相应，一个地区的银行业金融机构对本地区投放贷款的数量不仅是该地区当前经济发展水平的表现，也直接决定着该地区未来经济的发展潜力。这意味着贷款量能反映出金融机构主要是银行业金融机构对当地经济发展的支持力度，也是地区金融发展水平的标志之一。如表5-6所示，2020年，西南五省（自治区或直辖市）的存款各项存款保持稳定增长，增速均低于全国平均水平。广西本外币各项存款余额3.5万亿元，同比增长9.5%，增速同比提升3.3%。贵州全省金融机构本外币各项存款余额2.8万亿元，比2019年增加1102.8亿元，同比增长4.1%，增速提高1.5%。从贷款规模来看，西南五省（自治区或直辖市）银行业通过信贷支持服务实体经济的能力持续增强，贷款投放规模较稳定增长。2020年，贵州全省金融机构本外币各项贷款余额3.2万亿元，较年初增加3766.0亿元，同比增长13.2%，增速比2019年下降1.8%。2020年，四川银行业金融机构本外币各项贷款余额8.0万亿元，较年初增加8532.2亿元，同比增长1778亿元；余额同比增长13.7%，增速比2019年上升0.9%。

表5-6　2020年西南民族地区银行业金融机构存贷款情况　单位：万亿元，%

项目	广西	云南	贵州	四川	重庆	全国
存款余额	3.5	3.6	2.8	9.2	5.1	218.37
存款同比增长	9.5	8.1	4.1	10.5	8.5	10.20
贷款余额	3.5	3.5	3.2	8.0	5.6	172.75
贷款同比增长	15.4	11.1	13.2	13.7	13.2	12.8

数据来源：广西银保监局、贵州银保监局、云南银保监局、四川银保监局、重庆银保监局。

（二）西南民族地区证券业发展情况

整体上看，证券业在西南五省（自治区或直辖市）金融体系中的份额占比较小，市场覆盖广度与深度均远远低于银行业间接金融规模，近年来各地区证券业规模发展较为稳定。2020年的数据显示（见表5－7），西南民族地区整体证券业保持平稳发展，证券期货市场主体持续小幅增加。2020年末，西南民族地区五省区共有法人证券公司10家，其中，广西与重庆各1家，贵州、云南均为2家，四川为4家。资本市场直接融资规模持续增长，贵州全年证券市场直接融资总额1988.00亿元，广西为1759.1亿元、四川6069亿元、重庆4175.1亿元，五省（自治区或直辖市）在2020年新增上市企业共15家。由于实力限制，县域企业极少能达到上市条件，这侧面反映了西南民族地区县域资本市场发展滞后，证券业难以发挥出支撑与服务“三农”发展、服务地方经济和产业发展的功能。

表5－7　2020年西南民族地区证券业基本情况

项目	广西	贵州	云南	四川	重庆
总部设在辖区内的证券公司数（家）	1	2	2	4	1
总部设在辖区内的基金公司数（家）	1	0	0	0	1
总部设在辖内的期货公司数（家）	0	0	2	3	4
年末国内上市公司数（家）	38	31	37	136	57
新增上市公司（家）	0	1	2	7	4
当年国内股票（A股）筹资（亿元）	28.3	26	107	324	104.7
当年发行H股筹资（亿元）	0.0	0.0	0	0	0
当年国内债券筹资（亿元）	1730.8	1962	2330	5745	4070.4

数据来源：广西银保监局、贵州银保监局、云南银保监局、四川银保监局、重庆银保监局。

（三）西南民族地区保险业发展概况

西南民族五省（自治区或直辖市）的保险业业务经营范围继续提升，服务经济社会的能力不断提。2020年，广西保险密度1464.94元/人，保险深度2.9%；贵州保险密度为1413元/人，保险深度为2.9%；云南保险密度1500元/人，保险深度为3.96%；四川保险密度为2714元/人，保险深度为4.7%；重庆保险密度为3000元/人，保险深度为4.0%。2020年，全国保险密度为3500元/人，保险深度为4.43%，无论是保险密度还是保险深度，西南民族五省（自治区或直辖市）指标数据均低于全国平均水平（见表5－8）。在当前乡村振兴全面推进中，扩大农业险业务覆盖面和增加农业保险业务种类，提升保险业在农业发展和乡村振兴中的社会服务功能的进一步发挥是西南民族地区保险业发展的主要方向。

表 5-8　　2020 年西南民族地区保险业基本情况

项目	广西	贵州	云南	四川	重庆
总部设在辖区内的保险公司数（家）	2	1	1	4	5
其中：财产险经营主体（家）	1	0	1	2	3
寿险经营主体（家）	1	1	0	2	2
保险公司分支机构（家）	2264	33	42	99	57
其中：财产险公司分支机构（家）	1236	21	27	—	27
寿险公司分支机构（家）	1028	12	15	—	30
保费收入（亿元）	734. 3	511. 8	756. 4	2273. 6	987. 6
其中：财产险保费收入	233. 2	225. 5	295. 8	548. 1	279. 8
人身险保费收入	501. 1	286. 3	460. 6	1725. 5	707. 8
各类赔付（亿元）	237. 9	196. 1	277. 7	687. 8	296. 1
保险密度（元/人）	1464. 94	1413	1500	2714	3000
保险深度（%）	2. 9	2. 9	3. 96	4. 7	4. 0

数据来源：广西银保监局、贵州银保监局、云南银保监局、四川银保监局、重庆银保监局。

二、西南民族地区农村金融发展概况

（一）西南民族五省市农村金融机构分布

在西南民族地区县域金融体系[①]中，银行业金融机构是主体，保险业与证券业金融机构网点较少，由于业务性质因素难以发挥出支持乡村振兴和服务“三农”发展的直接融资功能，因此，银行业金融机构是西南民族地区乡村振兴金融支持和服务“三农”发展的主要资金供给主体，西南民族地区乡村振兴和农村发展的主要资金来源渠道是银行业金融机构的信贷投放。由于各类农村银行业金融机构的性质、市场定位与发展战略的异质性，西南民族地区农村金融资源供给又主要以农村信用社（农村商业银行、农村合作银行）、新型农村金融机构为主力军，以农业银行与农业发展银行、邮政储蓄银行为辅的基本格局，其中农村信用社（含农村商业银行、农村合作银行）在县域范围内的

① 按照中国人民银行涉农贷款统计口径，农村金融地域范畴的定位为县域金融。

存贷款规模上具有明显的优势，其涉农贷款和农户贷款是整个金融机构涉农贷款中的主要构成。

表5－9显示，2020年，全国农村中小银行机构营业网点共80012个，其中，小型农村金融机构营业网点75165个、新型农村金融机构网点4847个。西南五省（自治区或直辖市）的农村金融机构营业网点数分别为：广西2930个、云南2396个、贵州2458个、四川6111个、重庆1887个，分别占全国农村金融机构总量的3.67%、2.99%、3.07%、7.64%、2.36%，整体机构数量较2018年相比减少幅度约7.1%。

表5－9　　2020年西南民族地区农村银行业金融机构数量

地区	（小型）农村金融机构营业网点（个）	新型农村金融机构（个）	银行营业网点总数（个）
广西	2344	586	2930
云南	2211	185	2396
贵州	2288	170	2458
四川	5808	303	6111
重庆	1763	124	1887

资料来源：《广西壮族自治区金融运行报告（2021）》《云南省金融运行报告（2021）》《贵州省金融运行报告（2021）》《四川省金融运行报告（2021）》《重庆市金融运行报告（2021）》。

（二）西南民族五省（自治区或直辖市）涉农贷款规模

2020年，由于全面脱贫攻坚专项金融扶贫信贷的投放，西南五省（自治区或直辖市）的农林牧渔业贷款、农村贷款与全口径涉农贷款均呈现2018年以来最大的增幅。除四川外，广西、贵州、云南、重庆四省（自治区或直辖市）的农林牧渔业贷款同比增长均高于全国平均水平7.5%；除重庆外，广西、贵州、云南、四川的农村贷款同比增长均高于全国平均水平11.9%。与此同时，整体上农户贷款增长除四川外，其余四省（自治区或直辖市）的同比增长均低于全国14.2%的平均增长水平（见表5－10）。

表5－10　　2020年12月末西南民族五省（自治区或直辖市）涉农贷款规模

单位：亿元，%

地区	农林牧渔业贷款		农村贷款		农户贷款		涉农贷款	
	余额	同比增长	余额	同比增长	余额	同比增长	余额	同比增长
广西	1745	7.7	7242	16.6	3934	13.1	9913	13.3

续表

地区	农林牧渔业贷款		农村贷款		农户贷款		涉农贷款	
	余额	同比增长	余额	同比增长	余额	同比增长	余额	同比增长
贵州	1941	16.4	12206	14.8	4046	8.9	13755	12.6
云南	1720	14.1	9422	13.7	3069	12.0	11302	10.2
四川	1777	5.1	15751	12.8	6418	15.0	19393	11.5
重庆	346	12.6	4341	9.0	2006	11.2	6299	8.8
全国	42678	7.5	322657	11.9	118145	14.2	389493	10.7
全国2007—2020年均增长	8.3		15.4		18.2		15.3	

资料来源：《中国农村金融服务报告（2020）》。

注：农村贷款在地域范畴上包括县及县以下，从贷款主体上包括农户贷款与农村企业及各类组织贷款。

（三）西南民族自治县银行营业网点数量

课题组从西南民族五省（自治区或直辖市）中随机抽取了30个民族自治县对其银行业金融机构营业网点进行调研。调查发现，重庆市的四个民族自治县的银行营业网点数达到80—90个，是五省（自治区或直辖市）民族自治县中网点数多的县域，广西、云南、贵州、四川等省（自治区或直辖市）自治县银行营业网点数量分布在19—50个区间内，其中80%的民族自治县银行业营业网点数分布在29—36个区间内。在30个民族自治县中，银行业金融机构营业网点最少的是云南屏边苗族自治县，仅有14个，其次是云南孟连傣族拉祜族佤族自治县和漾濞彝族自治县，两个自治县的网点数均只有19个（见表5－11）。

表5－11　2020年西南民族地区民族30个自治县银行营业网点数量　单位：个

民族自治县	网点总数	民族自治县	网点总数
罗城仫佬族自治县	33	石柱土家族自治县	91
环江毛南族自治县	35	秀山土家族苗族自治县	81
巴马瑶族自治县	29	酉阳土家族苗族自治县	99
都安瑶族自治县	44	彭水苗族土家族自治县	89
大化瑶族自治县	31	马边彝族自治县	32
龙胜各族自治县	28	道真仡佬族苗族自治县	50

续表

民族自治县	网点总数	民族自治县	网点总数
恭城瑶族自治县	35	务川仡佬族苗族自治县	48
金秀瑶族自治县	23	沿河土家族自治县	58
富川瑶族自治县	35	松桃苗族自治县	64
融水苗族自治县	51	耿马傣族佤族自治县	22
三江侗族自治县	36	屏边苗族自治县	14
隆林各族自治县	35	金平苗族瑶族傣族自治县	24
景东彝族自治县	29	河口瑶族自治县	28
孟连傣族拉祜族佤族自治县	19	漾濞彝族自治县	19
巍山彝族回族自治县	28	澜沧拉祜族自治县	35

数据来源：银行保险监督管理委员会金融许可证查询系统（截至2020年12月）。

（四）西南民族自治县银行营业网点类型分布

2020年西南五省（自治区或直辖市）30个民族自治县银行机构网点分布数据显示（见图5－1），在各类银行业金融机构营业网点中，农村信用社（10.8%）与农村商业银行（40.4%）的网点数量占比最大，到达总银行机构网点的51.2%，远远超过4大国有商业银行和邮政储蓄银行，成为农村地区金融体系的主要构成部分，表明在西南民族地区农村基层金融机构体系中，农村信用社、农村商业银行在农村区域服务“三农”具有较大的网点优势，是当前“三农”信贷的主要金融供给载体。

邮政储蓄银行网点数量位居第二，网点数占比25.8%，在调研的民族自治县均设立有邮政储蓄银行网点。邮政储蓄银行在西南民族县域内开展的最主要的金融服务是储蓄，由于网点分布密度较高，其在县域范围内的吸储能力较强。

其次，农业银行是县域网点最多的大型国有商业银行，在整体银行机构网点中占比8.7%。在30个民族自治县均有网点分布，但其营业网点集中分布在县城，乡镇的农业银行基层网点分布较少，且在各县域的分布也不均衡，例如，农业银行在贵州的道真、务川、三都水及重庆楚雄、红河、文山、大理等民族自治州的网点有7家，而在重庆阿坝、甘孜、怒江、迪庆等地区的网点仅有1—3家。

其他银行机构占比为10%。其他银行机构主要包括建设银行、工商银行与城市商业银行。广西民族自治县中城市商业银行机构网点主要包括桂林银行、柳州银行与北部湾银行，云南民族自治县、四川民族自治县中占比较高的城市商业银行分别是富滇银行、乐山市商业银行，重庆民族自治县域中的主要城市商业银行机构是重庆商业银行与重庆三峡银行，贵州民族自治县中占比较高的城市商业银行为贵阳银行与贵州银行。另外，除农业银行外的大型国有商业银行，建设银行在广西、云南、四川民族自治县域范围内的网点数量为2—3个，而云南、贵州民族自治县域范围内的大型国有商业银行机构网点是工商银行。中国银行、大型股份制商业银行等机构的县域网点数量极少，例如，中国银行仅在河口瑶族自治县中设有1家营业网点，交通银行在云南的楚雄、红河、大理等民族自治州有营业网点设置，但在98%的民族自治县均未设立网点。

村镇银行的县域网点占比2.8%，14个民族自治县均未设立村镇银行机构。政策性银行农业发展银行占比1.5%，并未在西南民族自治县实现全覆盖，且仅有农业发展银行，进出口银行与国家开发银行未设立网点，同时农业发展银行分布不均衡，在80%的自治县无网点设置，存在着政策性银行机构布局失衡的现象。

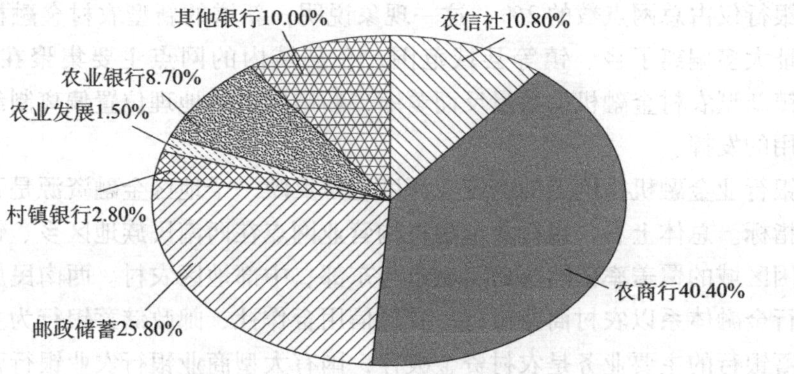

图5-1　2020年西南民族县金融机构网点分布

以上数据表明，农村信用社改革进程在西南五省（自治区或直辖市）的进展不一。自2003年《深化农村信用社改革试点方案》实施以来，农村信用社逐步改制为农村商业银行和农村合作银行。在西南五省（自治区或直辖市）的29个民族自治县中，县域范围的农村信用社并未完全完成农村商业银行和农村合作银行的改制。例如，截至2021年4月，根据银行保险监督管理委员会公布的统计数据，环江毛南族自治县、都安瑶族自治县、恭城瑶族自治县、富川瑶族自治县、耿马傣族自治县、屏边苗族自治县、金平苗族瑶族傣族自治县、马边彝族自治县、沿河土家族自治县、松桃苗族自治县等县尚未进行农信社改制，县域农村商业银行机构网点数均为零。同时，重庆四个民族自治县农信社均完成了农商行改制，农信社机构网点数量为零。另外，广西共有农村合作银行机构网点354个，但在本书研究的民族自治县范围内，仅有巴马自治县现存1个农村合作银行，其余民族自治县均为零。云南全省共有42家农村合作银行，在民族自治县范围内的农村合作银行的机构网点为零。贵州、四川、重庆3个省域的农村合作银行数量均为零（见表5-12）。

表5-12　2018年西南民族五省（自治区或直辖市）法人农村商业银行数量

范围	全国	广西	贵州	云南	四川	重庆
数量（个）	1397	34	52	43	68	1

数据来源：《2019中国金融年鉴》。

村镇银行、农村资金互助社与贷款公司等新型农村金融机构是农村金融体系的重要组成部分。数据显示，西南民族地区省域的新型农村金融机构逐年增加，但在30个样本自治县中，农村资金互助社与贷款公司机构未设立网点，村镇银行仅占总网点数的2%。这一现象说明，新增的新型农村金融机构网点的选址大多偏离了乡、镇等县域范围，在县域内的网点主要集聚在县城区，乡、镇新型农村金融机构数量反而萎缩，新增网点的地理位置偏离制约了其支农作用的发挥。

银行业金融机构网点的密度与深度也是反映一个地区金融资源是否充裕的重要指标。总体上看，银行业金融机构营业网点在西南民族地区乡、镇、村以及贫困区域的覆盖率依然落后于城市与东部、中部地区农村。西南民族地区县域银行金融体系以农村商业银行、农村信用合作社、邮政储蓄银行为主，而邮政储蓄银行的主要业务是农村资金吸存，国有大型商业银行农业银行营业网点集中在县城区，政策性银行机构网点较为稀缺，县域内尤其是县城区外的农村银行业金融供给主体实际上并未达到真正的多元化局面，离真正意义上的多元化、广覆盖还存在较大的差距。同时，伴随金融科技和信息技术在银行业务中的运用，大型国有商业银行线下物理营业网点出现了撤并与关停的现象。

（五）西南民族地区县域数字普惠金融发展

近年来，随着数字技术的快速发展，县域数字普惠金融在全国范围内也得到迅速发展，县域数字普惠金融在满足农户、新型农业经营主体等金融服务的覆盖度、广度和深度上效果明显。但由于数字金融基础设施不完善、经济金融水平滞后，西南民族农村地区数字普惠金融发展远远滞后于中东部地区。西南五省（自治区或直辖市）的县域数字普惠金融发展总指数中位数显示（见表5－13），2019年，在全国28个省份的县域数字普惠金融发展水平由高至低划分的6个梯队中，广西（72.8分）、重庆（67.8分）、贵州（59.9分）、四川（59.5分）位列在第五梯队，云南（53.8分）位于最后一个梯队，与第一梯队的浙江省（151.6分）相差接近100分。从均值水平上来看，2017—2019年，西南民族地区五省（自治区或直辖市）县域数字普惠金融发展水平均低于28省均值；从排位上看，2018、2019年云南排在第26位，贵州、四川也排在21位左右，均处在28省中的末尾梯队；从增速来看，2017—2019年，四川（51%）、云南（42%）、贵州（38.52%）三省县域数字普惠金融总指数中位数增速在28个省份中位于最低区间。整体来看，西南民族地区县域数字普惠金融发展水平滞后，与东部地区相比依然存在较大的发展差距。

表5－13　2017—2019年县域数字普惠金融发展总指数中位数　单位：分，%

年份	广西	排位	云南	排位	贵州	排位	四川	排位	重庆	排位	28省均值
2017	41.9	14	37.8	20	36.9	24	39.5	18	41.9	15	46.2
2018	56.1	15	44.8	26	47.3	22	47.8	21	52.5	16	63.2
2019	72.8	15	53.8	26	59.9	23	59.5	24	67.8	18	85.6

数据来源：《中国县域数字普惠金融发展指数研究报告（2020）》。

综上而言，西南五省（自治区或直辖市）银行业金融机构在县域范围内的密度与深度仍需要较大的提升，这与西南民族地区地理位置复杂、经济发展水平滞后、基础设施不完善等因素密切相关。对于西南民族地区来说，解决乡村振兴建设所需的资金缺乏问题，支持乡村振兴目标的实现、为“三农”提供资金供给的主体力量依然是农户最容易接触到的农村信用合作社、农村商业银行与新型农村金融机构，因此，其支持乡村振兴战略的社会责任亦更加凸显出来。

第二节　西南民族地区金融支持乡村振兴战略社会责任缺失的矛盾

长期以来，西南民族地区金融支持乡村发展的实践显示，现行农村金融体系支持乡村发展存在诸多社会责任缺失的矛盾，主要体现在“支农”责任定位模糊与农村金融资源“离农”逆向流出，金融资源逆向配置、目标漂移，农村金融机构“财务目标”优于“社会责任目标”，农村金融资源配置“效率优先”优于“公平与正义”及农村金融机构由合作性逐渐商业化等问题。本节基于西南民族地区全省（市）域范围、县、乡镇与村等样本区域数据指标进行分析。具体的观测样本区域构成为（见表5-14）：（1）西南民族五省市全省（自治区或直辖市）域农村地区，涵盖全省域范围内的县域地区；（2）西南民族五省（自治区或直辖市）的主体县域，共包括499个县级行政单位（区、市）；（3）国家乡村振兴重点帮扶县，共96个县；（4）西南民族五省市民族自治县，共29个县；（5）全国范围的农村区域作为参考比对样本区域。样本区域既具有普遍性，也具有一定的特殊性，能较为客观、全面地反映出西南民族地区金融支持乡村发展社会责任的履行情况。

表5-14　样本区域结构

全国范围	参考比对样本区域，相关指标的全国平均水平
西南民族五省（自治区或直辖市）全范围农村区域	广西、云南、贵州、四川、重庆全范围内的涉农指标
西南民族五省（自治区或直辖市）①市县级行政单位	广西88个，贵州77个，云南129个，四川168个，重庆37个
国家乡村振兴重点帮扶县	广西20个，贵州20个，云南27个，重庆4个，四川25个
西南民族五省（自治区或直辖市）重点贫困民族自治县	5省域的29个民族自治县，其中，广西8个，云南6个，贵州5个，四川6个，重庆4个

一、矛盾之一：农村金融资源“离农”逆向流出

在全国范围内的农村金融市场，存在着较为普遍的农村金融资源“离农”逆向流出农村区域的非正常现象。理论上作为农村经济和“三农”发展的

① 此处选取西南五省（自治区或直辖市）的主体县域。广西、云南、贵州、四川、重庆的县级行政单位分别为：111个、129个、88个、181个、40个，选取的样本包括各省（自治区或直辖市）的全部县以及部分县级（区、市），选取的样本占全省域内的县级行政单位比分别为：79%、100%、88%、93%、93%，样本区域具备较好的覆盖性和主体性。

"输血机"，农村金融机构在广袤的乡村地区并未真正实现"输血"功能，反而出现"抽血"现象，使原本资金匮乏的农村地区的金融支持严重不足的状态更加严重，成为制约农村区域经济发展的重大障碍。在此趋势下，以"增量"为导向的农村金融体系改革的绩效并不明显，农村金融资源"逆向离农"与"逆向配置"的现象依然难以得到有效遏制。为遏制农村资金离农的趋势与局面，2014 年，"中央一号文件"对涉农金融机构提出"三农"贷款年增长比例、支农支小信贷"两个不低于"等限制措施，原银行监督管理委员会对农村金融机构提出"保持涉农贷款增速不低于各项贷款平均增速"的要求。2015 年的"农村金融服务工作重点"再次强调主要农村金融机构要"努力实现涉农贷款增速高于全部贷款平均水平"。2019 年，银保监会在《关于做好银行业保险业服务乡村振兴和助力脱贫攻坚工作的通知》中提出"普惠型涉农贷款增速要高于本行各项贷款平均增速"。但在一系列的限制措施实施后，农村金融资源外流现象至今依然无法抑制。

综合既有文献中对农村金融资源"离农"的例举，集中在三个指标层面，一是网点数量增设后的资金净流出增长，县域金融机构网点的增设并未改善资金外流的局面（程郁，2018）。数据显示，在 2005—2012 年，县域新增一家金融机构网点，当地人均资金外流增长 4. 8—6. 2 元，次年资金外流将在前一年的基础上再增加 5. 2—9. 0 元，越是涉农程度较高的地区资金外流问题就越严重（谭燕芝等，2018）。二是农村金融机构的县域存贷比不升反降。2014 年，农村金融机构定向降准政策实施，但全国县域金融机构存贷比小于 1 的机构数量仍然占比 86%，县域内农村贷款资金投放不足。2012—2016 年，在农村中小金融机构中，农信社（农商行）、村镇银行、农业银行、邮政储蓄银行的存贷比分别为 63%、70%、47%、23%。三是县域资金净流出总额呈上升趋势。2013—2017 年的农村金融机构县域存贷差指标测算显示，农村金融机构县域存款资金平均每年净流出 14349. 17 亿元，五年净流出总额超过 7 万亿元。其中，金融机构贷款余额中还包含了央行支农再贷款与再贴现资金，这意味着向农村金融机构注入的政策性资金也难以弥补资金外流所产生的缺口。2016—2018 年，农村金融机构县域资金的运用数据显示，仅有村镇银行的县域存贷比超过 70%，农村信用社与农村商业银行的县域存贷比为 64% 左右，基层农业银行的县域存贷比为 45%，邮政储蓄银行则为 20%。

农村金融资源通过农村金融机构，借助金融渠道、财政渠道、价格渠道等多种渠道外流，其中，金融渠道是农村金融资源外流的主要渠道。

（一）制度性流出

其一，商业银行法定存款准备金制度与单个银行系统内部“二级准备金”制度安排引起的农村资金外流。基层金融机构除了向央行缴纳法定存款准备金之外，还须执行银行内部系统的“二级准备金”制度，即为了实现银行系统内部资金调拨便利，下级分支机构须向上级机构缴存一定比例的准备金。乡村县域范围的农村基层金融机构以准备金的形式向上级金融机构缴存，导致金融资源从乡村基层向城市输出，我国四大国有商业银行的县域营业网点变相成为上级机构的资金输送库。另一方面，1988 年国家确定了大型国有银行以商业化、县级机构贷款权限上收等改革措施，使得四大国有商业银行在县级以下广袤的农村地区的吸储功能远远大于信贷投放功能，并且，其在县域内的吸储反而集中投向城市、企业和大型非农项目，成为农村金融资源外流的重要渠道。

其二，长期以来，我国邮政储蓄银行的“只存微贷”制度，使得基层邮政储蓄银行各网点在农村区域吸收的存款资金逐级向上缴存，“只上不下”的制度缺陷使其在农村地区吸收的大部分资金，集中投放在协议存款、债券市场和银行间同业市场，流向了工业领域和城市地区，并未回流到“三农”领域，成为农村金融资源“漏损”的重要渠道。截至 2021 年 4 月，邮政储蓄银行在全国共有近 4 万个营业网点，其中有 16407 个网点分布在农村，其中，在广西、云南、贵州、四川、重庆等的县域范围内的网点共 3892 个，基本上覆盖了西南民族地区大部分县城（见表 5－15）。同时，西南民族地区 5 省域的 24 个民族自治县与自治州的邮政储蓄银行网点数总量占所有农村金融机构比重为 20%，仅次于占比 21% 的四大商业银行，在农村金融机构中的位居第三。正是由于其在县域、乡镇网点数量较多，在“只存不贷”制度的作用下，在西南民族农村地区的邮政储蓄资金更加持续地、大规模地流向城市和工业领域的范围。

表 5－15　2021 年 4 月西南民族地区邮政储蓄银行县域网点数量　单位：个

区域	全国范围	全国县域范围	广西	云南	贵州	四川	重庆
数量	39927	16557	571	521	603	1750	448

数据来源：中国银行保险业监督管理委员会网站金融机构许可证信息查询系统。

以中国农业银行为主的大型国有商业银行和邮政储蓄银行等两类农村金融机构能够凭借网点优势在农村地区吸收存款，在县域金融市场上主要以提供存款服务为主，相比吸储业务，其开展的农村贷款业务规模小。因此，两类涉农金融机构的分支机构网点越多、农村（县域）存贷比反而出现下降，即这两类金融机构在农村地区触达的广度越大，反而更能加剧农村存款的外流，这说明这两类金融机构并没有充分发挥出与之相匹配的助力农村经济发展的“输血机”功能，反而成为农村资金市场上的“抽血机”。

（二）逐利性流出

根据新增长理论，生产要素的“虹吸”效应在金融市场上也同样存在，资金的逐利性驱动其从经济相对落后的偏远地区流向回报率较高的城镇地区。在市场化经营目标下，金融机构选择是否进入金融市场的主要决策行为在于如何降低交易成本和如何控制风险，而非金融机构社会责任。尽管农村金融机构承担着农村地区最主要的金融支农任务，但因农村当地缺乏优质的投资企业，农村金融机构对经营“三农”信贷的积极性不高，从而将大量信贷资金投向高风险、高回报的产业项目，甚至是产能过剩行业，也出现了单一投向区域之外的工商企业、跨区域贷款、异地贷款等现象。

农村信用社等农村金融机构为防范风险和降低成本，将系统内的资金投向其他县域或省域，或将在农村金融市场中所吸收的信贷资金撤出“三农”领域，通过多种方式和途径投向回报率更高的“非农”部门，从而导致分散农户和微型乡村企业的小额信贷的供给收缩。为了获得更高的商业利润，基层农村信用社通常将剩余资金上存至人民银行或县级联社，而县级联社对于这部分资金一般有以下安排：一是将资金在本县域内由经济落后、资金出路有困难的地区转移到经济发达、资金需求不满的地区；二是通过全国银行业同业拆借市场借出县辖区而获取利息收入；三是购买风险等级低、收益理想的国库券或国债等金融资产。此外，还存在经济落后地区的基层信用社将富裕资金私下拆借到存在资金紧缺的经济发达地区的基层信用社，经济落后地区的信用社异地发放贷款，基层信用社利用违规的手段将资金插入股市、房市获取高额利润等违规渠道流出。同时，以农业银行为主的大型商业银行将其在农村金融市场所获得的低成本资金用于购买股份制银行及城市商业银行的同业存单或同业理财，这部分外流的农村资金在银行同业链条中层层传递，通过县域农商行为代表的中小金融机构流入债市等资本市场。

（三）结构性流出

结构性的资金流出现象亦是农村资金外流的表象之一。在快速城镇化的背景下，农村基础设施缺位与老化并存、交通不便，城市的区位优势对乡村金融资源产生了集聚效应，农村资金通过储蓄、信贷、财政、投资等途径源源不断地向发达地区和城市流动。其中，农村青壮年人口的持续外流影响其储蓄、消费和投资地点的选择，务工农民的城镇购房、子女上学、城市就医等原因引起农村资金外流，造成农村储蓄增长减缓甚至下降。同时，大型商业银行在县城内的分设机构通过理财产品和适当调高利率大量吸引农村资金流入，一年期定期存款利率上浮城乡存款利率上浮100%、最高达到3%，而农村金融机构的储蓄存款利率长期上浮30%、维持在1.95%，较大的利差诱导存款流出。由于城乡存款利差较大诱导农村存款流出，部分务工农民通过购买股票、债券、参与城镇企业集资等理财投资方式将其在农村持有的储蓄资金投向城市，也造成了农村资金的逆向流出，引起农村金融资源总量的降低。

农村资金外流、农村金融机构"脱农"循环对农村经济社会发展造成较大的反向抑制影响，使得原本难以形成内部资金积累的农业融资更加困难，乡村振兴所需可持续的金融资源难以保障。一是农村资金供给长期严重不足，农村金融机构提供的金融产品和服务难以充分满足"三农"经济社会发展的需要。二是滋生潜在的风险。因自身信贷管控手段不到位，导致信贷投放的信息严重不对称，埋下了巨大的信贷经营风险隐患，一些地区因跨区贷款酿造的风险已露端倪，成为不良贷款的重要"发源地"。农村金融机构"洗脚进城"使得信贷资金过于集中地级城市甚至省级城市及一些经济发达地区，加剧了城市金融机构激烈竞争，为企业多头贷款、骗贷等行为提供了机会，同时也给信贷腐败行为提供了契机，使农村金融机构信贷管理面临不确定因素的冲击。三是在当前农村金融机构逐利脱农的趋势下，农村金融机构成为农村地区资金外流的"漏斗"，由于其在农村地区吸收的存款并非全部投入服务"三农"，更加凸显了农村金融的区域弱势性。西南民族地区乡村经济基础薄弱，发展水平滞后，在"马太效应"和资本逐利的市场机制作用下，不仅出现新增的资金从农村流向城市的现象，也出现资金从贫困地区流向发达地区、从农业流向非农业的现象。

（四）西南民族地区农村金融数据检验

制度性、结构性与逐利性资金外流是农村金融机构社会责任缺失的表象，对农村金融机构是否履行"取之于当地，用之于'三农'"社会责任的事实判断主要基于两个衡量指标：农村存款规模与贷款规模差与贷存比，农村存款与农村贷款定义为县域范围内金融机构吸收的存款余额与发放贷款余额规模。

1. 西南民族地区县域资金净流出

县域资金净流出采用县域金融机构存贷差指标[①]来衡量。金融机构存贷差

---

① 县域金融机构存贷差采用本年度县域金融机构期末存贷差与上一年度县域金融机构期末存贷差的差额来衡量（程郁，2019），即县域资金净流出规模 = 本年度末县域金融机构存贷差 - 上年度末县域金融机构存贷差，其中因定向降准而释放的资金作为常规政策调控因素不作剔除。

是指农村存款规模与贷款规模之间的差额，存贷差的正负反映当地农村地区的存款资源是否发生外流。当存贷规模差额为正值时，则说明从该地吸收的存款并未全部投放该地完全用于支持本地“三农”，而存在资金外流；若差额为负，反映本地除所吸收的存款之外，有额外资金流入。

表5－16显示，2014—2018年，西南民族自治县金融机构存贷差存在着上升的趋势，尤其是在2015、2016、2017等年份，存贷差呈较快增长。具体来看，在西南民族30个民族自治县中，有9个自治县2014—2018年的存贷差保持稳定的增长趋势，其余20个自治县均呈现存贷差规模稳定的现象，这一现象说明，西南民族地区县域内的农村资金外流是一个长期、持续并呈现增长的过程，同时也反映出农村金融机构在县域内依然存在着“慎贷”与“惧贷”的问题。

表5－16　西南民族重点帮扶县2014—2018年金融机构存贷差　单位：亿元

地区	2014	2015	2016	2017	2018
融水苗族自治县	36.58	41.52	41.96	49.03	40.30
三江侗族自治县	33.2	34.38	36.44	37.21	33.47
龙胜各族自治县	19.3	17.61	15.35	15.56	－12.59
恭城瑶族自治县	23.31	22.81	22.19	20.77	23.87
隆林各族自治县	24.49	24.53	27.98	26.82	22.55
富川瑶族自治县	32.47	28.07	28.97	27.92	28.78
罗城仫佬族自治县	42.31	42.32	45.79	50.76	45.63
环江毛南族自治县	30.77	34.18	45.96	57.00	46.73
巴马瑶族自治县	24.36	27.60	27.39	28.35	30.74
都安瑶族自治县	42.07	49.32	54.39	55.51	59.53
大化瑶族自治县	15.30	25.69	27.51	29.42	31.93
金秀瑶族县自治县	15.46	16.57	16.80	16.26	16.62
道真仡佬族苗族自治县	35.2	47.25	59.52	46.52	－23.55
务川仡佬族苗族自治县	34.23	46.75	45.07	53.96	－27.71
沿河土家族自治县	27.89	40.12	59.94	64.15	41.05
松桃苗族自治县	44.83	73.79	93.66	105.79	39.07
景东彝族自治县	103.14	88.55	76.29	67.12	79.37
孟连傣族拉祜族佤族自治县	21.14	30.45	44.82	22.73	19.87
耿马傣族佤族自治县	47.55	51.96	49.71	37.64	38.39
屏边苗族自治县	27.12	34.50	29.19	18.76	20.46

续表

地区	2014	2015	2016	2017	2018
金平苗族瑶族傣族自治县	15.86	-10.29	19.33	20.48	25.67
河口瑶族自治县	54.98	45.26	48.71	32.66	21.58
巍山彝族回族自治县	-23.45	-14.96	16.86	21.45	19.43
石柱土家族自治县	25.36	18.74	33.21	20.87	-14.36
秀山土家族苗族自治县	56.13	37.84	26.22	34.10	21.37
酉阳土家族苗族自治县	-23.25	-35.77	-22.98	-30.65	-14.73
彭水苗族土家族自治县	22.59	18.96	30.07	41.06	28.99
马边彝族自治县	24.39	29.38	20.46	26.23	24.87
漾濞彝族自治县	-9.77	-13.1	23.23	28.63	23.14
澜沧拉祜族自治县	43.56	54.94	44.68	51.09	96.4

数据来源：《2015—2019 广西统计年鉴》《2015—2019 云南统计年鉴》《2015—2019 贵州统计年鉴》《2015—2019 四川统计年鉴》《2015—2019 重庆统计年鉴》。

2. 县域存贷比指标

存贷比是反映当地金融机构贷款投放比重的重要指标，其计量口径为年末金融机构各项贷款余额与金融机构存款余额的比值，即存贷比 = 年末金融机构各项贷款余额/年末金融机构存款余额。存贷比指标可对农村地区金融机构支农贷款投入规模进行横向比较，若存贷比值小于 1，表明当地可能存在存款资金外流或金融机构惜贷现象，若存贷比值大于 1，表明当地存款资金均有效投放当地部门，储蓄存款动员能力较强，且贷款资金主要投放当地，并可能存在外部财政资金或社会资本流入。与存贷差相比，存贷比指标是运用相对指标来进行量化判断，可对目标区域进行横向与纵向的标准化对比分析，有助于进行不同县域的横向与同一县域的纵向存贷比变化趋势判断。

提升农村地区尤其是贫困县的存贷比一直以来是银保监会政策调控的重要目标，2014 年 4 月银监会印发《国务院办公厅关于金融服务“三农”发展的若干意见》，为促进涉农银行提高存贷比对县域农村金融机构定向下调准备金率。2020 年 3 月，银保监会印发《关于进一步加大“三区三州”深度贫困地区银行业保险业扶贫工作力度的通知》，通知强调“力争 2020 年各深度贫困县存贷比有较大提升”。

2017 年，西南五省（自治区或直辖市）全范围内的县域存贷比显示，整体上县域存贷比水平较低，除贵州县域存贷比与全国县域存贷比（72%）

持平之外，其余四省市的县域平均存贷比分别为：四川49%、广西64%、重庆70%、云南61%，均低于全国平均县域存贷比水平。其中，四川共有100个县的存贷比低于50%，48个县的存贷比分布在10%—40%区间内（见表5－17）。

表5－17　2017年西南民族地区全范围县域存贷比

分类	贵州		四川		广西		重庆		云南	
	个数	占比	个数	占比	个数	占比	个数	占比	个数	占比
70%以上	48	62%	20	12%	15	18%	18	49%	38	29%
50%—69%	27	35%	48	28%	55	64%	12	32%	63	49%
49%—40%	1	1%	52	31%	15	18%	5	14%	20	16%
40%以下	1	1%	48	29%	0	0	2	5%	8	6%
平均存贷比	72%		49%		64%		70%		61%	

数据来源：依据《2018贵州统计年鉴》《2018广西统计年鉴》《2018云南统计年鉴》《2018四川统计年鉴》中各县年度金融机构存款余额与贷款余额数据计算得出。

2018年，各省（自治区或直辖市）县域存贷比指标与2017年趋势相同，贵州县域存贷比为82%，接近全国平均县域存贷比水平84%。四川、重庆、广西、云南县域存贷比分别为51%、74%、68%、65%，远远低于全国县域存贷比84%（见表5－18）。

表5－18　2018年西南民族地区全范围内县域存贷比

分类	贵州	四川	重庆	广西	云南
70%以上	69个	20个	19个	31个	49个
50%—69%	6个	64个	15个	50个	57个
49%—40%	2个	37个	3个	1个	20个
40%以下	0个	37个	0个	3个	3个
总个数	77个	168个	37个	85个	129个
平均存贷比	82%	51%	74%	68%	65%

数据来源：依据《2019贵州统计年鉴》《2019广西统计年鉴》《2019云南统计年鉴》《2019四川统计年鉴》中各县的年度金融机构存款余额与贷款余额数据计算得出。

西南五省（自治区或直辖市）是我国深度贫困地区的重点分布区域，也是2021年被列为首批160个国家乡村振兴重点帮扶县最为集中的县域分布地区。表5－19显示，国家乡村振兴重点帮扶县与深度贫困县的存贷比平均水平均低于全省县域存贷比平均水平84%。广西20个乡村振兴重点帮扶县、云南27个乡村振兴重点帮扶县、贵州20个乡村振兴重点帮扶县、四川25个乡村振兴重点帮扶县、重庆4个乡村振兴重点帮扶县的平均县域存贷比分别为61.7%、57.5%、82.9%、24.8%、62.3%。2021年9月，银保监会在《支持国家乡村振兴重点帮扶县工作方案》中提出，至2025年底，提升各重点帮扶县存贷比，实现达到所在省份县域平均水平的目标。四川48个深度贫困县平均存贷比水平为37.2%，90%的县存贷比分布在10%—40%之间，最低水平为11%。

表5-19　2018年西南民族地区乡村振兴重点帮扶县与深度贫困县存贷比

地区	平均存贷比	构成
四川（48个深度贫困县）	37.2%	凉山彝族自治州共17个县：盐源县、德昌县、会理县、会东县、宁南县、普格县、布拖县、金阳县、昭觉县、喜德县、冕宁县、越西县、甘洛县、美姑县、雷波县、西昌市、木里藏族自治县，存贷比为10%—30%的县占比95%，平均存贷比为26% 甘孜藏族自治州共18个县：康定市、泸定县、丹巴县、九龙县、雅江县、道孚县、炉霍县、甘孜县、新龙县、德格县、白玉县、石渠县、色达县、理塘县、巴塘县、乡城县、稻城县、得荣县，90%的县存贷比在10%—40%；平均存贷比为25% 阿坝藏族羌族自治州共13个县：小金县、金川县、松潘县、黑水县、汶川县、茂县、理县、九寨沟县、若尔盖县、红原县、马尔康县、阿坝县、壤塘县，6个县的存贷低于40%
广西（20个乡村振兴重点帮扶县）	61.7%	马山县（58%）、融水苗族自治县（71%）、三江侗族自治县（63%）、德保县（78%）、那坡县（55%）、凌云县（64%）、乐业县（69%）、田林县（69%）、隆林各族自治县（70%）、靖西市（72%）、昭平县（60%）、凤山县（54%）、东兰县（62%）、罗城仫佬族自治县（50%）、环江毛南族自治县（53%）、巴马瑶族自治县（55%）、都安瑶族自治县（51%）、大化瑶族自治县（61%）、忻城县（55%）、天等县（65%）
重庆（4个乡村振兴重点帮扶县）	62.3%	城口县（67%）、巫溪县（56%）、酉阳土家族苗族自治县（63%）、彭水苗族土家族自治县（63%）
四川（25个乡村振兴重点帮扶县）	24.8%	金川县（27%）、黑水县（54%）、壤塘县（23%）、阿坝县（26%）、若尔盖县（53%）、红原县（71%）、道孚县（13%）、炉霍县（14%）、甘孜县（17%）、新龙县（21%）、德格县（15%）、白玉县（22%）、石渠县（15%）、色达县（11%）、理塘县（21%）、盐源县（31%）、普格县（27%）、布拖县（21%）、金阳县（16%）、昭觉县（15%）、喜德县（21%）、越西县（27%）、甘洛县（17%）、美姑县（18%）、雷波县（25%）

续表

地区	平均存贷比	构成
贵州（20个乡村振兴重点帮扶县）	82.9%	水城区（68%）、正安县（106%）、务川仡佬族苗族自治县（79%）、关岭布依族苗族自治县（92%）、紫云苗族布依族自治县（73%）、织金县（91%）、纳雍县（94%）、威宁彝族回族苗族自治县（95%）、赫章县（75%）、沿河土家族自治县（72%）、松桃苗族自治县（95%）、晴隆县（54%）、望谟县（64%）、册亨县（62%）、锦屏县（82%）、剑河县（79%）、榕江县（105%）、从江县（72%）、罗甸县（99%）、三都水族自治县（100%）
云南（27个乡村振兴重点帮扶县）	57.5%	东川区（53%）、会泽县（61%）、宣威市（65%）、昭阳区（59%）、鲁甸县（51%）、巧家县（60%）、盐津县（49%）、大关县（66%）、永善县（64%）、镇雄县（64%）、彝良县（60%）、宁蒗彝族自治县（48%）、澜沧拉祜族自治县（47%）、武定县（54%）、元阳县（56%）、红河县（70%）、金平苗族瑶族傣族自治县（51%）、绿春县（60%）、马关县（59%）、广南县（57%）、泸水市（52%）、福贡县（62%）、贡山独龙族怒族自治县（51%）、兰坪白族普米族自治县（48%）、香格里拉市（70%）、德钦县（65%）、维西傈僳族自治县（51%）

数据来源：依据《2019贵州统计年鉴》《2019广西统计年鉴》《2019云南统计年鉴》《2019四川统计年鉴》中各县的年度金融机构存款余额与贷款余额数据计算得出。

西南民族五省（自治区或直辖市）范围内的县域、西南民族五省（自治区或直辖市）民族自治县域、西南民族五省市乡村振兴重点帮扶县的存贷比数据显示，存贷比小于1的县（市）占比为99.5%，主要分布在40%—70%，且低于国家县域平均存贷比水平。其中，西南地区民族自治县存贷比整体较低，在存贷比较低的县域中，其居民储蓄存款占各类存款较高，临近州、市的县存贷比高于偏远地区县存贷比。整体上西南民族地区县域存贷比与全国平均水平、东部中部等区域存贷比的差异，反映了金融资源在农村与城镇之间的流动关系，也反映了区域经济发展水平与县域存贷比之间的密切关联。这一结论说明西南民族地区农村地区农村金融机构县域贷款规模远大于所吸收的居民储蓄存款规模，“惜贷”“惧贷”现象依然存在，金融支农的力度较弱。由于西南民族地区分散小农户农业产出经济效益较低，农户收入来源单一，基于预防需求动机，即使是低收入水平的小农户亦重视储蓄，吸收分散农户小额储蓄资金成为当地乡镇基层金融机构网点的重要窗口，而同时，金融机构对农户的“惜贷”“惧贷”行为加剧了金融机构网点的“只存不贷”或者“只存微贷”，尤其在集中连片的民族特困地区和极贫困地区，该现象加剧了农村资金的反向流出，导致农村与城市、农业与非农行业间金融服务的供给失衡。在现行农村金融体系下，金融资源匮乏的西南民族地区，农村金融资源的“离土”“离乡”行为进一步加剧了生产要素的短缺，成为制约民族地区“三农”健康发展与乡村振兴的重要桎梏。

二、矛盾之二：金融资源逆向配置、目标漂移

（一）金融支农增速持续下降

1. 农户贷款增长增速低于整体各项贷款余额增速

2014—2020年，西南民族地区涉农贷款增速呈持续下滑趋势（见图5－2），2014年后涉农贷款余额增速持续低于整体各项贷款余额增速，2019年涉农贷款增速只有5.6%，较总体贷款增速低7.9个百分点，远无法达到原银监会提出的涉农贷款增速要高于全部贷款水平的要求①，同时，农户贷款比例提升缓慢。

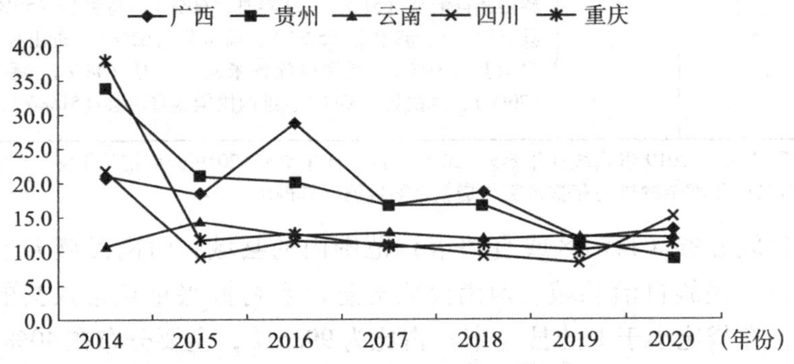

图5－2　2014—2020年西南民族地区农户贷款增速

数据来源：历年《中国金融年鉴》、《中国农村金融服务报告（2020）》。

2. 涉农贷款增速呈下降趋势

2014—2020年，西南民族地区涉农贷款增速（见图5－3）整体上呈下降趋势，除贵州外，其他四省市2018年涉农贷款增速达到近年来的最低水平。同时，西南民族地区涉农贷款增速低于全国涉农贷款平均增速18.8%，也比总体贷款增速低7.9个百分点，远未达到“涉农贷款增速应高于全部贷款水

① 2015年3月，银监会印发《关于做好2015年农村金融服务工作的通知》提出要“实现涉农贷款增速高于全部贷款平均水平”。

平”的监管要求。

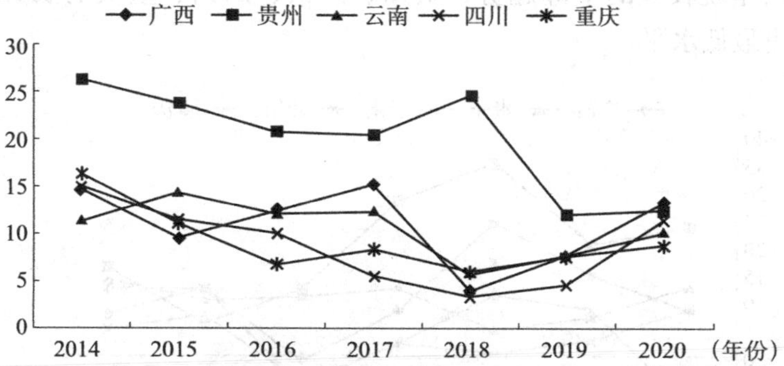

图5－3　2014—2020年西南民族地区涉农贷款增速

数据来源：历年《中国金融年鉴》、《中国农村金融服务报告（2020）》。

3. 西南民族地区农村贷款增速

2014—2020年，西南民族地区农村贷款（农村贷款包括农户贷款与农村企业及各类组织贷款）增速显示，2014—2018年在整体上依然呈现出贷款增速下降的趋势，2018年，除贵州外，其他四省（自治区或直辖市）农村贷款增速达到近年来的最低水平（见图5－4）。

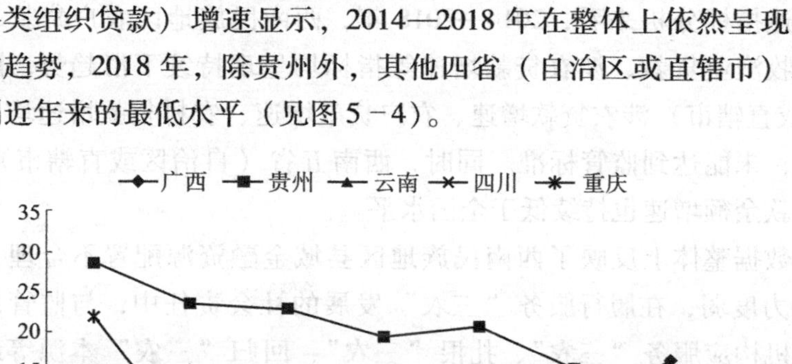

图5－4　2014—2020年西南民族地区农村贷款增速

数据来源：历年《中国金融年鉴》、《中国农村金融服务报告（2020）》。

4. 农林牧渔业贷款增速

农林牧渔业贷款是指金融机构发放给各主体进行农林牧渔业生产的贷款，包括农业贷款、林业贷款、牧业贷款、渔业贷款和农林牧渔服务业贷款。2014—2020年，西南民族地区农林牧渔业贷款增速（见图5－5）呈现出“先升后降”态势，2014—2020 年，除云南省保持增长外，其他四省（自治区或直辖市）均呈现较大的下降趋势，贵州、广西、四川、重庆的农林牧业贷款增降为历史最低水平。

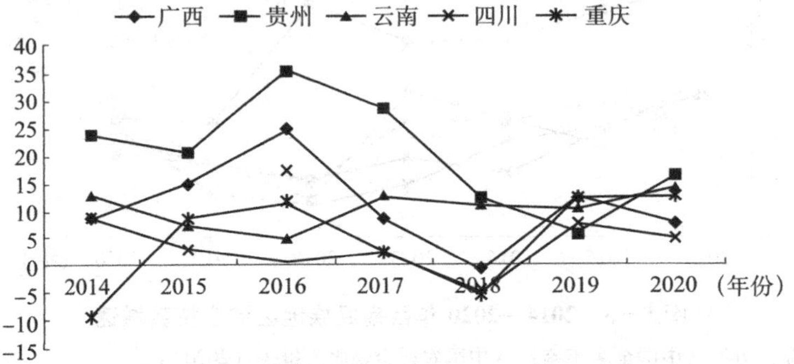

图 5－5　2014—2020 年西南民族地区农林牧渔业贷款增速

数据来源：历年《中国金融年鉴》、《中国农村金融服务报告（2020）》。

从上述指标分析来看，2014—2018 年，西南民族地区农户贷款、农村贷款、农林牧渔业贷款、涉农贷款增速等指标均呈现持续下滑趋势，同时五省（自治区或直辖市）涉农贷款增速、农户贷款增速、农村贷款增速均低于各项贷款增速，未能达到监管标准。同时，西南五省（自治区或直辖市）2014 年后涉农贷款余额增速也持续低于全国水平。

指标数据整体上反映了西南民族地区县域金融资源配置不合理，对“三农”支持力度弱，在履行服务“三农”发展的社会责任中，与监管部门号召农村金融机构应服务“三农”、扎根“三农”、回归“三农”本源等政策意图有明显的反差与相悖，难以对西南民族地区乡村振兴推进提供强有力的资金保障。在这一发展趋势下，西南民族地区对“三农”的信贷资金投入短板突出，农业与农村的金融抑制问题明显，信贷对农业与农村发展的金融承载力弱，难以有效满足与匹配乡村振兴和“三农”发展对金融支持的需求，反向制约了西南民族地区补齐农业与农村“短板”的进程。

（二）金融机构区域布局偏移，人均金融网点资源占有率低

西南民族地区农村基层金融机构网点布局出现偏移，银行业金融机构营业网点的区域布局与城乡布局双重失衡，在县域及乡、镇等地区，银行金融机构营业网点少，人均金融网点的资源占有率低，农村金融机构数量与金融产品种类在整个金融体系中均占比甚微。

1. 西南民族地区县域信贷机构网点人口覆盖率低

2018 年，西南民族自治县域银行营业网点密度与深度数据显示，在随机抽取的 29 个民族自治县中，县域范围内的银行机构网点覆盖率低，16 个自治县每万人机构网点数小于 1 个，占比约 60%。西南民族地区县域范围内每万人和每万平方公里所拥有的银行营业网点数均远远低于全国平均水平。2018 年，全国平均每万平方公里银行网点数为 239 个，每万人拥有银行网点数为 1.64 个，特别是按照面积计算每万平方公里所拥有的银行业网点的数量，在 29 个民族自治县中，仅重庆市石柱土家自治县每万人网点数为 1.65，与全国平均水平一致，同时，重庆石柱土家自治县、秀山土家族苗族自治县每万平方公里网点数达到全国平均水平，其他 27 个民族自治县均远低于全国平均水平（见表 5－20）。

表 5－20　2018 年西南民族地区 29 个民族自治县银行营业网点密度与深度

民族自治县	网点总数（个）	人口数（万人）	行政区域面积（平方公里）	每万人机构网点（个）	每万平方公里网点数（个）
罗城仫佬族自治县	33	38.84	2651	0.85	124
环江毛南族自治县	35	37.95	4553	0.92	77
巴马瑶族自治县	29	29.71	1976	0.97	147
都安瑶族自治县	44	72.53	4088	0.61	108
大化瑶族自治县	31	48.48	2750	0.63	113
龙胜各族自治县	28	17.33	2450	1.61	114
恭城瑶族自治县	35	30.48	1760	1.14	199
金秀瑶族自治县	23	15.73	2469	1.46	93
富川瑶族自治县	35	33.98	1540	1.03	227
融水苗族自治县	51	52.27	4638	0.97	110
三江侗族自治县	36	40.38	2417	0.89	149
隆林各族自治县	35	43.55	3518	0.80	99
石柱土家族自治县	91	54.86	3014	1.65	302
秀山土家族苗族自治县	81	66.78	2453	1.21	330
酉阳土家族苗族自治县	99	85.44	5173	1.15	191
彭水苗族土家族自治县	89	70.15	3903	1.26	228
马边彝族自治县	32	22.12	2293	1.44	140

续表

民族自治县	网点总数（个）	人口数（万人）	行政区域面积（平方公里）	每万人机构网点（个）	每万平方公里网点数（个）
道真仡佬族苗族自治县	50	35.22	2546	1.41	196
务川仡佬族苗族自治县	48	47.79	2777	1.00	173
沿河土家族自治县	58	69.09	2484	0.83	233
松桃苗族自治县	64	73.06	2859	0.87	224
景东彝族自治县	29	36.63	4532	0.79	64
孟连傣族拉祜族佤族自治县	19	13.18	1893	1.44	100
耿马傣族佤族自治县	22	29.68	3728	0.74	59
屏边苗族自治县	14	16.09	1844	0.87	76
金平苗族瑶族傣族自治县	24	39.36	3677	0.60	65
河口瑶族自治县	28	93.19	1332	0.30	210
漾濞彝族自治县	19	10.61	1860	1.79	102
巍山彝族回族自治县	28	32.27	2200	0.86	127

数据来源：2019 年中国银保监会金融许可信息查询系统、《2019 广西统计年鉴》《2019 贵州统计年鉴》《2019 云南统计年鉴》《2019 四川统计年鉴》《2019 重庆统计年鉴》。

2. 西南民族地区乡村金融机构网点设置“偏移”

（1）县域金融机构网点少于市区，乡镇金融机构网点稀少。在全国七大区域中，华中地区的县域银行营业网点数占比最大，超出城市区的营业网点数，分布在县域内的银行营业网点数共有 15937 个，占比 57.66%，市区网点占比 42.34%。西南地区六省区①的平均县域银行网点占当地网点总量的 46%，低于当地的市区银行网点比。其中，2019 年广西、云南、重庆等地区的县域银行网点数占比分别为 49.69%、47.84%、20.64%，均低于市区的银行网点数占比 50.31%、52.16%、79.36%（见图 5－21）。

表 5－21　2019 年西南民族地区县域银行网点分布　单位：个，%

地区	市区		县域		总量	
	数量	占比	数量	占比	数量	占比
广西	2140	50.31	2114	49.69	4254	100

① 原统计数据中包含了西藏自治区。

续表

地区	市区		县域		总量	
	数量	占比	数量	占比	数量	占比
云南	2031	52.16	1863	47.84	3894	100
贵州	2008	48.4	2141	51.6	4149	100
四川	5653	46.28	6562	53.72	12215	100
重庆	4364	79.36	1135	20.64	5499	100

数据来源：博智思维经邦视角。

乡镇[①]金融机构网点稀少。2020 年西南民族地区农村金融机构乡镇网点分布数据显示，广西、云南、贵州、四川重庆的农村金融机构镇平均数分别为 3.7、3.0、2.7、3.7、3.6，乡平均银行网点数分别为 1.8、1.24、2.1、2.15、1.9。根据央行发布的《2018 年农村地区支付业务发展总体情况》数据，截至 2018 年末，我国农村地区银行网点数量 12.66 万个，每万人拥有的银行网点数量为 1.31 个，县均银行网点 56.41 个，乡均银行网点 3.95 个，村均银行网点 0.24 个。表 5－22 显示，西南民族地区乡平均金融金融机构网点数不仅低于镇区的金融机构网点分布，同时也远远低于全国乡均银行网点 3.95 个，村均银行网点数也远低于全国村均银行网点数。西南民族地区乡平均银行网点数比镇平均银行机构网点数更加针对性地反映出乡村金融机构网点渗透率低的实际现状。

表 5－22　　2020 年西南民族地区农村银行网点分布数量　　单位：个

项目	广西	云南	贵州	四川	重庆
镇银行网点个数	2994	2041	2284	7178	2284
镇个数	806	679	837	1926	629
镇平均银行网点个数	3.7	3.0	2.72	3.7	3.6
乡银行网点个数	581	673	666	2292	330
乡个数	312	540	315	1065	172
乡平均银行网点个数	1.8	1.24	2.1	2.15	1.9

① 乡和镇是依据国民生产总值中工、农业的比重及居民数量等指标而设立的同级行政单位，但二者的非农业人口规模不同，镇的规模与人口数较乡大，非农业人口比率比较高，工商业较发达，居民以非农户口为大多数，以市民为主。乡以农业为主，居民以农村户口为绝大多数，即以农民为主，非农经济占比较小。

续表

项目	广西	云南	贵州	四川	重庆
村银行网点个数	287	507	380	968	433
村个数	14229	11865	13295	45524	8031
村均银行网点数	0.02	0.042	0.028	0.021	0.053

数据来源：中国银保监会金融许可信息查询系统。

注：村平均金融机构网点数是按照县域农村金融网点分布总数为总金融机构网点数。

（2）四大国有商业银行网点大规模撤出农村。自1995年《商业银行法》实施，以控制经营管理成本最小化为原则，工、农、中、建四大国有银行启动股份制改革进程，在全国范围内实施了大规模网点撤并策略。为严格控制经营风险、快速降低经营成本，四大银行逐渐将其发展重心向城市地区集聚，提高县域金融业务门槛，并大规模缩减、撤并县域内的基层营业网点与分支机构，精简县域内机构网点的从业人员，逐步缩减了县域将信贷业务，将主要市场定位转移到城市，造成县域内乡镇分布的四大银行机构网点稀少的局面（见表5－23）。中国农业银行仅在县城及少数较大的乡镇设有少量营业网点，2003年，农业银行在广西百色市96个行政乡镇的营业网点覆盖率为100%，2012年，农业银行的营业网点数仅剩21个，约75%的乡镇农业银行网点被撤销与合并，农业银行自此逐渐退出“三农”市场。

表5－23　2019年国有大型商业银行市区与县域网点分布　单位：个，%

国有大型商业银行	市区		县域		总计	
	数量	占比	数量	占比	数量	占比
中国银行	7716	72.63	2908	27.37	10624	100.00
农业银行	12099	52.23	11068	47.77	23167	100.00
工商银行	11561	72.00	4496	28.00	16057	100.00
建设银行	10775	72.37	4114	27.36	14889	100.00
交通银行	2809	90.99	278	9.82	14802	100.00
邮政储蓄银行	16307	40.85	23617	59.15	39924	100.00

数据来源：博智思维经邦视角。

（3）新型农村金融机构选址亦出现地理偏移。新型农村金融机构在西南民族地区的机构网点分布在县域范围内稀少，选址上的地理偏移也一定程度上影响其“三农”社会责任的承担。其一，村镇银行在乡镇网点设置少。银保监会对村镇银行的市场定位是服务于“三农”，这一定位要求村镇银行设立的位置应扎根农村。银保监会的统计数据显示，截至 2021 年 4 月，全国 1639 家村镇银行的营业网点数共计 6536 个，但营业网点设在村镇或乡镇的仅有 2030 家，占总数的 33.4%。2020 年，广西全区村镇银行机构网点共 273 个，其中村设点 14 个；云南全省村镇银行机构网点共 173 个，其中村设点 15 个；贵州全省村镇银行机构网点共 239 个，村设点 15 个；四川全省村镇银行机构网点共 294 个，其中村设点 9 个；重庆全省村镇银行机构网点共 120 个，其中村设点 4 个。西南民族地区村镇银行在村、镇所设网点占比分别为 23.1%、21.1%，远离了真正需要金融服务的“三农”群体。其二，农村资金互助社分布稀少。截至 2020 年末，在全国范围内，银保监会共批准设立了 45 家农村资金互助社，其中广西 3 家、四川 1 家、重庆 1 家，云南与贵州为零，在 29 个样本民族自治县域范围内均没有设立农村资金互助社。其三，涉农贷款公司占比低。中国人民银行发布的《中国农村金融服务报告（2020）》显示，全国共有小额贷款公司 13 家，其地理分布以东部地区占比为 46.2%。四川全省 2 家，重庆 2 家，其他三个省均为零（见表 5－24）。

表 5－24　2020 年西南民族地区新型农村金融机构网点分布　单位：家

地区	村镇银行	农村资金互助社	贷款公司
广西	273	3	0
云南	173	0	0
贵州	239	0	0
四川	294	1	2
重庆	120	1	1
全国	6244	45	13

数据来源：中国银保监会金融许可信息查询系统。

西南民族地区县域范围内金融机构数量匮乏亦是农村金融资源缺乏的重要原因，作为乡村振兴金融支持的金融资源供给主体，农村金融机构社会责任机制更加具有紧迫性。在固有金融机构网点数量短缺的制约下，农村金融机构社会责任的缺失更进一步加剧了西南民族地区乡村振兴战略推进中金融资源保障不足的严重问题，极大地制约了西南民族地区乡村振兴的进程。

（三）金融支持对象偏移，获贷群体非农占比逐渐攀升

农信社改制后，商业性经济效益价值取向逐渐明显，农商行在资金使用方

向上尤为注重风险防控与管理，为控制不良贷款率执行与大型城市商业银行同样的抵押担保贷款政策。由于西南民族地区农村征信建设滞后，农户缺乏合格的抵押担保，在成本收益考核压力的束缚下，农商行的信贷资金投放更加倾向于选择风险更低、回报更高的非农客户，在信贷投放顺序上执行城镇工商企业优先于"三农"客户原则，逐渐收缩在农村地区的信贷业务，造成了农商行的"非农化"倾向，依然背离了服务"三农"、回归本源的改革初衷。在此背景下，2019 年 1 月，银保监会办公厅印发《关于推进农村商业银行坚守定位强化治理 提升金融服务能力的意见》，对农村商业银行提出"坚守服务'三农'和小微企业市场定位，专注服务本地、服务县域、服务社区，投向'三农'和小微企业的贷款在贷款总量中占主要份额"的监管要求。

作为新型农村金融机构的主体，村镇银行和小额贷款公司的贷款对象非农占比也逐渐攀升。村镇银行设立的最初定位是主要面向无法从传统金融机构获取金融支持的农户、涉农个体户和农业小微企业，但数据显示，村镇银行和小额贷款公司也在逐渐远离农村客户，2018 年《广西小额贷款公司监管情况报告》的统计数据显示，小额贷款公司的贷款对象 90% 为自然人、小微企业和个体工商户，贷款累计投放额占其贷款总额的 99%，贷款对象的行业结构分布中，涉农贷款比例极小，累计投放涉农贷款 111 亿元，占比仅为 11%，贷款行业结构远远背离了其设立的初衷"服务于被排斥在传统金融体系之外的弱势群体"。一些村镇银行运用主发起行的信贷技术构建起贷款发放的隐形门槛，将一部分未达到其信贷技术要求的农村小微企业排除在门外，"贷大不贷小，贷富不贷贫"现象成为常态，其经营模式日益偏离目标群体。

（四）农村"精英俘获"与农户"圈红"现象突出

课题组通过调研发现，西南民族地区农村信用合作社、村镇银行、小额贷款公司等农村金融机构，在贷款发放决策中均普遍存在着"精英俘获"现象。尽管小型农村机构和新型农村金融机构定位为支持"三农"的重要金融力量，带有浓厚的普惠金融性质，强调为欠发达地区和农村地区的贫困群体等弱势群体提供可持续与广泛的金融支持，但即使在农村区域范围内，农信社等合作性金融机构在贷款发放时也存在着较为普遍的"精英俘获"现象。在涉农贷款的投放中，农商行信贷资金多偏向于富裕农户、种养殖业大户等新型农业经营主体和规模经济效益好的中小企业，且投放的每笔贷款平均规模增大，在此趋势下，一般分散的小农户获贷机会持续下降。伴随着改制后的农商行"贷农贷小"业务的收缩，其对农户的贷款需求依然存在歧视性的"圈红"行为，在贷款投放对象决策上，偏好经济条件较好、区位优势明显的农户，而对经济能力较差、相对落后地区的农户的贷款申请多以“惜贷”策略为主。金融机构的“圈红”行为尽管并未违法相关法律法规，但与其服务“三农”职能和市场定位相背而行，引致对农村弱势群体的隐形信贷歧视与资源配置不均。

根据课题组在广西7个县（隆安县、藤县、隆林各族自治县、巴马瑶族自治县、田东县、合浦县、上思县）、21个行政村进行农户贷款申请情况调研数据，西南民族地区农贷市场上的“圈红”现象表现为对农民专业合作社、种养大户、家庭农场的融资需求满足率与覆盖度均高于普通小农户。在样本中共抽取种养大户30户、家庭农场30个、农业专业合作社30个与普通小农户200户。由于西南民族五省（自治区或直辖市）对种养大户、家庭农场、农民专业合作社的经营面积略有不同，依据《广西壮族自治区人民政府办公厅关于促进家庭农场发展的意见》（桂政办发〔2015〕125号）中的经营规模标准，对种养大户、家庭农场、农民专业合作社以及农经站工作人员、当地基层农村金融机构采取实地访谈与调查问卷相结合的形式，完成调查问卷37份；对普通小农户采取田野调查与网络问卷调研相结合形式，回收有效问卷268份。调研数据显示，农业专业合作社的获贷率达到80%，其次是种养大户41%，家庭农场获贷率为39%，普通小农户获贷率12%，务工与个体工商户获贷率为21%。同时，对金融机构提出贷款申请比例最大的是农民专业合作社、其次是种养大户和家庭农场，由于受多重因素影响，小农户的贷款意愿不强（见表5－25）。

表5－25　西南民族地区各类农户贷款申请调查情况

农户类型	农户特征描述	户数	申请	获贷
种养大户	承包或流转耕地（包括自家责任田、代耕代种、租赁、新开垦未发包耕地），一般粮食种植≥100亩，设施大棚≥20亩，农业经营收入占总收入≥70%	15	13 （86%）	8 （41%）
家庭农场	①种植类家庭农场：经营土地面积≥50亩 ②经营畜禽水产类家庭农场：年销售收入原则上≥20万元 ③种养加工综合类家庭农场：年销售收入原则上≥20万元	12	10 （83%）	6 （39%）

续表

农户类型	农户特征描述	户数	申请	获贷
农民专业合作社	①主要粮食作物（水稻、玉米）种植农民合作社：注册成员≥30人，成员出资总额≥20万元，年经营收入≥20万元 ②一般种植业农民合作社：注册成员≥50人，成员出资总额≥30万元，年经营收入≥50万元 ③养殖业农民合作社：注册成员≥20人，成员出资总额≥50万元，年经营收入≥200万元 ④特色农林种养、社会化服务、休闲农业和乡村旅游、工艺及制品等其他产业农民合作社：注册成员≥15人，成员出资总额≥20万元，年经营收入≥20万元	10	9（90%）	80%（40）
普通小农户	经营耕地10亩以下，户均经营规模7.8亩	300	69（35%）	12（9%）
其他农户	务工、个体工商户	50	13（26%）	6（21%）

资料来源：课题组调研数据计算整理得出。

（五）普通农户金融需求规模满足度低

按照我国农村居民年人均可支配收入五等份分组情况，共分为低收入户、中等偏下户、中等收入户、中等偏上户和高收入户。对于收入水平不同类型的农户而言，从金融机构获得的信贷支持情况各异，贫困型农户、温饱型农户与市场型农户的获贷机会不均等。

1. 贫困型农户被苛刻的信贷条件排斥在外

综合各地贫困型农户标准，贫困型农户大多缺乏基本的维持生活的经济能力，基本的维持生计的农业生产也因资源缺乏而不能维系，且仅能依靠有限的社会保障维持生活。由于各地区经济发展不平衡，贫困型农户的收入水平在不同县域标准各异。2019年，广西农村居民人均可支配收入五等份收入分组中，分别为6866元、9258元、12818元、17466元、30118元，按照各县对本县低收入水平标准的规定，占农户总数20%的低收入户组接近贫困户。例如，2020年，罗城仫佬族自治县、恭城瑶族自治县、环江毛南族自治县农村居民低收入标准分别为6120元/人每年、6352元/人每年、5464元/人每年。贫困型农户或接近贫困边缘的农户自身没有储蓄能力，不具备申请贷款的资信条件，其对信贷的需求主要来自以满足生活为主的开支，如子女教育费用支出、看病支出等，但农村金融机构几乎不提供此类生活性贷款业务，贫困型农户的生产性贷款需求亦更是无法符合金融机构的抵押和质押要求，例如，农信社对借款人设置了“应有不低于项目投资额40%—60%的自有资金”的放贷条件，无疑将贫困型农户排除在信贷服务之外。

2. 温饱型农民获贷金额规模受限

按照国家统计局关于农村居民人均可支配收入五等份收入分组统计口径，温饱型农户包括中间收入组与中间偏上收入组两个类别。2019 年，广西、贵州、云南、四川、重庆的温饱型农户人均可支配收入分别为 12818—17466 元、9414—13320 元、9075—11983 元、12831—16834 元、12698—18976 元。温饱型农户的信贷资金投向农业生产，也必然面临着自然风险、市场风险和种植物生产周期等因素限制，这类农户的生产性资金需求表现出零散小额、季节性、长期性和风险性等特征。相较于贫困型农户，农村金融机构对其发放的小额贷款风险低，贷款回收率较高，小额、有限的、偶发性的信贷需求更容易得到支持。但由于即使是农户为了维持最简单的农业生产，涉农信贷也必然有较高风险、低授予、高成本与资金周转期漫长等特征，这与逐渐商业化取向的金融机构之间的矛盾凸显。在面对温饱型农户的生产性需求时，金融机构放贷的选择空间自由灵活，在经济效益最大化原则下，金融机构更加偏好更高回报率、更低风险的目标客户，使得温饱型农户扩大再生产的持续性小额信贷的机会下降，农户的信贷资金需求满足率降低。

3. 市场型农民（新型农业经营主体）

受制于抵押担保制度，但获贷比例高于贫困型农户与温饱型农化。市场型农户是国家统计局关于农村居民人均可支配收入五等份收入分组统计口径中的高收入水平组农户，2019 年西南民族地区市场型农户人均可支配收入水平在 2 万—5 万元/人每年。该类农户是以市场为导向进行专业化生产和经营、具有一定规模的家庭农场等新型农业经营主体，投入生产性资金较大，融资需求多为季节性的大额贷款，但由于缺乏商业贷款所需提供的抵押担保物，风险也相对较高，因此，商业银行对其大额贷款需求依然持有谨慎态度，其融资需求也难以得到满足而不得不转向民间借贷等融资渠道。

2018 年，广西农信社小额农户贷款业务中，获贷农户比例最高的是信用等级优秀的高收入户，获贷比例为 69%，单笔获贷资金 2 万—5 万元。将农村信用社小额贷款放贷条件与农村人均可支配收入五等份分组相匹配，结果显示，中等收入户的获贷比及单笔获贷资金均低于高收入户与中等偏上收入户群体（见表5－26）。同时，对于低收入贫困户，农信社执行国家财政贴息扶贫小额贷款政策，但徘徊在贫困户边缘的非建档立卡户由于信用等级未达放贷标准，无法在农信社内获得政策的小额信用贷款。

表5－26　　2018年广西农信社小额农户贷款执行情况

农村人均可支配收入分组	农村信用社小额贷款放贷条件	获贷农户比例	获贷单笔贷款规模
低收入户、中等偏下收入户	国家扶贫小额贷款，已入建档立卡信息系统，贷款限用于种植、养殖、加工	建档立卡贫困户69%	2万—4万元
中等收入户	农户信用等级“一般”：家庭有基本劳动力，家庭年人均纯收入在1万—2万元以上	31%	1万—3万元
中等偏上收入户	农户信用等级“较好”：家庭收入来源稳定，家庭年人均纯收入保持在2万—4万元以上，无负债	48%	1万—4万元
高收入户	农户信用等级“优秀”：家庭年人均纯收入高于5万元，自有资金占家庭生产经营投资规模的50%以上，三年内有按时还本付息的信用社贷款业务，信用记录良好	69%	2万—5万元

数据来源：2020年课题组调研数据计算整理得出。

综上，贫困型农户、温饱型农户和市场型农户基本上能够涵盖我国现阶段农村家庭主体，这三类农户均面临着难以获得稳定与可持续信贷资金支持的难题。在现有农贷市场中，绝大多数的农户在家庭预算存在资金缺口的情况下，在家庭圈层内寻求友情借贷成为其外源融资的首要渠道和方式，家庭外的借贷支持其次，正规的金融机构是其尝试性的选择，在无法从正规金融机构获得信贷支持的情况下，依靠高利贷等民间借贷成为其最后的选择，当然，若无法承担高利贷的高息，农户的生产性和生活性的金融需求均受到长期抑制，从而影响其健康发展。

三、矛盾之三：“财务目标”优于“社会责任目标”

财务目标是农村金融机构生存和发展的必然要求，也是法律规定的其对股东的法定责任。支持“三农”的社会责任既是农村金融机构设立的初衷、市场定位目标与机构职能，同时也是监管目标的要求。财务盈利目标是农村金融机构发展的经济基础和前提，支持乡村振兴和服务“三农”发展的社会责任是其经营定位与职能本源，二者在理论上存在内在的统一性，履行支持乡村振兴和服务“三农”发展的社会责任既是农村金融机构可持续发展的保障，也是农村金融机构获得财务利润的可持续源泉。但在实践中，在多重因素的作用下，“身兼二任”的农村金融机构在财务盈利目标与支农社会责任目标发生短期冲突时，其信贷投放往往遵循财务利润目标优先于社会责任目标的原则。

（一）支农能力增强，但支农责任屈从逐利与风险规避

作为承担支农责任的主体金融机构，农村信用社自2011年伊始大规模改制为农村商业银行，伴随着产权改革与公司治理的深化，其财务经营状况、资产规模与资产质量状况、盈利水平均得到大幅提升。如图5-6所示，2012—2018年，农村商业银行的资产利润率均高于农村信用社资产利润率，自2015年开始，农村商业银行的资本利润率逐渐高于农村信用社的资本利润率。在农村商业银行自身商业可持续性发展能力增强的趋势下，理应具备承担更大的支农责任的能力，但事实数据却显示，改制后的农村商业银行的支农责任屈从于逐利与风险规避。

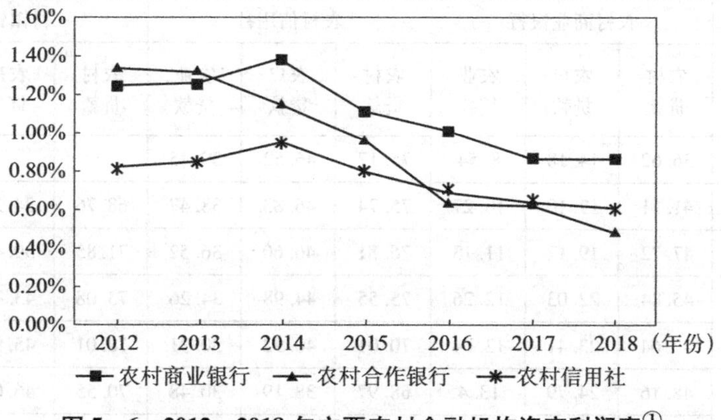

图5-6　2012—2018年主要农村金融机构资产利润率[①]

其一，改制后的农商行涉农业务占比直线下降、网点撤离县域区域。在股东更加强调经营利润目标和风险控制约束的前提下，农商行对经济效益的追求要远远超出保持“可持续发展”的程度，对支农社会责任进一步挤占。由于支持“三农”的经济成本高、涉农贷款分散化、比较收益低于其他产业部门，

① 从2019年开始，中国人民银行不再公布主要农村金融机构分机构资产利润率与资本利润率。

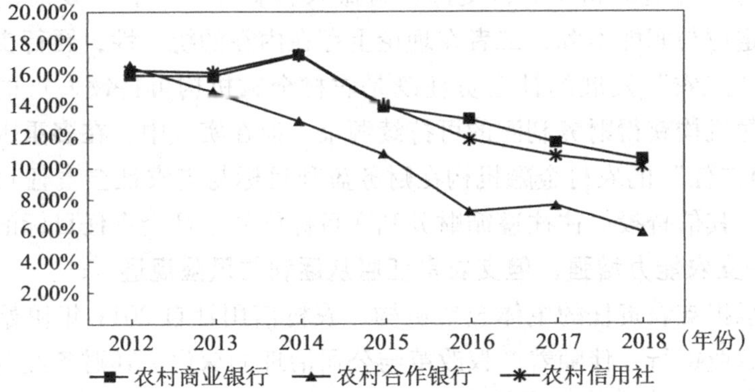

图5－7　2012—2018年主要农村金融机构资本利润率

农商行对农村业务的下沉不足，积极性不强，反而出现了积极开拓城市业务和较大规模的工商企业客户的现象。同时，大量网点从县域农村撤出，贷款权限上交，农业信贷业务日益萎缩（见表5－27）。

表5－27　2011—2018年主要农村金融机构涉农贷款占比

年份	农村商业银行			农村信用社			村镇银行		
	农村贷款	农户贷款	农业贷款	农村贷款	农户贷款	农业贷款	农村贷款	农户贷款	农业贷款
2011	36.62	14.18	8.54	75.17	46.52	39.45			
2012	41.11	17.10	10.27	75.74	46.83	38.47	68.76	34.29	23.86
2013	47.72	19.17	11.13	76.81	46.60	36.52	71.85	39.42	24.11
2014	45.84	22.03	12.26	75.55	44.98	34.26	73.08	43.71	24.95
2015	47.64	23.41	12.64	70.01	40.92	30.31	70.01	45.92	24.81
2016	48.16	24.79	13.4	68.97	38.19	30.48	70.55	46.06	24.55
2017	49.12	31.68	13.70	65.13	39.78	28.57			
2018	47.8	32.4	12.7	61.7	39.00	26.8			

数据来源：《中国金融年鉴（2012—2019）》。

其二，农商行的非利息收入占比也逐年提高，较大一部分的农商行的非利息收入占比超过50%，而非利息收入主要来源于证券投资等投资类收益和支付、结算、代理等中间业务，而这类业务中，“三农”主体的占比几乎为零。拓展中间业务是农商行改制成功后的盈利模式转型，其目的是扩大盈利渠道、降低不良贷款压力，该部分业务规模的快速拓展是以减少和降低对“三农”信贷支持为代价。

其三，由于农村商业银行商业化趋势的加剧，对“三农”市场的下沉不足，其对涉农业务的风险控制水平也比较弱。数据显示，2018年底，农商行不良贷款率为3.96%，远高于商业银行整体不良贷款的平均水平。

（二）责任意识淡漠，沿袭传统商业银行业务模式

与其他省域相同，西南民族地区新型农村金融机构经营模式缺乏针对民族地区“三农”发展特征的金融服务的创新，信贷模式并没有结合当地民族地区经济社会发展的差异性，在农贷市场上依然以优质“大户”为目标，对传统小农户贷款需求热情不高，难以形成业务与服务创新的动力。西南民族地区乡村地区是我国贫困人口集中区域，尤其是贫困偏远山区农户，由于山地丘陵面积广，90%的农户耕种面积小，几亩甚至小于一亩土地，多以单个家庭为生产单位，为维持基本的农业耕种生产需投入小额的生产性信贷资金，因此，农户为维持生活与基本农业生产所需信贷资金具有强烈的“普惠”“灵活”和“小额”的性质，量小而地区分散是其突出的特征。课题组在广西20余个村寨的走访调查资料显示，80%的农户融资需求为小额贷款，其中，信贷需求规模为5000元及以下、20000元及以下、50000元及以下的农户数占比分别为21.4%、60.3%、70.1%。

传统商业银行由于缺乏对“三农”弱势群体的经营积极性，更缺乏针对“三农”服务的经营模式。新型农村金融机构设立伊始的市场定位以服务“三农”、个体工商户和小微企业等群体为目标，专注服务大型商业银行金融排斥的“三农”、小微等弱势社会群体，这要求其经营模式也应具备服务“三农”的针对性与适应性。而在实践中，村镇银行、小贷公司等新型农村金融机构依然照搬传统大型商业银行业务经营模式，与农信社、邮政储蓄银行等金融机构业务完全同质化（见表5-28）。现阶段，全国共有1110家村镇银行，大多是沿袭其发起行的经营模式与业务体系，缺乏专门针对当地“三农”弱势群体的金融服务创新，更是缺少针对民族地区农村特征的业务创新。

表5-28　西南民族地区新型农村金融机构主要涉农业务类型

贷款业务类型	贷款业务定位
小额贷款	信用申请小额贷款，围绕种植业和养殖业等农业用途申请贷款，个人小额度贷款一般的额度在5万到10万元之间

续表

贷款业务类型	贷款业务定位
土地承包经营权抵押贷款（试点）	通过家庭承包方式取得土地承包经营权的农户以其获得的土地经营权作抵押申请贷款，农户将土地经营权向银行抵押，获得一定比例的贷款，农户的土地承包权与村集体的所有权不发生改变
农民住房财产权抵押贷款（试点）	农户以集体性质土地上的房产向金融机构抵押申请个人贷款，可通过农房抵押申请办理农村个人生产经营贷款和小额贷款业务，贷款满足生产经营的各方面需求

资料来源：课题组调研资料整理得出。

四、矛盾之四："约而不束"与"激而不励"并存

长期以来，涉农贷款投放监管政策"约而不束"，监管约束力较弱。自2009年开始，银监会提出"两个不低于"监管要求，即"涉农贷款增量不低于上年、增速不低于各项贷款平均增速"；2010年，银监会继续强化监管标准，将"两个不低于"调整为"三个高于"，即"银行业金融机构涉农贷款增速高于贷款平均增速，增量和占比均高于上年"；2012年与2013年，涉农贷款监管标准降低为"两个不低于"；2015年提出"两个高于"，将涉农贷款"不低于"的目标将调整为"高于"，即涉农贷款增速高于各项贷款平均增速，增量高于上年同期；2019、2021、2022年均执行"一个高于"的监管政策，即"农业发展银行、大中型商业银行要力争实现普惠型涉农贷款增速高于本行各项贷款平均增速"（见表5－29）。

表5－29　银行业金融机构涉农贷款监管标准

时间	监管文件	监管标准
2010年	银监会强调涉农贷款要实现"三个高于"	"三个高于"：各银行业金融机构涉农贷款增速高于贷款平均增速，增量和占比均高于上年
2012年	银监会落实中央一号文件关于要"提升农村金融服务水平"精神	"两个不低于"：各银行业金融机构涉农贷款增量不低于上年、涉农贷款增速不低于各项贷款平均增速
2013年	《银监会关于进一步做好小微企业金融工作的指导意见》（银监发〔2013〕37号）	"两个不低于"：各银行业金融机构支农贷款增速不低于各项贷款平均增速、增量不低于上年

续表

时间	监管文件	监管标准
2013 年	《做好 2013 年农村金融服务工作的通知》（银监发〔2013〕51 号）	“一个不低于”：各银行业金融机构涉农信贷投放增速不低于各项贷款平均增速
2015 年	《关于做好 2015 年农村金融服务工作的通知》（银监发〔2015〕38 号）	“两个高于”：从 2015 起，将涉农贷款“不低于”的目标将调整为“高于”，即增速高于各项贷款平均增速，增量高于上年同期
2019 年	《关于做好 2019 年银行业保险业服务乡村振兴和助力脱贫攻坚工作的通知》（银保监办发〔2019〕38 号）	“一个高于”：普惠型涉农贷款增速总体高于各项贷款平均增速
2021 年	《关于 2021 年银行业保险业高质量服务乡村振兴的通知》（银保监办发〔2021〕44 号）	“一个高于”：大中型商业银行普惠型涉农贷款增速要高于本行各项贷款平均增速
2022 年	《关于 2022 年银行业保险业服务全面推进乡村振兴重点工作的通知》（银保监办发〔2022〕37 号）	

2007 年，我国设立涉农贷款统计制度，2009—2022 年，涉农贷款投放监管标准逐步从高向低调整。以 2007 年为基期，全国涉农贷款增速与各项贷款平均增速对比情况（见图 5－8）显示，2008—2013 年，在基期的相关奖励政策刺激下，涉农贷款增速高于各项贷款平均增速水平，但 2014—2020 年，涉农贷款增速均远低于各类贷款平均增速，长期未达到监管标准。同时，涉农贷款占比在 2014 年到历史最高水平 28.1%，2014 年后呈现下滑趋势，2018、2019 年分别降至 15.6%、17.9%，2020 年为 20.70%。

2014—2020 年，以当地各项贷款平均增速为监管标准，西南民族五省（自治区或直辖市）涉农贷款增速呈现出两个特征：第一，仅有个别年度实现了涉农贷款增速高于各类贷款平均增速目标，符合监管标准。广西仅在 2014 年、2017 年、2019 年达到监管要求，云南 2016、2017 年达到监管要求；由于贵州扶贫贷款集中持续投放，2014—2018 年其涉农贷款增速超过各项贷款平均增速；四川、重庆涉农贷款增速均仅在 2014 年达到监管要求。第二，2014—2020 年，西南五省（自治区或直辖市）涉农贷款增速远远低于全国涉农贷款增速。除贵州外，广西、云南、四川、重庆年度涉农贷款增速均远低于

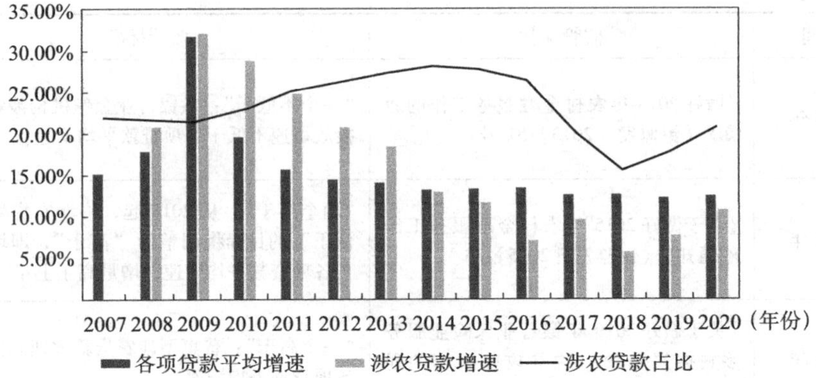

图 5-8　2007—2020 年全国涉农贷款增速与各项贷款平均增速对比

全国各省（自治区或直辖市）涉农贷款增速平均水平，说明西南五省（自治区或直辖市）涉农贷款投放力度低于全国涉农贷款投放的均线（见图 5-9 至图 5-13）。

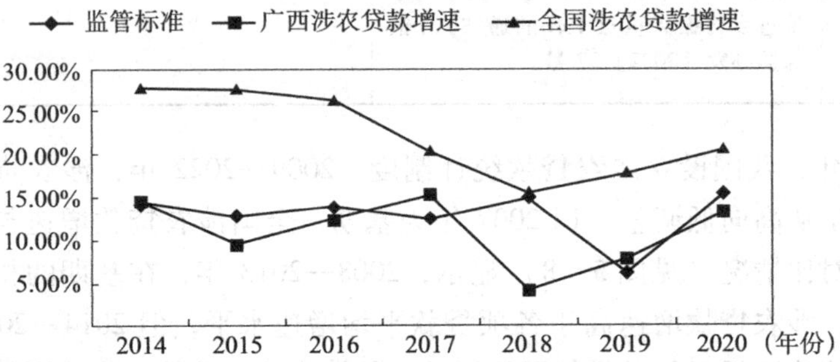

图 5-9　广西 2014—2020 年涉农贷款增速

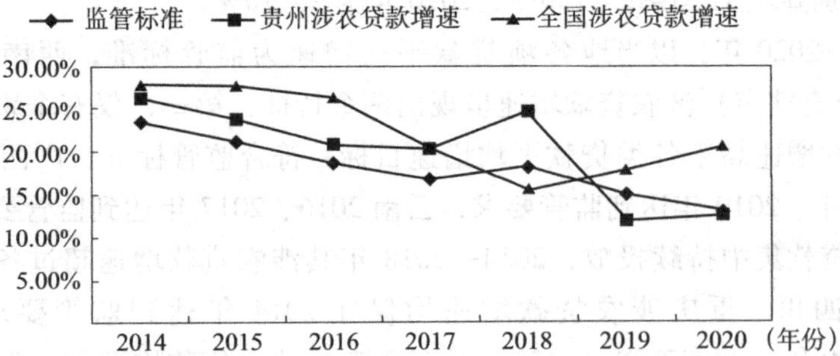

图 5-10　贵州 2014—2020 年涉农贷款增速

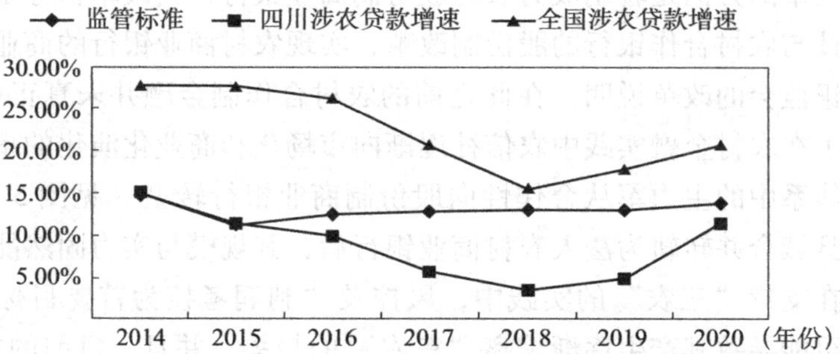

图 5-11　四川 2014—2020 年涉农贷款增速

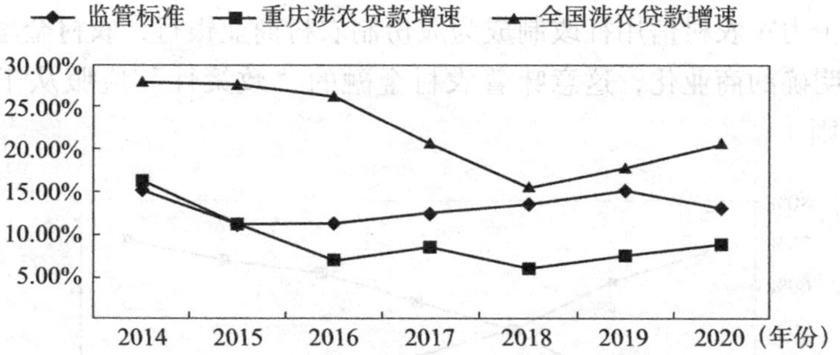

图 5-12　重庆 2014—2020 年涉农贷款增速

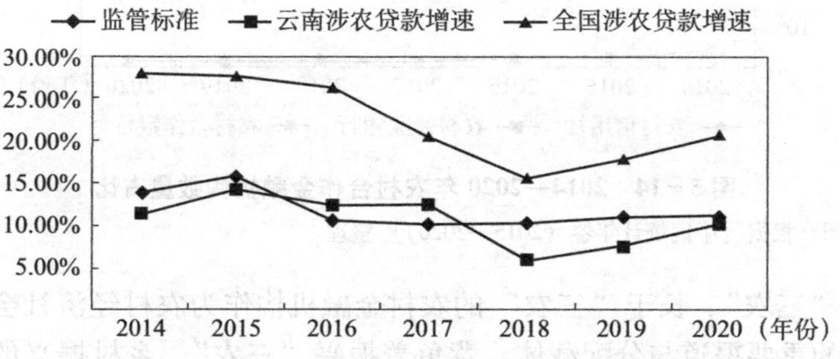

图 5-13　云南 2014—2020 年涉农贷款增速

五、矛盾之五：农村金融机构由合作性逐渐商业化

在我国农村金融体制改革的历程中，关于农村金融的“本源”与“性质”长久以来存在着“政策性”与“商业性”之间的争论。2011 年的农村信用社改革明确了“去合作化”的原则，在其属性问题上做出了最终的选择，即农

村信用社改革的方向是转制成为农村股份制商业银行，其改革目标是实现现有全部农信社与农村合作银行的股份制改革，实现农村商业银行的商业化经营运作模式。银监会的改革说明，在此之前的农村合作制金融并未真正落地执行，政府接受了在农村金融实践中农信社逐渐向市场化和商业化演化的事实，我国农村金融体系中的主力军从合作性向股份制商业银行转型（见图5-14）。农村信用社县域合并转轨为法人农村商业银行后，其规模与实力固然能得以大幅提升，但在支持“三农”的实践中，风控及“利润考核为首要目标”的运行模式极有可能导致其产生逐渐偏离“三农”的趋势，并且，目前的数据显示，改制后的农商行并不能更加精准地匹配“三农”的资金需求。农村金融“效率优先”原则与“政策性”属性之间的矛盾在历次改革中均有体现，直至金融支农的主力军农村信用社改制成为股份制农村商业银行，农村金融的合作性体系走向明确的商业化，这意味着农村金融的“政策性”应服从于其“效率优先”原则。

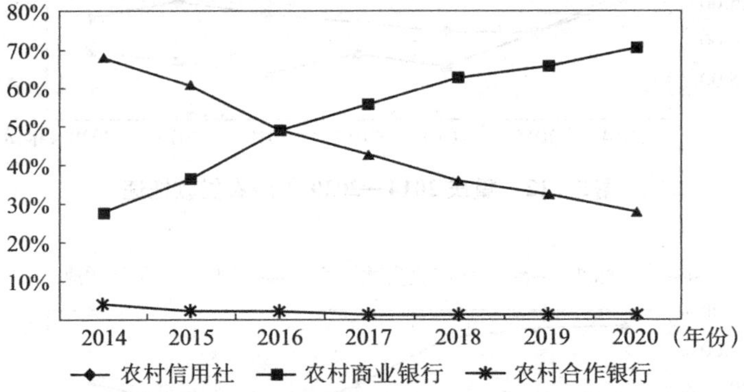

图5-14 2014—2020年农村合作金融机构数量占比

数据来源：根据《中国统计年鉴（2015—2020）》整理。

生于“三农”、长于“三农”的农村金融机构作为农村经济社会发展金融资源供给的重要渠道与分配载体，背负着振兴“三农”、乡村振兴的重要社会使命和政策期望。“效率优先”原则是商业化金融体系的内在特性，“先商业效率、后支农”的配置原则必然会导致金融资源偏离大部分的农民群体。纵观我国农村金融体制的改革历程和现实格局，市场机制并不能彻底解决农村融资问题。在“效率优先”主导目标的驱动下，农村金融机构社会责任缺失、无法兼顾“公平与正义”是必然的现象。农村金融“效率优先”高于“公平与正义”主要体现在金融资源配置在农村与城市的不对等顺序、富裕农户与贫困农户的不对等、储蓄资金来源地与信贷投放区域的错配导致的有失公平。因此，农村金融的绩效评价与价值取向不应完全与一般性城市商业金融同质，除了追求商业效率之外，其金融资源配置的公平性与合理性也是一个重要的价值判断依据。

一直以来，在我国农村金融市场上，并不缺乏大型商业银行机构，金融支持“三农”发展效率也并非取决于金融机构规模的大小，缺乏的是真正扎根“下沉”农村、服务“三农”的金融机构。“三农”的金融需求主要由小农、小企业的小额贷款与新型农业经营主体的规模化贷款需求构成，商业性金融机构在相关机制缺失的制度环境下难以主动积极有效匹配这种贷款需求结构。因此，对于我国农村金融而言，重构农村金融价值逻辑与运行机制，探索真正意义上的农村合作金融模式，切实发挥金融支持农业、农村与农民发展的最大化效用，是当前重构农村金融服务体系、提升金融服务乡村振兴的承载力的重要课题。

第三节　西南民族地区金融支持乡村振兴社会责任缺失成因

一、政府维度：机制缺位、监管不健全与制度设计缺陷

（一）农村金融机构商业性改革与政策性目标冲突，双重属性不兼容

由于监管政策在全国范围内的共性，西南民族地区农村信用社在农商行改革的进程中，以规模扩张、商业利润目标为主导，政策性目标效应被弱化。在我国农信社的改制进程中，历来存在着“政策性”与“商业性”的“定性”争论。1984 年，国务院将农村信用社定性为“自主经营、自负盈亏”的群众性合作金融组织，确立了农信社的合作金融属性。2003 年，农村信用社开始推进市场化改革，2006 年由试点推进改制组建为农村商业银行，至此，农村信用社的合作属性彻底向商业性转型，农户在农村区域近距离获取贷款的权利更加微弱。这种现象同时也阐明了自 1979 年以来的农村金融体系改革的导向始终是将“效率”优先于“公平”，也难以引起广大农民的响应与共鸣，导致历次的农村信用社改革都难以达到理想的支农效果，究其根源在于未能充分考

量农村金融的独特性，将功利主义的效率原则作为改革的逻辑起点，也决定了改革最终收敛于商业化“三农”金融体系。

本质上农村信用社的治理结构问题并未得到根本性改革，依然由省联社直属领导，高管的任命权也由省联社决策，双重属性也难以明晰，市场化运行模式发展受到较大的制度性约束。因此，在金融体制改革的较长时期内，农村信用社兼具商业性与政策性双重属性，市场化运行与承担支农支小的政策性义务的不兼容导致经营能力、竞争能力与支农效率均难以达到理想的局面。另一方面，由于市场化竞争力不强，成本收益不匹配，农村信用社的信贷风险防控压力大，在省联社对其利润与风控考核的压力下，农村金融机构为“三农”提供金融支持的动力不足，支农意愿不强，支农能力未充分发挥，致使其出现偏离支持“三农”责任。

由于政策性定位依然模糊，而商业化竞争能力较弱，双重属性交织使得农信社支农贷款规模日趋下降，资产质量亦不理想。2014 年开始，农村主要金融机构的涉农贷款增速低于各类贷款增速的平均水平，难以达到“涉农贷款不低于其他各项贷款增速”的监管目标。其中，农村信用社和农村合作银行的涉农贷款增长大幅下降。根据《中国农村金融服务报告（2016）》，2016 年末，全国各金融机构各项涉农贷款余额 28.2 万亿元，与 2014 年相比，农村信用社涉农贷款余额下降 20857 亿元，农村商业银行与农村合作银行涉农贷款余额增长额仅 11207 亿元，增速与增量均低于金融机构各类贷款平均增速与增量。农信社涉农贷款增速大幅下降的重要原因除了改制农商行之外，不良贷款严重是其更为深层次的原因。2018 年，农村商业银行涉农不良贷款余额同比增长 53.9 亿元，涉农不良贷款率同比增长 1.2 个百分点，农信社涉农不良贷款额同比增长 3.7 亿元，涉农不良贷款率同比增长 1.7 个百分点。同时，2011—2018 年，农村商业银行不良贷款率高于国有商业银行、股份制商业银行和城市商业银行，农村商业银行的农林牧渔业类的不良贷款率也大大高于其他类贷款不良贷款率。

（二）金融机构社会责任政策表达模糊，标准泛化

1. 农村金融机构社会责任界定模糊、笼统

在当前的农村金融监管实践中，对农村金融机构履行支持乡村振兴战略与服务“三农”发展的社会责任尚无明确清晰的监管内容界定，制度保障更是缺失我国农村金融机构社会责任内涵的界定不成体系、定位不够清晰的重要因素之一。监管部门及相关政府部门对农村金融机构应承担何种社会责任、实现

何类社会责任目标均为笼统的表述，尤其是农村金融机构社会责任目标的界定模糊，学界多见“服务‘三农’”目标或“植根‘三农’”目标、“政策性目标”“支农目标”“农村信贷目标”“社会效益目标”等提法。

2. 金融机构社会责任标准泛化

唯一明确作为行业社会责任评价标准2007年中国银行业监督管理委员会下发的《关于加强银行业金融机构社会责任的意见》（下称《意见》）与2009年银行业协会印发的《中国银行业金融机构企业社会责任指引》，均以我国整体银行业为规范对象，尽管初步明确了银行业金融机构应该承担的企业社会责任内容，对履行社会责任的主体与社会责任的评价形式进行了概念描述，但是条款内容的指向性较为粗糙，尤其是《指引》，它仅是一个行业标准，也缺乏具体的指标细节和操作方法，其落地可操作性不强，也不具备法律强制性，配套的保障措施并未涉及，对于金融机构如何履行社会责任、社会责任履行不到位该如何问责等诸类问题均未作明确的条款规定。《指引》对金融机构履行社会的责任要求仅局限于普适性而缺乏特殊性和针对性，并没有突出强调农村金融机构作为“三农”服务的特殊责任，忽视不同类型的银行业金融机构的市场定位与职能目标、运营环境与体制不一，更是忽视了具有浓郁本土特色的农村金融机构的特征，对整体银行业未作出细分而采用“一刀切”的方式笼统地描述了较为泛化的金融机构社会责任概念，在执行过程中难以与实践对接、落实。

3. 金融机构社会责任倡议停留在“纸面宣言”

由于尚未上升为考核及制度层面，未及时构建起监管机制，难以对农村金融机构产生足够的督促力，加上农村金融机构履行社会责任评价标准模糊、信息披露无规制要求、监督机制缺失等约束机制不健全，在商业利益与其社会责任目标发生冲突的困境下，单靠条例与指引无法保障农村金融机构切实践行社会责任，农村金融机构社会责任仍然停留在“纸面宣言”。银行业社会责任“意见”与“指引”实施后产生了一定的短期效应，但没有提供明确的制度供给，难以通过“社会责任”彻底改善农村金融的运行环境。

（三）金融机构履行社会责任落地机制缺位

落地机制缺失是我国农村金融机构履行社会责任不充分的关键因素，政府、农村金融机构和“三农”客户等三方主体缺少激励兼容的动力机制与多方利益平衡机制。

（1）农村金融机构社会责任评价和监督体系滞后，履行社会责任弹性空间大。目前，监管部门并未建立起农村金融机构社会责任履行程度的评价体系与政策规范，社会责任监督机制缺位，未形成社会责任履行评价机制与奖惩机制。由于没有权威的评价和监督体系，无法对农村金融机构社会责任的履行情况进行量化评估与有效监管，造成农村金融机构践行社会责任的监管机制与体系缺失，支持“三农”与不支持“三农”成为农村金融机构的自主行为选择，履行社会责任的弹性空间较大。

（2）农村金融机构社会责任信息披露机制缺失。公开透明的信息披露机制是农村金融机构履行社会责任的行为基础，也是防范因信息不对称而导致利益主体利益受损的约束机制，除“三农”客户等直接利益相关者外，信息披露不健全极易导致政府等信息使用者决策失误而产生执政成本。2007 年的《意见》中对整个银行业金融机构社会责任内容作出了粗略的框架要求，大型国有银行也严格按照要求定期公布其社会责任报告，但是，这类责任报告并没有统一的标准指标依据，由于缺乏明确的披露指标要求，各金融机构对于“社会责任”的界定也各不相同，并基于自身利益自行选取角度进行说明，同时由于缺乏统一的社会责任会计准则，导致统计口径不一，指标不成体系。因此产生了单个金融机构在信息披露时“扬长避短”“避重就轻”，社会责任信息披露的空间灵活较大。例如，现有大型商业银行年度发布的社会责任报告中，披露信息大多基于年度整体业务结构以及符合金融业一般监管的常态化指标，重在渲染自我社会公众形象，对切实涉及“三农”贷款各项指标及“三农”贷款结构、县域资金投放指标等关键的社会责任信息践行信息披露较少，仅以当年“涉农贷款”余额数据代替履行社会责任信息情况，披露信息粗略。较多金融机构在责任报告中均采用捐赠、慈善等公益性活动和助学贷款等指标来替代“社会责任”概念，避重就轻、评价标准模糊不具体，没有统一社会责任信息披露指标体系。

（3）对农村金融机构履行支持“三农”责任的正向激励不足。首先，在当前农村金融政策体系中，并没有明确的针对农村金融机构履行支持“三农”社会责任的正向激励手段，长期以来，对金融机构县域信贷业务投放的激励政策力度不足，倡导性的指引中也难以全面系统的对支农责任履行情况进行奖惩。其次，部分零散的奖励政策实施限制较多，政策效应微弱。对鼓励金融机构投放县域信贷的正向激励不足，“误伤”部分农村金融机构支持“三农”的积极性。为鼓励农村金融机构回归服务“三农”与县域法人金融机构服务当地，2010 年，央行和银监会联合印发《关于鼓励县域法人金融机构将新增存款一定比例用于当地贷款的考核办法（试行）》；2014 年国务院办公厅印发《关于金融服务“三农”发展的若干意见》（国办发〔2014〕17 号）；2015 年“中央一号文件”《关于加大改革创新力度加快农业现代化建设的若干意见》；2018 年《中共中央、国务院关于实施乡村振兴战略的意见》；2018—2020 年“中央一号文件”《乡村振兴战略规划（2018—2022 年）》、2019 年银保监会发布《关于推进农村商业银行坚守定位强化治理，提升金融服务能力的意见》（银保监办发〔2019〕5 号）。在诸多号召与鼓励农村金融机构履行支持“三农”的政策体系中，正向与系统的奖励激励手段较少，且部分奖励政策采取自愿原则，财税奖励措施的落实还取决于地方政府的财政配合，因此，对国有商业银行和邮储银行资金流出县域约束的作用微弱。由于大型商业银行的信贷权限上移，县域分支机构支持“三农”自主权受限，加上上级机构网点对下级机构的授信业务实施较为严厉的风险责任追究制度，在缺少充足的正向激励措施环境下，部分农村地区金融机构的信贷员选择“少放贷少出错”，推高了“三农”客户信贷资金获取的门槛。加之西南民族地区县域发展滞后，经济规模小，支柱产业不足，不符合银行授信条件，导致大型银行通过县域网点输出资金，加剧了县域范围内金融市场上的农业与农村资金供应不足。

（四）基层农村金融机构制度设计缺陷

现行监管制度的不健全是新型农村金融机构发展偏离“三农”的重要原因。制度缺陷造成新型农村金融体系内流动性短缺问题，可贷资金的不足极大限制了其支农服务能力的增强。

1. 农村商业银行的内部治理目标与政策预期支农目标存在冲突

农信社改制成为股份制商业银行，其内部治理机制也转型为以投资利润回报为目标。作为支农主力军，在这一改革政策导向下，金融机构内部治理机制成为其是否充分履行社会责任的关键。改制后的农村商业银行均是由非法人股东持有大股，“非农股东”缺乏服务“三农”的价值导向与服务“三农”的热情，投资利润回报是其核心的治理目标，这将进一步强化农村商业银行的“利润最大化”经营原则与运行模式，缺乏服务“三农”的内在动力机制。在我国城乡金融业务利差与风险差距明显的市场环境下，若缺少政策性的激励与约束机制，纯粹的逐利最大化的商业金融治理模式难以矫正农村金融机构过度逐利的行为。

2. 村镇银行的主发起人制度对其发展“三农”业务的制约

主发起行制度模式下，发起行获得村镇银行的金融牌照，村镇银行本质上成为主发起行在农村地区拓展业务的分支机构，因而缺乏独立经营权，其运行模式很大程度上照搬主发起行。村镇银行受主发起行在“三性”经营管理目标的考核要求，在网点选址均集“扎堆”在经济发展水平相对较为发达、交通条件便利、人口密集的县城、中心城镇，尤其是基础设施完善、具有规模的特色种养殖业、开发成功的生态旅游业等城镇区域，难以向分散的乡落、落后村寨与偏远山区乡村进行延伸，整体上在农村地区的地理覆盖空间较为狭小，选址上的地理空间依然存在“偏离”现象。另外，存在银行业普遍面临着运营成本高、吸储难、抗风险能力弱、成本与收益不匹配等矛盾问题。村镇银行的存贷比高于其他农村金融机构，维持在75%以上，银行同业拆解资金占比高于20%，可贷资金来源有限，流动性风险大，制约了其“支农”“支小”的职能发挥。

3. 小额贷款公司偏离政策设计初衷处于“两难”境地

小额贷款公司产生于2005年我国的金融创新试点，在我国社会主义新农村建设时期形成了包括中央监管框架与地方政府管理办法等两级制度体系，向农村地区与欠发达地区引资导流、支农、支小是小额贷款公司设立的政策初衷，“十三五”时期，小额贷款公司发展成为普惠金融机构。但在实践中，小额贷款公司并未发挥出与政策预期的支农功能。2020年的数据显示，小额贷款公司在农村地区的网点分布数量少，并非集中在乡镇，70%布局在城市市区，县城分布率30%，其中，乡镇分布率低于5%，这显示小额贷款公司的网点分布城市化倾向明显。可见，支农并不是其布局网点的决定性因素，这在较多既有文献中均有类似的研究支持。其次，在支农贷款的发放上，县域小额贷款公司对农户贷款的业务占其总贷款规模的比例较低，农户贷款的增速亦低于其他贷款平均增速，由此可见，小额贷款公司发放农户贷款的意愿并不强，农户在小额贷款公司的获贷率不高、并非是其主要的目标客户群体。整体上看，小额贷款公司对改善农村金融巨大的供需缺口、“扶农”、支农作用有限，支农效应并未达到预期的监管目标，因此，较多学者认为小额贷款公司“偏离支农目标已经是一个不争的事实”。

小额贷款公司偏离支农功能，其中制度设计是一个重要的原因。监管部门未将其认定为金融机构，导致其在市场准入和融资渠道上受限，同时也无法享受监管部分对农村金融机构服务“三农”的补贴政策福利。同时，“只贷不存”的制度设计使其获得可持续的发展资金受到较大束缚，资金不足、无钱可贷的局面难以破解。《关于小额贷款公司试点的指导意见》规定，小额贷款公司的资金来源主渠道是股东资本金，通过银行业金融机构融入外源资金不超过资本净额的50%，因而，其最大杠杆率只有1.5倍，限制了其贷款业务的覆盖度和深度，要获得更大规模的放贷资金，只能依赖于增资扩股。同时，由于融资成本高，融资渠道狭窄，小额贷款公司的信贷产品采用溢价定价策略，迫于自身可持续经营的压力，更倾向于高风险的高价值客户导致“贷富不贷贫”“贷大不贷小”。整体上看，小额信贷公司在财税负担、优惠政策、融资等制度设计上均呈现出“权利”与支农义务的不对等，可持续经营受到限制，从而导致目标偏离支农支小的普惠目标。因此，小额贷款公司要切实发挥出支持乡村振兴、服务“三农”、支农支小的功能，必须优化其制度设计，纠正其义务与政策目标脱节的制度安排，赋予其与担负支农义务相匹配的“权利安排”，形成激励性的支农支小机制，使小额贷款公司真正成长为义务与权益相匹配的农村金融机构，切实发挥出其支的农、支小的普惠性金融功能。

4. 农村资金互助社可贷资金不足、缺乏融资支持的问题突出

农村资金互助社“土生土长”于农村，内生于农村内部的模式使其具有农村地缘、农民人缘与特殊的乡村信任等优势特征，相较于其他农村金融机构其优势明显。但当前受限于资金来源，农村资金互助社因资金短缺而难以扩大规模。依据2009年的《农村资金互助社管理暂行规定》（下称《规定》），农村存款与社员入股资金是农村资金互助社主要的资金来源渠道，商业银行同业拆借的期限短、规模小，而社会捐赠并未形成可操作性的法律程序，加上“跑路”等风险突发造成市场认可度低难以吸引社会捐赠，同时，由于利润收益率较低，放贷资金回笼慢，大大降低了其他商业银行对其融资支持意愿。因此，吸收农村储蓄与社员入股资金成为其主要的资金形成渠道，但实践中，农村吸储远远不足，社员入股资金有限，入股资本金无法满足社员贷款的需求。例如，广西田东县祥周镇鸿祥农村资金互助社截至2016年底，共吸收社员525人、800万元资本金，累计发放贷款约3800万元，为弥补社员贷款需求资金缺口，在县金融办的支持下向北部湾村镇银行融资200万元。这笔来自其他商业银行的外源融资的成功取决于农村金融试点改革下其他商业银行对“三农”政策的回应，从而获得了特殊的融资支持，而在常态下，大多数农村资金互助社无法获得正规金融渠道的融资支持。另外，较为严厉的监管要求也进一步加剧了农村资金互助社的资金供求矛盾。《规定》对互助社的资本充足率的监管要求不低于8%，高出农村信用社资本充足率4个百分点，资产损失准备充足率不低于100%，与城市商业银行的监管要求相同。在此内忧外困的环境下，

农村资金互助社的发展收到抑制，数量缩减趋势明显。银保监会的统计数据显示，2008 年农村资金互助社仅 10 家，2009 年仅 16 家，2010 年为 37 家，2011 年为 46 家，2014 年达到 49 家，2015 年减少到 48 家，2018 年进一步缩减到 45 家，2021 年缩减为 41 家。在乡村振兴战略全面推进时期，农业适度规模化与农业产业化、现代化发展，农村借贷群体不再局限于小农户，适度规模的农村种养户、专业户、家庭农场等新型农村经营主体及涉农小型企业日益增长，尤其是种养殖规模较大的社员，对资金需求的规模急剧扩大，现存的互助社受限于社员贷款需求上升而资金不足的双重压力，而开始倾向于逐利，为追逐利差，出现向非入社人员发放贷款，严重危及互助社的合作特性。

二、法律维度：金融机构社会责任立法空白

农村金融社会责任立法空白或模糊限制了法技术层面上的标准确立，在我国现有的法律法规体系中，缺少微观关于企业社会责任与履行直接层面的法律法规，部分法令中涉及较为宏观与泛化的企业社会责任内容，例如《商业银行法》《公司法》《社会保障法》《劳动法》等，但相关条款内容零散不成系统，同时不同法规涉及法律责任主体不同，法律约束力仅局限于特定的行业内部，更多的是对企业、行业标准进行规范，并非是企业履行社会责任的法律法规标准。例如，在《商业银行法》中，第 8 条明确规定“农村金融企业开展业务，应遵守法律、行政法规的相关规定，不得损害国家利益和社会公共利益”，但并未明确规定“如果损害社会公众利益将承担什么类型的法律责任，会受到哪些法律制裁”，对农村金融企业应如何积极增加公共利益与承担社会责任均未作出明确的法律界定与有效的法律安排。对于农村金融机构社会责任性质依然停留在适用于银行业所有类型金融机构的行为规范和标准的“应尽责任”层面，对农村金融机构履行支持“三农”发展社会责任法律表达空白，农村金融机构对自身应履行与承担何种责任、如何承担责任等均没有明确标准与硬性法规坐标参照，对农村金融机构社会责任的边界未形成清晰有效的制度安排，滞后于乡村振兴和现代农业经营产业化对于农村金融机构履责的实践诉求。

三、农村金融机构维度：双重目标冲突、缺乏责任驱动力

（一）财务目标与社会责任双重目标冲突

农村金融机构的财务目标与社会责任双重目标之间的冲突主要体现在短期

内的营利性与社会效益之间的矛盾。一方面，社会责任要求农村金融机构秉持服务与发展农村地方经济社会的原则，最大限度满足当地农村地区和贫困群体的金融需求，扩大信贷服务深度与广度，增加农民收入、减少贫困。另一方面，“企业本质”决定了农村金融机构以利润最大化为经营目标，利润是其发展的根本。而在实践中，农村地区特有的布局分散、小规模、劳动生产率低、产业化程度弱等固有弱质性，使得农村金融机构的信贷投放面临着较大的自然风险、市场风险与信用风险，加上现有风险分担机制不成熟，“三农”业务难以达到预期的平均利润水平。为了追求利润最大化目标，在客户选择时偏离对小额贷款有较大需求的“三农”客户，转而以大额度贷款投向城镇、工商业等部门，偏离服务“三农”的目标定位。因此，在无机制约束与政策矫正的市场环境下，纯粹的商业盈利目标使得农村金融机构内部的社会责任意识极易被经济效益压力所稀释，其选择更多地是遵循在风险控制的基础上追求利益最大化而非主动承担社会责任。因此，如何实现农村金融机构“经济利益和社会责任”二者之间的相互激励与和平兼容，是乡村振兴战略下重构我国农村金融支撑体系的理论与实践难点。

（二）民族地区基层金融机构运行成本高企

金融机构的物理网点是向“三农”群体提供金融服务的最直接的金融基础设施，尤其是在当前传统物理网点依然是西南民族地区农村金融主要设施基础，乡、村与镇的金融机构网点与县城金融机构网点构成了一个系统的金字塔结构。由于特殊的地理与区域环境，西南民族地区经济发展相对滞后，农村基础设施与配套交通、运输、物流等体系建设不完善，农村地区中小型金融机构服务与运行的成本要远远高于城镇地区与发达地区的乡村。以村镇银行为例，课题组对广西、云南5家村镇银行进行成本调研，村镇银行运行的成本结构见表5-30：利息支出成本、日常运行成本、网点基础设施建设与维护成本、风险控制成本与隐性管理成本，其中，基础设施建设与维护成本支出是最大的成本支出构成。

村镇银行与其发起行的业务体系存在一定的差异，因此，在运行系统上要求适配性于独立性，但运行系统的研发、建设与日常维护需要大量的资金、技术与人力的投入，由于受到规模与业务市场的限制，村镇银行通常采用系统外包或者复制发起行运行系统两种方式。其中，大多数村镇银行选择复制发起行的运行系统，并交由第三方托管，由于发起行的系统并非完全适配性，个别部分的系统配置例如软件系统、数据库等另需承担许可费。在开发新业务与新功能的同时，还需承担软件开发费用，使其网点的日常运行维护费用成本增加。一家村镇银行的综合成本约为一家较为成熟的城市商业银行县级支行网点的2倍。囿于成本与机构规模，村镇银行尚未充分认识金融科技在业务拓展与机构远期发展的作用，当前多数村镇银行并未参与数字化转型，处于口头认知阶段。另外，受西南民族地区农村征信建设缓慢、违约风险高，“三农”客户的金融认知教育投入大，金融服务与产品的营销成本高企等因素影响，基层金融机构的风险控制成本与隐性管理成本提高，整体上拉高了中小型农村金融机构区域运行总成本（见表5－30）。因此，基于西南民族地区农村实际情况，要维持一个位于镇市区、拥有9名员工的基层网点运行，一家村镇银行每年的刚性运行成本约为400万元。

表5－30　　2020年西南民族地区村镇银行运行成本构成

成本类型	成本结构	民族地区因素
利息支出成本	执行较高的存款利息水平	西南民族地区农村、农业储蓄资金规模有限
日常运行成本	（1）固定成本：机器设备、装修费 （2）流动成本：人力、租金、耗材	业务量少，资源闲置，人力工资成本较高
基础设施建设与维护成本	（1）日常运行系统成本：系统运行应用软件、数据库等第三方软件使用许可费、新功能的软件开发费 （2）数字化转型的潜在巨额成本	西南民族地区区域水平低于东部、中部，成本收益支出比加大
风险控制成本	（1）信用采集成本 （2）金融认知教育	西南民族地区农村信用体系建设滞后加大了信用成本
隐性管理成本	（1）涉农涉小贷款业务的自然风险向市场风险的转化 （2）业务宣传与推广成本	西南民族地区自然环境复杂，自然灾害多发，市场风险概率高

资料来源：根据课题组调研资料与数据整理。

但同时受政策限制，农村中小型金融机构的成本不能通过贷款定价、提升贷款利率水平进行弥补。在诸多因素的交叉作用下，农村中小型金融机构服务“三农”的能力受限，可持续经营压力较大，服务“三农”意愿不强烈，业务发生“偏离”农户。对于分布在县城区和极少数镇的大型农村金融机构的网点而言，其在农村地区以“揽储为主”，而谨慎发放贷款，由此而导致了抽离当地农村地区的储蓄资金，反向输出到县城区及市级分支机构，加剧了农村地区的金融资源短缺。

（三）农村金融机构创新能力弱，内生发展动力不足

西南民族地区农村金融机构多为县级法人，网点数量相较于其他金融机构较多，但规模小、实力弱、区域分布失衡，在金融产品创新、服务方式、资产定价等方面仍局限于传统金融服务模式，缺乏适应乡村经济社会生产关系特点演化的产品体系和服务模式创新，难以满足当前乡村分化与乡村发展日益多元化的金融需求。例如，农村金融机构在农户、农村与农业贷款业务中依然执行与工商企业贷款相同的资产抵押与担保放贷条件，对大多数既无产权效力的固定资产也无股票、债券、基金等流动性资产的农户而言，抵押放贷依然是难以在短期内解决的瓶颈。同时，由于农村中小型金融机构理财业务水平低，区域差异大，保险、基金、信用卡、理财、融资租赁等新型消费、理财金融服务产品在县域以下乡村极为稀缺，证券、期货交易平台严重不足，除林权抵押贷款外，农地融资几乎空白。

农村金融机构创新能力弱、内生发展动力不足的本质是缺乏弹性的利率定价机制。“三农”群体业务整体上拉升了涉农贷款的违约风险，灵活的农贷利率定价机制是农村中小型金融机构的风险防控压力缓冲的重要途径，但由于部分金融机构垄断与资金价格扭曲，阻碍了农村金融机构涉农金融产品创新的积极性，导致其内生发展动力不足。

（四）农村金融机构社会责任意识淡漠，缺乏驱动力

世界500强公司超过80%都建立了实质性的社会责任治理机制，在企业战略层面、组织结构层面与运行实施层面均形成了长期稳定的履责机制体系，成熟的社会责任治理机制与良好的履责表现有效促进了企业的综合绩效。反观国内较为优秀的企业样本，社会责任依然是“道德与伦理”层面的概念，大多数企业并未上升至设立社会责任治理部门或组织层面，体现出了企业对社会责任的意识不足，更缺乏对消极责任与积极责任的认知，部分企业为了获得合法性、提升品牌形象等采取被动履责的短期、偶然性的“粉饰”行为，并非是基于战略层面贯彻于日常经营运行的社会责任机制，而是“象征性的社会责任治理或被动响应型的社会责任治理”①。同时，由于企业履责的规范机制

---

① 张鲜华、高媛源．社会责任治理、履责表现与企业绩效［J］．南京邮电大学学报（社会科学版），2022（8）：18－25.

缺位与市场信息不对称，在复杂多变的市场环境夏，企业是否履责对其运营绩效影响甚微，因此是否履责也成为企业的自由选择。

在社会责任体系与规范缺失的宏观环境下，农村金融机构并未真正认识自身的社会责任定位。诸多基层农村金融机构认为，社会责任就是追求商业利润，对股东进行投资回报，基于这一认识，将其服务“三农”的社会责任远远置之于经济责任和法律责任之外。从本质上看，这也是作为农村金融机构管理层的一种金融伦理水准的体现。金融伦理标准是金融业职业道德体系进行界定，它不仅是金融行业的一种职业自律与自我约束，也是金融行业规范体系，金融机构的金融伦理水准不仅取决于整个金融行业的职业道德体系建设与职业伦理标准的完备性，还取决于金融机构的管理决策人员的金融伦理水准。但在我国农村金融体系中，金融职业道德标准体系是缺位的，无论是在监管条例还是从业资格规范体系中，都极少提及金融伦理水准及其相关规范。因此，要提升农村金融机构对服务“三农”社会责任的认知，优化农村金融体系支农效率，应普及金融机构社会责任标准，尤其是农村金融行业规范体系，提升农村金融机构的金融伦理水平。

四、“三农”主体维度：农业金融弱质性与民族地区信用风险

（一）农户道德风险时有发生，民族地区潜存“柠檬市场”效应

2018年底，全国农村中小金融机构不良贷款率达4.9%，其中，农村商业银行、农村合作银行、村镇银行、农村信用社的涉农不良贷款率分别达到4.9%、13.3%、3.3%、10.0%，远远高于其他商业银行不良贷款率（见表5-31），风险防控压力较大。资本补充渠道窄，农村中小金融机构缺乏多元化资本补充渠道，主要依赖于增资扩股与增加留存收益来补充资本，外部金融机构融资受制度限制，且成本高，规模不大，其他金融机构的融资支持意愿不强，通过金融市场发行次级债券与可转换债券等类资本工具融资更是困难重重，资本补充渠道狭窄，自身可持续经营面临一定的压力，由此限制了其内生发展能力与服务“三农”的能力，同时也降低了其支持“三农”的意愿。

表5-31　　金融机构涉农不良贷款

机构类型	本期（%）			同比增长（%）		
	2016	2018	2020	2016	2018	2020
全部金融机构	3.1	3.6	2.7	0.0	0.4	-0.5

续表

机构类型	本期（%）			同比增长（%）		
	2016	2018	2020	2016	2018	2020
中资全国性大型银行	2.9	2.6	1.5	0.3	-0.2	-0.8
中资中型银行	2.0	2.2	1.3	0.3	0.2	-0.5
中资小型银行	2.6	4.4	4.2	0.1	1.1	-0.2
其中：农村商业银行	2.9	4.9	4.9	0.1	1.2	0.1
农村合作银行	3.3	13.3	13.2	0.7	8.2	-1.7
村镇银行	1.7	3.3	3.4	0.3	0.8	-0.1
农村信用合作社	8.0	10.0	8.9	-0.2	1.7	-0.6

数据来源：《中国农村金融服务报告》（2016、2018、2020）。

农村金融市场上的信息不对称地位中，农户在金融机构无法充分掌握其田地、种养规模、家庭收入水平及家庭财产等信息的情况下，逆向选择骗贷或逃贷的失信行为。由于西南民族地区农村征信体系的缺失，一部分从金融机构获得借款的农户在与农村金融机构的单次博弈中，其行为选择存在机会主义倾向，违背社会信用与道德，主观逃费对金融机构的偿还义务，使得放贷农村金融机构的不良贷款压力加剧。

由于信息闭塞，生活在边远欠发达地区的农村居民缺乏爱护信用和有效利用信用的意识，对金融信贷、征信等概念缺少认知，“柠檬市场”效应更加突出。2019年，农商行全国平均不良贷款率为3.9%，四川21家农商行高于平均值，其中，达州农商行、南部农商行、仁寿农商行、万源农商行、什邡农商行、安州农商行、绵竹农商行、大竹农商行的不良贷款率分别达到10.96%、9.69%、8.21%、7.21%、5.78%、4.99%、4.96%、4.94%，远远超出银保监会设定的不良贷款率低于3%的监管标准；贵州14家农商行高于全国平均值，其中，乌当农商行不良贷款率高达9.85%，铜仁农商行、安龙农商行、贵定农商行不良贷款率分别达到4.66%（2020年上升至6.24%）、4.54%（2020年上升至6.15%）、4.4%（2020年上升至6.46%）；广西15家农商行不良贷款率高于全国平均值，其中，广西隆安农商银行不良贷款率为3.96%，2020年进一步上升为4.87%，嵩明农商行不良贷款率达到4.84%，铜陵农商行不良率达到10.44%（2020年持续上升至11.16%），远远超出5%的监管红线。[①] 同时，分散的农业种养殖业经营方式成为民族地区农村信用体系建设的制约，造成民族地区农村征信体系残缺，个人信用制度无法普及建立，在市场信息不对称的环境下，贷款农户面临自然风险、市场风险并夹杂着道德风险，极易出现诚信缺失的欺诈行为，从而推高了"三农"信贷市场的违约风险。

（二）信用抵押瓶颈与农村征信建设滞后矛盾

2020年，各金融机构发放农户贷款的条件显示（见表5-32），贷款发放均与农户的信用水平挂钩，并需要提供抵押或担保。广西、贵州、云南、四川、重庆均根据各省（自治区或直辖市）的实际情况确定了农信社小额信用贷款具体的信用等级评定标准，农户信用等级直接与获贷机会、获贷金额挂钩。农业银行、邮政储蓄银行等金融机构的农户小额贷款均无信用贷款业务，除信用等级条件外，还需提供保证、抵押、质押、农户联保。农户土地承包经营权抵押贷款、农业经营主体土地承包经营权抵押贷以及农民住房财产权抵押贷款均是以提供土地承包权与住房财产权抵押。现阶段的西南民族地区农村信用体系建设滞后，目前极少数的村寨实现了整村授信或"信用村寨"试点，信用抵押瓶颈与农村信用体系建设滞后的矛盾较为突出。

扩大农户的获贷覆盖面亟需加快农村信用体系建设的进程，西南民族地区大多数县域信用平台采用基层农村金融机构主导模式，由于缺乏强有力的政策保障，农村金融机构征信能力严重不足，信用体系缺乏专业化运营。目前，农村信用社（农商行、农合行）是农村征信体系建设的主体，由于基层农村金融机构征信系统开发信息化滞后、信息采集与共享困难。农户的户籍、身份等社会信息数据大多分散在公安、政务、通信、公用事业单位等非银行机构，受信息主体授权机制所限，交换采集信息存在违规采集信息的法律风险。同时，现行的信息采集方式传统低效，通过"扫园、扫街、扫村、扫户"的"人海战术"线下收集农户的产销、成本、税收、补贴等信息，然后进行手工录入，信息更新效率低、周期长。同时，因缺乏有效激励机制，"三农"主体参与信用建设的积极性低，推高了信息采集的难度与成本。

---

① 数据来源于对样本农商行的年报与定向发行说明书，进行了逐一收集与整理。

表 5-32　　西南民族地区农村金融机构农户贷款发放条件

各金融机构贷款业务	贷款对象与额度	抵押、担保及信用条件
农信社小额信用贷款	农户小额信用贷款额度依据农户信用等级核定，最高额度由人民银行各中心支行和信用社县（市）联社商定	广西、贵州、云南、四川、重庆均根据各省（自治区或直辖市）实际情况确定了具体评定标准与评定方法
农业银行农民小额贷款	农行对农户家庭内单个成员发放的小额自然贷款，每个农户职能由一名家庭成员申请农户小额贷款	农户贷款无信用形式，需要保证、抵押、质押、农户联保
邮政储蓄银行小额贷款	农户农业种植、养殖或者其他与农村经济发展有关的生产经营活动资金需求发放贷款，最高可贷款5万元	要求提供自然人保证或是联保
利息优惠贷款	在职村干部、村医、教师等在农村创业贷款，共10万元，每年4000元	无需担保，无不良贷款记录
农户土地承包经营权抵押贷款	获得土地承包经营权的农户（仅限家庭承包）	土地经营权作抵押，无不良信用记录；抵押的承包土地无权属争议；有县级以上政府或政府相关主管部门颁发的土地承包经营权证
农业经营主体土地承包经营权抵押贷款	限于试点地区农户通过合法流转方式获得承包土地的经营权的农业经营主体	无不良信用记录；抵押的承包土地无权属争议；合法有效的土地经营权流转合同，或持有土地经营权权属确认证明及土地租金完付证明
农民住房财产权抵押贷款	限于试点地区农户以集体性质土地上的房产向金融机构抵押申请办理个人贷款业务。包括以农民住房所有权及所占宅基地使用权作抵押申请农村个人生产经营贷款和小额贷款	无不良信用记录；所抵押房屋所有权及宅基地使用权无权属争议，有政府相关主管部门颁发的权属证明，未列入征地拆迁范围；除用于抵押的农民住房外，借款人应有其他长期稳定居住场所

资料来源：根据课题组调研数据整理。

注：根据2016年《农村承包土地的经营权抵押贷款试点暂行办法》，广西、贵州、云南、四川、重庆的农村承包土地的经营权抵押贷款试点县（市、区）个数分别为8、9、6、10、10；根据2016年《农民住房财产权抵押贷款试点暂行办法》，广西、贵州、云南、四川、重庆农民住房财产权抵押贷款试点县（市、区）个数分别为1、2、3、3、3。

基于风险控制的经营管理目标，低信用保障、无抵押担保与高不良贷款率使金融机构对农户还本付息失去基本信任而更加“惜贷”。与中东部地区相比，西南民族地区农村信用体系的建设更加滞后，农户对金融诚信的认知教育成本高，增加了西南民族地区农村基层金融机构的风险管控成本与不良贷款率，较大程度上影响了金融机构在民族地区的金融服务意愿与服务质量。尤其是在较为偏远的乡村地区，其整体的信用评级处于金融机构最低等级的次序，为防止所贷资金无法回收的违约风险，金融机构无论是采取更加严格的贷前审查，抑或是提高贷款利率水平，均导致其贷款成本和贷款难度上升，从而形成当地整个农村金融市场的“柠檬市场”效应，缺乏互信的金融市场环境进一步加剧了农村金融机构的“不愿贷”与“不敢贷”行为，与农户难以获得贷款机会之间形成恶性循环。

五、市场维度：市场化定价机制与“三农”社会公共效应冲突

（一）三方利益诉求与博弈未能有效平衡

农村金融问题作为世界性难题，其实质在于其金融资源的供给无法由市场完全滋生而自发提供，市场化的金融运行模式难以真正扎根“三农”。本质上亦是多重主体之间的利益博弈，主要包括：一是政府与农村金融机构之间的博弈。农村金融机构承担着服务“三农”的具体任务，但为了实现盈利最大化及降低风险的目的，一般会做出偏离服务“三农”宗旨的行为选择，这与服务“三农”预设目标相去甚远。二是农村金融机构与农户之间的博弈。金融资源分配的可获得性与公平性是农户对农村金融服务的利益关切点，其预期收益与关注成本和收益的农村金融机构提供的有限金融服务出现错位，农村金融机构与农户之间的利益呈现为非均衡状态。

（二）农村金融机构对市场机制的自发遵从

基于农村金融机构角度，抛开农村金融市场信息不对称问题严重、贷款抵押担保瓶颈、农业强位弱势等因素之外，农村金融服务成本高企、风险波动，必将转化为农村金融机构自觉执行高贷款利率策略。自主经营与自负盈亏使农村金融机构自发遵循市场机制原则获取更高的资本回报，客观上使得农村金融机构将追逐利润作为其首要经营目标，而服务“三农”目标排后。农村金融化构的商业化运作模式必然要求其自身在经营过程中，首要兼顾出资人及股东的利益回报，通过金融运营来获取商业利润，而面向“三农”服务的金融产品价格定价受政策限制。农村金融机构在设立伊始肩负增加农村金融供给、缓

解“三农”贷款难题的政策使命与政策期盼，加上农业作为强位弱势产业属性，“三农”贷款的价格低于城市工商业贷款的利率水平，在农村金融机构涉农贷款定价中属于“政策型定价”与“效益型定价”（见表5-33），其违约风险高于“竞争性定价”贷款业务，产生的风险管理与控制成本大。因此，在监管缺位或监管无效的政策环境下，农村金融机构选择服务对象“偏离”，丧失为“三农”服务的主动性，倾向于为更能获利的城市客户及城镇企业提供金融服务，基于风险控制与利润最大化目标，市场化农村金融运行模式在商业效益目标与支农社会责任目标之间出现错配现象。

表5-33　西南民族地区农村金融机构涉农贷款定价

定价机制	贷款业务投向	面向客户群体	执行利率水平
政策型定价	扶贫贷款、国家助学贷款，农民创业贷款，包括种养殖业和农副产品加工业贷款	贫困户、建档立卡户、创业农户与农村小微企业	执行基准利率，在农信社贷款中的占比较小
效益型定价	农业生产性贷款、城镇个体工商户贷款和中小民营企业贷款	一般农户、个体工商户、城镇、农村小民营企业	基准利率上浮幅度高于50%，农信社主要的利息收入来源
竞争型定价	规模化与产业化的涉农企业、主体、龙头企业、中型大型加工业	成熟的新型农业经营主体、规模较大的农村集体经济组织、农产品加工类大型企业	基准利率通常不上浮或少上浮
优惠型定价	以农村信用社或其他金融机构存单质押贷款，银行承兑汇票质押贷款，农信社入股社员贷款	市场化的农业经营主体、集体经济组织、订单生产农户、信用社入社成员	基准利率上浮幅度小于20%，俗称“优惠利率”
市场型定价	生产性贷款，消费信贷	农户、城镇居民、中小微型企业、新型经营主体、个体户	贷款利率随市场行情变化调整，以银行承兑汇票贴现为主

资料来源：根据课题组调研数据整理。

注：主要包括农村信用社、县域农村商业银行与村镇银行。

（三）农村金融市场持续“系统性负投资”循环

在面对利益选择而又缺乏有效监管的环境中，农村金融机构面临着可供选择的投资对象时，更加倾向于放弃基于正义本源的“三农”主体的利益，以实现自身的利润目标，造成了储蓄资金来源地与信贷投放区域错配导致的有失公平，即农村和城市在金融资源配置上的不公、金融支持乡村发展的低效，并造成了农村地区长期的“系统性负投资”现象，即合作性和新型农村金融机构的资金来源于农村农户的储蓄，而“取之于农”的资金并未“用之于农”，反而流出，这种“系统性负投资”使农村原本稀缺的金融资源更加紧缺，由此形成恶性循环。本质上看，农村金融机构的“系统性负投资”与“圈红”行为违背了金融伦理最核心的金融正义内涵，其根源是农村金融机构利用“别人的钱”（Other People's Money）来实现自身利益的最大化。在监管缺失的政策环境下，农村金融机构从事有悖于伦理的交易也更加常态化，不履行社会责任的现象很大程度上更加加剧了当前我国农村金融市场的金融公平难以实现的困境。农村金融市场上所践行的“效率优先”高于“公平与正义”原则，使得金融对农业与农村发展的支持乏力，投入“三农”资金与农业基础性地位不匹配，拉大了农民群体内部的收入差距，催化了城乡发展的不平衡，城乡“二元化”结构加剧，也引致农民群体的发展权利不充分、农村贫困的代际相传等社会问题。

第六章

西南民族地区金融支持乡村振兴战略社会责任体系构建

金融支持乡村振兴战略社会责任指标体系既是乡村振兴战略金融资源供给予保障的落地机制，也是农村金融机构回归“三农”本源业务、支持乡村振兴和服务“三农”发展的长效激励与约束机制。以农村金融机构履行支持乡村振兴战略和服务“三农”发展的社会责任评价和绩效考核为落脚点，基于我国“三农”经济社会发展特征与规律，以期纠正现有农村金融体系服务“三农”发展和支持乡村振兴中的目标偏移、“离农弃农”等不履行社会责任或未充分履行社会责任的矛盾，推动农村金融机构从被动响应式履责向主动反应式履责转变，构建科学、合理与系统的金融社会责任评价指标体系，为金融支持乡村振兴、服务“三农”健康发展提供改革创新、政策决策创新理论参考与实践指导。同时，金融支持乡村振兴战略社会责任体系亦将形成新思路下金融支农绩效考核与评价的长效机制，并对长期以来我国金融支持“三农”发展的实践效果、政策效果和监管绩效进行参照，对在当前的理论框架和实践政策体系中依然无法有效解决的“三农”融资难题进行反思。通过提出创新性、针对性的金融支持乡村振兴战略社会责任指标体系，引导与激励金融机构履行支持乡村振兴和服务“三农”发展的社会责任，在“三农”发展与乡村振兴中发挥出金融的本源与伦理功能。

第一节 依据、原则、模型与方法

一、体系构建依据

（一）金融机构社会责任基准——赤道原则

2002 年，赤道原则（the Equator Principles，EPs）是指在世界银行关于应对全球气候与环境问题的倡议与政策指南框架下，国际金融公司在金融业领域中提出金融机构应对气候变化的号召，一些大型金融机构对项目融资相关的环境与社会影响问题进行讨论，形成了旨在对金融行业的投资决策管理以及其融资活动进行判断与评估的环境与社会风险的基准。

截至 2020 年 2 月，来自 38 个国家、自愿加入实行赤道原则框架的金融机构（EPFIs）已达到 104 家，其中既有发达国家成员，也有发展中国家成员，加入的金融机构以商业银行为主。在赤道原则框架下，金融机构承诺在贷款决策时，对愿意遵守环境政策和社会规则程序且符合赤道原则中关于环境标准的项目进行贷款支持。赤道原则在国际金融领域的应用反映出企业履行社会责任与可其可持续发展密切相关联，现代银行业逐渐调整以往将股东利益最大化作为企业治理和发展的单一目标模式，而将可持续发展作为更为长远的发展理念，并以承担环境社会责任为价值导向，即在作出投资决策时不仅要基于经济效益考量，还应考虑对社会、环境以及其他方面所产生的社会影响，其社会责任的关键目标即是在履行社会责任的同时实现可持续发展。自 2003 年赤道原则第一版（EP Ⅰ）正式生效以来，经过多次的修订，2006 年赤道原则第二版（EP Ⅱ）、2013 年赤道原则第三版（EP Ⅲ）、2019 年赤道原则第四版（EP Ⅳ）相继出台（见表 6－1）。

表 6－1　　赤道原则第四版（EP Ⅳ）内容

条目	指标
项目资金	1000 万美元以上，公司贷款应符合四项标准
评估内容	环境、社会和健康影响，包括：（1）项目应遵守东道国当地法律；（2）项目当地对环境和社会的影响；（3）当地人权尽职调查；（4）项目分类审查

续表

条目	指标
范围	各类融资业务及特定的公司贷款业务、投融资咨询服务业务，5000 万美元以上融资规模
指定国家	凡是加入 EPFIs 框架均采用 IFC
承诺性条款	项目融资方遵守东道国环境法规和社会法律、法规，并获得合法性许可
磋商审查和救济	（1）项目融资方以合适方式持续与受项目影响的利益相关方（包括非政府组织）征询意见，规定潜在重大不利影响项目的磋商流程，如土著居民投诉机制① （2）依据项目风险类别和不利影响比例设立 （3）增加对项目借款人的独立专家审查
信息披露	（1）EPFIs 框架下金融机构共享项目与环境和社会相关信息 （2）定期公布项目建设的环境管理方案 （3）融资项目的环境与社会影响评估要确保各方可在线获取

国外大型国际性金融企业披露的社会责任信息一般涵盖经济、社会和环境三个方面，并将每一方面进一步细分为若干个子栏目，披露的信息包括定性描述和定量指标，定期发布企业社会责任报告对自身履行社会责任的情况进行披露，接受外界监督，披露面向范围广泛，披露程度充分而翔实。赤道原则作为金融行业环境和社会风险管理框架，它并非是一种对金融机构的外在粉饰行为，遵守赤道原则需要承担一定的成本，采纳与否具有自愿性质。既有研究表明，参与赤道原则的商业银行在加入赤道原则初期时由于受限于环境责任的约束，经营利润相对较低。金融机构执行赤道原则需增设或改组社会责任相关的组织架构，并在日常业务运行中增设规章制度等社会责任机制，无疑会增加运行成本，尽管如此，国际上一部分大型商业银行等金融机构依然自愿加入赤道原则框架。短期内，执行赤道原则可能产生的实际成本或许难以被抵消，但基于可持续发展视角，执行赤道原则能有效提升金融机构的整体经营绩效，经验数据也广泛支持执行赤道原则的金融机构其履责程度与经营绩效呈高度正相关关系，同时，赤道金融机构在社会问题、环境保护、品牌效应与可持续发展潜力等指标，均优于非赤道原则金融机构的表现。

（二）企业社会责任理论

如第二章所阐释，利益相关者理论与层次责任理论是企业社会责任理论研

① 何丹．赤道原则的演进、影响及中国因应［J］．理论月刊，2020（3）．

究领域关于社会责任评价的主要代表学说，在界定企业社会责任的内涵上的解释略有差异（见表6-2）。层次责任理论的核心即“金字塔”模型认为，经济责任、法律责任、伦理责任和企业自由决定的责任构成了比较系统的企业社会责任内容，其中，经济责任、法律责任、伦理责任和自由决定责任从最底层向上依次排列，从而构成一个“金字塔”结构（Carroll，1991）。利益相关者理论认为，企业有六大利益相关者群体，由股东、雇员、消费者、供应商、社会和政府所构成，利益相关主体影响企业的经营决策、战略目标、经营模式与经营活动，他们决定了企业所要承担的社会责任具体内容。各利益相关者影响企业的行为决策，企业对各类利益相关者承担不同的责任。不难看出，层次责任理论直接对企业应承担的责任实体维度进行了由模糊到准确、由泛化抽象的概念到具体实际的内容的转化，而利益相关者理论则从企业社会责任涉及的主体进行描述，将社会责任的利益主体细分化，对农村金融机构社会责任内涵的界定亦充分融合了层次责任理论和利益相关者理论的核心思想。

表6-2　企业社会责任理论核心思想

代表性文献	企业社会责任内容
卡罗尔金字塔模型（Carroll，1991）	经济责任、法律责任、伦理责任和慈善责任
同心圆模型（美国经济发展委员会，1971）	内圈责任（经济功能基本责任）、中圈责任（环境保护、合理对待员工和消费者）、外圈责任（促进社会协调、可持续发展）
交叉圆模型（Schwartz，2003）	经济责任、法律责任、伦理责任、慈善责任，强调几种社会责任间的交互关系
弗里曼（Freeman，1984）	企业应兼顾其利益相关者们的利益，主要包括股东、供应商、客户、政府、社区、环境、社会等
罗宾斯（Robbins，1991）	企业超过法律和经济要求的、为谋求对社会有利的长远目标所承担的责任
克拉克松（Clarkson，1995）	与企业经济责任、法律责任和道德责任相对应的社会责任
世界银行（2002）	企业与外界主体及内在价值观的实践集合，包括与其相关利益主体的关系、遵守法律法规、履行社区与环境相关政策，对其利益相关主体的可持续发展的承诺与实践

（三）商业银行社会责任代表性研究文献

在西方企业社会责任理论思想和国际赤道原则实践的影响下，国内学术界关于商业银行社会责任指标体系的代表性研究文献大多以社会责任相关利益主体作为体系构建的指标层次，多以股东、员工、消费者、政府和社区等指标层次来构建商业银行社会责任指标体系或社会责任绩效评价指标体系（见表6-3）。

表6-3　　　　商业银行社会责任体系代表性文献

代表性文献	研究对象	指标内容
朱文忠（2009）	整体商业银行	商业银行企业社会责任的标准体系
乔海曙和谭明（2009）	国有控股商业银行、全国性股份制银行、城市商业银行	股东、员工、消费者、政府为利益相关者的金融企业社会责任指标体系
萧松华谭超颖（2009）	整体商业银行	股东、客户、员工、政府、社区、环境
华立群和朱蓓（2009）	中国银行业	员工、股东、顾客、政府、竞争者、社会
刘志云（2020）	中国金融机构	中国金融机构社会责任立法与机制
姚伟（2018）	四大国有银行	股东、政府、同业、客户、消费者及其他
欧阳良伟（2018）	整体商业银行	股东责任、客户责任、员工责任、政府责任、监管机构责任、社区责任和环境责任

（四）金融监管部门政策引导

2009年，中国银行业协会印发《指引》，认为银行业金融机构需对“股东、员工、消费者、商业伙伴、政府和社区”等利益相关者承担社会责任，银行业金融机构在经营中应承担经济、法律、道德与慈善等责任，以此发挥出对社会与环境可持续发展的社会效应（见表6-4）。《指引》将我国银行业金融机构的企业社会责任划分为“经济责任、社会责任、环境责任”三个责任维度，责任指引的适用范畴广泛，涵盖了所有的性质与类型的境内我国法人银行业金融机构。

表6-4　　　　银行业金融机构社会责任指引

项目	内容
经济责任	以遵守法律为前提，营造公平、安全、稳定的行业竞争秩序，以优质的专业经营，持续为国家、股东、员工、客户和社会公众创造经济价值
社会责任	以符合社会道德和公益要求的经营理念为指导，积极维护消费者、员工和社区大众的社会公共利益，提倡慈善责任，积极投身社会公益活动，构建社会和谐发展
环境责任	支持国家产业政策和环保政策，节约资源，保护和改善自然生态环境，支持社会可持续发展

（五）“中央一号文件”与相关政策

21世纪以来共发布了18个指导“三农”工作的“中央一号文件”，体现了党和国家对“三农”发展的高度重视，在这18个“中央工作一号文件”中，均同时对农村金融提出了服务“三农”、立足本源的政策要求。另外，在2006年的社会主义新农村战略、2018年的实施乡村振兴战略、2019年的金融服务乡村振兴的指导意见等文件中，明确地对农村金融提出了回归本源的要求，并对农村金融机构进行了服务“三农”支持“三农”的政策导向（见表6-5）。

表6-5　金融支持乡村振兴与“三农”发展的社会责任政策导向

中央政策、文件	金融支持“三农”发展的社会责任要求
1982—1986年“中央一号文件” 2004—2020年“中央一号文件”	以农业、农村和农民“三农”发展为主题
《中共中央 国务院关于推进社会主义新农村建设的若干意见》（国办发〔2006〕1号）	县域金融机构应按比例将新增存款投放当地“三农”领域
《中共中央 国务院关于实施乡村振兴战略的意见》（国办发〔2018〕1号）	农村金融机构应回归本源，将更多金融资源配置到农村经济社会发展的重点领域和薄弱环节，满足乡村振兴金融需求
《中共中央 国务院关于坚持农业农村优先发展做好“三农”工作的若干意见》（国办发〔2019〕1号）	实施县域银行业金融机构服务“三农”的监管措施，推动农村信用（农村商业银行、农村合作银行）回归服务“三农”本源业务
《关于金融服务“三农”发展的若干意见》（国办发〔2014〕17号）	涉农金融机构要进一步下沉服务重心，切实做到不脱农、多惠农，更好地发挥支农主力军作用，加强对“三农”发展的金融支持
《关于金融服务乡村振兴的指导意见》（银发〔2019〕11号）	完善农村金融资源回流机制，更好满足乡村振兴；提升涉农金融机构治理和支农能力
《中共中央 国务院关于全面推进乡村振兴加快农业农村现代化的意见》（国办发〔2021〕1号）	坚持为农服务宗旨，持续深化农村金融改革，推动农村金融机构回归本源

二、体系构建原则

（一）经济效益与社会效益兼顾原则

经济效益目标与社会效益目标是农村金融机构在支持乡村振兴战略和服务

"三农"发展过程中应同时兼顾的双重目标，经济效益与社会效益兼顾原则是指在指标设计上既要引导农村金融机构充分发挥支持乡村振兴战略和服务"三农"发展的社会效益，还需兼顾金融机构在履行社会责任的同时获得经济效益、实现财务上的可持续发展。财务可持续性发展是农村金融机构履行支持乡村振兴和服务"三农"发展社会责任的物质基础，履行社会责任是农村金融机构可持续健康发展的目标导向。因此，体系的构建应充分体现农村金融机构的经济效益目标与社会效益目标兼顾原则，规避农村金融机构因逐利行为过度挤占履行社会责任空间与资源现象发生，达到二者兼顾效果。

（二）科学性与系统性原则

金融支持乡村振兴战略和服务"三农"发展的社会责任是一个综合性的多因素系统，体系的构建应基于客观数据与信息的基础之上，并能有效反映出农村金融机构履行社会责任的实际履责情况。在指标的选择与设计上，须充分考虑指标的客观性与全面性，以获得体系构建的严谨性。因此，指标的选取、指标体系层级的设置、权重的赋值、数据的处理、模型的选用以及计算方法的选择应基于科学分析基础。指标应能够客观地反映金融支持乡村振兴社会责任的本质特点及金融促进经济增长的客观规律与作用机理，每个指标必须概念清晰，内涵明确，并有利于金融支持乡村振兴发展阶段进行动态评价和分析研究，以保证评价结果的稳健性与客观性。在分析方法上，结合定量分析与定性分析法，指标设置覆盖定性与定量指标，指标的选取、定义、计算与合成、权重分配均遵循客观、科学、合理原则，最大可能减少人为主观判断。此外，指标体系的构建遵循系统性原则，即指标体系必须能够系统反映乡村振兴金融支持社会责任的全面性、深度性与整体性。

（三）一般性与特殊性相结合原则

构建金融支持乡村振兴战略与服务"三农"发展社会责任体系应遵循一般性与特殊性相结合的原则。其一，社会责任指标体系应遵循银行业监督管理委员会在2007年发行的252号文件《中国银监会办公厅关于加强银行业金融机构社会责任的意见》，农村金融机构首先具备银行业金融机构的一般性质，与其他类型的金融机构共同遵守相关者权益保护、环境保护、公共利益保护等维度的社会责任。同时，农村金融机构是服务与支持"三农"的重要主力，这要求必须突出"三农"金融市场的特殊性和农村金融机构的特殊性，结合农村金融机构的特殊性及其经营特点，实现一般性与特殊性相结合的原则。其二，政策性涉农金融机构、商业性农村金融机构与合作性农村金融机构共同构成了我国农村金融供给的重要载体，是乡村振兴金融资源投入的关键保障体系。三元农村金融机构均应以服务“三农”的价值取向为社会责任目标，但由于各类农村金融机构的性质、市场定位、发展战略等特征相异，其支持乡村振兴战略与服务“三农”发展的社会责任在规章制度中也应遵循特殊性与普遍性相结合的原则，支持乡村振兴战略与服务“三农”发展的市场领域与业务方式各有侧重。通过部分指标权重的赋值差异，对不同类型农村金融机构履行社会责任作出差异化监管。其三，金融支持乡村振兴社会责任指标体系针对农村金融机构履行支持乡村振兴战略社会责任的治理基础、能力要求、业务规模与支农绩效，紧密结合我国农村经济社会发展的特点与生产特征，充分体现乡村振兴战略目标的实现对金融支持的现实需求，兼具全国层面乡村振兴战略对金融支持需求的共性特征，同时亦适用于金融支持“三农”发展的一般性范畴。指标体系可基于区域经济金融发展差异，通过部分指标权重灵活调整，突出西南民族地区金融发展与经济发展、农村经济社会发展的特殊性，兼顾地域范畴的一般性与特殊性。

（四）可比性与可操作性相结合原则

在指标体系的层级设置和指标选取时，应统一各项指标的选取口径、选取空间及选取方法的动态变化，从而保证能够对农村金融机构社会责任的履行情况进行不同类型的金融机构之间的横向对比和同一金融机构不同时期的纵向自我对比。同时，指标的计量应该清晰明了，以监管部门现行的涉农金融专项统计制度、官方统计年鉴、统计公报为根本依据，数据可获得性高，且易测易得，在实际应用和统计监测过程中具有易操作性，能全面、客观地评价农村金融机构履行社会责任支持乡村振兴和服务“三农”发展的实际情况。

（五）时代性与发展性相结合原则

乡村振兴战略是“三农”发展在新时代下的战略规划，战略的布局规划涵盖了当前阶段鲜明的时代性背景。金融支持乡村振兴战略社会责任指标体系的构建要充分反映出这一时代性要求，指标设置紧密契合现阶段乡村的实际情况和乡村振兴战略的目标，紧扣乡村振兴战略“产业兴旺”“生活富裕”“治理有效”“生态宜居”“乡风文明”的二十字要求与特定的政策指向性。因此，乡村振兴金融支持社会责任评价指标应具备层次性与动态性特征，以便准确地描述、刻画与度量金融支持乡村振兴的当前特征、动态变化，为农村金融的发展、乡村振兴战略金融保障提供直接的监管信息来源。同时，“三农”是关系全面小康社会建成的关键领域，在全面建设社会主义现代化国家进程中具有重要地位，党中央解决“三农”问题是一个长期的发展历程。因此，指标体系应同时兼顾“增量”与“增质”，在各类涉农贷款的存量、占比、增量与增速直接指标的基础上，增设对金融支农的增产、增收等绩效衡量指标，覆盖乡村振兴“二十字”目标的实现度，具有动态性，并综合反映出金融支持乡村振兴与服务“三农”发展的特点和规律。

三、体系构建模型与方法

（一）专家咨询

课题组基于代表性、权威性、广泛性和兼顾相关专业领域、地域分布的原则，从西南民族地区高等院校、农村金融机构、银保监会派出机构等部门选取了15名长期从事企业社会责任研究、农村金融理论研究和实践应用的专家，开展系统性的专家咨询。第一轮调查内容为课题研究的目的和任务介绍、专家信息资料问卷和专家自我评价，并附有本次调研问题的定性问题；第二轮咨询为指标的筛选，即对初始指标进行评价和筛选，纳入体系，最终形成4个二级指标、40个三级指标的乡村振兴金融支持社会责任指标体系；第三轮咨询为专家对甄选出纳入体系的指标的重要性进行打分，确定各指标的重要程度和指标之间的相对重要性。经过三轮的问卷函询与专家意见的汇总分析，得到最终的判断矩阵。

为保证指标选取的科学性，依据已有研究设定指标纳入的标准：专家系数≥50%，重要性评分和可操作性评分≥6，专家权威程度≥0.7，综合指数≥7.5，0.4≤协调系数≤0.5。在10分制的等级评价表中，大于5分的可以认为该指标内容效度的敏感性程度符合要求，给出评分高于5分的专家人数除以参评的专家总数即I-CVI≥0.78（根据既有研究结果，当专家咨询数量>9人，内容效度检验≥0.78时，可以纳入指标体系）。

（二）递阶层级结构模型

递阶层级结构模型是反映系统性问题要素间层次关系的量化模型，模型将评价目标分为目标层（A）、准则层（B）、方案层（C）三个层次，各指标按照逻辑关系和研究目标对指标层进行细化，层次的分组由指标层的相关关系决定，上级指标支配和决定相邻的下一级指标，整体上构成了一个自上而下的递阶逐层支配的关系结构模型。

（三）AHP层次分析法

运用层次分析法（Analytic Hierarchy Process，AHP）对指标权重逐层赋值，

从而获得体系中各层指标权重数，并逐层构建判断矩阵，计算出四个准则层对总目标层以及指标层对四个准则层的向量矢量，从而确定指标层对准则层、准则层对总目标层的贡献度，在此基础上形成加权递阶，计算所有备择指标对总目标的权重数值，基于权重优先的准则从中择其最高权重值为最优方案。权重优先的准则是对所有备择指标的相对重要程度的度量，基于评价准则，各子目标对于上个目标层的权值相异，标记下各指标层的相对重要性权值，最终得到基层指标对总体目标或综合评价指标重要性的排列结果。层次分析法的具体过程如图6-1所示。

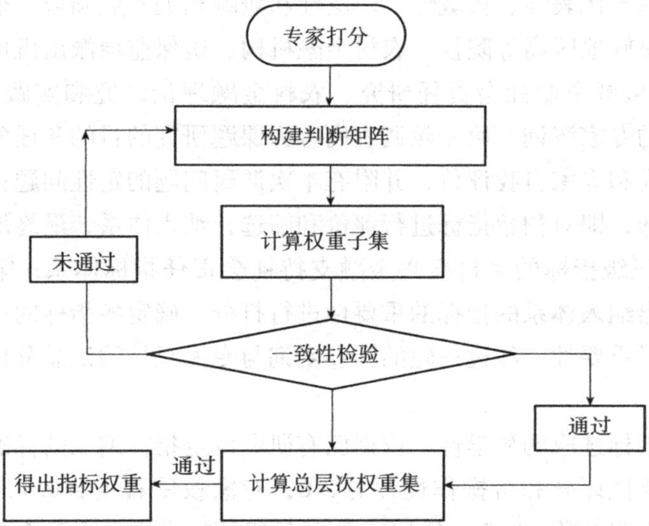

图6-1 层次分析法的过程

四、体系构建的创新范式

纵观既有关于银行业金融机构社会责任的文献，存在以下几个特征：(1) 尽管国内外学术界关于大型商业银行、上市商业银行等金融机构社会责任的研究范畴和深度在不断拓展，但当前并未形成一个系统、权威与获得广泛认可的银行业金融机构社会责任体系；(2) 在金融机构社会责任的研究成果中，其研究对象主要集中在整体商业银行样本层面，无一例外集中在大型商业银行、上市商业银行等城市商业银行，并没有兼顾农村金融机构的特殊性，缺乏对农村金融机构社会责任的特性研究；(3) 现有对于金融机构社会责任体系内容的研究大多基于利益相关者理论逻辑，涵盖了制度性与非制度性的责任内容，并且，金融机构社会责任的内容研究集中于环境责任维度，即金融对环境与气候变化的责任，例如绿色金融、碳金融等领域，缺少对基于金融公平、金融伦理视角的社会责任内涵研究。并且，较多的文献将银行业金融机构社会责任等同于“社会捐赠”等表象，缺乏对银行业金融机构社会责任内涵的内在研究；（4）截至目前，理论研究与监管政策体系中依然缺乏关于农村金融机构社会责任评价指标体系的研究成果与应用实践。综上，构建金融支持乡村振兴战略社会责任指标体系是本研究的创新点所在，既有文献为金融支持乡村振兴战略社会责任社会责任研究提供了丰富有益的镜鉴，在此基础上，金融支持乡村振兴战略社会责任指标体系的创新性与突破表现为以下几个方面：

其一，凸显农村金融机构社会责任的“三农”特性。以服务“三农”领域为目标的农村金融机构社会责任与大型城市金融机构社会责任的侧重领域存在较为显著的区别，例如，股份制与城市商业银行以工商企业部门、个人消费为目标市场，其社会责任多强调“环境保护”绿色责任与“小微企业融资”普惠责任。本研究遵循农村金融与经济发展的客观规律，基于农村金融机构的特质性，针对农村银行业金融机构社会责任的特殊属性。因此，金融支持乡村振兴战略社会责任主体定位为农村金融机构，包括政策性涉农金融机构、合作性农村金融机构和商业性农村金融机构三种不同性质的农村金融机构。

其二，金融支持乡村振兴战略社会责任指标体系的研究重点是农村金融机构的社会责任维度，由于农村金融机构对债权人、股东、员工等维度的制度性社会责任内容在相关的法律与制度中均有条款规定，本研究不作强调。农村金融机构社会责任的特殊性突出地表现在其服务对象为“三农”群体，在金融资源配置中，应充分发挥出农村金融机构的“信贷杠杆”机制，致力于最大程度上满足“三农”发展所产生的金融需求，增加“三农”金融服务供给，实现“三农”群体金融服务可得性的广泛覆盖，减少农村贫困增量，助推农户增收致富，服务于农业规模化、产业化与现代化发展目标的实现。本研究关注农村金融机构在其利益相关主体中的“客户”所需履行的社会责任，即支持乡村振兴战略和服务“三农”发展的社会责任维度。因此，金融支持乡村振兴战略社会责任层次与指标设置紧扣“生活富裕、生态宜居、产业兴旺、治理有效、乡风文明”“二十字”目标内在的金融需求。

其三，金融支持乡村振兴战略社会责任指标体系构建基于《指引》中的“社会责任”维度，并对银行业金融机构社会责任的内涵进行了细分，对责任主体进行界定。由于农村金融机构有着浓郁的行业特色、地域特色和定位特色，社会责任指标体系并非是在整体商业银行社会责任评价指标体系框架下简单地添加或删减部分属性指标，而是在目标层、准测层与指标方案层的设置中紧扣农村金融机构特征、“三农”金融市场规律以及乡村振兴战略金融需求结构。

综上，金融支持乡村振兴战略社会责任指标体系的构建是在综合演绎与运用企业社会责任理论、农村金融理论、金融与经济增长理论的框架下，借鉴农村金融、企业社会责任、金融伦理、社会学等领域既有相关文献成果，反思乡村振兴金融支持社会责任缺失的矛盾，深度剖析我国农村金融机构的发展特性及其长期的支农实践绩效，在综合分析国际成功经验、咨询相关专家与农村金融机构行业人员，以及采集农户调查信息的基础上，遵循系统性、层次性、代表性、导向性等原则，构建履责治理、履责能力、履责践行与责任绩效四个准则层，甄选指标，运用计量方法进行指标赋值，构建一个包含有目标层、准则层和指标层的金融支持乡村振兴战略的社会责任体系。

第二节　指标、层级与赋权

一、指标甄选

（一）目标层

金融支持乡村振兴战略社会责任指标体系共分为目标层、准则层和指标层三个层次。根据《乡村振兴战略规划（2018—2022年）》的具体要求，本研究认为，金融支持乡村振兴战略的社会责任指标体系应密切关联乡村振兴战略中“三农”金融需求的重点领域，因此，指标的甄选紧扣乡村振兴战略“二十字”目标，突出特定时期的政策指向性。从“三农”发展的历程演化来看，乡村振兴战略也是我国“三农”发展的阶段性目标要求，乡村振兴与“三农”发展二者的本质、内涵与内在要求具有一致性，体系目标的设置既包括金融支持农业增产、农民增收等金融支持乡村振兴重点目标的实现，也涵盖金融机构服务“三农”实体经济发展的根本要求和“三农”贷款等具体的统计指标约束。

（二）准则层

准则层由社会责任治理维度、社会责任能力维度、社会责任践行维度和社会责任效益维度四个维度构成。

1. 社会责任治理维度

内部机制与治理制度是农村金融机构履行社会责任的关键因素与制度保障，农村金融机构履行社会责任的第一准则是其内部治理维度，内部治理制度将决定其是否会主动承担支持乡村振兴和“三农”发展的社会责任，影响其日常业务经营，该层次要求金融机构建立起定位服务乡村振兴和“三农”、服务县域的内部公司治理体制与机制，逐步推进农村金融业务的数字化转型。以支持乡村振兴和“三农”发展为自我发展的价值导向，健全和完善法人治理机构，建立定位“三农”、服务县域的内部治理机制，成立“三农”事业部主管涉农金融服务，在绩效考核、人力资源配备及系统内部资金转移定价等环节给予政策支持。将股东、董事、高级管理人员及员工的绩效与承担和履行支持乡村振兴和服务“三农”发展的社会责任目标紧密联系起来，围绕服务乡村振兴形成常态化、专业化和持续性的金融服务供给机制，将社会责任纳入自我发展战略，明确社会责任目标，以保证金融机构在理念上能自我强化承担社会责任的意识，减小服务目标“偏移”现象，坚守扎根服务“三农”的本源定位。

2. 社会责任能力维度

农村金融机构只有实现财务可持续发展，自负盈亏，保证“财务可持续性”才能持久地为“三农”和乡村发展提供金融服务，这是农村金融机构支持乡村振兴和“三农”发展的基本条件。社会责任能力维度是对金融机构履行社会责任的财务可持续性的评估。营利性是农村金融机构履行社会责任的基础与前提，实现合理的财务利润是农村金融机构生存和可持续发展的前提，实现财务的可持续发展目标才能承担起相应的社会责任。农村金融机构履行支持乡村振兴与服务“三农”发展的责任是以实现财务可持续为前提的，在业务运营中体现为成本利润的最优比，即成本最小化与利润最大化，在此基础上增强实力实现金融机构的可持续发展。该准则层设置要求农村金融机构在风险控制、保持流动性的安全经营前提下，履行支持乡村振兴和服务“三农”发展的社会责任，实现社会责任目标与其财务可持续目标二者的统一。

3. 社会责任践行维度

社会责任践行维度是对金融机构履行支持乡村振兴和“三农”发展的社会责任的程度进行评估的直接反馈。这一目标要求农村金融机构在社会责任目标的导向下切实履行支持乡村振兴和面向“三农”，增加“三农”金融服务供给，满足乡村振兴多元化的金融需求，解决农村产业发展中面临的信贷约束瓶颈问题，改善“三农”面临的金融抑制，提高农户及农村企业的信贷获得机会，重点服务新型农业经营主体、农村集体经济组织、分散农户、建档立卡贫困户和贫困边缘户等农村农业生产主体，通过发放“三农”信贷，满足农民特色农业和休闲农业产业兴旺、农户增收、扶贫脱贫、农业现代化发展的资金需求。

4. 社会责任绩效维度

金融机构社会责任绩效维度是金融支持乡村振兴和服务“三农”发展的绩效体现。乡村振兴战略以“产业兴旺、生态宜居、乡风文明、治理有效、生活富裕”为目标，目标实现的落脚点在特色产业兴旺发展、农民增收、农业产值增加、消除贫困等。因此，这一目标的设置是农村金融机构支持乡村振兴社会责任的履行的社会效益的评估，是金融支持乡村振兴和“三农”发展在一定时期内的绩效体现。

（三）指标层

1. 社会责任治理指标

以支持乡村振兴和服务“三农”发展作为自身发展战略目标之一的股东治理机制是农村金融机构履行社会责任的制度保障。社会责任治理指标主要体现金融机构基于支持乡村振兴与“三农”发展的社会责任履行目标的内部治理制度或机制体制，本质上是将履行社会责任制度化，实现综合价值最大化的管理目标。大型涉农商业银行应在县域支行实行“三农”金融事业部制，从管理架构上保障大型涉农金融机构的支农社会责任的落实。本层级共设五个三级指标（见表6-6）：长期支持乡村振兴和服务“三农”的社会责任意识程度、“三农”金融事业部管理体制、“三农”金融事业部运营机制、支持乡村振兴和服务“三农”发展社会责任履行信息披露程度。

（1）长期支持乡村振兴和服务“三农”发展的社会责任意识程度。农村金融机构是否承担社会责任取决于其对社会责任意识程度，具体表现在对长期支持乡村振兴和服务“三农”社会责任意识的认同度，是否将支持乡村振兴和“三农”发展的社会责任内化为自我发展战略的一部分。

（2）采用“三农”金融事业部管理体制。农村金融机构建立“三农”社会责任履行的内部管理制度，以社会责任为导向完善法人治理结构，明确农村市场战略定位，支持乡村振兴、“三农”发展的激励机制。

（3）形成“三农”金融事业部运营机制。“三农”金融事业部运营机制主要包括四个方面：一是建立起涉农信贷尽职免责制度，营造信贷人员“敢贷、会贷、愿贷”的良好环境；二是实现县域分支机构涉农信贷权限下放；三是金融机构对金融服务乡村振兴的政策宣传情况；四是为金融机构员工提供金融支持乡村振兴、服务“三农”社会责任的培训情况。

（4）支持乡村振兴、服务“三农”社会责任履行信息披露程度。农村金融机构应建立支持乡村振兴和服务“三农”社会责任信息披露制度，主动、定期对外公布履行社会责任的相关指标信息，包括机构机制建设、信贷投放、客户构成、贷款成本等履行社会责任的重要内容，接受监管和社会公众的监督。

（5）“三农”金融业务数字化转型。农村金融机构数字化转型主要集中体现在三个领域：金融机构数字化核心系统建设，大数据与金融科技在业务中的应用程度，线上产品与服务的种类、渠道的丰富度。农村金融机构的数字化转型是农村普惠金融服务进一步下沉的重要手段，数字金融能解决当前传统金融效率低、成本高的缺陷，能有效提升农村金融机构履行社会责任的深度和广度。自2018年提出数字乡村战略，2019年印发《数字乡村发展战略纲要》，党的十九届五中全会提出“推进数字乡村建设”是“十四五”重要的规划目标，对农村金融机构的数字化转型提出了明确的要求。该指标采用定量评价。

表6-6　社会责任治理维度评价指标

准则层	指标层	指标性质	指标描述
社会责任治理维度	支持乡村振兴、服务“三农”发展的责任意识	正向，定性	社会责任意识程度，专家评估
	“三农”金融事业部管理体制	正向，定性	管理制度，法人治理结构，市场定位，激励机制；网点信息
	“三农”金融事业部经营机制	正向，定性	尽职免责制度，信贷权下放，政策宣传，员工培训；专家评估
	服务“三农”信息披露程度	正向，定性	信息披露制度，披露指标；专家评估
	“三农”金融业务数字化转型	正向，定量	核心系统建设，大数据与科技应用，线上服务与渠道的丰富度；网点数据

2. 社会责任能力指标

社会责任能力指标是反映农村金融机构可持续发展的财务能力指标，这一指标是农村金融机构同时兼顾社会责任目标与财务目标的程度，主要考核农村金融机构的营利性和可持续发展性。本层次共设置6个指标，分别为：盈利能力、资本利润率、成本收入比、净利润增长率、资本充足率和涉农不良贷款率（见表6-7），共同形成了对农村金融机构自身可持续性发展的重要衡量，也是农村金融机构履行支持乡村振兴和服务“三农”社会责任的前提基础。

（6）资产收益率。盈利能力是指农村金融机构在运营过程中获取利润的能力，盈利能力体现了农村金融机构运营能力、管理水平以及资源配置效率的高低，直接影响农村金融机构的财务可持续性发展。用资产收益率（ROA）指标来衡量农村金融机构盈利能力，资产收益率在数值上等于金融机构净利润与总资产的比率，用来衡量金融机构一单位资产创造的净利润水平，是银行盈利能力的重要体现，该比率越高，显示出农村金融机构盈利能力较强。

（7）资本收益率。资本收益率（ROE）又称股东权益报酬率，等于银行净利润与其股东权益的比值，主要衡量一单位净资产创造的净利润，体现了银行经营对股东的回报收益，即对农村金融机构的投资人、债权人的权益保障度，该比例与资本获益能力成正比关系。

（8）成本收入比。成本收入比是农村金融机构主要业务支出与其主要业务收入的比值，反映农村金融机构单位支出成本与收入比，是金融机构自身可持续经营能力的衡量指标，该比率与农村金融机构自身持续经营能力成反比关系。

（9）净利息收益率。净利息收益率是利息净收入与总生息资产平均余额的比率，该指标值越高，反映农村金融机构的盈利能力越强，是农村金融机构发展潜力的重要指标。

（10）涉农不良贷款率。涉农不良贷款率是涉农不良贷款余额与总贷款余额的比率，不良贷款率越高，说明农村金融机构回收贷款的风险越大，不良贷款率越低，说明农村金融机构回收贷款的风险小。

（11）资本充足率。资本充足率是资本总额与其加权风险资产的比率，主要衡量农村金融机构的资产遭到损失滞后，以其自有资本弥补损失的程度和抵御风险的能力，是农村金融机构维持正常运营和发展、履行社会责任的重要经营保障。该指标值越高，农村金融机构抵御风险的能力越强。

表6－7　　　　社会责任能力维度评价指标

准则层	指标层	指标性质	指标描述
社会责任能力维度	资产收益率	正向，定量	（净利润/平均总资产）×100%
	资本收益率	正向，定量	（净利润/实收资本）×100%
	成本收入比	负向，定量	（主要业务支出/主要业务收入）×100%
	净利息收益率	正向，定量	（利息净收入/总生息资产平均余额）×100%
	涉农不良贷款率	负向，定量	（不良贷款余额/总贷款余额）×100%
	资本充足率	正向，定量	（资本总额/风险加权资产）×100%

3. 社会责任践行指标

社会责任践行指标是涉农金融机构履行信贷支持乡村振兴战略和服务“三农”发展的社会责任主要评价指标，包括三个领域的指标数据：金融支持规模、金融支持群体结构、金融支持创新度。其中，金融支持规模评价指标由涉农贷款余额、涉农存贷比、涉农贷款占比、涉农贷款增速、新增可带资金涉农贷款占比、普惠型涉农贷款增速、精准扶贫贷款增速、县域新增网点数；金融支持群体结构评价指标包括农户贷款占比、两权抵押贷款余额、中长期涉农信贷余额、其他涉农贷款余额；金融支持创新度评价指标为新型金融支农服务创新（见表6－8）。

（12）农村贷款增速。乡村振兴的重要发展地域范围是县域经济，农村贷款是指县域范围内的贷款，由农户贷款、农村集体经济组织贷款、农村企业贷款构成，这一指标主要衡量农村金融机构信贷资金投放县域的年度增长速度。

（13）涉农贷款余额。涉农贷款余额是涉农金融机构履行社会责任的重要量化衡量指标，较为直观地反映了金融机构涉农信贷投放的总量规模，其目标值是年度持续增长。涉农贷款包括农村区域贷款与非农村区域贷款，农村区域各类经营主体贷款分为个人贷款和企业贷款。非农村区域的农业经营主体的注册地一般不在农村（主要在城镇），但其经营归属行业为农、林、牧、渔业或农林牧渔服务业，其贷款也属于涉农贷款。

（14）涉农贷款占比。涉农贷款占比是衡量农村金融机构是否存在资金外流、目标偏移现象及其程度的重要指标。

（15）涉农贷款增速。涉农贷款增速是反映涉农金融机构履行社会责任的持续性与长期性，是农村金融机构年度涉农贷款的增长速度，是衡量农村金融机构履行支持乡村振兴和服务“三农”发展的社会责任的重要指标。

表 6-8　　社会责任践行维度评价指标

准则层	指标层	指标性质	指标释义
社会责任践行维度	农村贷款增速	正向，定量	（农村贷款增额/农村贷款额）×100%
	涉农贷款余额	正向，定量	年度涉农贷款余额
	涉农贷款占比	正向，定量	（涉农贷款余额/贷款余额）×100%
	涉农贷款增速	正向，定量	（涉农贷款增额/涉农贷款余额）×100%
	农户普惠型经营贷款增速	正向，定量	（农户小额普惠贷款增额/农户小额普惠贷款余额）×100%
	普惠型涉农小微企业贷款增速	正向，定量	（涉农小微企业贷款增额/涉农小微企业贷款余额）×100%
	扶贫贷款增速	正向，定量	（扶贫贷款增额/扶贫贷款余额）×100%
	新型农业经营主体贷款增速	正向，定量	（新型农业经营主体贷款增额/本年度新型农业经营主体贷款余额）×100%
	农村基础设施建设贷款增速	正向，定量	（农村基础设施建设贷款增额/本年度农村基础设施建设贷款余额）×100%
	两权抵押贷款增速	正向，定量	（两权抵押贷款增额/两权抵押贷款余额）×100%
	农户信用贷款增速	正向，定量	（农户信用贷款增额/农户信用贷款余额）×100%
	涉农绿色信贷增速	正向，定量	（涉农绿色信贷增额/本年度涉农绿色信贷余额）×100%
	新增可贷资金用于当地	正向，定量	（年度新增当地贷款/年度新增可贷资金）×100%
	农村金融服务设施增设	正向，定量	县域新增网点数、金融服务站、ATM 机具数
	乡村振兴金融服务创新	正向，定性	县域金融产品与金融服务创新

（16）农户普惠型贷款增速。普惠型农户经营性贷款是指单户授信总额 500 万元（含）以下的农户经营性贷款，该指标反映了农村金融机构服务于分散农户的社会责任履行情况。

（17）普惠型涉农小微企业贷款增速。涉农小微企业法人贷款、农村集体经济组织贷款以及农民专业合作社贷款，且单户授信总额 1000 万元（含）以下。

（18）扶贫贷款增速。精准扶贫时期的扶贫贷款包括扶贫小额信贷和扶贫开发项目贷款。根据《关于金融支持深度贫困地区脱贫攻坚的意见》（银发〔2017〕286号）、《中国银监会办公厅关于做好2018年银行业三农和扶贫金融服务工作的通知》的政策要求，深度贫困地区扶贫贷款增速目标值为高于所在省市贷款平均增速。该指标设置旨在激励与约束农村金融机构在深度贫困地区扶贫与贫困人口脱贫中发挥出金融支持作用，对农村金融机构提出扶贫小额信贷资金用于发展生产，立足本地优势产业和项目，切实提升贫困户脱贫内生发展动力的要求。2020年脱贫攻坚任务完成之后，现行贫困标准下的扶贫困户全部脱贫，贫困县全部“摘帽”。依据2021年中央一号文件，设立5年过渡期，对脱贫县的帮扶政策不变。同时，我国实现了全面建成小康社会的目标，乡村振兴和建成社会主义现代化强国成为新的目标，我国贫困问题由绝对贫困转化为相对贫困。全面小康后的金融扶贫的重点领域是巩固脱贫攻坚成果，防止脱贫人口返贫，内生发展能力扶贫，重点解决乡村多维贫困、不平衡、不充分发展的问题，民族地区尤其是“三区三州”等深度贫困地区依然是金融扶贫的重点领域。基于此，将扶贫贷款增速作为相对贫困治理时期的一个考核指标。

（19）新型农业经营主体贷款增速。新型农业经营主体贷款的对象是农业专业大户和家庭农场、农业产业化龙头企业、农民专业合作社、职业农民、专业大户、家庭农场等新型农业经营主体，新型农业经营主体是产业兴旺、农业规模化和产业化发展的重要人力要素载体与乡村振兴重要的三大主体之一，对金融支持的规模和力度提出了更高的要求。

（20）两权抵押贷款余额。两权抵押贷款是金融机构针对新型农业经营主体融资的创新，包括农村承包土地的经营权、农民住房财产权、集体经营性的建设用地使用权及集体林权等抵押贷款业务。为缓解新型农村经营主体融资依然困难的困境，2016年央行开始实施“两权”抵押贷款试点县（市、区）。

（21）农村基础设施建设贷款增速。伴随着生态宜居与数字乡村建设工程的推进，农村高标准农田、交通设施、水利设施、电网、通信、物流等农村基础设施建设领域对金融支持的需求越来越大，农村基础设施的完善与优化是中长期涉农贷款投放的主要领域。该指标反映了金融对农村基础设施建设的支持力度，是金融支持乡村振兴的重点领域。

（22）农户信用贷款增速。农户信用贷款是金融机构面向分散小农户，基于农户的信用水平发放的无抵押和无担保贷款，有核定的贷款额度及贷款期限限制。

(23) 农村绿色信贷增速。农村绿色信贷增速是农村绿色信贷投放的年度增长速度。生态宜居、产业发展等乡村振兴目标均要求鼓励金融支持绿色农业、参与农村生态环境治理、解决乡村振兴中的环境难题、支持乡村绿色产业发展。该指标对农村金融机构提出了面向农户、个人，探索差异化的农村绿色金融信贷业务，丰富农村绿色金融产品种类，扩大乡村振兴绿色信贷覆盖面的要求。该指标设置对拓展农村生态环境治理资金来源，将金融资源引向可持续发展的乡村社会绿色发展与生态发展项目，发展乡村绿色金融发挥出激励与约束作用。

(24) 新增可贷资金用于当地占比。县域新增可贷资金用于当地占比是指农村金融机构年度新增当地贷款与年度新增可贷资金的比例，该指标是对涉农金融机构县域资金逆向外流离农现象的直观反映。农村金融机构回归本源服务县域地方经济，应将新增可贷资金投放于当地用于支持县域经济的金融需求。

(25) 农村金融服务设施增设。县域新增网点、金融服务站、ATM 机具数目是农村金融机构年度内在县域范围内新设的网点数量和金融服务站及新投放的 ATM 机具。该指标旨在鼓励农村金融机构在空白乡镇和基础金融服务空白的行政村设置新网点，扩大县域覆盖面，尤其是提高农村中小型金融机构在深度贫困县新设网点，提高金融服务在深度贫困地区覆盖面。

(26) 乡村振兴金融服务与产品创新情况。乡村振兴金融服务与产品创新是鼓励农村金融机构结合乡村振兴建设对金融支持的需求特征，开发多元化、特色化的乡村金融服务与金融支农产品，满足新型农业经营主体、农村集体经济组织、小农户、返乡创业农民等乡村主体的贷款产品、投资理财产品等多层次和多元化的乡村振兴金融需求。

4. 社会责任绩效指标

社会责任绩效指标是农村金融机构履行支持乡村振兴战略和服务“三农”发展的社会责任程度与效果的主要评价指标，通过直接绩效与间接绩效指标体现出来。直接指标包括县域资金净流出、县域存贷比、农户满意度、农户信贷可得性，小额信贷农户覆盖率、新型农业经营主体贷款覆盖率；农村小微企业贷款覆盖率。间接绩效指标依据产业兴旺、生活富裕等乡村振兴战略目标设定，包括农村居民人均纯收入增长贡献度、第一产业增加值贡献度、农林渔业增加值贡献度（见表6-9）。

表6－9　　社会责任绩效维度评价指标

准则层	指标层	指标性质	指标释义
社会责任绩效维度	县域资金净流出	负向，定量	本期期末存贷差余额－上期期末存贷差余额
	县域存贷比	正向，定量	（县域贷款总额/存款总额）×100%
	小额信贷农户覆盖率	正向，定量	（获得贷款的农户/申请贷款农户数）×100%
	农户信贷可得性	适中，定量	（农户贷款余额/获贷农户数）×100%
	农村居民人均收入增长贡献度	正向，定量	（农业贷款余额/农民人均纯收入）×100%
	第一产业增加值贡献度	正向，定量	（农村贷款增额/第一产业增加值增额）×100%
	农林渔业增加值贡献度	正向，定量	（农林渔业贷款增额/农林渔业增加值增额）×100%
	新型农业经营主体贷款覆盖率	正向，定量	（获贷新型农业经营主体户数/新型农业经营主体数）×100%
	农村中小微企业获贷率	正向，定量	（获贷农村中小微企业个数/农村中小微企业数）×100%

（27）县域资金净流出。县域资金净流出是农村金融资源逆向流出的关键衡量指标，也是遏制农村金融机构县域资金外流现象持续增加的趋势和农村金融机构回归本源业务的重要考核指标。县域资金净流出规模＝本期期末存贷差余额－上期期末存贷差余额，该差额越大意味着县域资金净流出问题突出。如果该指标长期呈增长趋势，则说明县域资金流出长期存在、农村金融机构目标漂移、偏离支持乡村振兴和县域经济发展的社会责任目标。

（28）县域存贷比。县域存贷比是农村金融机构的县域贷款总额与存款总额的比重，该指标反映金融机构县域资金用于当地的情况，也是农村金融机构偏离本源、目标漂移程度的体现。

（29）小额信贷农户覆盖率。小额信贷农户贷款的对象是分散小农户，小额信贷农户覆盖率也称为农户满意度，是农户对农村金融机构金融服务的满意程度，取决于其信贷融资的满足程度，该指标是衡量金融支农、支小的关键指标，也是农村金融机构履行社会责任的直接绩效，采用获得贷款的农户比率来衡量。

（30）农户信贷可得性。农户信贷可得性指正规信贷可得性，反映了涉农金融机构履行社会责任的深度，以户均贷款规模作为量化指标，其计算公式为：农户贷款总量/获贷农户数。目前学界认为，户均贷款规模越小，说明涉农金融机构对农户提供的金融服务深度越高，但伴随着新型农业经营主体的规模提升、数量增加，农户贷款需求规模扩大，综合将农户信贷可得性定位为适度指标。

（31）农村居民人均收入增长贡献度。生活富裕是乡村振兴战略的重要目标，农村居民人均纯收入增长贡献度是金融支持乡村振兴和服务“三农”的效果体现，也是衡量农村金融机构履行社会责任效益的重要指标。目前我国农民收入包括工资性、家庭经营性、财产性、转移性四种收入来源，其中，家庭农业生产经营收入是所占比例最大、最稳定的收入来源。因此，采用农民人均纯收入作为衡量农户生活水平改善的指标，为年度平均农业贷款与农户人均纯收入的比率。

（32）第一产业增加值贡献度。农业提质增收是产业兴旺的首要目标，第一产业产值贡献度是金融支持乡村振兴产业兴旺的绩效体现，其计算公式为涉农金融机构农村贷款总额与第一产业年度增加值的比率。

（33）农林渔业增加值贡献度。农林渔业增加值中含有农林渔业服务业，一定程度上反映了农村三产融合的程度，金融支持农林渔业贡献度是新增农林渔业贷款与农林渔业增加值的比率，该比率为负向指标。

（34）新型农业经营主体贷款覆盖率。新型农业经营主体融资是当前“三农”金融需求的重要群体，其贷款覆盖率既是金融支持乡村产业兴旺的直接绩效体现，也是金融支持乡村振兴的金融服务与产品创新的重要指标，其计量口径为获贷的个数占比。

（35）农村中小微企业获贷率。农村中小微企业获贷率是农村中小微企业获得贷款的比率，衡量金融支持小微企业的直接社会绩效。农村中小微企业是扩大农村劳动力就业、促进农民增收的主力军，主要集中在休闲农业和乡村旅游业、农产品加工业、生活性服务业、电子商务、直播直销等新产业新业态，也是返乡人员创新创业的主要形式。

二、指标体系构建

基于科学性、客观性与精准性原则，乡村振兴金融支持社会责任指标体系构建兼顾了统计指标的内在特性及其规律，基于评估结果的客观性与稳健性目标，对相关指标的甄选进行了组合设计。

一是量化指标与定性指标相结合。量化指标采用当前监管机构较为成熟的统计口径与权威性指标。同时，为了客观描述不可量化的指标因素，采用部分定性指标。例如，金融机构基于社会责任而具有的金融服务于产品创新能力指标，多见于监管部门的倡导性文件与学术领域中已达成的较为成熟的共识和观点，尚未形成成熟的衡量方法与明确的统计指标，因此，采用定量指标与定性指标相结合的原则保障指标体系的客观性与系统性。

二是正向指标与向负指标相结合。为了更加直观地统计金融支持乡村振兴责任的践行程度，采用正向指标与负向指标相结合评估。反映金融支持乡村振兴社会责任水平的正向指标是通过指标数值的正向变动来表示其程度的高低，即指标数值越大，对目标的贡献度越大，例如，涉农金融机构履行社会责任程度越高，指标数值与金融机构社会责任践行成正相关关系。而负向指标是表示指标数值越小对目标的贡献更大，指标数值与其成负相关关系。例如，县域资金的外流、涉农不良贷款率等指标值越高意味着对农村金融机构偏离“三农”社会责任的预警。

三是短期目标与长期目标相结合。由于金融、经济增长规律与金融作用于经济增长的内在机制，金融支持乡村振兴和服务“三农”发展的长期与短期社会责任目标具有内在的耦合性与契合性。金融支持社会责任指标体系，既评估农村金融机构履行支持乡村振兴和服务“三农”发展的社会责任的当前绩效，同时也针对农村金融机构在社会责任治理维度、社会责任能力维度、社会责任践行维度与社会责任绩效维度中的短板，提升金融机构自身的支农能力，从而实现农村金融机构充分履行支持乡村振兴“二十字”战略目标。金融支持乡村振兴的长期目标是发挥金融对乡村振兴建设、农村经济增长、农业农村现代化、城乡一体化建设的可持续支撑作用，与此同时实现农村金融机构自身的可持续发展与创新发展。

基于上述指标建立乡村振兴金融支持社会责任评价指标体系，体系由目标层、准则层和方案层等三个层次构成递阶结构模型。目标层（A）亦是我们预设的目标，即乡村振兴金融支持社会责任，这一目标的实现由准则层（B）的4个指标构成，分别是社会责任治理（B_1）、社会责任能力（B_2）、社会责任践行（B_3）与社会责任绩效（B_4）；最后为方案层（C），共包含35个三级指标。在35个三级指标中，共有30个正向指标、3个适中指标与2个逆向指标，其中共有5个定性指标、30个定量指标（见表6－10）。各指标依据其内在隶属关系进行分组，通过权重优先准则获得递阶层级模型，通过递阶层级模型求取乡村振兴金融支持社会责任各层次指标的影响权重。

表6-10　金融支持乡村振兴战略社会责任指标体系

目标	一级指标	二级指标	计量方法	指标性质
金融支持乡村振兴社会责任指标体系 A	社会责任治理维度 B_1	长期服务“三农”的责任意识	问卷调查	定性，正向
		“三农”金融事业部管理体制	问卷调查	定性，正向
		“三农”金融事业部经营机制	问卷调查	定性，正向
		服务“三农”信息披露程度	问卷调查	定量，正向
		“三农”金融业务数字化转型	系统建设，科技应用，线上业务丰富度	定量，正向
	社会责任能力维度 B_2	资产收益率	（净利润/平均总资产）×100%	定量，正向
		资本收益率	（净利润/实收资本）×100%	定量，正向
		成本收入比	（主要业务支出/主要业务收入）×100%	定量，适中
		净利息收益率	（利息净收入/生息资产平均余额）×100%	定量，正向
		涉农不良贷款率	（不良贷款余额/总贷款余额）×100%	定量，负向
		资本充足率	（资本总额/风险加权资产）×100%	定量，正向
	社会责任践行维度 B_3	农村贷款增速	（农村贷款增额/农村贷款额）×100%	定量，正向
		涉农贷款余额	年度涉农贷款余额	定量，正向
		涉农贷款占比	（涉农贷款余额/贷款余额）×100%	定量，正向
		涉农贷款增速	（涉农贷款增额/涉农贷款余额）×100%	定量，正向
		农户普惠型经营贷款增速	年度农户小额普惠贷款增速	定量，正向
		普惠型涉农小微企业贷款增速	年度普惠型涉农小微企业贷款增速	定量，正向
		扶贫贷款增速	年度扶贫贷款增额	定量，正向
		新型农业经营主体贷款增速	年度新型农业经营主体贷款增速	定量，正向
		农村基础设施建设贷款增速	年度农村基础设施建设贷款增速	定量，正向
		两权抵押贷款增速	年度两权抵押贷款增速	定量，正向
		农户信用贷款增速	年度农户信用贷款增速	定量，正向
		涉农绿色信贷增速	年度涉农绿色信贷增速	定量，正向

续表

目标	一级指标	二级指标	计量方法	指标性质
金融支持乡村振兴社会责任指标体系 A	社会责任践行维度 B_3	新增可贷资金用于当地	（年度新增当地贷款/年度新增可贷资金）×100%	定量，正向
		农村金融服务设施增设	县域新增网点数、综合金融服务站	定量，正向
		乡村振兴金融服务创新	金融产品与金融服务创新、数字金融供给	定性，正向
	社会责任绩效维度 B_4	县域资金净流出	本期末存贷差余额－上期末存贷差余额	定量，负向
		县域存贷比	（县域贷款总额/存款总额）×100%	定量，适中
		农村居民收入增长贡献度	（农户人均贷款/农户人均纯收入）×100%	定量，正向
		第一产业增加值贡献度	（农村贷款增额/农业产值增额）×100%	定量，正向
		农林渔业增加值贡献度	（农林渔业贷款增额/农林渔业产值增加额）×100%	定量，正向
		农户满意度	获得贷款的农户比率	定量，正向
		农户信贷可得性	（农户贷款总量/获贷农户数）×100%	定量，适中
		新型农业经营主体贷款覆盖率	获得贷款的新型农业经营主体比率	定量，正向
		农村中小微企业获贷率	获得贷款的农村中小微企业比率	定量，正向

三、指标权重赋值

（一）构建两两比较判断矩阵

判断矩阵是针对上一层次中的某元素而言，评定该层次中有关元素的相对重要性程度，需对每一层次中的各项指标的相对重要性构造两两比较判断矩阵进行判断，并根据权重进行排序。根据已经建立的评价指标体系和初步确定的指标重要性的量化标准，由专家根据比例标值表所提供的等级重要性系数对该层各指标作两两之间重要程度比较，进行逐层判断评分。本研究采用指数标度法对指标的相对重要性进行评判，指数标度法使用对精度要求较高的多准则排序，标度一致性、权重拟合性和均匀性较为稳定（见表6－11）。

表 6－11　$e^{\frac{0}{5}} - e^{\frac{8}{5}}$ 指数标度

标度 (a_{ij})	$e^{\frac{0}{5}}$ (1)	$e^{\frac{2}{5}}$ (1.492)	$e^{\frac{4}{5}}$ (2.226)	$e^{\frac{6}{5}}$ (3.320)	$e^{\frac{8}{5}}$ (4.953)	$e^{\frac{k}{5}}$ (k=0~8)
区别	相同	稍微大	明显大	强烈大	极端大	通式

注：$a_{ij} = e^{\frac{0}{5}}$ 表示 i 指标与 j 指标一样重要；

$a_{ij} = e^{\frac{2}{5}}$ 表示 i 指标比 j 指标稍微重要；

$a_{ij} = e^{\frac{4}{5}}$ 表示 i 指标比 j 指标明显重要；

$a_{ij} = e^{\frac{6}{5}}$ 表示 i 指标比 j 指标要强烈重要；

$a_{ij} = e^{\frac{8}{5}}$ 表示 i 指标比 j 指标极端重要；

$a_{ij} = e^{\frac{k}{5}}$ 表示它们之间的数及各数的倒数具有相应的类似意义。

基于指标两两之间的对比评分结果，平均各指标的专家赋值，从而构造 M 个两两判断矩阵，自上而下计算各因素对上一层因素的相对权重。判断矩阵

$A_k = (a_{ij})_{n\times n}, (k = 1,2,\cdots, p)$

求其平均值，得出指标的相互重要程度的平均值矩阵 $A = (a_{ij})_{n\times n}$，其中，$a_{ij} = (\prod_{k=1}^{M} a_{ij}^{k})^{\frac{1}{M}}$，计算出最大特征值、特征向量，以此确定权重排序。

（二）层次单排序及一致性检验

根据每一层次的元素对于其准则的判断矩阵确定各目标层次中元素或指标对相邻的上一层次的各因素或指标的优先程度，即对于上层次中的某元素而言，依据矩阵中的特征根及其相应的特征向量的最大值，确定本层次与之有联系的各元素重要性次序的权重值。

首先，计算初始权重系数 $W_i = \sqrt[n]{a_{i1} \times a_{i2} \times a_{i3} \cdots \times a_{in}}$，根据矩阵 $A = (a_{ij})_{n\times n}$，确定 n 个评价指标的权值

$$W = (W_1, W_2, \cdots, W_n)，其中，W_i = \frac{1}{n}\sum_{j=1}^{n} \frac{a_{ij}}{\sum_{k=1}^{n} a_{kj}}, i = 1,2,\cdots, n$$

a_{in} 对照表 6－11 中的指数标度采用对应的指标相对重要性。再按照公式 $W_i = \frac{W_i'}{\sum_{i=1}^{m} W_i'}$ 计算归一化权重系数，形成归一化权向量：$W' = (W_1', W_2', \cdots, W_n')$。

向量计算结果显示，准则层的权重系数分别为 0.2234、0.4189、0.3026、0.0551。同理，计算获得各级指标的权重系数。

通过判断矩阵求得排序权重后，为了排除人为主观判断结果的对权重顺序的干扰，需检验判断矩阵的逻辑是否恰当与合理，对各指标的重要度与优先次序规律进行对比检验。首先，通过计算判断矩阵一致性指标 $C.I.$ 来检验其一致性，$C.I. = \frac{\lambda_{max} - n}{n - 1}$，$n$ 为矩阵的阶数，λ_{max} 为最大特征值，通过计算获得判断矩阵的最大特征值 λ_{max}：

$$\lambda_{max} = \frac{1}{n}\sum_{i=1}^{n}\frac{\sum_{j=1}^{n} a_{ij} \times w_i}{w_i}$$

对照随机一致性指标表（见表6－12）与各判断矩阵的不同阶数表，对应查找获得随机一致性指标 $R.I.$ 值。

表6－12　　　　随机一致性指标 R. I.

n	1	2	3	4	5	6	7	8	9	10	11
$R.I.$	0	0	0.58	0.90	1.12	1.24	1.32	1.41	1.45	1.49	1.51

通过一致性指标值计算获得一致性比例 $C.R.$ 的值，并进行判断

$$C.R. = \frac{C.I.}{R.I.}$$

当 $C.R. < 0.10$ 时，判断矩阵符合一致性要求规律，即各指标之间的关系是符合逻辑的；

当 $C.R. \geqslant 0.10$，判断矩阵不通过一致性检验，即各指标的关系设置存在不当逻辑关系，需修正或重构原有判断矩阵。

根据上述公式计算可知，一级指标的最大特征根 $\lambda_{max} = 6.1024$，$R.I. = 1.24$，$C.I. = 0.02048 < 0.1$，随机一致性指标 $R.I. = 1.24$（查表），$C.R. = \frac{0.02048}{1.24} = 0.01652 < 0.1$，通过一致性检验，表明一级指标设置在各项逻辑关系判断中无不当或错误关系，具备良好的一致性检验结果。重复该项检验完成所有指标的权重系数设定的逻辑合理性检验。

（三）层次总排序及一致性检验

层次总排序是确定合成权重的过程，通过权重合成，即要获得各指标相对总目标的相对权重数值。合成排序权重的计算自上而下，将单准则下的权重进行合成即合成权重，用 $W_i(W_1 \times W_2 \times W_3)$ 表示，W_1、W_2、W_3 分别为一级指标层权重、二级指标层权重与三级指标层权重，总目标的合成权重等于三个层次

权重的乘积，其计算方法为 $= W_1 \times W_2 \times W_3$ 。乡村振兴金融支持社会责任评价指标体系共包括两级指标，以第二级指标层作为对于金融支持乡村振兴社会责任的评价指标变量，体系总目标的合成权重取决于第一级指标层与第二级指标层的权重之积。B 层 4 个因素 B_1 对总目标 A 的排序为 b_1 , b_2 , b_3 , b_4 , C 层的层次总排序即 C 层第 i 个因素对总目标 A 的权值 $\sum_{j=1}^{m} a_j b_{ij}$:

$$C_1 : b_1 c_{11} + b_2 c_{12} + \cdots + b_4 c_{14}$$

$$C_2 : b_1 c_{21} + b_2 c_{22} + \cdots + b_4 c_{24}$$

$$\cdots$$

$$C_3 : b_1 c_{31,1} + b_2 c_{31,2} + \cdots + b_4 c_{31,4}$$

通过合成权重计算，指标体系的权重赋值结果见表 6 - 13。

同理，通过计算体系总一致性指标的 $C.I.$ 值，首先确定平均随机一致性指标 $R.I.$ 值，再计算层次总排序的一致性比率 $C.R.^{(n)} = \frac{C.I.^n}{R.I.^n}$ 。根据上述公式计算可知，$C.R. = 0.00918 < 0.1$ ，结果显示层次总排序通过一致性检验。

金融支持乡村振兴战略社会责任指标体系参见表 6 - 13，其各层级权重赋值结果显示：第一，在准则层的四个指标中，其权重大小的排序依次为：社会责任践行维度、社会责任治理维度、社会责任能力维度、社会责任效益维度。其中，社会责任践行维度对金融支持乡村振兴社会责任评价体系目标的实现有着显著的影响；社会责任绩效维度的权重较为微弱，尤其是间接绩效具有较长的时滞，符合金融支持经济增长的传导机制的理论机理。第二，层次总排序权重值显示：在 35 项指标中，部分指标对整个评价体系的影响程度显著，如涉农贷款占比、制定服务乡村振兴和“三农”发展的规章制度、涉农贷款增速、小额农户贷款占比、县域资金净流出等指标，这说明指标体系的权重赋值结果与我们的理论分析和经验数据相吻合。第三，对于政策性农村金融机构、合作性农村金融机构、商业性农村金融机构等三种不同性质的农村金融机构而言，其社会责任各有侧重，对乡村振兴和“三农”发展的金融支持社会责任的领域与形式略有相异。在评价操作实践中，可对农村商业性金融机构、农村合作性金融机构、农村政策性金融机构三种类型的金融机构在相关指标的权重赋值进行区别，从而在金融支持乡村振兴这一共性目标下体现不同类型农村金融机构的个体性差异和差异性监管思路。

表 6－13　　金融支持乡村振兴战略社会责任指标体系

总目标层	准则层	权重	指标层	权重	组合权重
金融支持乡村振兴社会责任指标体系 A	社会责任治理维度 B_1	0.2234	长期服务“三农”的责任意识（C_{11}）	0.4079	0.0911
			“三农”金融事业部管理体制（C_{12}）	0.3214	0.0718
			“三农”金融事业部经营机制（C_{13}）	0.1655	0.0370
			服务“三农”信息披露程度（C_{14}）	0.1051	0.0235
			“三农”金融业务数字化转型（C_{15}）	0.0003	0.0001
	社会责任能力维度 B_2	0.4189	资产收益率（C_{21}）	0.1008	0.0422
			资本收益率（C_{22}）	0.2500	0.1047
			成本收入比（C_{23}）	0.2981	0.1249
			净利息收益率（C_{24}）	0.3198	0.1340
			涉农不良贷款率（C_{25}）	0.0297	0.0124
			资本充足率（C_{26}）	0.0016	0.0007
	社会责任践行维度 B_3	0.3026	农村贷款增速（C_{31}）	0.2799	0.0847
			涉农贷款余额（C_{32}）	0.6198	0.1876
			涉农贷款占比（C_{33}）	0.1074	0.0325
			涉农贷款增速（C_{34}）	0.0871	0.0264
			农户普惠型经营贷款增速（C_{35}）	0.0887	0.0268
			普惠型涉农小微企业贷款增速（C_{36}）	0.0724	0.0219
			扶贫贷款增速（C_{37}）	0.0004	0.0001
			新型农业经营主体贷款增速（C_{38}）	0.0279	0.0084
			农村基础设施建设贷款增速（C_{39}）	0.0206	0.0062
			两权抵押贷款增速（C_{310}）	0.0382	0.0116
			农户信用贷款增速（C_{311}）	0.0846	0.0256
			涉农绿色信贷增速（C_{312}）	0.0609	0.0184
			新增可贷资金用于当地（C_{313}）	0.0813	0.0246
			农村金融服务设施增设（C_{314}）	0.0049	0.0015
			乡村振兴金融服务创新（C_{315}）	0.0457	0.0138

续表

总目标层	准则层	权重	指标层	权重	组合权重
金融支持乡村振兴社会责任指标体系 A	社会责任绩效维度 B_4	0.0551	县域资金净流出（C_{41}）	0.4067	0.0224
			县域存贷比（C_{42}）	0.3109	0.0171
			农村居民收入增长贡献度（C_{43}）	0.0015	0.0001
			第一产业增加值贡献度（C_{44}）	0.0013	0.0001
			农林渔业增加值贡献度（C_{45}）	0.0016	0.0001
			小额信贷农户覆盖度（C_{46}）	0.1957	0.0108
			农户信贷可得性（C_{47}）	0.0498	0.0027
			新型农业经营主体贷款覆盖率（C_{48}）	0.0217	0.0012
			农村中小微企业获贷率（C_{49}）	0.0108	0.0006

第三节　西南民族地区金融支持乡村振兴战略社会责任评价

运用乡村振兴金融支持社会责任指标评价体系，对西南民族五省（自治区或直辖市）乡村振兴战略金融支持社会责任履行的情况进行综合评价分析。

一、指标数据

（一）样本金融机构

在农村商业性、政策性和合作性三类金融机构中，农商行既是金融支农的主力军，亦是农村信用社改革的大方向，其在县域的网点分布较为均衡，在农村金融机构中具有广泛的代表性。自2003年6月农村信用社改革启动以来，农村商业银行改革在全国各省全面铺开，2009年以来，西南民族五省（自治区或直辖市）的信用联社加速农商行改组转型，由于西南民族地区经济发展水平的不平衡，农村金融发展相对滞后，西南五省（自治区或直辖市）内农商行改制与组建进程亦有所差异①。结合数据的可获取性、时间跨度等因素，选择西南五省（自治区或直辖市）共42家样本农商行为样本（见表6-14），其中，23家分布在各省（自治区或直辖市）的民族自治县。由于样本农商行资产规模占比较大，对西南五省（自治区或直辖市）整体农商行具有一定的代表性。运用2017—2019年的数据对乡村发展金融支持社会责任的履行程度进行评估。

表6-14　样本农商行分布

广西	贵州	云南	四川	重庆
龙胜农商行	镇宁农商行	宁蒗农商行	凉山农商行	重庆农商行
隆林农商行	印江农商行	巍山农商行	安岳农商行	
金秀农商行	玉屏农商行	新平农商行	甘孜农商行	
都安农商行	三都农商行	景东农商行	资阳农商行	
融水农商行	务川农商行	玉龙农商行	绵阳农商行	
昭平农商行	道真农商行	元阳农商行		
恭城农商行	关岭农商行	双柏农商行		
富川农商行	铜仁农商行	勐腊农商行		
田东农商行	安农农商行	洱源农商行		
崇左农商行	凯里农商行	永胜农商行		
贵港农商行	独山农商行	景东农商行		
武宣农商行	瓮安农商行	盈江农商行		

（二）指标数据的收集

各指标数据来源于以下几个渠道：

（1）各样本行在官方网站公布的年报和财务数据信息。

（2）年鉴数据和监管机构数据：《中国金融年鉴》（2018、2019、2020）、《农村金融服务报告》（2016、2018、2020）、《区域金融运行报告》（2018、2020）、中国人民银行网站、银行保险业监督管理委员会官方网站、农信银资金清算中心网站、《中国县域统计年鉴》（2018、2019、2020）（县市卷）、2018—2020年《广西统计年鉴》、2018—2020年《云南统计年鉴》、2018—2020年《贵州统计年鉴》、2018—2020年《四川统计年鉴》、2018—2020年《重庆统计年鉴》以及《中国经济周刊》等。

（3）调研数据。由于目前农商行的社会责任信息披露机制尚不完善，部分农商行并未公布年报及主要的财务数据等信息，并且大部分农商行公布的年报格式不符合年颁布的新标准，在获取数据时遇到了一定的困难。为获得样本

① 截至2020年底，西南民族五省（自治区或直辖市）中，重庆完成了农商行改革。

数据，课题组成员进行了实地调研和网络问卷调研。其中，对样本地区进行的实地调研重点区域集中在广西民族自治县，调研区域包括龙胜各族自治县、都安瑶族自治县、融水苗族自治县、金秀瑶族自治县、隆林各族自治县等。为了保证调研数据的稳健性和有效性，同时配合问卷调查方式，采用随机抽样和定点抽样、结构化问卷调查方法，共收集有效调查问卷379份。

二、实证过程

基于金融支持乡村振兴战略社会责任评价指标体系，采用指数法对西南民族地区乡村振兴金融支持的社会责任进行实证评估。首先，计算各项指标的评价指数，其值等于该指标的现值与目标值之比乘以指标权重；其次，计算各项子准则层的评价指数之和，获得该准则层的评价指数。最后，按照加权指数法，对准侧层、指标层与总目标层根据所赋的权重值加权计算其指数，将四个准则层的指数相加获得总目标的指数值，即乡村振兴金融支持社会责任的总指标指数值。

（一）目标标准值与总指数

根据我国长期以来金融支农的经验数据、银行保险监督管理委员会和中国人民银行对于金融机构支持“三农”发展的量化监管标准、金融机构服务乡村振兴考核评估指标体系、不同类型农村金融机构的运营情况，结合我国乡村振兴战略“二十字”目标与农业现代化目标，充分考虑我国东部与西部、汉族与少数民族地区的经济发展不平衡等因素，对35个方案层指标制定目标标准值（见表6-15）。

1. 社会责任治理维度

4个定性指标与1个定量指标的目标值均为100%。其中，“三农”金融事业部管理体制主要从四个方面进行评估：建立涉农信贷尽职免责制度、实现县域分支机构涉农信贷权限下放、金融机构对金融服务乡村振兴的政策宣传情况、为金融机构员工提供金融支持乡村振兴、服务“三农”社会责任的培训情况，现值通过整理调研和访谈数据获得，分别为83%、62%、76%、54%。“三农”金融业务数字化转型指标现值来自调研与样本农商行官方网站开通的在线金融产品与服务情况，平均现值为21%。

2. 社会责任能力维度

根据商业银行风险监管盈利能力指标，所有商业银行资产利润率≥0.6%，由于考核目标为农村商业银行，其资产收益率目标值可进行差异化考核。可按照2012—2018年各类涉农金融机构的均值分类设定，2012—2018年农村信用社、农商行、农村合作银行、新型农村商业银行、农业银行等金融机构的资产回报率均值分别为0.77、1.11、0.93、1.03、0.98，可将农村中小型金融机构的资产回报率设定为0.77—1.2（本评估中取0.77），大型商业银行的资产回报率设定为0.9—1.3，对政策性涉农金融机构不作要求。金融机构普惠型涉农贷款、精准扶贫贷款的不良率≤各项贷款不良率+3%；根据《商业银行风险监管核心指标（试行）》，商业银行资本收益率应大于等于11%，成本收入比低于35%；综合商业银行2004—2017年的净利息收益率，取其均值为2.467；依据2019年银保监会发布的《关于推进农村商业银行坚守定位强化治理提升金融服务能力的意见》，"农商行涉农不良贷款率高出当地银行业金融机构各项贷款不良率以上3个百分点以内"，考核的上限设定可与5%比较，取孰高值，小微企业贷款不良率容忍上限在其各项贷款不良率均值上浮3%，综合可设金融机构涉农不良贷款率≤5%；资本充足率≥10.5%。

3. 社会责任践行维度

按照银保监会在2019年发布的《关于做好银行业保险业服务乡村振兴和助力脱贫攻坚工作的通知》，"农村贷款增速、扶贫贷款增速均不低于所在省市贷款平均增速，农户小额普惠型贷款增速、普惠型涉农小微企业贷款增速"等涉农贷款增速均应高于各项贷款平均增速的要求，按照西南民族地区五省（自治区或直辖市）各项贷款平均增速的均值为14.2%；新增可贷资金用于当地占比进行差异化考核，对于中小型农村金融机构而言，应以本地经营为主，原则上贷款不能出县，尤其是民族自治地区的贫困县，因此，中小型农村金融机构新增可贷资金用于当地占比为100%，对于大型涉农商业银行而言，其在深度贫困县的分支机构要将70%以上的新增可贷资金用于当地，并要逐年提高县域贷款在资产中的占比，大型涉农商业银行在深度贫困县的分支机构新增可贷资金用于当地占比≥70%；涉农贷款余额的现值来自2004—2017年西南民族五省（自治区或直辖市）农村商业银行第四季度末的涉农贷款统计数据的平均值；依据《关于推进农村商业银行坚守定位强化治理提升金融服务能力的意见》，"涉农及小微贷款占比要逐年提高直至超过80%"设定涉农贷款占比目标值≥80%；"三农"金融服务创新的目标值依据产品获服务创新情况设定，凡是有新涉农信贷产品类型推出，认为其是充分的；涉农贷款占比在东部地区、中部和西部地区分别为44%、22%和26%；两权抵押贷款增速为28%；农村基础设施建设贷款增速为26%；农户信用贷款增速为12%；农村绿色信贷增速为13.7%；县域新增网点数、综合金融服务站点或者ATM机具等1个以上，农村金融服务设施增设为100%。

4. 社会责任绩效维度

依据银保监会监管指标、全国近5年各省数据及理论领域具备较高认可度的成熟观点，社会责任绩效维度下的指标目标值分别为：县域资金净流出的目标值≤0；县域存贷比≥1；农村居民收入增长贡献度≥8%；农业产值贡献度为6.13；农林牧渔业增加值贡献度≥58%；小额信贷农户覆盖度≥80%；农户信贷可得性为6000元；新型农业经营主体贷款覆盖率为80%；农村小微企业贷款覆盖率为85%。

5. 总指数分值

金融支持乡村振兴社会责任总指数是反映农村金融机构履行社会责任的总评估值，该指数越高，说明该农村金融机构充分履行支持乡村振兴、服务“三农”发展的社会责任，同时也有益于实现自身可持续发展；反之，金融支持乡村振兴社会责任总指数越低，说明该金融机构支持乡村振兴的社会责任履行不充分。按照总指数进行层级划分：（1）总指数<65%，农村金融机构未履行支持乡村振兴和服务“三农”发展的社会责任，社会责任履行程度较低，金融机构社会目标与财务可持续目标没有实现兼顾协调发展；（2）65%≤总指数<80%，说明农村金融机构支持乡村振兴和服务“三农”的社会责任履行程度达到监管目标，基本实现了社会责任目标与财务目标的兼顾与协调发展，但从长期来看，远不能满足乡村振兴和“三农”发展的金融需求；（3）总指数≥80%，说明农村金融机构充分履行支持乡村振兴和服务“三农”的社会责任，金融机构也实现了社会责任目标与财务目标的高度协调发展。

（二）指标数据无量纲化处理

由于评价指标间的量纲和数量级不同指标数据形式包括为百分比数据、百分制数据、绝对值数据、正数与负数，故无法将各指标值直接进行比较，为保证计算结果的可靠性需对目标值的原始数据进行规范化处理，在所有数据均可获得的情况下评价值的测算一般可运用以下方法计算得出。

为了观测西南五省（自治区或直辖市）的整体性情况，在指标现值处理中，对42家样本农商行的同一指标数据取均值进行计算，获得西南民族地区乡村振兴社会责任支持评估情况。同时，也对五省（自治区或直辖市）各自的省域情况进行计算，在此过程中，对广西、贵州、云南各12家样本农商行、四川5家样本农商行分别取各指标现值的均值进行计算，有益于增强其数据的代表性和集中度。

采用归一化方法，将量纲不同的数据指标进行无量纲化标准化处理。由于指标中有正负两类指标，对于正向指标：

$$I_j = \frac{I_j' - I_{j\min}'}{I_j' - I_{j\max}'} \tag{1}$$

其中，I_j 表示第 j 个金融机构的第 j 个指标标准化值，I_j' 为第 j 个金融机构第 j 个指标评价值，$I_{j\min}'$ 和 $I_{j\max}'$ 分别为该指标评价值得最小值和最大值。

对于负指标：

$$I_j = \frac{I_{j\max}' - I_j'}{I_{j\max}' - I_{j\min}'} \tag{2}$$

对于指标体系中的4个定性指标，根据专家打分和调研的方法进行综合评分，求出其平均值，在归一化处理后求出标准化指标值。

对于正指标：$I_j = \frac{X_j}{U_j}$，对于负指标：$I_j = \frac{U_j}{X_j}$，其中，X_j 为现值，U_j 为目标值。

（三）目标层综合指数计算

首先对四个准则层的指数进行计算，准则层综合指数是其权重与指标数的乘积之和，其计算公式如下：

$$I_b = \sum_{j=1}^{n} I_j W_j (b = 1,2,\cdots;j = 1,2,\cdots,n) \tag{3}$$

由（3）式中可得出总目标层综合指数为：

$$ECI = \sum\nolimits_{b=1}^{n} I_b W_b (1,2,\cdots,n) \tag{4}$$

（4）式中，ECI 指乡村振兴金融支持社会责任综合指数，I_b、W_b 分别是四个准则层综合指数与中值。根据式（4），综合计算权重数获取各层指标指数。采用加权指数法计算体系的总目标层指数，根据前面的各指标层所赋权重，对指标层、准则层和总目标层由下至上逐级计算加权指数，最后获得总目标层的指数值。

西南五省（自治区或直辖市）金融支持乡村振兴社会责任评价计算结果参见表6-15。社会责任治理、社会责任能力、社会责任践行、社会责任绩效的得分分别为23.02、79.27、69.07、58.04，西南民族地区乡村振兴金融支持社会责任总分为62.45。

表 6-15　　西南民族地区乡村振兴金融支持社会责任评价指标体系

总目标层	准则层	权重	指标层	权重	目标值	现值（2018）	标准化数值	各指标指数	各指标综合指数	综合指数
金融支持乡村振兴社会责任指标体系 A	社会责任治理维度 B_1	0.2234	长期服务“三农”的责任意识	0.4079	100%	83%	0.8300	0.1381	23.02	62.45
			“三农”金融事业部管理体制	0.3214	100%	62%	0.6200	0.0641		
			“三农”金融事业部经营机制	0.1655	100%	76%	0.7600	0.0208		
			服务“三农”信息披露程度	0.1051	100%	71%	0.7100	0.0071		
			“三农”金融业务数字化转型	0.0003	100%	31%	0.3100	0.0001		
	社会责任能力维度 B_2	0.4189	资产回报率	0.1008	0.8	0.68	0.8500	0.0857	79.27	
			资本收益率	0.2500	11%	11.05%	1	0.2500		
			成本收入比	0.2981	≤35%	37%	0.9459	0.2820		
			净利息收益率	0.3198	2.467	1.18%	0.4783	0.1525		
			涉农不良贷款率	0.0297	≤5%	7.1%	0.7042	0.0209		
			资本充足率	0.0016	10.5%	10.5%	1	0.0016		
	社会责任践行维度 B_3	0.3026	农村贷款增速	0.2799	≥14.2%	12.9%	0.9084	0.2543	69.07	
			涉农贷款余额	0.6198	4500亿元	2410亿元	0.5356	0.3315		
			涉农贷款占比	0.1074	≥80%	59.9%	0.7488	0.0764		
			涉农贷款增速	0.0871	≥14.2%	7.9%	0.5563	0.0546		
			农户普惠经营贷款增速	0.0887	≥14.2%	6.1%	0.4225	0.0444		
			涉农小微企业普惠贷款增速	0.0724	≥14.2%	6.1%	0.4296	0.0311		
			扶贫贷款增速	0.0004	≥14.2%	6.7%	0.4718	0.0002		
			新型农业经营主体贷款增速	0.0279	2.3%	1.6%	0.6957	0.0194		

续表

总目标层	准则层	权重	指标层	权重	目标值	现值（2018）	标准化数值	各指标指数	各指标综合指数	综合指数
金融支持乡村振兴社会责任指标体系 A	社会责任践行维度 B_3	0.3026	农村基础设施建设贷款增速	0.0206	1.8%	0.7%	0.3889	0.0103	69.07	62.45
			两权抵押贷款增速	0.0382	28%	12%	0.4286	0.0355		
			农户信用贷款增速	0.0846	12%	5.7%	0.4750	0.0402		
			涉农绿色信贷增速	0.0609	26%	11.3%	0.4346	0.0265		
			新增可贷资金用于当地	0.0813	70%	51%	0.7286	0.0801		
			农村金融服务设施增设	0.0049	≥5 项	3 项	0.6000	0.0025		
			乡村振兴金融服务创新	0.0457	≥3 类	1 类	0.3333	0.0152		
	社会责任绩效维度 B_4	0.0551	县域资金净流出	0.4067	≤存款×30%	54%×存款	0.5556	0.2260	58.04	
			县域存贷比	0.3109	≥1	0.76	0.7600	0.2363		
			农村居民收入增长贡献度	0.0015	≥8%	2.32%	0.2900	0.0004		
			第一产业增加值贡献度	0.0013	≥6.13	2.9%	0.4731	0.0006		
			农林渔业增加值贡献度	0.0016	58%	21.3%	0.3672	0.0006		
			小额信贷农户覆盖度	0.1957	80%	31.5%	0.3938	0.0771		
			农户信贷可得性	0.0498	8000 元	15000 元	0.5333	0.0266		
			新型农业经营主体获贷率	0.0217	80%	34%	0.4250	0.0092		
			农村中小微企业获贷率	0.0108	85%	29%	0.3411	0.0037		

三、评价结果

1. 西南民族地区金融支持乡村振兴战略社会责任评价综合得分为62.45，这说明，在现行农村金融体系下，西南民族地区金融支持乡村振兴战略和服务“三农”发展的社会责任履行程度不充分，其社会责任目标与财务可持续目标未实现最优化地兼顾协调发展，处于低层次均衡状态，检验结果符合现行实践数据。

2. 西南民族地区金融支持乡村振兴战略社会责任体系的四个准则层评价结果按照分值高低排序依次为：治理维度（23.02）、能力维度（79.27）、践行维度（69.07）、绩效维度（58.04）。社会责任能力维度在四个维度中得分最高，这意味着农村金融机构具备履行支持乡村振兴和服务“三农”发展的社会责任的能力前提，财务可持续性较好，但在此过程中，还存在责任成本代价、主动积极履行社会责任的意识薄弱等制约因素，履行社会责任的有效性亟需大幅提升。

3. 准则层的现值与目标值分布的雷达图如图6-2至图6-5所示。四个准则层的现值与目标值均存在较大的分值差距，其中，社会责任绩效维度的现值与目标值之间的差距最大，说明金融支持乡村振兴战略与服务“三农”发展的效率与政策目标存在较大差距；社会责任能力维度的现值与目标值的整体差距在四个维度中最小，社会责任践行维度的现值与目标值差较大，这说明农村金融机构具备践行社会责任的财务能力，但依然偏离了扎根“三农”、定位“三农”的社会责任目标，对“三农”发展的金融承载力弱，金融难以发挥对农村经济社会发展的“造血”机制效应。评估结果基本与经验事实呈现一致性，说明本模型具有较好的适用性。

（1）社会责任治理维度。长期服务“三农”的责任意识、“三农”金融事业部管理体制、“三农”金融事业部经营机制、服务“三农”信息披露程度、“三农”金融业务数字化转型的分值分别为0.8300、0.6200、0.7600、0.7100、0.3100，反映了农村金融机构具备支持乡村振兴战略和服务“三农”发展的社会责任意识，但目前并未完全构建以服务“三农”为价值导向的内部治理机制，一定程度上反映出农村金融机构治理层对自身社会责任目标不明确的现象，导致在机构治理和运行机制中尚未明确社会责任的战略性导向，由此极易导致金融服务目标的“非农化”漂移。“三农”金融业务数字化转型指

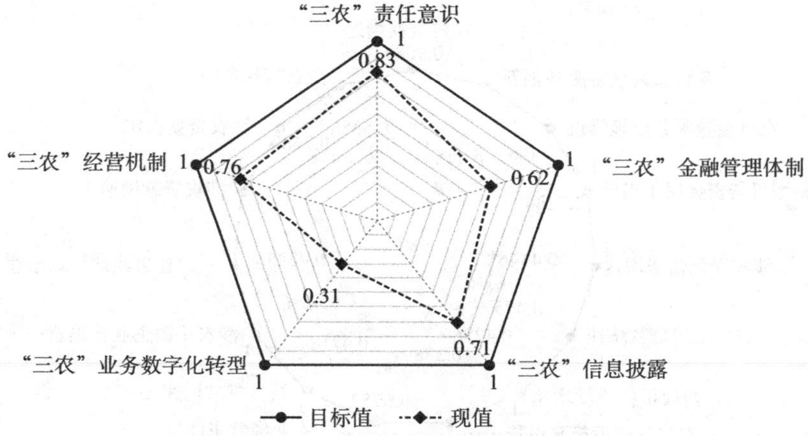

图6-2　社会责任治理维度雷达图

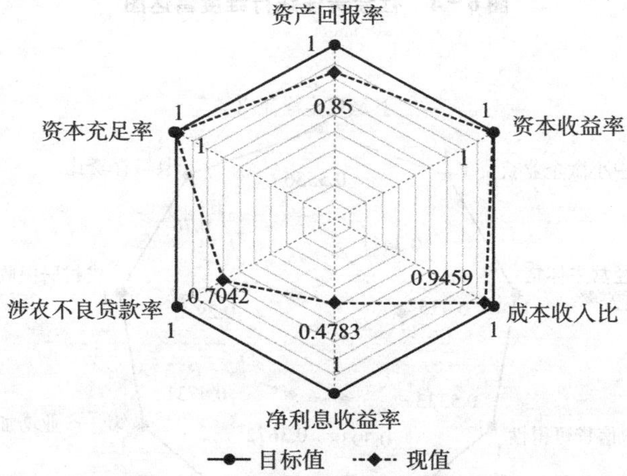

图6-3　社会责任能力维度雷达图

标为0.3100，该分值在本层次指标中的分值最低，体现了西南民族五省（自治区或直辖市）当前的农村金融机构尤其是中小型基层农村金融机构数字化转型仍处于认知阶段，受数字化转型投入与建设成本高等因素制约，基层农村金融机构的核心系统建设、科技与大数据在金融业务中的应用、线上业务与渠道的丰富度等领域并未推进数字化转型进展。

（2）社会责任能力维度。从盈利能力来看，农村金融机构资产回报率分值为0.8500、资本收益率达到1，说明西南民族地区农村金融机构具备可行的

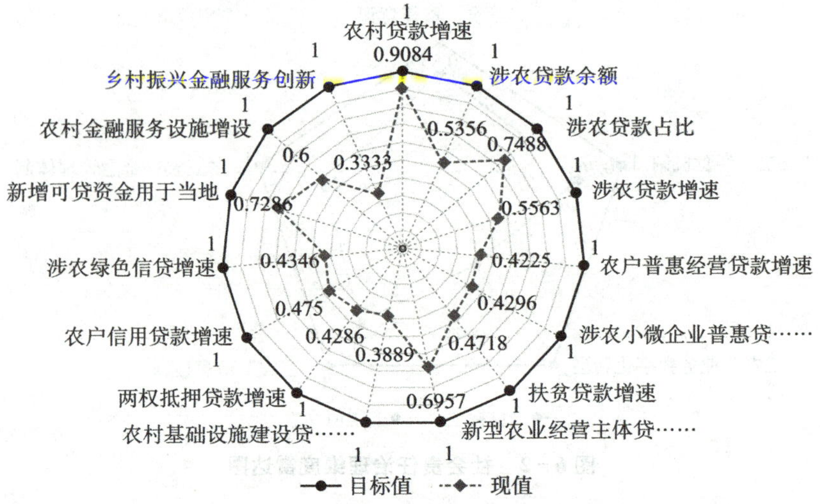

图6-4 社会责任践行维度雷达图

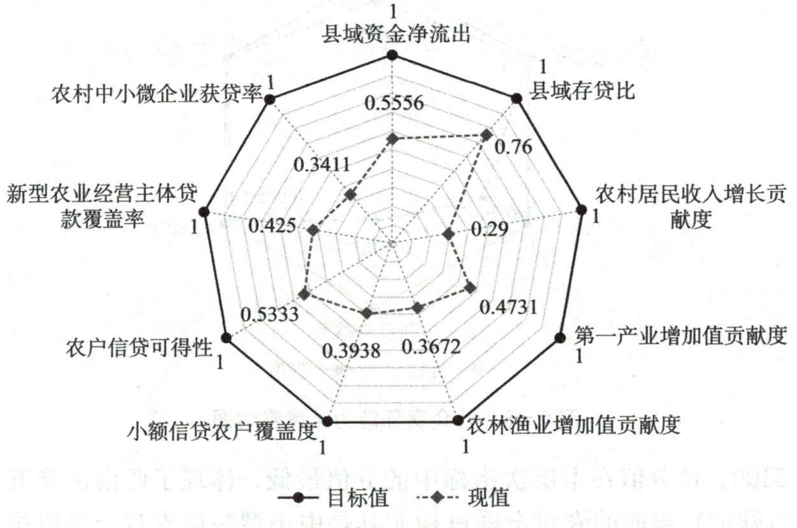

图6-5 社会责任绩效维度雷达图

履行支持乡村振兴战略和服务“三农”发展社会责任的财务能力可持续性，可实现兼顾财务利润与社会责任目标的财务基础。成本收入比分值为0.9459，说明农村金融机构成本控制等成本收益管控有效，由于履行社会责任也存在直接与间接的成本支出代价，一定程度上亦会制约其社会责任履行的程度，另外，基于农村金融机构长期稳健经营目标，成本收入比并非越低越好，农村金融机构增设偏远乡镇的服务基础设施、科技投入、数字化转型投入和人力投入等支出也是其稳健经营、提升风险管理保障的必需支出。从资产质量来看，净利息收益率、涉农不良贷款率、资本充足率的分值分别为0.4783、0.7042、1，由于西南民族地区部分农村金融机构不良贷款率高达10%—20%，涉农不良贷款率低于部分股份制商业银行和大型商业银行。

(3) 社会责任践行维度。从增量与占比上看，农村贷款增速得分为0.9084，涉农贷款占比得分为0.7488、涉农贷款增速得分为0.5563，涉农贷款增速低于各类贷款增速，未能达到监管机构考核目标，同时在一定程度上说明了投向县域的贷款增速出现上升趋势，但新增贷款并未全部投入农业，而是分散投向县域内的其他产业，例如县城房地产业，调研数据也表明，近些年县城住房按揭贷款也成为县域银行机构信贷增长的重要支撑。从结构上来看，农户普惠经营贷款增速、涉农小微企业普惠贷款增速、扶贫贷款增速、新型农业经营主体贷款增速、农村基础设施建设贷款增速、两权抵押贷款增速、农户信用贷款增速、涉农绿色信贷增速的分值分别为0.4225、0.4296、0.4718、0.6957、0.3889、0.4286、0.4750、0.4346。其中，两权抵押贷款增速得分为0.4286，说明两权抵押贷款在西南民族地区的推广进度较为滞后，在西南民族地区扩大推广“两权贷款”试点，推进农村集体经营性建设用地使用权抵押贷款、农村集体经营性资产股份抵押贷款、农垦国有农用地使用权抵押贷款等产权业务金融是亟需推进的重点领域。新增可贷资金用于当地的分值为0.7286，说明农村金融机构服务县域地方经济的力度应进一步提高。农村金融服务设施增设分值为0.6000，意味着农村金融机构在空白乡镇和基础金融服务空白的行政村设置新网点上受到一定的制约，扩大乡镇村的金融服务网点覆盖面存在实际障碍。金融服务乡村振兴创新新能力的分值为0.3333，说明针对乡村振兴和“三农”发展金融需求的多元化，涉农金融产品创新依然滞后，金融产品与服务供给难以匹配多元化的农村金融需求，针对小农户、返乡创业等乡村主体的贷款产品、投资理财产和便民特色金融服务和产品的创新不足，尤其是针对新型农业经营主体融资需求和特点，创新新型农业经营主体专属金融产品和服务能力亟待提升。

(4) 社会责任绩效维度。从直接绩效来看，县域资金净流出分值为0.5556，县域存贷比的分值为0.7600，说明农村金融机构县域资金外流现象出现持续增加的趋势，农村金融机构回归本源业务、县域资金用于当地的情况的效果并不显著。从间接绩效指标来看，农村居民收入增长贡献度、第一产业增加值贡献度、农林渔业增加值贡献度的分值分别为 0.2900、0.4731、0.3672，说明金融支持对生活富裕、产业兴旺、农业提质增收以及农村三产融合等乡村振兴战略目标的实现具有促进作用。小额信贷农户覆盖率、农户信贷可得性、新型农业经营主体贷款覆盖率、农村中小微企业获贷率等指标反映了乡村振兴的主要“三农”主体，其中，小额信贷农户覆盖度得分为 0.3938、农户信贷可得性得分为 0.5333，说明小额农户贷款的占比较低，分散小农户的融资满足程度与农村金融机构的普惠性还亟需大力提升，在农贷市场内部的红线依然存在。少量高质、具有良好的市场前景的“三农”群体成为农村金融机构发放贷款的集中客户，大型龙头企业、适度规模经营的家庭农场以及高收入农户的获贷机会大于中低收入农户，尤其是面向分散小农户的金融服务供给存在社会责任履行不充分与不均等现象。新型农业经营主体获贷率得分为 0.4250、农村中小微企业获贷率为 0.3411，说明应大力增强新型农业经营主体的金融承载力，金融支持对扩大农村劳动力就业、促进农民增收、休闲农业和乡村旅游业、农产品加工业等支持强度还需进一步加强。

四、实证结论

基于经济学、管理学、社会学等理论基础，运用德尔菲专家咨询法和 AHP 层次分析法，进行科学合理的实践调研、专家问卷调查与专家咨询、理论和实证融合研究，构建了西南民族地区金融支持乡村振兴战略社会责任指标评价体系。金融支持乡村振兴战略社会责任指标评价体系充分考量了农村金融机构发展与农村经济社会发展的规律与特征，遵循客观、针对性、科学性与可操作性等准则选取指标，基于指标的量化度、合理性、动态性与系统性原则，指标层级设置维度清晰，逻辑紧密，衔接顺畅，具有系统性与全面性，能充分覆盖金融机构履行支持乡村振兴战略社会责任评价的多个维度需求，为金融监管部门对金融支持乡村振兴绩效评估提切实可行的可操作手段，同时也提供了优化农村金融监管框架、深化农村金融改革的重要政策思路。

金融支持乡村振兴战略社会责任指标评价体系侧重体现了乡村振兴战略的二十字方针“产业兴旺、生活幸福、生态宜居、治理有效”等目标对金融支持社会责任的需求层次，也是该指标评估体系构建的目标诉求与农村金融机构支持乡村振兴考核的主要目标。基于指标体系框架，采用指数法对西南五省（自治区或直辖市）金融支持乡村振兴社会责任履行程度进行了量化评估，对西南民族地区金融支持乡村振兴社会责任践行程度进行了横向与纵向比较，具体分析了五个省（自治区或直辖市）四个金融支持社会责任维度的绩效。研究结果表明：

（1）西南五省（自治区或直辖市）金融支持乡村振兴社会责任水平具有明显的层级性特征，整体上处在较低水平的均衡状态。在金融支持乡村振兴社会责任指标体系四个维度的评估中，西南民族地区金融支持社会责任践行维度的指数最低，这意味着在乡村振兴政策倡议下，农村金融机构在履行支持乡村振兴战略和服务"三农"发展的过程中，回归"三农"本源业务的程度依然有限，在实践中并未达到充分履行金融支农的社会责任目标。这一评估结果也一定程度上验证了西南民族地区农村金融资源逆向配置、金融服务目标漂移、目标定位"非农"化、短期逐利导致财务利润目标挤占社会责任目标的现象等社会责任缺失的经验事实。

（2）社会责任机制是金融支持乡村振兴战略推进的政策保障机制。评估结果显示，由于金融作用于经济增长的传导机制的时滞性，短期内农村金融机构支持乡村振兴和服务"三农"发展的社会责任的间接绩效难以精准计量，但在长期内，金融机构履行社会责任的社会绩效能较为显著地体现在农业产值、农户收入、乡村产业发展等指标变动轨迹上。西南五省（自治区或直辖市）的县域样本农商行履行社会责任的实践显示，在农村金融资源极为缺乏的西南民族地区，农村金融机构社会责任机制更加具有紧迫性与亟需性。农村金融机构社会责任的缺失更进一步加剧了西南民族地区乡村振兴战略推进中金融资源保障不足的严重问题，极大地制约了西南民族地区乡村的建设与发展。基于社会责任机制，优化农村金融体系，提升农村金融机构支持乡村振兴的绩效，更好地促进西南民族地区产业兴旺、农业发展、农民脱贫增收，实现农业规模化与现代化发展的目标，应提升整个"三农"金融支撑体系的金融承载力，因此，要实现西南民族地区乡村振兴战略目标，将信贷资源导入欠发达的西南民族农村地区，尤其是贫困地区与民族自治地区，必须依赖充分的政策支持机制。

（3）如何将社会责任转化成为农村金融机构支持乡村振兴战略和服务"三农"发展的可持续、常态化和长效的激励与约束机制，激励农村金融机构主动履行支持乡村振兴、服务"三农"发展的社会责任，使其在追逐自身财务目标的同时主动式承担社会责任，有效发挥金融机构履行社会责任的正外部效应，是新时代优化农村金融体系、创新农村金融发展面临的重要课题。农村金融机构履行社会责任机制是一种约束与激励机制，乡村振兴战略全面推进的进程中，金融机构承担支持乡村振兴和服务“三农”发展具有较强的现实性和实践意义，如何强化社会责任、实现社会责任内化是农村金融机构在实现可持续发展与积极响应国家重大战略政策的急迫性需求，金融机构应将承担支持乡村振兴与服务“三农”发展的社会责任作为自身实现可持续发展的核心战略定位和市场定位，如何通过社会责任机制的约束和激励，实现商业利润与社会效益双重目标的实现，亦是我国当前农村金融改革发展的战略目标和政策导向。

第七章

西南民族地区金融支持乡村振兴战略社会责任机制

现代企业社会责任理论与实践表明，多元化与系统性的激励力量和约束力量的匹配与联动是企业履行其社会责任的长效动力机制。激励机制与约束机制的缺位正是我国农村金融机构未充分履行社会责任的重要因素，在动力机制缺位的环境下，政策激励粗放、法律法规滞后、监管低效、行业伦理约束无力，难以搭建起适合农村金融机构自主践行社会责任的政策环境与培育农村金融机构履责的实践土壤。无论是约束机制的缺位，还是监管机制的软化，抑或是农村金融机构社会责任目标与经济效益目标的激励不相容，均构成了我国农村金融机构履行社会责任动力严重不足与不充分履行社会责任的恶性循环的根源。因此，仅有外部激励约束机制与内部驱动机制相结合才能实现农村金融机构充分践行社会责任的内化，使农村金融机构由被动式响应合规履责向主动战略性履责转变，激发自觉履行社会责任的不竭动力，支持乡村振兴与服务“三农”发展的社会责任才能真正落地生根，实现农村金融机构支持乡村振兴和自我可持续发展良性循环。

第一节　金融支持乡村振兴战略社会责任机制的设计逻辑

一、机制目标：农村金融机构履行社会责任支持乡村振兴

农村金融机构履行其社会责任与支持乡村振兴二者之间存在相互促进、共同发展的协调关系。本研究的第三章、第四章与第五章的研究结论认为：乡村振兴亟需农村金融机构履行其社会责任、切实支持“三农”发展。乡村振兴战略目标的实现对农村金融体系的重构提出了新的时代要求，对于在我国长期的金融支农实践中无法解决的“贷款难”的禁锢问题，应改变传统的追求金融机构增量式变革的路径，基于从“量”到“质”的嬗变思路重建我国农村金融体系。构建农村金融机构履行社会责任治理机制，并形成常态化的实质运行，推动农村金融机构转变被动、象征性地迫于响应政策式的履责，向积极、主动履行社会责任转变。同时，农村金融机构履行社会责任支持乡村振兴和服务“三农”发展也是我国农村金融体制改革的战略目标导向，二者在本质上是一个内在统一、具有较强的外部效应、紧密契合的体系。

二、设计原则：社会责任目标与经济效益目标耦合

经济效益目标与社会责任目标二者的耦合是农村金融机构社会责任机制设计应遵循的首要原则，机制的设计应充分体现农村金融机构的经济效益目标与社会责任目标的兼顾，基于该原则对农村金融机构进行约束，避免出现其在逐利过程中的经济利益行为过度挤占社会责任空间，以期获得二者兼顾的效果。

（一）双重目标耦合的内涵

耦合性（coupling）也称为块间联系，来源于物理学概念，是指系统结构内两个或两个以上的子模块彼此相互影响联系的现象，是一种相互依赖、协调与促进的动态关联关系。根据耦合概念的定义，农村金融机构的社会责任目标与财务可持续目标的耦合关系是二者及其内部各要素之间的互动、关联与契合的过程。

农村金融机构的社会责任目标是扎根农村，立足“三农”，面向“三农”

群体最大限度提供金融服务供给，服务地方实体经济，缩小“三农”金融供需缺口，扩大对农村新型农业经营主体、农户和农村企业的融资服务的深度与覆盖面，增加对产业发展、农民增收、减少贫困、乡村建设所需的金融资源供给，有效支持农业向产业化与现代化的发展转型，助推农业与农村现代化目标与乡村振兴战略“二十字”目标的实现。

农村金融机构财务可持续目标是指在不依赖政府补贴的政策条件下，在支持乡村振兴战略与服务“三农”发展的业务运营中，实现财务独立和自给自足，在风险可控、保持流动性与安全经营的前提下，获得投资回报，实现财务收支的可持续发展，最终增强市场竞争力与自身经济实力。

经济效益目标与社会责任目标是农村金融机构在支持乡村振兴和服务“三农”发展过程中应同时兼顾的双重目标。经济效益是农村金融机构履行支持乡村振兴和服务“三农”发展社会责任的经济基础，履行支持乡村振兴和服务“三农”的社会责任是农村金融机构可持续健康发展的目标导向。双重目标耦合是农村金融机构在市场运营中，将社会责任目标与经济效益目标充分结合，金融资源投放要坚持履行支持乡村振兴和服务“三农”发展的责任目标，与此同时在支持乡村振兴与服务“三农”的业务运行中实现经济效益目标，即实现社会责任目标与财务目标双重目标的兼顾，实现双重目标耦合的关键在于机制与制度的设计。

（二）双重目标耦合的理论与实践必然

从理论根源上，农村金融体系的发展自产生伊始就担负了支持“三农”的义务，生于“三农”、长于“三农”的市场定位特性是其履行支农职能的优势，服务于农业与农村现代化发展、提升乡村振兴的金融承载力、解决“三农”发展的融资困境是我国农村金融发展的重要政策初衷。农业信贷补贴理论、不完全竞争市场理论及农村金融市场理论等主流理论体系尽管政策主张各有侧重，但均赞同与强调农村金融机构作为农村金融市场上资金融通的中介机构，承载了农村资金市场上金融资源优化、高效配置的重要职能，农村金融机构的改革、优化、运行机制与政策配套直接决定了当地农村金融运行效率。20世纪60年代西方学术界提出的微型金融理论与普惠金融理论清晰地将难以在城市商业银行获得信贷支持的农民、穷人、小型企业和工商企业主等社会弱势群体定位为小额信贷等微型金融机构的主要服务群体。关于农村金融机构的财务可持续问题，不同的理论主张亦各有阐述与侧重。农业信贷补贴理论将农村金融机构定位为政策性金融，金融机构由政府出资建成并补贴而无需考虑自负盈亏的财务问题，但农业信贷补贴理论指出实践中的政策性农村金融机构也无法规避财务不可持续的困境。农村金融市场理论则主张依靠单一的市场化机制，农贷利率市场化定价，同时为解决农村金融机构的财务不可持续问题，实施自主经营、财务独立，并取消政府对农村金融机构的政策性财税补贴，但采用农村金融市场化主张的发展中国家的实践亦出现了农村金融机构脱离“三农”的现象。为解决上述矛盾，不完全竞争理论强调发挥政府对农村金融市场的引导和服务职能以营造良好的外部环境，通过政策提升农村金融机构服务“三农”的意愿，侧重对农村金融机构的激励和约束，21 世纪初以来在部分发展中国家的这一模式下的金融支农实践较好地实现了二者之间的兼容。

实践上较为成功的国际经验来自孟加拉的乡村银行经营模式，孟加拉乡村银行致力于解决农村贫困人群金融服务不足而创设了微型金融模式。2005 年，联合国针对广大发展中国家提出普惠金融理念，基于小额信贷理论与微型金融理论思想，较多的发展中国家进一步将普惠金融服务的目标客户扩大为城市贫困群体、城市个体户、小型微型企业以及从事农业耕种、小型牲畜饲养与农产品加工、手工业者与农村小摊贩等低收入群体。我国农村金融体系实质上是普惠金融在农村地域范围内的具体实践。我国主要农村金融机构的产生、发展与体制改革均是在政府主导推进模式中发展演化而来，农村金融机构设立的初衷是提供“三农”信贷支持，支持农村与农业发展是其重要的政策性职能，同时，农村金融机构立足在“三农”这一特定市场，其运行与发展均无法离开政策扶持，农村金融机构承载的政策性支农义务既是农村地区普惠金融的重要构成领域，同时这一使命也正是其社会责任的重要体现。纵观我国农村金融体制改革与探索的历程，在机制并未完全成熟的农村金融市场环境中，农村金融机构亦逐渐形成了自主经营、自负盈亏的本土化经营模式，立足“三农”本土，依靠动员农业内部与农村内部储蓄资金积累形成主要资金来源途径，依托广袤的农村市场向农村与农业提供金融支持，在协同支持农业与农村现代化发展目标的同时也谋求自身在财务目标上的可持续发展。诸多发展中国家的实践数据检验显示，农村金融机构的财务目标与政策性目标二者密不可分、相辅相成，兼顾社会责任目标和商业目标成为我国农村金融机构发展的理论与实践必然要求。

（三）双重目标耦合的本质

企业社会责任理论认为，企业社会责任是商业效率与社会效益二者的统一，社会价值与经济价值兼顾是企业社会责任之要旨。追逐利润最大化是企业履行社会责任的原动力，但单纯强调商业营利性目的，并以此作为企业战略发展的唯一价值标准在复杂多变的市场环境中无法具备可持续性。归根结底，尽管企业履行社会责任是多种因素共同作用的结果，但经济动因才是最根本的内在动因，只有将企业履行社会责任内化为企业追求最大利润的动力，企业履行社会责任才能由被动行为转变成为自发行为，在外在的激励机制作用下，社会利益与个体利益最终形成耦合性，两种利益目标趋于一致，进而实现利己和利他的统一，在此基础上充分履行社会责任的良性循环。

农村金融机构作为市场经济中的主体单位，追逐利润是其可持续发展的客观财务要求。由于农业的弱质产业特征，农村地区多为欠发达地区，尚未形成农业的产业化与规模化，适度规模的新型农业主体开始增多，但小农户依然是主体生产单位。农民既是分散的个体也是社会弱势群体等多重限制，使得农村金融机构为“三农”提供金融服务的定价不能过高，其利润空间受限。加上农村金融机构涉农贷款业务额度小、笔数多、单笔贷款较分散等特征，导致“三农”信贷业务成本高，比较收益低，整体上推高了单笔“三农”贷款业务成本。同时，由于农户贷款缺少有效的担保抵押这一短板问题，“三农”贷款业务的违约风险远远高于工商业贷款，农村地区贷款风险高于城镇，如若农村金融机构与信贷人员对“三农”市场下沉不足，则风险防范与控制的压力更大。在此市场环境下，农村金融机构股东强调投资利润回报，监管部门对风控进行硬性约束，使得农村金融机构在复杂的农贷市场中，对风险规避与利润最大化的追求往往优先于履行服务“三农”发展的社会责任，导致农村金融机构的放贷目标客户产生偏离“三农”，而优先选择营利性较高的非农部门与地区，例如城镇地区、大型工商业和制造业等。因此，以中国农业银行、农村信用社和农村商业银行为代表的商业性金融体系，村镇银行、农村合作银行、农村互助资金社等新型农村金融机构均在存在着服务“三农”社会责任与市场化运营的两种目标、两种模式的矛盾的现象。

尽管在短期内，涉农贷款在一定程度上影响农村金融机构的利润最大化，但并不意味着涉农贷款不具有商业可持续性、农村金融机构社会责任目标与财务目标完全矛盾，相反，当农村金融机构仅仅追求短期盈利和财务目标，即使短期内获得盈利，长期内主营业务脱离农村偏向城市地区，不仅会丧失其自身的比较优势，其追逐短期盈利的模式亦是不具备可持续性。从长期来看，二者具有统一性。宏观层面上，一方面，我国农村人口占全国总人口的近三分之二，乡村振兴战略下，农村产业兴旺、生态宜居、农业实现现代化等目标赋予了农村金融市场极大的开发潜力，而农村金融机构具有独特的后发优势，如果能够针对“三农”进行金融服务和产品创新，将农户、新型农村经营主体和农村企业作为目标客户群体，在追求经济效益的同时充分履行支持乡村振兴和服务“三农”发展的社会责任。

微观层面上，农户、新型农村经营主体和农村企业办理存贷款等业务时更加偏好地理条件便捷的银行物理网点，由于大型商业银行均撤离县域下的农村区域，在乡、镇等地区布局较多基层网点的农村金融机构，例如农村信用社、农村商业银行、村镇银行、邮政储蓄银行等机构网点由此获得了稳定的“三农”客户来源，包括农户、新型农业经营主体与农村企业等。对其而言，由于长期的下沉“三农”市场与农户、新型农村经营主体和农村小企业建立稳定的合作关系，充分发挥出服务“三农”发展的天然优势，以较低的成本积累信息资源，减少信息不对称现象，同时借助科技金融手段，逐步降低“三农”贷款业务成本，实现良好的可持续经营状态。因此，农村金融机构唯有立足“三农”，充分履行支持乡村振兴和服务“三农”发展的社会责任，在实现社会责任目标和经济效益目标的同时充分发挥出实现农村产业兴旺、生态宜居、农业现代化和产业化发展的外部效应。当农村金融机构在农村地区实现有效支农、农业农村实现现代化转型发展，农民增收致富亦会增加当地农村金融机构的本地储蓄资金来源，从而获得业务规模扩张、业务多元化等直接效益，有利于农村金融机构提升其市场竞争力，实现良好的财务可持续以积累长期的效益优势，达到内在兼顾社会责任目标与经济效益目标的良性循环。长期上看，农村金融机构履行支持乡村振兴与服务“三农”发展的社会责任，可从“三农”市场上获得长期、稳定的回报，同时从农业产业化与规模化发展、农户增收、农村农业实现现代化中获得更大的经济效益，可见，农村金融机构的社会责任目标与利润目标在长期是一种均衡发展的共生关系。

（四）双重目标耦合的实现前提

农村金融机构实现社会责任目标与其财务可持续目标的耦合是金融支持乡村振兴社会责任约束机制的基本原则。而如何实现农村金融机构“经济利益和社会责任”二者之间的相互激励与和平兼容，是乡村振兴战略下重构我国农村金融支撑体系的理论难点，也是政策设计的难点。

企业社会责任理论认为，追逐更大的利润是企业履行社会责任的内在驱动因素，在外在激励机制的作用下，社会责任目标与经济目标可在企业的长期发展战略中实现统合协调。农村金融机构通过在承担支持“三农”社会责任来提升利润水平，在追求利润目标的同时，也实现了其支持乡村振兴和服务“三农”发展的社会责任目标，最终达到财务利润和社会责任兼顾双赢的目的。尽管农村金融机构履行社会责任与其经济利益目标在长期上是一致的，但在短期内，农村金融机构履行社会责任所付出的成本客观存在，因而不可避免产生经济利益目标挤占其社会责任的现象。在内在驱动和外部约束机制缺失的环境下，农村金融机构履行社会责任的程度与意愿微弱，完全依赖其道德认知的约束缺少现实性，只有当外部的压力通过约束、激励机制有效地转化为内在的利益动因时，农村金融机构才会强化自身服务“三农”、支持乡村发展的社会责任意识。只有当外部压力通过有效机制转化成为内在利润动因时，农村金融机构才会从不自觉地适应到自觉地改变，自主而充分地履行支持乡村振兴与“三农”发展的社会责任。因此，当农村金融机构的社会责任目标与其利润目标实现最大化的结合，并转化为其内在的运行驱动机制，农村金融机构才能充分、自觉地履行其社会责任。

三、逻辑检验：双重目标兼顾的理论博弈

（一）农村金融机构社会责任博弈中参与者行为分析

能否兼顾双重目标是农村金融机构是否选择履行支持乡村振兴和服务“三农”发展的社会责任的逻辑前提，因此，农村金融机构履行社会责任与不履行社会责任的行为选择决定了其社会责任目标与商业利润目标之间的博弈。

根据社会责任利益相关主体理论，农村金融机构履行支持乡村振兴和服务“三农”发展的社会责任行为选择中的利益相关主体主要包括政府、股东与债权人、贷款对象（“三农”客户群体）。

（1）政府。政府是监管人与引导者的角色，在博弈行为中主要对农村金融机构是否履行社会责任的行为实施奖惩政策，为农村金融机构履行社会责任营造良好的政策环境和保障，是农村金融机构充分履行社会责任的监督者。

（2）股东与债权人。作为权益所有者，农村金融机构股东追求的是投入资本金的经济回报率，亦是农村金融机构追逐经济效益目标的根源。股东通过投票权和决策权来约束金融机构的行为，只有当股东权益在金融机构获得最大化的回报时，股东才可能追加投资。在农信社、农商行等农村金融机构中，股东还是实际的经营与管理者，因此，农村金融机构可持续发展的目标与其股东追求利益回报最大化的目标具有一致性，致使在博弈模型中二者的行为决策一致。

（3）农村金融机构。对于农村金融机构而言，是否履责以及履责的程度是一个动态的决策过程，依据监管环境作出最优的策略选择。依据第三章农村金融机构社会责任内涵的界定，将社会责任量化为：涉农贷款余额与其总贷款余额占比大于等于70%，否则为不履行社会责任，该比率既包含实践经验、监管要求和历年统计数据，也包括将来预期。因此，农村金融机构在博弈中选择的行为方案为：履行社会责任与不履行社会责任，政府监管与不监管（或监管无效）。

（4）农户、新型农村经营主体与农村企业。理论上看，“三农”群体的融资行为选择取决于农村金融机构提供服务的满意度，如果农户、新型农村经营主体与农村企业难以从某农村金融机构获贷、贷款满足程度低，则会考虑更换农村金融机构（选择不再在该金融机构继续办理金融业务，导致该金融机构业务量减少或者终止）以作为惩罚。但这种惩罚性的行为选择须有两个前提条件：一是农村金融市场是信息完全的。仅当农村金融市场处在信息完全的环境下，农户才可能通过选择更换另外一家农村金融机构来对该机构不履行社会责任的惩罚。但在实践中，由于“三农”群体对金融机构的信贷歧视、服务目标漂移、乡村振兴支持政策、农村金融机构贷款的抵押条件等信息的掌握不充分，存在严重地信息不对称，“三农”群体在交易中成为信息劣势方，而金融机构成为信息优势方，在决策是否履行社会责任时，隐含了对不同决策结果的成本与收益的考量，其最终的决策必然是对其最优的成本收益比。因此，农村金融机构在信贷发放过程中是信息优势方，信息优势方不履行社会责任行为具有不易被识破、识别具有滞后性等特点，在于农户的贷款业务活动中往往只能观测到对于当事农户和企业行为的结果，但同时又受到其他贷款条件和因素的影响。二是农村金融市场是买方市场，只有是买方市场的条件下，农户和农村中小企业的货币投票权才能发挥出作用。但从我国农村金融市场的实际来看，农村金融贷款难、金融机构不愿贷款、农村资金的供给需求缺口巨大等现象是长期以来我国农村金融市场上资金供求关系的常态特征，因此，我国农村金融市场并不符合“买方市场”的特征，反而更加接近卖方市场特征。

综上农村金融机构社会责任利益相关主体分析可知，农村金融机构与政府是基于利益均衡关系中最直接的博弈合作利益主体。

（二）农村金融机构社会责任的博弈模型

1. 农村金融机构社会责任的博弈动态描述

在农村金融机构依据监管环境进行策略选择的动态过程中，与政府呈现以下合作状态：①农村金融机构不履行社会责任、政府采取奖惩监管；②农村金融机构不履行社会责任，政府不监管或监管无效；③农村金融机构履行社会责任，政府不监管或监管无效；④农村金融机构履行社会责任，政府选择奖惩监管。双方博弈动态的描述如下：

（1）农村金融机构的策略选择具有不确定性，表现为农村金融机构在履行社会责任与不履行社会责任之间进行选择。对于政府而言，其所选择的策略为监管与不监管，其中，监管包括奖励与惩罚，具体形式为财税、金融业务许可等奖励与惩罚手段。

（2）利益驱动是农村金融机构作出策略选择的决定因素。依据理性经济人假设，经济利益是农村金融机构行为选择的理性准则因素，因此，在博弈过程中，农村金融机构所作出的策略是基于经济利益占优的准则。当农村金融机构不履行社会责任的获益更大时，它会选择不履行，当履行社会责任可能带来更大的经济利益时，它会选择履行。

（3）农村金融机构是否履行社会责任在多次重复博弈后所作出的选择趋于稳定。农村金融机构与政府之间的博弈往往是多次和重复的，双方的行为变化和选择并不会改变博弈状态的结构，农村金融机构与政府之间都可以追溯到以往对方的行为选择。因此，农村金融机构不但关心某一次履行社会责任的收益，而且更加关心将来长远的收益。基于这个重复调整各自行为选择的动态过程，我们构建一次博弈模型描述农村金融机构的短期履责行为的变化过程，并通过构建重复博弈模型观测长期内农村金融机构对政府监管作出的履责反应及策略调整。

2. 博弈模型构建的前提假设

（1）农村金融机构 F 履行社会责任的成本为 C_y，F 因此而获得各种形式的激励收益为 R_y，$R_y = \alpha + \beta$，其中，α 为经济收益，β 为非经济激励，非经济激励在长期内可转化为经济收益。

（2）如果 F 金融机构不履行社会责任，政府在监管中将对其进行惩罚，由惩罚造成的成本代价为 C_n。

（3）假设 F 金融机构履行社会责任的概率为 p，则其不履行社会责任的行为选择概率为 $1-p$，政府对金融机构 F 不履行社会责任的处罚概率为 q，相应地不处罚的概率为 $1-q$。

3. 构建单次静态博弈模型

在单次静态博弈的环境中，由于农村金融机构履行社会责任需付出成本

C_y，而农村金融机构预期政府不会轻易做出惩罚的行为选择，因此，农村金融机构选择不履行社会责任的概率较大。由于博弈次数仅为一，政府监管政策发挥作用需要适配于一定的市场环境与政策执行效率，导致其选择惩罚策略时会产生一定的机会成本，由此导致政府倾向于选择不监管的概率较大。同时，在单次博弈的环境下，农村金融机构股东、债权人的追求利润回报的目标与其不履行社会责任的行为选择也高度契合。

假设当农村金融机构采取履行社会责任时，政府有两种行为策略选择，不采取任何奖惩策略与采取奖惩策略。当政府采取不奖惩策略时，F 可获得的收益为 R_p，政府与农户得到的收益表示为 L_{y1}；当政府采取奖惩策略时，F 由于履行社会责任增加成本 C_y，由于履行社会责任而获得的经济奖励收益为 α，F 机构的总收益为 $R_q(R_q = R_p + \alpha)$，政府与农户可得到的收益为 $L_{y2} - C_y$，显然，L_{y1} 大于 $L_{y2} - C_y$；尽管 R_q 大于 R_p，但只有当其履行社会责任而获得的经济收益 α 大于由于履行社会责任而增加的成本 C_y 时，农村金融机构才会选择履行社会责任，由于是否采取奖惩政策是由政府决策，因此，农村金融机构采取不履行社会责任的策略的收益与确定性更大一些。

当 F 金融机构采取不履行社会责任策略时，政府采取不惩罚策略，则 F 金融机构可获得的收益为 R_n，农户可获得的收益为 L_n；当政府采取惩罚策略时，金融机构可得到的收益为 R_{n1}，小于 R_n，农户可获得的收益为 $L_n - C_n$，小于 L_n。

因此，在单次静态博弈模型中，对于参与博弈的金融机构 F 而言，无论政府采取什么样的博弈策略，“不履行社会责任”是其最优策略；对于政府而言，选择“不惩罚”的监管收益大于“惩罚”监管收益。因此，“不履行”和“不惩罚”是单次静态博弈模型中的最佳策略组合与纳什均衡点。

表 7-1 显示，在单次博弈行为中，农村金融机构对其是否履责的决策选择面临较大的机会主义。对于农村金融机构 F 来说，履责产生直接成本或更高回报率的“机会成本”，因此，在政府不监管的前提下，其决策选择为不履行社会责任；对政府而言，由于单次博弈中的惩罚带来的监管收益要低于惩罚时产生的监管成本，导致政府在权衡监管的成本与收益后更加倾向于选择不惩罚的决策，符合农村金融机构在不履行社会责任决策时对监管的预期，这说明，在短期内无监管的政策环境下，农村金融机构并不会选择主动履行社会责任。

综合各类决策组合可知，农村金融机构是否选择履行社会责任在很大程度上取决于其远期收益是否足够大，是否足以让金融机构放弃眼前的由不履行社会责任而获得的短期利益。当农村金融机构远期预期收益越高，其承担社会责任所付出的当期成本越低，就具备更高的履行社会责任的动力与积极性。所以，在有政府、农户等参与的多次重复博弈中，远期收益成为农村金融机构决策的重要因素，基于长期成本与远期收益的分析而进行更加理性的选择。

表 7-1　　单次静态博弈政府是否履行社会责任监管组合

政府监管	不惩罚	惩罚
履行社会责任	$R_p - C_y$, L_{y1}	$R_q - C_y$, $L_{y1} - C_y$
不履行社会责任	R_n , L_n	R_n , $L_n - C_n$

4. 构建重复博弈模型

单次静态博弈中农村金融机构忽视了远期的可持续发展利益，倾向于选择不履行社会责任，而不履行社会责任的短期行为也并不能使股东权益收入达到最优。在实践中，农村金融机构与政府、农户之间的博弈是多次的、重复的，在多次重复的博弈行为选择中，农村金融机构与政府均会基于自我收益与成本的理性权衡进行决策，相较于单次静态博弈中的行为选择，对长期利益的预期成为其重要的考量因素。因此，在金融机构考虑到长期利益的情况下，即农村金融机构 F 所作出的履行社会责任与否的选择，不仅是依据其当期的收益进行判断，也会将长期收益作为其行为选择的依据，其博弈行为变化的可能性如以下四种情况：

A：农村金融机构 F 选择履行社会责任策略，政府选择监管，对 F 履行社会责任采取奖励措施。F 由于承担了履行社会责任而增加了成本 C_y ，同时获得了奖励，相应地增加了收益 R_{y1}（$R_{y1} > C_y$），同时，金融机构 F 履行社会责任获得了正向激励，用 β 来表示激励因子。农村金融机构履行社会责任受到的激励具有累积性，存在一种经过时间传导的正向影响效应，金融机构每一次履行社会责任都会在原来的基础上受到一次正向的激励 β ，金融机构的成本收益矩阵为：

$$E_{1M} = \sum_{i=1}^{n} pq(R_{y1} - C_y)(1+\mu)^{i-1} \quad (i = 1,2,\cdots,n) \tag{1}$$

从长期来看，由于政府对金融机构充分履行社会责任给予了恰当的激励，金融机构的股东和债权人的利益受到保护，会相应增加其投资，同时“三农”群体对农村金融机构服务感到满意、金融服务要求权益获得满足，更加倾向于在该金融机构进行储蓄，也使得金融机构的资金来源得到保障。

B：F 金融机构因承担社会责任产生成本 C_y ，但政府并未采取监管激励策

略，加上“三农”金融市场信息不对称，F 机构履行社会责任并未获得额外的收益，对于不履行社会责任的竞争对手而言，反而增加了收益 C_y，即是 F 金融机构的成本损失。F 金融机构的支付矩阵为：

$$E_{2M} = p(1-q)(-2C_y) \tag{2}$$

由此可见，由于政府监管政策不当，激励缺失，履行社会责任的农村金融机构所获得的利益回报低于不履行社会责任的金融机构，将会大大挫伤 F 金融机构履行社会责任的积极性。

C：当 F 金融机构选择不履行社会责任，而政府选择进行监管策略时，F 金融机构由于不履行社会责任而受到处罚 C_n 以及声誉损失 R_y，则 F 金融机构的支付矩阵为：

$$E_{3M} = -(1-p)q(R_y + C_n) \tag{3}$$

D：当 F 金融机构不履行社会责任，而政府也未采取监管策略时，F 金融机构由于没有履行社会责任而节省了一部分成本 C_y，可以计入其收益中，同时由于没有声誉损失，F 金融机构的支付矩阵为：

$$E_{4M} = -(1-p)(1-q)E_{3M} = -(1-p)qC_y \tag{4}$$

在农村金融市场信息对称的状态下，如果地方政府并未对金融机构的不履责采取无监管政策，金融机构不履责并不会受到惩罚对待，一定程度上会引发“三农”群体对监管部门监管无效或执政能力的质疑，减少对其信任度，因而导致提高政府在市场经济中的执政成本。同时，农户也会因金融机构不履行社会责任致其金融服务满足度无法获得满足，从而考虑“抛弃”此金融机构，这种行为选择将会影响该金融机构的吸储能力和资金来源规模，增加了金融机构不可持续发展的风险，股东权益也会受到直接的影响。因此，从长期来看，金融机构不履行社会责任、政府无监管将会导致恶性循环的局面。

综上，在多次博弈行为的选择中，金融机构 F 是否选择履行社会责任取决于它对履行社会责任时的期望支付（$p=1$）与不履行社会责任的期望支付（$p=0$）之差 ΔR_F 的正负，

$$\Delta R_F = \sum_{i=1}^{4} R_{iF}(P=1) - \sum_{i=1}^{4} R_{iF}(P=0) \tag{5}$$

当 $\Delta R_F \geqslant 0$ 时，F 金融机构才愿意选择履行社会责任。

由（1）、（2）、（3）、（4）式，（5）式可变形为：

$$\Delta R_F = \sum_{i=1}^{n} q(R_y - C_y)(1+\mu)^{i-1} + (1-q)(-2C_y) + q(R_y + C_n) - (1-q)C_y \tag{6}$$

由（6）式可知，$(1+\mu)>1$，若

$$q(R_y - C_y)(1+\mu)^{i-1} + (1-q)(-2C_y) + q(R_y + C_n) - (1-q)C_y > 0 \tag{7}$$

则 $\sum_{i=1}^{n} q(R_y - C_y)(1+\mu)^{i-1} > q(R_y - C_y)(1+\mu)^{i-1}$

由（7）式可知：

$$q > \frac{3}{(\frac{R_y}{C_y})(1+\mu)^{n-1} + 3 + \frac{R_y}{C_y}} \tag{8}$$

由（1）-（8）可知：

当 β_1，C_y，R_y，n 等值不变时，假若因处罚而产生的成本 C_n 较大时，无论 q 的概率大小，农村金融机构将会理性决策现在履行社会责任。对于 q 来说，在 β，C_y，R_y；C_n，n 一定时，q 值越大，农村金融机构履行社会责任的可能性就越大。因此，由此产生的第一个博弈合作条件为：当政府选择对金融机构不履行社会责任进行奖惩监管，且奖惩执行力度更大时，则农村金融机构更加倾向于履行社会责任。由于金融机构履行社会责任时要付出一定的成本代价，部分机构因此而选择逃避社会责任，但若政府对逃避社会责任给予有效的监管，当金融机构选择不履行社会责任时受到处罚和真实损失，当期的收益成为其在下一期行为选择的判断和依据，则金融机构选择社会责任的概率就越高。

当 C_y，C_n 一定时，R_y 越大，β 越大，合作的次数 n 越大，即使 q 比较小，金融机构履行社会责任的可能性也比较大。由此引致的第二个博弈合作条件为：当金融机构履行社会责任获得的激励越多，金融机构越有动力履行社会责任。如果金融机构形成履行社会责任在长期获得的收益回报高于其成本且履行社会责任具有内在正向积累的效益的认知，就会产生内在动力驱动其自觉社会责任。

如果 q，β，C_n，R_y，n 一定时，C_y 越小，即当金融机构履行社会责任时所付出的成本适中或越低，金融机构将倾向于选择自觉履行社会责任。由此引致出第三个博弈合作条件为：当金融机构履行社会责任的成本比较小时，金融机构即使在履行社会责任中获得的收益较小，也愿意采取履行社会责任的行为。最终，在多次重复博弈的行为选择后，政府选择正向激励的监管策略、农村金融机构选择履行社会责任策略时，双方可以获得最大化的收益。该博弈结论表明，农村金融机构履行社会责任可以达到与政府、“三农”客户等利益相关者的收益最优的长期均衡状态。

（三）博弈模型结论

基于以上一次博弈模型与多次重复博弈模型的结果分析，只有当农村金融机构从履行社会责任中获得的总收益（包括经济收益与非经济激励收益）高于金融机构不履行社会责任所获得的收益或其因不履行社会责任而承担的惩罚成本时，选择履行社会责任是农村金融机构的最优决策。

图 7-1 显示，政府是否采取奖惩的监管政策对农村金融机构履行社会责任的行为选择起到关键性的作用。在政府不监管的政策环境下，F1 农村金融机构选择不履行社会责任时其对应的经营成本与收益分别为 MC1 、MR1 ，其均衡生产点为 B ，发放贷款 Q 。假设金融机构充分履行社会责任，由此成本支持增加至 MC2 ，但由于政府的不监管政策，没有给予正向经济或声誉激励，其收益依然受 MR1 ，此时的生产均衡点为 D ，决定了其贷款规模降至 Q2 。在政府采取正向激励与反向惩罚监管政策时，未履行社会责任的金融机构由于处罚增加成本，其成本边际上升至 MC3 ，此时，相应的边际收益下降至 MR3 ，最大利润也降至 C ，贷款规模缩减至 Q3 。对履行社会责任的金融机构而言，尽管其成本上升为 MC2 ，但由于获得了正向的财税补贴及声誉激励等收益，其生产均衡点向右移到 A ，相应的贷款规模增加至 Q4 。由此可见，假若农村金融机构社会责任激励约束机制缺失或监督不当时，农村金融机构的“非农”贷款投放规模越大，所获得的利润越高。当社会责任机制采取正向激励与反向惩罚时，农村金融机构权衡成本与收益下更加倾向于选择充分履行社会责任，“三农”贷款投放规模也增大。

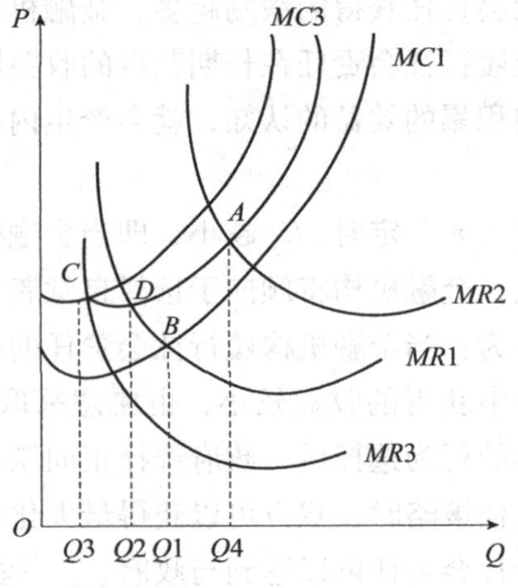

图 7-1 农村金融机构履行社会责任成本—收益分析

在我国长期以来的金融支农的实践中，作为大中型国有银行（农业银行）、股份制商业银行（农村商业银行），乃至农村信用社、新型农村金融机构均表现出鲜明的“嫌贫爱富”的放贷特征，未能对农村经济社会发展发挥出应有的支持“三农”发展和乡村振兴的社会责任。其中，尤其是具有本土优势的农村金融机构，与当地经济社会发展有着千丝万缕的关联，它们占有天然广袤的农村金融市场，熟悉当地的经济发展，熟知当地农村金融的需求特征。如果能充分利用这些优势，主动、积极履行社会责任，则可以获得良好的社会声誉效应，提高农村市场客户的认可度，积累更多更大规模的客户资源，在同业中提升竞争力，获得长期的可持续健康发展。在博弈的过程中，农村金融机构获得长期利益的最大化，政府实现扶持“三农”发展的政策目标，农户、农村小微企业、农村经济获得发展，从而促进农村经济社会的发展和乡村振兴战略目标的实现。因此，无论是农村金融机构自身、政府、股东、还是农户、农村小型企业等利益相关者，均能因为当地经济发展而获得益处，从而形成一个良性的供需循环，对我国乡村振兴战略的实现和“三农”发展具有重大的现实意义。但当前大部分农村金融机构并没有充分履行支持“三农”和乡村振兴的社会责任，基于资本逐利原则，追求短期的利润最大化而忽视长期利益。

政府作为监管机构，亦并未形成对农村金融机构履行社会责任的监管、激励机制，因而监管政策的 *MC*1 作用发挥在现实中受到较大的影响。基于此，政府应构建支持乡村振兴和“三农”发展的社会责任的可量化标准，通过实施稳定的评价机制和激励约束机制，加大对农村金融机构的社会责任履行情况的监督力度，使农村金融机构自主选择充分履行支持乡村振兴和“三农”发展的社会责任。

四、实证检验：双重目标兼顾实践经验

（一）农村金融机构社会责任目标与经济效益目标兼顾研究动态

国外学术界关于微型金融机构双重目标的相关研究以实证检验为主，对双重目标的内容界定较为一致，即扩大对社会弱势群体贷款的覆盖面目标与实现微型金融机构的自身财务可持续目标。具体的研究方法主要围绕银行效率开展并集中于两个方向，一是微型金融机构效率研究，Hassan 和 Tufte（2001）、Desrochers 和 Lamberte（2003）、Dong 和 Featherstone（2006）通过运用商业银行效率研究的计量方法对农村金融构效率进行评价研究。二是微型金融机构属

性定义与其效率的影响因素研究。例如，Begoa 等（2007）、Guitierrez-Nieto（2009）、Annim（2013）等学者均赞成微型金融机构具有社会性和营利性的属性特征，影响微型金融机构效率的指标选择中涵盖投入指标、产出指标两个层次，微型机构效率分别用社会效率与财务效率进行分析和评价。国内关于金融机构效率的研究多为综合效率维度，集中于我国大型商业银行的综合经营效率研究，而对农村金融机构的经营绩效研究及经营绩效的影响因素研究则主要围绕农村信用社改制农村商业银行而展开，利用数据包络分析方法（DEA）测度其效率，尤其是农村商业银行改制后的效率研究（王克强等，2018；贾蕊蕊等，2018；刘丹和张兵，2018），基于非期望产出 DEA 模型或 sum—undesirable 模型对农村信用社经营效率研究与改革绩效研究（褚保金等，2007；王俊芹等，2010；蓝虹和穆争社，2014；黄慧春等，2014），研究结论均支持农村信用社改革显著提升其经营效率，农信社的经营绩效与其内部治理结构、经营方式与经营水平、资产规模、员工文化素养、农户信用体系建设等因素显著相关的观点。

国内关于农村金融机构社会责任目标与经济效益目标兼顾的研究并不多见。由于无论是学术界还是监管领域均对农村金融机构“社会责任”内涵的界定尚缺乏统一的描述，因而关于农村金融机构“社会责任目标”的内容与形式也呈现多种不同角度的释义，如服务“三农”的目标（冯兴元等，2019）、支持“三农”的政策性目标（谢平和刘海二，2019）、服务“三农”的社会责任（杨皖宁，2019）、支农目标（程郁，2018）、服务“三农”的政治目标（温铁军，2004）、支农目标（钟鸣，2005）、社会效益（何广文，2009）、政策目标（于引和赵雅玮，2019），对农村金融机构社会责任目标的实现程度也出现诸如金融减贫效应（唐青生，2010）、支农效率、社会效率（肖斌卿和李心丹，2017）、社会绩效（于引和赵雅玮，2019）等界定。同样，农村金融机构的财务绩效则多见盈利目标、商业目标、经济目标等界定。

（二）农村金融机构双重目标兼顾的关系假设

选择农村商业银行（下称农商行）作为农村金融机构代表样本。20 世纪 60 年代以来，伴随着大型国有商业银行在农村市场的战略性收缩、政策性银行业逐步撤出涉农贷款业务，农村信用社成为我国金融支农的主力军。2003 年，国务院下发《深化农村信用社改革试点实施方案》，农信社开始向股份制农商行改革，虽然体制几经变革，但农商行被赋予服务“三农”、支持农村发展的使命和政策目标从未动摇。从现实来看，作为“身兼二任”的农村信用社，一方面要以服务“三农”为己任，承担社会责任；另一方面要实现可持续发展必须兼顾商业性运营原则，取得良好的利润效率，在不同的地区和不同的阶段，两个目标之间兼顾程度也有较大的差异性。

从长期来看，农商行的社会责任目标与经济效益目标二者之间是具有统一性的，“三农”作为农商行财务利润可持续性的主要客户群体，农商行在当地县域范围内的涉农、涉小贷款和金融服务亦是其履行社会责任的行为，从这个层面上看，其社会责任目标与经济效益目标二者之间是兼顾激励的关系。农商行的资金主要源于当地居民储蓄存款，其资金的运用也主要定位于当地农户、农村经济发展，这种模式符合监管目标和政策方向，因此，农商行社会责任目标的实现程度与其经济效益目标绩效呈同方向变化，这也是农村金融机构与其他“社会责任独立于经济利润之外”的工商企业的关键区别点。

但在短期内，农商行对经济效益目标的追逐也会影响其社会责任目标实现程度。既有的企业财务绩效与社会责任关系的相关理论与研究文献均赞同“企业承担社会责任需承担一定规模的财务成本”的观点，即企业有可能为追逐商业利润而选择放弃履行社会责任，或者为达到一定的商业获利目标而选择不履行社会责任，只有在满足自身财务利润的可持续性的前提条件下才能承担社会责任。

对于农商行而言，单笔涉农贷款小、边际成本高，推高了涉农业务的总成本。同时，由于我国农业经营方式依然是技术落后、分散生产、自然风险与市场风险概率高，导致涉农贷款风险远远高于非涉农风险。与此同时，涉农信贷缺乏有效的担保抵押品，违约风险相对较大，成本高与风险大成为农商行向非农贷款偏移的重要原因。农商行的上级直属监管人一般是省联社，省联社对农商行管理层的绩效考核主要以利润目标和风险控制为主，追求利润最大化和风险控制成为农商行首要的经营目标。为了实现更高的财务利润目标而主动缩减服务“三农”尤其是涉农、涉小、涉贫等小额贷款的规模，而增加对回报率较高、风险较低的“非农”领域的信贷投放，导致财务利润目标挤占支农资源，降低支持乡村振兴和服务“三农”发展的力度，发生目标偏移，短期内社会责任目标的实现程度下降，农商行的社会责任效率与经济效率之间可能存在相互替代性。

由此假设，在不同的时期内，农商行的社会责任目标与经济效益目标呈现两种关系：

假设1：替代关系，即社会责任目标与经济效益目标之间此消彼长，互为机会成本与代价，二者之间呈现的是一种矛盾的关系。

假设2：互补关系，即社会责任目标与经济效益目标呈相互统一与相互促进的关系，二者形成良性循环，既能有效实现支持“乡村振兴”和服务“三农”发展的社会责任目标，也能实现其经济效益目标。

由于多种内外部影响因素交织，这两种关系形态的阶段特征、实践表象、程度深浅、作用与反作用等均呈现出较为错综复杂的趋势。

（三）实证检验

1. 样本选择

在传统农业向现代农业过渡的过程中，边远农村地区的“剩余贫困”① 现象突出，尤其是在集边境地区、民族地区、不发达地区为一体的西南民族地区，乡村振兴的任务也更为艰巨，当地农商行所承担的支持“三农”的社会责任更加凸显。基于省域分布、人均 GDP 水平、是否贫困县等因素的考量，保持样本的分布基本平衡，在广西、贵州、云南、四川、重庆等西南五省市地域范围内选择了 88 家县域农商行作为研究样本（见表 7-2），其中，所分布的县域中 13 个县是国定贫困县、28 个省定贫困县、47 个非贫困县；分布在人均 GDP 为 4 万元以上、2 万—4 万元、2 万元以下的数量分别为 31 家、33 家、24 家，分布在民族自治县的法人机构共 43 家。

表 7-2　　西南民族地区样本农商行分布特征描述　　单位：家

人均 GDP 分布	省份					是否贫困县②			自治县
	广西	贵州	云南	四川	重庆	国定县	省定县	否	
4 万元以上	6	5	6	10	4	1	2	28	8
2 万—4 万元	6	6	6	13	2	6	12	15	12
2 万元以下	6	6	6	6	0	6	14	4	21
总计	18	17	18	29	6	13	28	47	41

2. 双重目标兼顾模型构建

运用联立方程构建双重目标方程式，对农商行的社会责任目标与经济效益目标兼顾的程度进行量化。用社会责任效率（ SE ）衡量农商行社会责任目标

① 剩余贫困是指按照脱贫摘帽标准退出的贫困人口的返贫现象及未建档立卡但处于贫困边缘的群体新致贫现象。

② 脱贫攻坚时期的国家级与省级贫困县划分。

的实现程度，用财务效率（EE）衡量其经济效益，双重目标兼顾即指农商行实现社会责任效率与财务绩效能的同步激励相容。

设农商行社会责任效率与财务效率双重目标的兼顾性为 $Sync_{i,t}$，$Sync_{i,t}$ 是双重效率相对差额倒数的自然对数，其平均值为 $M_{i,t} = \dfrac{EE_{i,t} + SE_{i,t}}{2}$。

$$Sync_{i,t} = \log\left(\frac{m_{i,t}}{|SE_{i,t} - m_{i,t}|}\right), i = 1,2,\cdots,n$$

$Sync_{i,t}$ 数值越大，说明双重目标的兼顾性越高，数值越小，则双重目标兼顾性越低。

由于农商行双重目标的兼顾程度受诸多因素影响，需通过联立方程来控制内生性变量对其效率产生重要影响的内外部变量进行控制观察。借鉴肖斌卿（2017）、王美强和常梅（2021）、黄惠春（2014）等研究，基于农商行的数据披露情况，选取资产规模、改制后的年数、总资产收益率、涉农贷款、“三农”定位认同、风险水平、存款规模、成本控制能力、业务多元化、政策监管、地区经济发展水平、地区金融市场结构等因素作为控制变量。构建双重效率兼顾模型如下：

$$Sync_{i,t} = \beta_0 + \beta_i + \beta_t + \beta_1 SE_{i,t} + \beta_2 EE_{i,t} + \beta_3 \sum controlbank_{it} + \beta_4 ECO_{it} + \varepsilon_{it} \tag{9}$$

$$Sync_{i,t} = \beta_0 + \beta_i + \beta_t + \beta_1 \sum controlbank_{it} + \beta_2 ECO_{it} + \varepsilon_{it} \tag{10}$$

$$Sync_{i,t} = \beta_0 + \beta_i + \beta_t + \beta_1 SE_{i,t} + \beta_2 \sum controlbank_{it} + \beta_3 ECO_{it} + \varepsilon_{it} \tag{11}$$

$$Sync_{i,t} = \beta_0 + \beta_i + \beta_t + \beta_1 EE_{i,t} + \beta_2 \sum controlbank_{it} + \beta_3 ECO_{it} + \varepsilon_{it} \tag{12}$$

i 表示逐个样本农商行，t 是对应的年份，β_i 为截面可变截距项，β_t 为时间可变截距项，分别用于捕捉截面和时间异质性。$controlbank_{it}$ 是内外部控制变量；ε_{it} 为随机干扰项。模型（10）描述在不加入社会责任效率和财务效率变量时，内部控制因素和外部宏观变量对农商行双重效率兼顾程度的影响。模型（11）是在不加入财务效率变量时，社会责任效率、内部控制因素和外部宏观变量对双重目标兼顾的影响；模型（12）是在不加入社会责任效率变量时，内部控制变量与外部宏观变量对双重目标兼顾的影响。模型（9）—（12）均选取资产规模、改制后的年数、总资产收益率、涉农贷款、“三农”定位认同、风险水平、存款规模、成本控制能力、业务多元化指标作为内部控制变量，地区经济发展水平、地区金融市场结构为外部宏观变量。

由于当前尚缺乏统一的农商行财务信息披露要求和标准，本研究综合了年鉴数据、监管部门发布的数据和基于调研的所收集到的一手数据等多渠道数据来源。依据中国银行保险业监督管理委员会官网中广西、贵州、云南、四川、重庆等五省（自治区或直辖市）的农商行列表及信用合作联社官方网站中农商行分布的信息数据，地区经济发展水平和地区人口数据均来自当年的统计年鉴。

3. 效率数据测算

（1）数据包络分析（DEA）

在效率评价方法上，采用在金融机构经营效率研究领域中最具有应用优势、应用范围广泛的数据包络分析（DEA）法，例如肖斌卿和李心丹（2017）、Avkiran（2011）、褚保金等（2007）、张兵等（2008）、覃道爱和李兴发（2009）、蓝虹和穆争社（2010）、黄惠春（2014）等学者运用DEA模型测算商业银行经营效率，并采用相应的评价方法对综合效率进行最终评价。DEA方法是根据多个输出指标和多个输入指标的数据，评价决策单元相对于诸多决策单元优劣的一种非参数方法，它运用线性规划法通过数据点的映射构建投入产出数据的坐标集，在集合中确定样本观察数据的效率前沿面，并计算出各单元与效率前沿面之间的偏离距离得到相对技术效率。其中，CCR模型是第一个输入导向型的DEA模型，它是一种基于效率理论而创建的一种线性规划模型，研究多个投入与产出变量、具有多个决策单元特征的技术效率水平（Charmes et al.，1978），即自给定输入的情况下，在生产可能集中求解输出最大的生产活动，其测算出的是纯技术效率。假设有 n 个银行（决策单元，DMU），对每个决策单元都有 m 个不同的投入指标和 n 个产出指标，X_i 表示第 i 个决策单元的投入矩阵向量，Y_i 表示第 i 个决策单元的产出矩阵向量，由于 n 个样本农商行的投入产出数据具有内部可比性，基于投入产出效率最大化对效率进行测量。由于生产率是产出与投入之比，效率指数是某个决策单元 DMU 的自身生产率与 n 个决策单元的最大生产率之比，因此，效率指数是相对生产率，并且最大值为1，即当 $DMU-i$ 这个决策单元在生产函数 $y=f(x)$ 上，则为DEA技术有效，当期不在生产函数上则为DEA技术无效。

n 个决策单元的投入矩阵和产出矩阵分别是：

投入矩阵：$\begin{pmatrix} x_{11} & \cdots & x_{1n} \\ \vdots & \ddots & \vdots \\ x_{m1} & \cdots & x_{mn} \end{pmatrix}$，产出矩阵：$\begin{pmatrix} y_{11} & \cdots & y_{1n} \\ \vdots & \ddots & \vdots \\ y_{m1} & \cdots & y_{mn} \end{pmatrix}$

采用 CCR 模型对每一个决策单元（*DMU*）进行效率评价，计算第 i 个银行技术效率的模型为：

$Min\theta$，(λ,θ)

$$\sum_{i=1}^{n} \lambda_i X_i - \theta X_0 \leqslant 0$$

$$\sum_{i=1}^{n} \lambda_i Y_i \geqslant Y_0$$

$$\lambda_i \geqslant 0, i = 1,2,\cdots,n$$

上述模型中，对于 i 银行，分别用列向量 $X_i = (x_{1i},x_{2i},\cdots,x_{mi})^T$，用 $Y_i = (y_{1i},y_{2i},\cdots,y_{ni})^T$ 表示产出的列向量；其中，θ 为 i 银行的相对技术效率，若 $\theta > 1$，初始投入既定且决策单元能获得最优产出，则该银行单元实现技术有效，DEA 总体有效；若 $\theta = 1$，则 DEA 弱有效；若 $\theta < 1$，则单元决策 DEA 无效；λ 是一个 $n \times 1$ 维的常数向量。为了保证 *DEA* 模型测度的结果的有效性，要求样本数量至少要大于投入产出变量总数的两倍。

DEA 方法中效率指数与量纲选取无关，无需对数据进行无量纲化处理，使用 EDA2.1 软件，进行 BCC 模型输出。输入投入和产出变量，按照年份、地市，分别测算西南五省（自治区或直辖市）的农商行在规模报酬可变状态下的技术效率、纯技术效益、规模效率值的大小。*CRS* 表示综合效率，*VRS* 表示纯技术效率，*SCA* 表示规模效率，$CRS = VRS \times SCA$。若 $VRS = 1$，且 $SCA < 1$，或 $VRS < 1$，且 $SCA = 1$，则是弱 DEA 有效；若 $VRS = 1$，且 $SCA = 1$，则是 *DEA* 有效；若 $VRS < 1$，且 $SCA < 1$，则是非 *DEA* 有效。

（2）投入、产出指标的甄选

科学、合理地选择投入、产出指标是运用 DEA 模型评价金融机构经营效率、获得稳健的研究结论的关键步骤，指标选择不同所产生的统计检验结果也有较大区别。综合既有文献，商业银行绩效评估的指标选取有三大广泛应用的方法：①生产法，侧重评价金融机构的经营绩效，投入指标选择营业设施、员工人数、营业成本，以提供的金融服务和产品数量作为产出指标。②资产法，重点考察银行机构的资产规模效率，强调其资金流动与规模，采取负债作为其投入指标，资产作为其产出指标。③中介法，侧重对金融机构的盈利能力进行绩效评价，其产出指标通常由盈利、收入与投资等，各类资金成本等作为投入指标。由于三种效率评价方法的投入、产出指标选取不同，所得出的研究结论也有差异。

本书重点观测的是农商行社会责任效率与财务效率双重效率的兼顾程度，主要考察其如何通过农贷资源的利用和配置来实现低投入和较高产出。实质上是农商行内部的农贷资源如何在社会责任和财务绩效二者上的配置和利用，从而对应地获得社会责任效率与财务效率的产出，即综合生产法和资产法，据此设置投入和产出效率指标。但由于农商行的特性，应在综合效率中明确标记社会责任效率，在基础的投入与产出指标上，侧重选择能反映农商行支持乡村振兴与服务“三农”发展的服务规模、水平与盈利能力等产出指标，由于县域农商行的商业利润追逐与其涉农金融业务水平提升二者共存于其日常运行，其总体绩效、商业绩效与“三农”服务绩效的投入指标设置统一，商业绩效与“三农”绩效的产出构成其总体绩效的产出指标。据此选择投入产出指标（见表7-3），优选3个投入指标：营业费用支出、利息支出、固定资产总额；5个产出指标：涉农贷款占比、总资产收益率、利息收入、非利息收入、不良贷款率，其中，涉农贷款占比是社会效率期望产出，总资产收益率、利息收入和非利息收入为财务效率期望产出；不良贷款率为非期望产出，反映农商行的风控能力，其指标值越高，则其风险越大。

表7-3　　农商行社会责任效率与财务效率的投入产出指标

类型	指标变量	指标释义	计算方法
投入指标	营业费用支出	衡量农商行经营成本支出	（营业费用/营业收入）×100%
	固定资产净额	衡量农商行固定成本投入	固定资产-累计折旧-固定资产减值准备
	利息支出	衡量农商行资金获得成本	（利息支出/总资产）×100%
SE 期望产出	涉农贷款总额	衡量农商行社会责任	（涉农贷款/总贷款）×100%
EE 期望产出	总资产收益率	衡量农商行盈利能力	净利润/平均资产总额×100%
	利息收入	衡量农商行的贷款业务收入	总利息收入
	非利息收入	衡量农商行利差之外的收入	中间业务收入+投资业务收入
非期望产出	不良贷款率	衡量农商行经营风险水平	（不良贷款余额/贷款总额）×100%

为了避免由经验判断和单一的逻辑分析可能会产生的误差，增强所选指标的严谨性、客观性与规范性，进一步采用 PEARSON 相关性检验对上述指标进行验证，结果显示，投入和产出指标均符合统计验证要求。涉农贷款占比、总资产收益率、利息收入、非利息收入、不良贷款率等产出指标与营业费用支出、利息支出、固定资产总额指标的相关系数均为正值，符合 DEA 模型的“同向性”设定要求。同时，家样本农商行的投入产出指标共有 8 个，样本数远远大于投入产出指标总数的 2 倍，符合 DEA 输入输出变量选取的经验法则。

（四）社会责任效率与财务效率测算结果

表 7－4 显示，西南民族地区 88 家样本县级农商行总体绩效、财务效率、社会责任效率三个层面的各年度综合技术效率指数、纯技术效率指数、规模效率指数均值总体接近于 1，处于效率前沿边界，具体结构呈现出三个特征：（ⅰ）样本农商行在 2017—2019 年间的财务效率均值整体上呈上升趋势，其规模效率的 3 年整体均值为 0. 8774，说明农商行改制后的规模效益明显。其纯技术效率均值为 0. 7096，说明农商行对现有投入资源的配置能力和利用能力有比较大的提升空间。相较于东部沿海地区及国内首批实施农商行改制的试点区域，广西、云南、贵州、四川农信社改革转制的起步时间较晚，改制后的运营能力、业务能力与内部资源的协调配置能力依然较弱，产出能力不足，导致改组后的农商行财务效率并未出现预期的大幅提升。因此，要在县域“三农”范围内，通过有限的规模资源投入，获得更大的产出绩效，同时提升其风险防范与控制能力，还需要改组后的农商行进一步提升内部经营管理水平和技术水平。（ⅱ）样本农商行在 2017—2019 年间的社会责任效率均值呈微幅上升趋势，这反映了农商行支持“三农”发展的社会责任意识在逐渐增强。其 3 年整体的纯技术效率均值与效率规模均值分别为 0. 7700、0. 7229，说明样本农商行在服务“三农”领域的业务管理能力及业务技术水平高于其规模经济效益。（ⅲ）样本农商行财务效率整体均值（0. 6223）高于其社会责任效率整体均值（0. 5565），并且个体样本在社会责任效率与财务效率上的差异较为显著。相较于改制前，农商行的商业化转型与机构规模扩张，使其客户群体结构出现由农户和小微企业向“非农”与中型、大型企业的转变，由此带来社会效率的下降，尤其是规模较大、管理机制趋于成熟的农商行其财务效率远高于社会责任效率。

表 7－4　　农商行财务效率与社会责任效率均值

效率类别	指数类别	2017 年	2018 年	2019 年	2017—2019 年①
财务效率	综合技术效率指数 *TE*	0.6023	0.6189	0.6467	0.6223
	纯技术效率指数 *PTE*	0.6856	0.7115	0.7317	0.7096
	规模效率指数 *SE*	0.8785	0.8698	0.8839	0.8774
社会责任效率	综合技术效率指数 *TE*	0.5248	0.5538	0.5908	0.5565
	纯技术效率指数 *PTE*	0.7403	0.7976	0.7719	0.7700
	规模效率指数 *SE*	0.7089	0.6943	0.7654	0.7229

按照原始数据的可得性与规范性要求，本书对样本数据进行了 5% 规模的截尾处理，最终获得 88 家农商行 2017—2019 年的平衡面板数据。具体指标选择与描述性统计如表 7－5 所示。经过 Hausman 检验，选择随机效应回归模型。

表 7－5　　指标选择与变量描述性统计②

性质	指标选择	变量名	变量定义与指标赋值	均值	标准差
因变量	双重目标兼顾度	$Unity_{i,t}$	根据公式（1）计算得出	2.464	1.296
自变量	社会责任效率	*SE*	DEA 测算结果	51.635	10.302
	财务效率	*FE*	DEA 测算结果	84.274	11.588
控制变量	资产规模	*SCA*	总资产的自然对数	15.108	0.823
	改制后的年数	*Reform*	改制日期至报表发布日期时长（年）	11.749	10.088
	总资产收益率	*ROA*	净利润占总资产的比重（%）	34.045	10.564
	涉农贷款占比	*Agr－loan*	年度涉农贷款占总贷款的比重（%）	65.078	19.387
	“三农”定位	*Agr－posi*	“三农”事业部体制；是 =1，否 =0	0.603	0.048
	风险水平	*CAR*	资本充足率（%）	19.371	3.106
	存款规模	*DEPT*	总存款占总资产的比重（%）	8.465	0.634
	成本控制能力	*OER*	营业费用与营业收入比（%）	32.674	11.339
	业务多元化	*NI*	非利息收入占总营业收入的比重（%）	41.226	23.579
	政策监管	*PR*	财税减免等政策；有 =1，无 =0	0.670	0.214
	地区经济发展水平	*GDPper*	地区人均 GDP 的自然对数	9.371	5.054
	地区金融市场结构	*Loan*	贷款额占当地金融机构贷款比率（%）	17.698	6.772

① 此处计算该指标 3 年度的均值数。

② 表 7－5 显示，改制后的年数、成本控制能力与业务多元化等几个变量的标准差较大，这说明了西南五省（自治区或直辖市）的县域农商行个体差异较大，尤其是集民族自治县与国家级贫困县双重属地特性的县域。其中，标准差相对最大的变量是改制后的年数，其标准差接近均值的 90%，其原因在于西南民族五省（自治区或直辖市）的民族自治县、贫困县等县域农信社改制的进度滞后于非民族自治县及经济较为发达的县域。

（五）双重目标兼顾度的回归分析

使用 Stata 10.0 进行多元回归，社会责任效率、财务效率与双重目标兼顾度的回归结果如表 7－5 所示。列（1）的回归结果显示，社会责任效率和财务效率对双重目标兼顾度的影响均在 1% 的水平下显著，回归系数分别为 4.0728 和 2.1006，这一检验结果支持了假设 2，即社会责任目标与经济效益目标呈相互统一与相互促进的关系，二者形成良性循环。模型（2）检验了控制变量对双重目标兼顾度的影响，回归结果显示，改制后的年数（*Reform*）与资产规模（*SCA*）均在 10% 水平上显著为负，说明农商行改制的年限与资产规模的扩张在一定时期无法达到双重目标兼顾，这可能是由于改制完成后初期农商行以提升经济效率为首要目标，一定程度上抑制了其社会效率的提升，说明了改制后的农商行伴随着商业规模的扩大，双重效率兼顾度在一定时间内反而出现下降，支持假设 1。模型（3）、（4）分别为不加入财务效率变量、不加入社会责任效率变量时的回归结果，模型（3）中社会责任效率在 1% 的水平下显著为正，说明社会效率的提升对双重目标同步性具有正向影响，同样支持关系假设 2；模型（4）中财务效率的回归结果并不显著，但业务多元化（*NI*）变量在 1% 水平上显著为负，回归系数为 －0.2187，这说明业务多元化可能对农商行的财务效率有短期上的显著促进关系，但在一定程度上压缩了“三农”业务，挤占了社会责任的资源，难以兼顾社会责任目标，支持假设 1。

综合表 7－6 的回归结果，政策监管在模型（1）—（4）中均在 10% 水平下对双重目标兼顾度有正向影响，这说明政策监管是农村金融机构实现双重目标兼顾的重要政策环境，通过财税等手段对农村金融机构履行社会责任实施奖惩，能够有效驱动农村金融机构充分履行社会责任，意味着实施政策监管是农村金融机构兼顾双重目标的重要外部约束机制。同时，涉农贷款在模型（1）—（4）中均对双重目标兼顾的影响呈现 10% 水平下的正向作用，可能的原因是，涉农贷款规模的扩大说明农村金融机构是在立足于服务“三农”目标的同时提升了经济效率，因此能促进农村金融机构双重目标的兼顾。风险水平变量（*CAR*）与业务多元化变量（*NI*）则至少在 5% 的水平下显著为负，反映出农商行在资本充足监管限制与利润回报考核的机制下，业务领域向多元化扩张，从而压缩一定的“三农”业务规模，一定程度上影响了其社会责任目标的实现，不利于实现双重目标兼顾。

表 7-6　　双重目标兼顾度的多元回归结果

变量	模型（1）	模型（2）	模型（3）	模型（4）
社会责任效率（*SE*）	4.0728 *** (5.16)		3.7205 *** (-0.08)	
财务效率（*FE*）	2.1006 * (4.19)			0.6769 (-0.33)
资产规模（*SCA*）	0.0988 * (-3.27)	-0.1248 * (-0.17)	0.0644 * (-2.6)	-0.0012 * (-1.37)
改制后的年数（*Reform*）	1.6021 *** (6.3126)	-0.1588 *** (0.01)	1.5213 *** (4.02)	0.0056 ** (-0.79)
总资产收益率（*ROA*）	-3.0965 (-0.03)	0.0006 (-1.36)	0. 0765 (-0.66)	0.0687 (-1.30)
涉农贷款（*Agr-loan*）	0.0235 *** (0.01)	0.0011 *** (-1.32)	0.0235 *** (-0.16)	0.0658 *** (3.39)
"三农"定位认同（*Agr-posi*）	0.0956 (0.39)	0.5638 (0.01)	-0.0001 *** (4.64)	-1.0045 (3.57)
风险水平（*CAR*）	-0.5875 ** (-0.41)	-0.6104 ** (-1.48)	-0.1904 ** (-0.07)	-7.0031 ** (-13.54)
存款规模（*DEPT*）	1.1958 (0.34)	0.4373 (0.27)	7.9245 (-1.40)	0.0016 ** (2.73)
成本控制能力（*OER*）	4.0107 (2.65)	0.0987 ** (0.00)	4.8705 (2.13)	2.1455 (3.31)
业务多元化（*NI*）	-1.6091 ** (0.47)	-0.4717 ** (0.98)	-0.0936 ** (3.99)	-0.2187 * (-9.03)
政策监管（*PR*）	0.2341 *** (2.80)	2.4027 *** (3.09)	1.4583 ** (2.42)	0.2689 * (2.26)
地区经济发展水平（*GDPper*）	0.0273 (4.07)	0.4219 *** (2.33)	-0.7275 (-4.96)	-0.5203 (0.00)
地区金融市场结构（*Loan*）	-0.64 (-0.81)	-0.8071 * (1.49)	-0.4580 (-0.01)	-0.7931 (-0.91)
Constant	1.4089 (0.02)	0.0099 (0.31)	0.4307 ** (0.38)	0.008 ** (1.42)
R^2	0.6754	0.6909	0.5748	0.3907

注：*、**、***分别表示在10%、5%和1%的显著性水平上显著；括号内数字为估计系数的t值。

为进一步描述样本农商行社会效率、财务效率与双重效率兼顾之间的关系轨迹，按照双重目标兼顾度、社会效率与财务效率关系的变动特征，将样本农商行划分为三组（见表7-7）：A组为双重目标同步提升的农商行（$SE\uparrow FE\uparrow$），共包含39家样本农商行；B组为双重目标呈反向变动（$SE\uparrow FE\downarrow$ 及 $SE\downarrow FE\uparrow$），共包含27个样本农商行，其中，10家农商行社会责任效率提升而财务效率小幅下降，17家财务效率提升而社会责任效率降低，这类农商行的财务效率与社会责任效率双重目标的兼顾性较低。C组农商行双重目标同时下降（$SE\downarrow FE\downarrow$），共22家，该类农商行的社会责任效率与财务效率同步下降、呈正向变动趋势。

表7-7　样本农商行效率值分组统计均值

	A组（$SE\uparrow FE\uparrow$）	B组（$SE\uparrow FE\downarrow$）+（$SE\downarrow FE\uparrow$）	C组（$SE\downarrow FE\downarrow$）
样本数	39	27	22
$Unity_{i,t}$	2.3845	1.7913	2.3369
$SE_{i,t}$	0.5394	0.5817	0.5191
$FE_{i,t}$	0.7091	0.6150	0.6498

分组回归结果如表7-8所示。分组后的双重目标兼顾、社会效率与财务效率三个变量的相关性检验结果显示，社会责任效率（SE）能显著提升样本农商行的双重目标兼顾度（$Unity_{i,t}$）。

A组中，双重效率同步上升的农商行的显著性与未分组回归的结果相同，对于双重目标效率兼顾度更高的样本农商行，社会责任效率提升是双重目标兼顾的主要影响因素。B组双重效率反向变动的农商行其双重目标兼顾度受财务效率（FE）、“三农”定位（$Agr-posi$）、风险水平（CAR）等变量的影响，这三个变量对双重目标兼顾有显著的负向影响，这意味着其与农商行双重目标兼顾之间呈负相关关系。同时，在其他内外部变量系数不变的情况下，社会责任效率变量对双重目标兼顾的影响显著，说明农商行在牺牲一种效率来提高另一种效率的情况下，其社会目标与经济目标无法实现同时兼顾，但提高其社会责任效率对其双重效率兼顾有显著的正向促进作用。C组双重目标效率同步下降的回归结果与A组双重效率同步上升的农商行回归结果基本相同，即对于双重目标效率下降的样本农商行，要提高其双重目标兼顾度，首先应提高其社会责任效率，社会责任效率越高，其双重目标兼顾才能提升。同时，规模变量（*SCA*）、业务多元化（*NI*）与改制变量（*Reform*）对其有显著的负向影响性，说明西南民族地区农商行改革及其规模对双重效率造成一定的影响，农商行的非涉农业务的多元化会挤出支农效应。这反映了由于受限于区域经济发展水平，西南民族地区农商行转型改革初期，由于商业规模扩张、风险监管要求与涉农业务的收益水平难以达到激励相容是其双重目标不能兼顾的根本原因。

表 7-8　　样本农商行分组回归结果

Sync	A 组	B 组	C 组
社会责任效率（*SE*）	5.5119* (6.27)	-0.0386*** (0.02)	-0.0468*** (-0.08)
财务效率（*FE*）	-0.0006 (-4.19)	-0.0076 (-0.02)	-0.0003 (-0.56)
资产规模（*SCA*）	-0.0988*** (-3.27)	-0.0019*** (-0.17)	-0.0644*** (-2.6)
改制后的年数（*Reform*）	-1.6021*** (6.3126)	-1.4879*** (0.01)	-1.5213*** (4.02)
总资产收益率（*ROA*）	-0.0186 (-0.00)	0.0169 (-0.02)	0.0074 (-0.03)
涉农贷款（*Agr-loan*）	0.0278*** (0.01)	0.0520*** (0.01)	0.0434*** (-0.16)
“三农”定位（*Agr-posi*）	0.6815 (0.07)	0.0618* (0.01)	0.8316*** (0.12)
风险水平（*CAR*）	-0.1879 (-0.13)	0.0491 (0.02)	-0.1894 (-0.21)
存款规模（*DEPT*）	0.7958 (0.20)	0.0496 (0.13)	5.0145 -0.50
成本控制能力（*OER*）	-1.4626* (-0.74)	0.1054 (0.00)	4.6565 (0.07)
业务多元化（*NI*）	-2.096*** (0.47)	-0.5957* (0.01)	-0.8649*** (-3.20)

续表

Sync	A 组	B 组	C 组
地区经济发展水平（*GDPper*）	0.0235 (0.03)	0.5613 (0.27)	−0.6890 (−1.56)
地区金融市场结构（*Loan*）	−6.008 (−1.45)	−0.1649 * (−0.50)	−0.6341 (−0.01)
Constant	−0.129 ** (0.0126)	0.0387 * (0.03)	−0.204 (0.19)
R^2	0.6577	0.5341	0.5980

注：*、**、***分别表示在10%、5%、1%的统计水平上显著，括号内数字为估计系数的 t 值。

（六）实证结论

在广西、贵州、云南、四川、重庆等西南五省（自治区或直辖市）地域范围内选择了 88 家县域法人农商行在 2016—2019 年的数据作为研究样本，运用联立方程构建社会责任目标与商业利润目标双重目标联合方程式，对样本农商行的社会责任目标与财务目标兼顾的程度进行回归分析。运用数据包络分析（DEA）法测算样本机构的社会目标效率和财务目标效率，运用双重效率兼顾模型进行分布、层级回归和样本分类了实证回归。

实证研究结果显示：（1）样本农商行的双重效率之间的关系呈现出三种情况：同步上升、同步下降、反向变动。其中，双重效率同步上升、同步下降、反向变动的样本农商行分别为 51 家、16 家、23 家，分别占总样本的数量的 81%、17%、12%，支持研究假设 2 的成立，即农商行社会责任目标与商业利润目标呈正向促进的关系。（2）社会责任效率较低的样本农商行，其双重目标之间的兼顾性也比较小。受到西南民族地区区域经济发展水平的影响，农商行改革年限和机构规模是样本的双重效率同步呈下降趋势的重要因素。农商行在改制转型后的初期，以提升规模效应为首要目标，为追求更大规模利润而放弃部分“三农”市场业务，通过牺牲部分社会责任效率而追求财务效率的提升，说明注重单一的商业效率目标的经营模式不利于承担“三农”市场的社会责任，在这种非均衡的发展模式下，社会责任效率对其财务效率的影响较为显著，这说明农村金融机构应提升其社会责任效率以促进其综合效率的提升，因此，在处理双重目标矛盾的过程中，应首先提高社会责任效率，同步提升其财务效率。（3）尽管财务效率和社会责任效率之间的关系错综复杂，相互影响，但同步实现双重效率兼顾的农商行大多保持较高的技术效率水平，这说明了农商业能较好地实现社会效率与商业效率双目标的兼顾，同时，小型农商行双重目标效率的兼顾度的显著性高于中型与大型农商行。（4）改组后的农商行对社会责任目标的兼顾度将逐步提升。从长期来看，完成改制初期的规模扩展后，伴随着技术效率和规模效率的提升，农商行面向农户、新型农村经营主体、农村企业等客户群体的社会责任效率也随之逐渐提升，社会责任效率和财务效率呈现相互促进、共同提升的发展趋势，这一结论支持研究假设2，即农村金融机构的社会责任目标与财务目标双重目标之间存在相互促进、正向变动的同步关系。

基于以上实证研究结论，以农商行为代表的农村金融机构的财务效率与社会责任效率在短期内呈现单向替代关系，农村金融机构为追求更高的经济效益选择牺牲社会效益，“非农”业务规模弱化“三农”业务资源，从而导致短期内社会责任的缺失。但从长期来看，二者之间呈现出的变动关系应该是同向、同步、相互促进的。在西南民族地区农商行转型改革的初期阶段，其财务效率的提升是以牺牲一部分的社会责任效率为代价，但随着其抵御风险的多元化建设、经济效益产出曲线达到一定区间内的最高阈值时，其商业规模达到了本阶段的扩张目标，风险防范与控制能力提升。由于偏离“三农”客户而采取“垒大户”“傍大款”的经营策略，面临与大型城市商业银行对客户群体的竞争，与综合能力更具优势的城市大型商业银行相比，农商行缺乏竞争优势，“垒大户”“傍大款”的经营策略难以再对其财务效率产生突出贡献，基于可持续发展而选择经营策略转型，调整市场目标定位，重新整合市场与客户资源，尤其是传统农户、新型农村经营主体和农村企业等客户群体，而这一转型客观上完全契合了社会责任监管政策要求。

因此，以农商行为代表的农村金融机构实现双重目标同时兼顾要求其在商业可持续的前提下支持乡村振兴、服务“三农”，而在短期内二者间存在权衡，由于改革转型初期对商业规模扩张、抗风险的监管要求，与涉农业务的成本、收益、风险不匹配，双重目标尚未达到激励兼容或者接近均衡理想的状态是农村金融机构不充分履行社会责任、服务目标偏移的根本原因。从根本上说，支持乡村振兴、服务“三农”发展是带有政策目的的社会责任目标，盈利是农村金融机构的天性，如何在激励相容的前提下，促进以商业利润为导向的农村金融机构主动服务于乡村振兴和“三农”发展，很大程度上考验着激励政策体系与机制的设计。

第二节 金融支持乡村振兴战略社会责任机制构成

一、金融支持乡村振兴战略社会责任激励机制

激励机制是农村金融机构在市场化运作与履行支持乡村振兴和服务“三农”的社会责任之间实现有机平衡的关键机制，通过激励手段和倡导性规范进行柔性规定，提升农村金融机构履行社会责任的积极性、主动性，从而有针对性地引导其切实履行支持乡村振兴和服务“三农”发展的社会责任。

（一）基于激励的外部约束

综合管理学与经济学对激励的内涵阐释，激励过程是基于需要、目标、动机与行为等四个核心变量的相互作用与反应的过程，即为了达到某一特定目标，采用适当的激励手段和方法，对特定主体进行动机的引导与刺激，鼓励和激发其符合预期设定的激励目标的行为反馈，实现预设的目标模式，激励的过程也是外部刺激、内部动机、行为选择与目标实现的完整反应过程。因此，外部激励是农村金融机构在权衡“成本与收益”“需求与动机”后的理性行为选择。

从“成本—收益”角度来看，农村金融机构在是否履责的决策行为中，遵循成本、风险最小化和收益最大化的“理性经济人”原则，当外部激励引起其成本与收益的变化，并符合其内在动机的预设，则该外部激励能有效刺激其行为策略的反馈，达到预设的监管目标①，充分履行支持乡村振兴和服务“三农”发展的社会责任的行为。

从“需求—动机”角度来看，在复杂多变的市场环境下，利润最大化并非是唯一的驱动农村金融机构进行是否履责这一行为决策的动机，其社会性动机、管理层成就动机等其他非经济效益动因也影响着其行为决策。当激励导致的现状调整能够满足其多元化的内部需要的其中之一，亦会激发其内在的驱动力而履责。

因此，无论从哪个角度来看，在激励的环境下，农村金融机构履行社会责

① 袁康．金融公平的法律实现［D］．武汉大学博士学位论文，2015.

任并非是被动式的响应政策，而是基于内在动机驱动引发其主动进行战略性履责。激励机制通过激励手段诱导农村金融机构履行其社会责任，既超越了相对僵化的强制性手段和压力依赖，也充分运用了市场竞争机制，亦是一种法律制度调节和市场机制和谐共生的理想状态。除了强制性义务来约束农村金融机构规范自身行为外，激励也是一种有力的使农村金融机构形成约束自身行为的外部力量。激励机制是实现金融支持乡村振兴社会责任的基础，激励手段依托正向倡导性规范与柔性规定，其作用机理独特，作为实现金融支持乡村振兴战略目标机制，能有效激发农村金融机构履行社会责任的主观战略性动机，具备更易被认同、被接受并激发符合预设目标的行动反馈的政策优势。

（二）激励机制的作用机理

对经济利益与对其他非直接经济利益的追逐是激发理性经济人行动反馈的关键与核心因素。经济激励是驱动农村金融机构履行社会责任的重要机制。以引导农村金融机构充分履行社会责任为目标，通过设置具体的激励规制，运用义务减免、权利与机会赋予以及特殊待遇等途径使农村金融机构降低经营成本、增加收益，并通过激励手段本身的政策效应引导农村金融机构为获取更大的商业利润动机而采取更有利于履行社会责任的行为。政府通过采取正向激励政策，诸如涉农贷款贴息、税收减免与补贴、差异化监管指标、利差补贴等方式鼓励农村金融机构增加“三农”信贷投放规模，扩大“三农”信贷投放的覆盖面，增加对新型农业经营主体、农户等主体的信贷资金供给，将新增资金用于当地放贷，支持当地特色农业开发与种植、养殖业的发展，激励农村金融机构切实发挥支持乡村振兴的金融承载力，支持农业产业化、现代化发展的推进。激励机制可充分利用农村金融机构作为农村金融市场上的信用中介地位与功能，运用经济利益诱导手段，放大激励效应。财政税收优惠方式通过政府财政收入的直接让渡，调整金融市场主体利益分配格局，进而激励金融机构和工具资源按照政策导向完成配置，从而达到优化金融结构实现金融公平的效果。

但从我国当前的农村金融机构的财税优惠等政策机制的弊端来看，经济激励的粗放与“一刀切”的特征使得激励本身的效果大打折扣，差异化与精细化的激励扶持政策是激励机制发挥效用的前提。经济激励在目标分类与精细化的前提下的效用发挥更大，例如，财政激励可根据资金投入的具体产业领域、建设周期及资金风险，如农村基础设施建设项目、农村人居环境改造项目、特色农业开发扶持项目、农产业技术开发项目等具体的资金投向，及时动态调整激励的范围、方式、标准、额度等，确保经济激励方式使用的高效与公平，真正发挥经济激励的杠杆作用。对农村金融机构的经济激励应当达到使其在权衡成本收益之后倾向于选择自愿履行社会责任的行为，但并不会增加农村金融机构在履行支持乡村振兴社会责任过程中的道德风险状态，即达到适度的原则，避免由于激励的缺位或过度以此导致的成本上升或绩效降低。

非经济激励主要指声誉激励，通过给予荣誉称号、资格认定等渠道来影响农村金融机构的社会声誉，以此来引导农村金融机构基于维护自身良好的声誉地位和评价的动机而将采取有利于促进履行社会责任的行为。例如，“赤道原则”参照银行业金融机构可持续发展政策体系，在全球范围内发起自愿性行业责任执行框架，倡导银行业金融机构在投资业务中主动、自觉履行环境责任与社会责任，对投资项目的审查遵循审慎性原则，自愿加入的“赤道银行”在其日常业务运行中对社会与环境遵循自愿履责原则，充分显示了“赤道银行”承担社会责任的品牌形象，“赤道银行”也成为潜在的品牌声誉，激励了诸多国际金融机构主动自愿采用并遵循这一原则，以期提升其社会声誉与品牌形象地位。声誉激励促使农村金融机构在经营管理活动中更加重视声誉问题与考虑其长期利益。例如，在审核信贷项目投资时选择考量社会责任因素，提高农村金融资源配置对农户的合理与公平配置，从而激励约束自身放贷行为，克服为短期逐利而脱离服务“三农”的机会主义行为倾向。同理，反向声誉激励方式也可是诱导农村金融机构更好地履行社会责任的重要机制，通过消极或者负面的评价结果来约束农村金融机构不履行社会责任的行为，影响其诚信档案，从而使其进行自我约束。

二、金融支持乡村振兴战略社会责任约束机制

逐利是农村金融机构履行社会责任的内部原动力之一，实现自身财务可持续发展是农村金融机构履行社会责任的物质保障。由于履责而增加直接成本或因放弃更高投资回报率的机会成本，在外部监管机构缺失或者监管约束软化的政策环境下，成本外部化使农村金融机构履行社会责任的主动意识淡漠而逃避社会责任，长期内就会形成政策监管乏力与农村金融机构不履行社会责任的恶性循环。因此，外部的监督约束是对农村金融机构积极履行社会责任的硬性规范。

（一）基于强制性义务的行为约束

在国家调控体系中，强制性义务是由法律、制度或监管政策等外部强力对某一特定行为主体进行义务约束，以限制、禁止、惩罚等方式对某一特定主体

的行为进行规制，以期达到实现其在某个领域的特定目标。强制性规范大都是来自法律中明确的强制性义务，应作为的积极性义务和禁止作为的消极义务。在农村金融市场中，完全逐利的市场机制作用下，农村金融机构的逐利行为是自发行为，而服务“三农”社会责任的履行往往在逐利行为的考量因素之后，因此，采取基于强制性义务的行为约束极为重要。

强制性义务约束可通过三个层次的义务形式实现。一是对农村金融机构课以履行社会责任的积极义务，积极义务是在外部激励不足的情况下的替代手段，即农村金融机构需为履行社会责任内容的义务，由命令性规制规定，往往由“应当”“必须”等条款或规制等形式进行约束，补充农村金融机构自发行为所不能涵盖的服务“三农”发展的社会责任。二是对农村金融机构课以消极义务，以禁止性规范限定其不得实施某类行为，管理学认为，消极义务是在激励过剩的政策环境下，以法律等强制手段限制和约束主体禁止从事某项行为义务。三是法律赋权与强制性义务，既通过法律对农民的金融赋权，保障农村居民的金融要求权益；同时还通过法律责任来约束农村金融机构等市场主体充分履行，约束农村金融机构履行其支持“三农”发展的社会责任，并根据我国先行法律体系、强制义务所涉及的相关法律关系、违反程度及其所造成的社会危害等，采取相应的惩罚手段，具体包括公开谴责、通报批评等声誉惩罚，财产惩罚，市场进入限制、吊销执照、停业整顿、停设新网点等民事或行政责任后果。

（二）外部约束的驱动

1. 法律约束

法律约束是落实农村金融机构履行社会责任的制度保障。以法律与制度的形式规定企业须履践的最基本社会责任和行业义务，并使之上升为具有强行力的企业行为规范，同时促使企业履践其社会责任与法律责任相融合，从而达到以法律约束为其履践社会责任提供现实与潜在保证，为社会责任的落地执行创造制度环境供给。对企业主体而言，法律约束对其生产经营活动是一种硬性约束，不再是弹性自由的倡议式规范，强制性义务。对于农村金融机构而言，应该明晰其社会责任的法律表达，将支持乡村振兴战略与服务“三农”发展的社会责任由政策倡导逐渐转变为法律义务，提升对农村金融机构履行社会责任的规范效率，确立社会责任法律制度体系与范畴，更加针对性地履行服务“三农”发展的社会责任，将农村金融机构必须要求履行的属于底线要求的社会责任转化为强制性法律义务，促进农村金融资源配置的公平与效率。综合来看，法律与行政法规和部门规章各有优势和特点，在农村金融机构社会责任法律化中应合理安排制度的层级结构，实现不同层级的法律制度的相互配合，以降低立法成本、取得规制效果。

2. 行业伦理约束

行业伦理是介于企业的社会价值认知与法律义务之间的社会责任认知。社会价值内化既是传统道德文化积淀的传承，也是将社会习俗与伦理转化为企业内在价值动机的动态过程，其前提是企业具备良好的道德观并将其转化为企业自觉履责的意识动机，同时，企业还应自觉主动遵守法律法规的约束。在社会主义市场经济发展中，单个企业对社会价值内化的追求上升为整体行业层面的伦理共识要求市场要具备广普性的社会责任认知基础，这在当前经济转型发展时期，多表现为具有代表性的企业个案，欠缺社会与行业的普及性。在当前的市场环境中，亟需具备约束力的措施促进企业价值内化并形成共同的行业伦理认知。

企业伦理责任虽然是在现行制度环境下非法律层面的强制性义务，但其属于企业的“应尽责任”，“涵盖了对环境问题的伦理关怀，对顾客提供产品和服务质量的保证，对企业信息的诚信公开，对员工权益、保障体系及发展空间的重视等，它是企业对消费者、员工和当地社区等利益相关者所持正义价值观的一种良性回应，也因此形成了一种广泛的企业行为规范和标准”①。按照企业社会责任的属性表征划分，企业社会责任由消极责任与积极责任两个层次构成。消极责任通常是由政府、法律或相关者利益集团等外部因素通过利益机制与手段实施的强制性的规范与约束，敦促企业履责；积极责任则超越了制度约束范畴，是企业对社会公众寄予企业更高层次的伦理道德期望的积极回应，也是企业伦理认知的价值内化的体现。

农村金融机构的行业伦理认知为其主动地履行社会责任提供了主观上的可能性，是农村金融机构实施社会责任行为的内部驱动因素。伦理准则和管理层的道德价值观也是农村金融机构履行社会责任的重要驱动机制。农村金融机构生于“三农”、长于“三农”，其产生和发展的根基与土壤是广袤的农村社会。社会舆论是社会群体与民众基于道德评判准则对某类行为的褒贬与善恶判断，社会舆论不仅反馈了社会民众的价值期望，也向当事人传递了某种社会价值，从而形成了舆论压力，使得相关当事人对自我行为进行反思、审视与调整，形

① 李宝平．企业社会责任及其实施机制研究［D］．西南财经大学博士学位论文，2010.

成外置的约束与理念归化。因此，“三农”社会的舆论与道德准则间接地对农村金融机构形成外在的约束，这种外资约束也有可能通过多种渠道与形式转化为正向的外部效应，例如政府监管、市场“口碑”与投票权等，最终有利于督促农村金融机构主动履行社会责任、支持“三农”发展。

三、金融支持乡村振兴战略社会责任调控机制

（一）基于农村金融体系结构优化的间接调控

基于激励的外部约束与基于强制性义务的约束对象是微观金融机构个体，对微观的市场个体行为和能力进行直接调节。而调控所针对的对象是宏观金融结构，金融结构决定了金融机构资源和金融工具资源的分布，影响着金融资源配置和金融服务供需比例，进而影响了金融交易的公平性，金融公平性问题在农村金融市场上尤为突出。在市场机制失灵的农村金融市场上，单一以逐利为主要目标的商业性金融体系难以发挥出农村金融资源配置的公平性，导致农村金融市场交易活动的外部效应微弱。监管机构和部门可采用相应的宏观调控政策，也可通过创设法律制度、资格限制和业务引导，调整金融机构数量、增强其可持续发展能力、强化其“三农”本源的职能定位，以达到优化整个金融结构的目的。调控可以通过优化农村金融结构来改变农村金融资源配置的模式和效率，通过金融资源的公平配置间接实现农村金融资源配置中的社会责任。调控的主要形式是创设和限制金融机构或金融工具，以弥补特定类型的金融机构或市场主体的缺位。通过调控金融机构类型、设置区域、规模均衡、数量和结构的增加调整等实现金融结构优化。对金融工具而言，调控主要通过确认特定金融工具的合法性并构建有利于其发展的制度体系，以丰富金融工具的类型。

（二）调控机制的作用机理

在充分尊重市场机制的基础上，适度地进行间接调控来矫正农村金融机构社会责任缺失所导致的金融资源配置失衡，因此，政府的间接调控目标在于实现农村金融体系结构的优化，创造良性的履责市场环境与政策环境，矫正农村金融“市场失灵”缺陷。农村金融结构优化的首要内容是农村金融机构结构的合理化，要达到这一目标，农村金融机构应有科学、合理和不同于城市金融的差异化的市场准入和顺畅的市场退出机制，以及易于农村金融市场创新的培育机制，从而保障农村金融机构的能进能出、优胜劣汰和改革创新，实现农村金融结构的动态性平衡和结构性优化。例如，基于不同地理区域、不同经济发

展程度和不同类型的农村金融机构的业务特征与风险属性，构建差异化的农村金融市场准入机制，同时基于金融效率和金融公平的均衡考量，为农村金融机构提供机构市场准入、平稳退出、易于创新的制度保障。

在外部作用机制中，政府的间接调控更加侧重于通过农村金融机构发挥出政府干预行为对农村金融资源配置的激励效果，引导农村金融机构网点的均衡分布和农村金融产品和服务的优化。尽管政府的间接调控无法强行农村金融机构在成本与收益不匹配的情况下履行支持乡村振兴战略和服务“三农”发展的社会责任，但可通过降低农村金融机构的运行成本与保障农村金融机构收益等形式的调控来解决成本与收益不匹配的困境，从而间接激励农村金融机构向落后农村区域和个体农户、贫困农户等弱势群体提供金融服务，间接优化农村金融市场结构，为农村金融机构营造出适于充分自觉履行社会责任的良性金融生态结构。

四、金融支持乡村振兴战略社会责任机制的驱动

（一）农村金融机构履行社会责任的驱动因素

农村金融机构履行社会责任是政府、社会等外在约束金融机构自身内在自觉的有机统一，只有将承担社会责任的意识贯彻于金融机构日常的金融服务和经营的全过程，才能使金融支持乡村振兴和“三农”发展的社会责任落到实处。因此，来自政府和社会的外部压力与金融机构的内部驱动相结合是共同推动农村金融机构充分履行社会责任的驱动机制，在此基础上逐步推动解决与其行为密切关联的一系列关于盈利、风险控制等问题，实现农村金融机构自主充分履行社会责任良性循环实践。

1. 内部驱动因素

从内部机制来看，农村金融机构履行支持乡村振兴和服务“三农”发展的社会责任的驱动力主要源于三个方面：

第一，利润最大化目标。追逐最大化的利润目标是农村金融机构履行支持乡村振兴和服务“三农”发展的社会责任的首要驱动因素与内在动力。

第二，履行社会责任的能力。自身经营的可持续性及具备一定的经济实力是农村金融机构履行支持乡村振兴和服务“三农”发展的社会责任的能力保障。

第三，社会责任内部治理。构建起适配的内部治理机制是农村金融机构履行社会责任的制度保障，以支持乡村振兴战略和服务“三农”发展这一社会

责任为价值导向而形成稳定的内部治理结构、治理模式和治理理念，在权利分配与制衡中充分体现社会责任导向，并将其与日常运行相融合。

2. 外部驱动因素

驱动农村金融机构履行社会责任的外部动力由两个部分构成：

其一，完善、配套的法律规范和政策体系等硬性形态的激励与约束机制是外部驱动的重要动力机制。国家适时出台的配套政策和奖惩措施可以起到有效地激励和约束作用，以政策引导和推动农村金融机构自觉履行社会责任，运用税收减免、专项补贴、业务许可、市场准入、融资支持和政府表彰等正向监管手段，激励农村金融机构积极主动履责，弥补其履责的成本压力，增强其履行社会责任的竞争力，加大对逃避履行社会责任的金融机构的政策性处罚力度，促使其对行为加以约束和改进。

其二，以道德约束与行业伦理约束补充外部强制性约束机制的不足。社会道德与行业伦理约束基于社会价值目标的内化，促使农村金融机构积极回应“三农”群体与国家政策寄予的伦理期望，从未减少农村金融机构在市场或监管失灵状态下的漠视履行社会责任、有失金融公平的行为。

（二）农村金融机构履行社会责任的联合驱动机制

企业社会责任的理论与行业实践均表明，形成企业履责长效动力机制的关键在于内部与外部力量的联合驱动。而要达到企业内在动力和外在动力的联合驱动企业自觉、自愿履责，必须将内生性动因和外生性动因的驱动效应发挥至最大化，实现“内部利润驱动和外部约束驱动”加速效应，实现企业社会责任意识的强化与履行社会责任的价值导向的内化，并逐步构建社会责任治理机制，在组织结构、战略规划与日常运行中，进行实质性地履责。在履责与不履责的循环中，最终是企业重新对内生动因进行权衡，并获得企业社会责任与企业长期利润函数二者内在正相关关系的认知，基于此修正其战略目标。与此同时，内生动力与外生动力的复合驱动所产生的成本收益比也会吸引企业主动承担社会责任，在此过程中实现企业及其相关利益群体共享与共赢的局面，并最终实现企业长远效益和社会效益的帕累托改进。

综合而知，金融支持乡村振兴与服务“三农”发展的社会责任的长效动力机制是由激励、约束和调控三部分组成内外部因素共同驱动的联合机制，涵盖了农村金融机构履行支持乡村振兴和服务“三农”发展社会责任的内在驱动和外在驱动的变量，在其内部和外部动力的共同作用下，形成农村金融机构履行支持乡村振兴和服务“三农”发展的社会责任的联合驱动机制，推动农村金融机构主动、积极、充分履行社会责任的政策目标，并同时实现社会责任目标与财务目标的兼顾获得可持续发展（见图7-2），这一机制的缺位亦是当前我国农村金融机构社会责任意识淡薄、未充分履行或被动履行社会责任现象的关键因素。

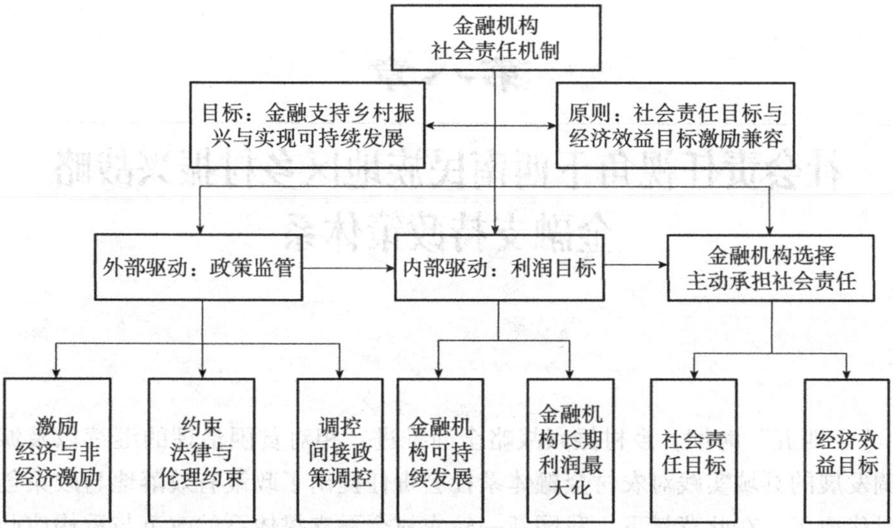

图7-2　农村金融机构履行社会责任的联动机制框架

第八章

社会责任视角下西南民族地区乡村振兴战略金融支持政策体系

“十四五”时期，乡村振兴战略全面推进、相对贫困治理的继续以及城乡协调发展的县域实践对农村金融体系社会责任提出了政策有效落地与政策创新的时代要求。在此背景下，我国新一轮农村金融支撑体系的改革与重构应凸显农村金融机构振兴“三农”的社会责任，构建农村金融机构社会责任制度体系、实施金融支持乡村振兴战略社会责任绩效考核常态化、差异化约束与激励，提升金融机构社会责任驱动力，优化农村金融法律供给，保障农民金融权益，明确金融体系分工，提升金融支持乡村振兴协同效率、发展西南民族地区特色金融，优化西南民族地区乡村金融生态环境。

第一节　构建农村金融机构社会责任制度体系

一、明晰农村金融机构社会责任制度与政策表达

构建农村金融机构履行支持乡村振兴和服务“三农”发展的社会责任制度规范体系，以制度形式保障农村金融机构履行支持乡村振兴和服务“三农”发展社会责任的内化。形成强制性的农村金融机构履行社会责任规范体系，明

晰农村金融机构社会责任制度与政策表达，压缩农村金融机构面临社会责任时的弹性选择空间，将支持乡村振兴战略和服务“三农”发展的社会责任由“纸面宣言”落实为制度责任义务，是克服农村金融资源持续因逐利而“离农”、服务目标“漂移”等问题的法律依据和制度保障。在系统梳理长期以来金融支持“三农”发展的实践难点与痛点基础上，反思应予以重视和纠正农村金融机构社会责任缺失的现实问题，充分考虑农村金融机构社会责任制度化的实操性。清晰界定农村金融机构社会责任内容、履责主体、履责标准、履责践行等细则，农村金融机构履行社会责任制度规范体系应基于现阶段我国农村金融机构的发展特征，遵循循序渐进的原则，采取始于“低标准”的原则渐进修正为“高标准”，避免社会责任监管“执行难”而导致产生“沙漏”现象。

二、规范农村金融机构社会责任内部治理机制

健全与完善农村金融机构以履行支持乡村振兴和服务“三农”发展社会责任为价值导向的内部治理机制，将履行社会责任的要求提升、内化为农村金融机构内部治理机制导向，使社会责任的贯彻执行得到有力的体制机制保障。一是农村金融机构应树立兼顾社会责任目标与财务目标双重目标实现的战略目标，科学合理处理股东的经济利益、政府政策目标与“三农”群体客户之间的关系，从战略上高度重视支持乡村振兴和服务“三农”发展的社会责任，基于此制定自身长远发展的战略，并建立系列落地保障措施。二是建立“三农”业务支持的组织架构，根据金融机构的层级和规模，调整现有组织架构，设立“三农”支持处室或团队、前台部门、后台部门以及相应职能部门和支持中心。三是在运行机制上，建立区别于传统城市商业银行业务的运行机制，在信贷管理、会计核算、资金运营、风险拨备与核销、考核制度、考评激励等方面，实现区别于传统城市商业银行的管理模式。尤其是在信贷投放政策上，建立以乡村振兴、“三农”发展和县域发展为核心的贷款体系，以乡村振兴、产业兴旺、农户贷款等为重点贷款业务领域。四是设有社会责任工作领导小组，充分运用涉农优势，确保支持乡村振兴和服务“三农”发展的社会责任落地，将社会责任指标作为内控考核指标和绩效考评指标，纳入分支机构考核体系，将责任履行考核贯穿在金融机构年初的目标设定和发展计划讨论、年中的绩效评估及年底的综合考评和奖励。

三、强化农村金融机构社会责任意识与 ESG 理念

1. 推动农村金融机构树立 ESG（Environmental，Social，Governance）可持续发展理念

首先，倡导农村金融机构将社会责任纳入其长期发展战略，鼓励农村金融机构积极、充分履行支持乡村振兴和服务“三农”发展的社会责任，避免仅仅局限于因短期利益逐利而挤占社会责任的短视行为。从长期来看，社会责任的践行促使农村金融机构更加关注成本、风险的控制、金融产品与服务的创新和管理模式的创新，增强其核心竞争力，从而能整体提升金融机构的形象和品牌效应，增强其社会影响力，为自身的可持续发展营造良好的政策环境、经济环境、市场环境和社会环境，并在“三农”领域形成和培育稳固的、忠诚的客户群体，实现社会责任目标与财务可持续目标的兼顾，成为其持续发展的源泉。

2. 加强对农村金融机构管理层社会责任意识窗口指导

农村金融机构管理层如董事、监事、经理、总会计师等人的行为对其社会责任的履行程度关系重大，其信用状况在相当大的程度上会影响农村金融机构社会责任的实现程度。监管部门应通过窗口指导等非正式形式对农村金融机构管理层强化社会责任意识和社会责任理念的建设，督促其充分认识社会责任的必要性、重要性与履行社会责任的重要意义，督促管理层将履行支持乡村振兴战略和服务“三农”发展的社会责任作为机构发展长期的战略内容，将履行社会责任内嵌于自身可持续发展，强化自身发展与乡村振兴战略的紧密关联性，根植“三农”、投入“三农”、承载“三农”，树立“三农”发展与金融机构可持续发展兼容的战略理念。

3. 推动农村金融机构社会责任文化建设

将支持乡村振兴战略和服务“三农”发展的社会责任作为农村金融机构文化建设的一个重要组成部分，加强员工对履行支持乡村振兴和“三农”服务的社会责任的认知和教育，培养员工的服务“三农”地社会责任感，营造增强普惠责任与意识，关注弱势农村群体、勇于承担社会责任、以践行农村金融机构社会责任为荣、以为乡村振兴和“三农”发展提供更全方位的金融服务为荣的良好的企业文化，形成扎根“三农”金融人才队伍。

第二节　实施金融支持乡村振兴战略社会责任绩效考核常态化

一、构建金融支持乡村振兴战略社会责任绩效考核体系

以本研究第五章所构建的金融支持乡村振兴战略社会责任指标体系为考核框架（见表8－1），建立起金融机构履行社会责任专项统计与绩效考核体系。金融支持乡村振兴战略社会责任指标体系紧扣乡村振兴战略目标要求，政策指向性清晰，以促进农村金融支持乡村振兴战略和服务“三农”发展为目标，以农村金融机构履行社会责任兼顾财务绩效与社会责任绩效双重绩效为基本原则，符合农村金融机构作为金融市场主体的个性特征。金融支持乡村振兴战略社会责任指标体系从金融支持乡村振兴社会责任治理、社会责任能力、社会责任践行、社会责任绩效四个维度，基于科学性、可操作性、系统性筛选35项指标，考核维度和指标的设置从单一的贷款规模指标向金融支持乡村振兴的长期可持续性转变，在金融机构内部治理、产业兴旺、农民增收、扶贫脱贫等领域进行绩效的衡量，更加科学地反映出金融支持乡村振兴的战略要求和金融机构履行支持乡村振兴社会责任的成效。对于金融支持乡村振兴的绩效，尤其是准确地评价乡村振兴战略中金融需求重点领域的金融服务效果能获得科学、客观而全面的评价结果。

表8－1　金融支持乡村振兴战略社会责任评价指标体系

总目标层	准则层	权重	指标层	权重	组合权重
金融支持乡村振兴社会责任指标体系 A	社会责任治理维度 B_1	0.2234	长期服务“三农”的责任意识（C_{11}）	0.4079	0.0911
			“三农”金融事业部管理体制（C_{12}）	0.3214	0.0718
			“三农”金融事业部经营机制（C_{13}）	0.1655	0.0370
			服务“三农”信息披露程度（C_{14}）	0.1051	0.0235
			“三农”金融业务数字化转型（C_{15}）	0.0003	0.0001
	社会责任能力维度 B_2	0.4189	资产收益率（C_{21}）	0.1008	0.0422
			资本收益率（C_{22}）	0.2500	0.1047
			成本收入比（C_{23}）	0.2981	0.1249

续表

总目标层	准则层	权重	指标层	权重	组合权重
金融支持乡村振兴社会责任指标体系 A	社会责任能力维度 B_2	0.4189	净利息收益率（C_{24}）	0.3198	0.1340
			涉农不良贷款率（C_{25}）	0.0297	0.0124
			资本充足率（C_{26}）	0.0016	0.0007
	社会责任践行维度 B_3	0.3026	农村贷款增速（C_{31}）	0.2799	0.0847
			涉农贷款余额（C_{32}）	0.6198	0.1876
			涉农贷款占比（C_{33}）	0.1074	0.0325
			涉农贷款增速（C_{34}）	0.0871	0.0264
			农户普惠型经营贷款增速（C_{35}）	0.0887	0.0268
			普惠型涉农小微企业贷款增速（C_{36}）	0.0724	0.0219
			扶贫贷款增速（C_{37}）	0.0004	0.0001
			新型农业经营主体贷款增速（C_{38}）	0.0279	0.0084
			农村基础设施建设贷款增速（C_{39}）	0.0206	0.0062
			两权抵押贷款增速（C_{310}）	0.0382	0.0116
			农户信用贷款增速（C_{311}）	0.0846	0.0256
			涉农绿色信贷增速（C_{312}）	0.0609	0.0184
			新增可贷资金用于当地（C_{313}）	0.0813	0.0246
			农村金融服务设施增设（C_{314}）	0.0049	0.0015
			乡村振兴金融服务创新（C_{315}）	0.0457	0.0138
	社会责任绩效维度 B_4	0.0551	县域资金净流出（C_{41}）	0.4067	0.0224
			县域存贷比（C_{42}）	0.3109	0.0171
			农村居民收入增长贡献度（C_{43}）	0.0015	0.0001
			第一产业增加值贡献度（C_{44}）	0.0013	0.0001
			农林渔业增加值贡献度（C_{45}）	0.0016	0.0001
			小额信贷农户覆盖度（C_{46}）	0.1957	0.0108
			农户信贷可得性（C_{47}）	0.0498	0.0027
			新型农业经营主体贷款覆盖率（C_{48}）	0.0217	0.0012
			农村中小微企业获贷率（C_{49}）	0.0108	0.0006

与2020年3月中国银行保险监督管理委员会发布的《金融机构服务乡村

振兴考核评估办法（征求意见稿）》中的考核评估指标体系相比，金融支持乡村振兴社会责任绩效考核体系具备以下几个特征：

（1）突出农村金融机构履行社会责任的长效可持续性，倡导农村金融机构将履行支持乡村振兴与服务“三农”发展的社会责任内化。金融支持乡村振兴和服务“三农”发展应形成长效可持续性机制，并非仅仅是在短期内单一追求某项贷款指标的增速和增量变化，而是将乡村振兴战略的产业兴旺、生活富裕、生态宜居、治理有效的目标作为金融支持乡村振兴的长期社会责任绩效指标，切合乡村振兴的愿景目标、符合金融支持经济增长的客观规律。同时，通过对金融机构内部治理制度的考核，推动金融机构树立明确的社会责任意识，建立实质性的社会责任内部治理机制，并与日常运营融合，实现社责任的价值与战略内化，发挥出金融机构自觉主动履行社会责任的正向外部化效应。

（2）避免“一刀切”，对三类农村金融机构履责绩效进行差异化考核。金融支持乡村振兴社会责任体系并非对全国所有性质类型的金融机构进行“一刀切”式的考核，而是基于客观规律考量了不同类型金融机构的规模实力、市场定位、战略与性质的差异化，对于农村中小型金融机构、大型涉农商业银行与政策性农村金融机构，基于规模、市场份额和业务结构差异，在部分指标设置上进行权重赋值差异化评估，更符合各类金融机构的客观情况。

（3）强调金融增量供给予金融供给结构并重。农村金融机构履行社会责任与乡村振兴“二十字”目标所产生的内在金融需求匹配，既有“量化”要求，也有“质变”要求，基于乡村振兴战略的金融需求结构、发展趋势，而并非仅仅是对某个金融供给增量进行单一评价，改革传统的外延式数量监管方式，向内涵式结构性监管方式转变，对金融供给的增量和结构均进行客观评价，突出农村金融机构支持乡村振兴的精准性、有效性和针对性。

（4）遵循金融机构双重目标兼顾原则。农村金融机构履行支持乡村振兴与服务“三农”发展社会责任绩效考核遵循经济效益目标和社会责任目标激励兼容原则，既要实现风险管理控制、财务可持续发展目标，同时也要求市场效率与政策调控效率并重，形成金融支农的良性循环。

二、实施金融支持乡村振兴战略社会责任绩效考核常态化制度

金融支持乡村振兴社会责任履行绩效考核应形成常态化监管制度，包括以

下几个环节：

（1）确定社会责任绩效考核目标。设置量化目标与战略性目标，量化目标由履责总评分监管目标与四个准则层维度的履责目标，以监管标准为目标值，计算单个农村金融机构年度的评估总值与准则层分值，量化目标包括履责总指数达标与四个准则层维度指数分别达标。战略性目标以促进农村金融机构充分履行支持乡村振兴战略社会责任，同时实现自身可持续发展为目标导向，引导农村金融机构调整内部治理机制，明确定位“三农”目标客户群体，清晰定位社会责任目标，矫正短期化逐利行为对自身长远发展的制约效应，并基于此制定自身可持续发展的战略和理念，使绩效考核发挥出战略性的驱动机制和引导作用。

（2）明确绩效考核主体覆盖面。考核对象覆盖农村各类银行业金融机构，包括三类社会责任金融机构主体，农村合作金融机构（农村信用社、农村商业银行、农村合作银行）；新型农村金融机构（村镇银行、农村资金互助社、贷款公司）；涉农全国性大型商业银行（中国农业银行、中国邮政储蓄银行）；政策性涉农银行（中国农业发展银行）。

（3）制定绩效实施考核细则。基于考核原则与考核目标，以年度作为考核周期，建立县级以上评价标准实施体系，明确考核内容与办法，配套考核奖惩措施，将责任考核纳入各级政府乡村振兴工作与金融监管施政理念，特别是应作为县级政府考核乡镇政府工作的重要依据。绩效考核完整的环节涉及农村金融机构的绩效计划目标制定、绩效辅导、绩效考核、考核结果评估与反馈及绩效诊断等几个环节，定期反馈各地乡村振兴建设进展，对症梳理主要问题和薄弱环节，根据评价结果调整监管政策。

（4）动态调整和完善指标体系。根据2018年“中央一号文件”对乡村振兴战略部署的三个阶段目标任务的实施进展，以及乡村振兴实施效果统计指标体系，相应调整和完善金融支持社会责任统计指标体系。监管部门加强对农村金融机构履行乡村振兴社会责任的精细化管理，构建新型农村经营主体信息数据系统与完善、扩展农村征信系统覆盖度，提升考核指标数据的真实性、客观性和准确性，获得精准客观的考核评估效果，以便于通过指标数据更加直观地评估金融支持绩效，并为后续金融支持乡村振兴政策体系的优化提供直接政策参考，提升金融支持乡村振兴政策的精准性。

第三节　差异化约束与激励，提升金融机构社会责任驱动力

一、确立差异化监管奖惩约束原则

（一）创新乡村振兴时期农村金融监管思路

结合乡村振兴战略的建设内容，转变农村金融监管理念，优化监管路径。由原有的维护农村金融稳定与安全目标，更新拓展为在维护农村金融稳定与安全的基础上，实现农村金融效率与农民金融权益公平兼顾的目标。由原有的对金融机构的行为合规监管转向金融支持行为效果监管，同时监管中还应权衡农村金融效率与金融公平、城乡协调统筹发展等思路。通过创新金融监管思路，进一步优化农村金融供给结构，降低各类农村金融机构的合规成本，有针对性引导农村金融机构履行社会责任的行为，驱动农村金融机构的金融服务供给覆盖政策预期的广大乡村地区和农村客户群体。

（二）对金融支持乡村振兴实施差异化监管

差异化金融监管是基于特定的政策目标，对不同的监管对象适用差异化的监管标准，强调金融环境、被监管金融主体之间的差异性因素，注重监管要素的相互关联，能够通过差异化监管制度，对金融资源配置形成有区别、有针对性的激励和约束。具体而言，对金融机构履行支持乡村振兴和服务服务“三农”发展的社会责任履行的差异化监管，应区分农村金融供给的主体特征，包括金融机构所处地区的发展水平，城镇金融与农村金融的区别，对不同市场和战略定位的金融机构进行差异化分类监管。对于村镇银行、贷款公司和农村资金互助社等小型农村金融机构，应当在机构准入、业务准入、经营服务内容与区域范围、高管任职资格、治理结构、资本充足率、股金回报率或存款利率、贷款利率上限等监管指标等方面作出区别于大型金融机构的制度安排。

（三）遵循金融公平与金融效率统一原则

对金融支持乡村振兴和服务“三农”发展的社会责任的差异化监管要遵循金融公平与金融效率二者的统一，即在兼顾效率与公平的基础上，引导农村金融资源的合理公平配置，回归服务“三农”的本源。对于农村金融机构自

身而言，在履行社会责任支持乡村振兴和服务“三农”发展的社会责任过程中，实现社会目标与财务目标二者的统一，在此基础上实现长期可持续发展。

二、实施多元化的激励政策，提升金融机构驱动力

（一）强化货币政策工具的引导激励作用

继续加强货币政策工具的激励和引导作用，充分发挥定向降准、再贷款、再贴现等政策工具的正向激励作用。通过支农再贷款、扶贫再贷款、支农再贴现、差别存款准备金率对金融资源投向进行结构性指引，引导更多的金融资源投向乡村领域，从而营造金融机构“能贷”“愿贷”的政策环境，激励金融机构将更多的资金配置到农村地区。

（二）实行激励政策与社会责任绩效挂钩

构建金融支持乡村振兴的长效激励机制。将社会责任评估考核情况和政策执行情况与激励举措挂钩。运用财税优惠政策等直接激励的手段，降低农村金融机构经营成本、增加农村金融机构收益，通过经济利益的直接让渡激励农村金融机构履行支持乡村振兴和“三农”发展的社会责任，为驱动农村金融机构履行社会责任提供动力。

一是对达到年度社会责任考核目标的金融机构进行财税奖励。对农村金融机构履行社会责任范畴内的信贷余额按照增量、增幅进行奖励；对支持乡村振兴和服务“三农”社会责任范畴内的信贷项目按照一定比例给予贴息，并设定单项贷款贴息上限。对考核达标的县域金融机构实行优惠的存款准备金率政策，优先给予其再贷款、再贴现等优惠政策。针对乡、村等地域范围内金融机构网点稀少、金融服务可得性低的问题，实行新增网点机会与市场交易机会挂钩等激励方式，吸引金融机构在乡、镇、村等范围内新增设立营业网点分支机构。综合采用参与和引导等手段，对持续达标的农村金融机构实施差异化存款准备金率、再贷款优惠、财政补贴和倾斜性财税金融制等政策扶持。

二是采用直接支付财政资金补偿相应经营成本等调控手段，对履行支持乡村振兴和服务“三农”发展社会责任绩效显著的农村金融机构给予减收监管费用，降低税率或抵减所得税、营业税与增值税等激励。可在县域基层金融机构设立试点，对农村金融机构涉农贷款投放占其各类贷款比重进行分档执行税率，并在设定期限内实施累进制动态激励，抵冲农村金融机构开展的“三农”业务的多种隐性成本，进一步突出正向激励效果，激发农村金融机构自发履行支持乡村振兴和服务“三农”发展的社会责任的积极性。

三是实行利益补偿政策，对西南民族地区乡村振兴重点帮扶县农村金融机构给予税收减征、免征或缓征等财税激励外，应构建由中央政府、省级政府对边远县域农村金融机构的利益补偿体系，鼓励金融机构加大金融资源在贫困地区的配置。对西南民族地区偏远村寨、乡村振兴重点帮扶县等地区实施金融机构具体金融业务的税收优惠，例如对小额的农户贷款利息实施免征营业税政策，按照一定的折扣比例计入其所得税应纳税所得额。可探索在一定的县域范围内，提高农村信用社等县域农村金融机构开展"三农"贷款的损失准备税前扣除比例，改善其税负上升压力，有益于增加其利润留存与提升抗风险能力，以提高重点帮扶县农村金融机构的可持续发展能力，调动农村金融机构支农的积极性。

（三）运用声誉激励政策，提升金融机构社会声誉

针对金融机构履行社会责任的考核结果，采用声誉激励政策，通过树立行业典型、传播行业影响力、正面社会舆论宣传等方式塑造和提升金融机构的声誉形象。金融机构良好的声誉对增强其竞争优势、提升其盈利能力和实现长期战略目标有着关键性的助力作用。同时，鼓励金融机构将履行社会责任作为薪酬绩效管理的重要考核因素，采取多形式、多层次、长短期等薪酬激励与岗位激励相结合的方式，例如适时引进奖金延后支付、股票期权、员工持股、岗位晋升等激励方式，实现中长短期激励的结合设置专业职位体系，完善任职资格体系，加强岗位晋升激励导向。

三、强化监管约束，形成常态化监督机制

（一）加强对县域考核不达标金融机构的惩戒力度

强化对县域金融机构履行社会责任评估不达标的惩戒力度，对不达标的金融机构施加一定的外部压力。对于农信社、村镇银行等县域法人金融机构，如果绩效评估不达标，则应进行反向激励，诸如取消财税补贴、限制增收新网点或拓展新业务等手段，并配合窗口指导、约谈责令等行政手段。当某一法人机构在多个考核期内持续不达标，则加强外部监管约束，例如实施惩罚性的存款准备金率等监管指标的上浮，给予监管评级降级降档。在考核指标中，当地贷款增加占年度可贷资金的70%的要求是一个直接的监管指标，对该指标不达标的县域法人金融机构亦应进行外部反向激励，对其下年度的可贷资金的投向进行限制，投资业务设定在与"三农"相关及政策性业务相关的产品与市场领域，例如"三农"专项债、农业发展银行政策性金融债券等。

（二）形成常态化监督机制

建立和形成系统、科学、合理的社会责任监督机制，充分发挥金融业行业协会、“三农”相关利益群体、媒体、民间组织、第三方专业化中介机构等主体的监督功能。监管机构可通过引入行业协会构建多层次的监管制度，充分发挥出中国银行业协会的引导、监督和倡导职能。行业协会等社会自治组织对其成员约定的行业规范属于“软法”性质，不具备法律强制约束效力与外在的震慑力，主要通过柔性的约束与激励机制发挥监督效果，例如，限制业务准入、取消交易资格、减少市场机会，驱动企业履责，同时号召金融机构对社会公众寄予的伦理道德期望作出积极回应，促进金融机构将道德与行业伦理内化转化为履责动力。一是由中国银行业协会牵头，构建农村金融机构履行社会责任信息披露机制，对其支持乡村振兴和服务“三农”发展的责任履行程度进行评估，从而加强农村金融机构履行社会责任的行业监督。二是确立社会责任报告制度，形成量化指标与定性指标相结合的社会责任信息报告规范，农村金融机构应定期发布社会责任报告，形成机构“红榜”与“黑榜”名单制度。三是引入农业经营主体、农村民间组织、社会媒体等相关利益群体，发挥舆论监督的作用，强化农村金融机构履行社会责任的外部舆论压力。

（三）建立社会责任信息披露制度，定期发布社会责任报告

建立农村金融机构社会责任信息披露制度和评估制度，定期向社会公开其践行社会责任信息，形成履行社会责任信息披露机制。尽管近几年来我国银行业部分金融机构对其社会责任报告进行披露，但到目前为止，还没有颁布统一的银行业金融机构社会责任报告指南，包括社会责任指标体系、社会责任信息披露原则、社会责任披露的定量指标、硬性指标等细则，大多数金融机构在编制社会责任报告时仅参照国际相关原则指南和指标体系进行编制，没有统一具体的会计和统计准则，且多采用文字叙述等定性方式披露社会责任履职信息，量化指标信息较少，导致部分金融机构在信息披露中“避重就轻”，将社会责任等同于公益性的社会捐赠等行为，真正意义上的社会责任指标要求披露信息少，并未达到发挥其公开监督的作用与效果。因此，完善金融机构社会责任信息披露制度，制定行业统一的金融支持乡村振兴和服务“三农”发展的社会责任报告指南框架及指标体系，要求农村金融机构尤其是披露水平较低的农村商业银行等机构，定期公布自身社会责任的履行信息。在已有内容的基础上增加金融机构责任管理方面和内部治理方面的信息披露，突出金融机构履行社会责任的内部管理制度支撑度，提高社会责任信息的覆盖度、精确度和全面性，提升金融机构履行社会责任绩效的横向及纵向的可比性以及履行责任的质量和效率水平。

（四）创新农村数字普惠金融监管手段

创新农村数字普惠金融的监管方式与手段，防范数字金融对“三农”群体的“技术歧视”，鼓励科技平台公司与传统农村金融机构在数字化转型中遵循“科技向善”原则，主动践行技术“价值观”。地方政府机构应基于审慎包容原则和“效率”与“公平”均衡原则，加强对科技平台公司的农村数字普惠金融业务的监管，运用数字技术界定数字普惠金融行为中的歧视行为，通过监管减少由于科技手段应用对“三农”群体的融资偏见与歧视，缓解传统金融对“三农”群体刻意的金融排斥，切实提升农村数字金融的普惠水平与效率。鼓励传统农村金融机构在数字化转型进程中自觉遵循服务“三农”发展和支持乡村振兴的社会责任原则，防范出现对“三农”群体的“数字金融排斥”现象，加强农村数字普惠金融的社会责任监管，运用数字技术，引导形成“负责任”的农村数字普惠金融体系，促使农村金融机构自觉践行数字普惠金融社会责任。

四、完善配套政策，确保奖补政策下地落实

（一）落实差异化风险评价机制，切实放宽风险容忍度

对农村金融机构涉农贷款实施差异化风险评价，提高农村金融机构风险容忍度。允许农村金融机构的涉农贷款不良贷款率高于其他平均贷款不良率，对社会责任绩效评估考核达标的金融机构适当放宽整体资产质量监管程度，同时考虑结合农村征信系统的推进，下调新型农村经营主体客户贷款的风险权重，下调农村资产抵押风险权重。对农村金融机构宏观审慎评估执行与国有大型商业银行、城市商业银行差异化的考核，充分与机构规模、市场类型与业务构成等个体特征。切实降低农村金融机构财务风险，促进农村金融机构的自身可持续发展。

（二）出台风险补偿和分担机制等系列综合配套政策

探索建立涉农贷款保险机制，降低农村金融机构涉农贷款业务风险防范与控制成本。可通过地方财政注资建立起地方涉农贷款保险基金，搭建起涉农贷款保险基金资金池。按照农户贷款额的一定比例向资金池注资，并向保险公司申请贷款保证保险，以放贷银行作为受益人，同时实现保险公司、放贷银行、保险基金三方共同分担不可抗力等因素造成的违约风险，从而降低农村金融机构涉农贷款的风险管理成本。提高农村金融机构的支农再贷款和再贴现业务规

模，补充支持农村金融机构的融资流动性，为农村金融机构涉农贷款业务营造良好的“愿贷”、“敢贷”政策氛围。

（三）多部门协同推进，确保奖补政策的有效落实

政策的执行落地环节作为政策实施的内生变量，对于农村金融机构履行社会责任的激励政策不能简单地止步于政策的制定与出台，还应将激励政策的可操作性、灵活性、配套性和综合性等问题一并考虑在内，重在确保激励政策的下地落实。形成多部门协同推进，强化地方政府问责制度，通过法律制度使财政税收优惠政策明确化、具体化、规范化，从而确保社会责任机制切实发挥出支持乡村振兴和服务“三农”发展的政策效果。对农村金融机构支农支小的激励政策需要财政、银行、税务、监管当局等多个部门的协同推进，按质按量落实好各项补贴与奖励。对于相关政府部门拒绝、拖延奖补发放，或者滥用财政激励法定权限，改变财政奖励政策的额度和标准，相关部门与人员应承担财政问责或法律责任，并在下一个预算期内执行预算硬约束。同时，要提高对农村金融机构的财政补奖的支出绩效，强化地方政府绩效与责任挂钩机制，促进地方财政对农村金融机构的财税奖补优惠措施。

第四节　优化农村金融法律供给，保障农民金融权益

农村金融法治化需要结合利益衡量的方法，沿着分配正义与矫正正义、实体正义与程序正义的不同路径，恰当平衡农民、金融机构、政府等不同主体之间的利益关系。优化农村金融法律供给，建立和完善农村金融法律制度体系是“三农”享有公平的金融发展权的制度保障。通过法律规范调整，给予“三农”金融权益的制度保障，以制度供给保障金融支持乡村振兴和服务“三农”发展社会责任的践行，满足农村金融机构回归本源的法权需求。同时，在现有传统的金融相关法律体系基础上，调整增量利益关系，增设以经济法、社会法等新兴法律规范体系，促进并完善新型农村金融法治生态系统①。通过农村金融法律体系的完善，清晰界定“三农”领域中政府、金融机构、农民、农业、农村等主体之间的权、责、利关系，从而降低改革过程中界定和实施成本。

---

① 于忠龙，张家华．农村金融回归本源的法治化分析［J］．金融发展评论，2018（9）．

一、推进农村金融立法，形成农村金融法律制度体系

（一）农村金融法立法应遵循公平与效率兼顾原则

农村金融法的立法原则应坚持公平与效率并重的原则，农村金融法律制度的设计也应突出公平性，同时兼顾效率性。农村金融法律制度的保障性根源于农业在国民经济中的重要性和农业的高风险性，为了保障农业的健康和稳定发展，稳定国民经济发展的基础，弥补农业的产业弱质性所带来的竞争不足的缺陷，决定了公平与效率并重是我国农村金融法律制度属性取向的基本原则。通过增设《农村金融法》，弥补《农业法》中关于农村金融立法规制、内容的缺失，或通过农村金融专项立法，出台实操性的制度、规范与措施，为"三农"发展获得金融支持提供有效的制度基础与法律保障，优化农村金融机构与组织发展的制度环境与生态环境，满足农民的金融权益与城乡协同发展的区域发展需求，保障乡村产业、乡村主体、乡村经济的发展均能获得最优的金融资源支撑，全面推进乡村振兴的实施与"三农"的新发展。

（二）农村金融立法应凸显农业高质量发展和农民福祉法益目标

农村金融立法应涵盖明确的适用范畴，凸显对"三农"经济社会发展利益保护的法益结构。根据我国国情与农村经济社会发展规律，与农业、农村与农民发展相关的金融权益保障是我国农村金融立法的核心思想，突出农户个体利益、农村集体利益和国家公共利益的结构平衡①。农村金融立法应强化对乡村振兴和"三农"发展的金融保障与支撑功能，立法的重点内容应覆盖农民金融权益、农村区域发展金融权益与农村金融价值基准等主要领域，以提升农业产业高质量发展和农民福祉为目标，对农地金融制度、农村集体产权制度改革、现代化农业生产体系转型、农村金融发展以及农村金融权益保护等领域进行有效调和配置，满足乡村振兴和现代农业经营产业化对农村金融发展之需求。

（三）农村金融立法应实现农民融资权益法权保障

农民金融权利的实现对新时代重塑农民的主体性地位、促进农民的个人发展具有重要的意义，农民金融权同时也是提高农民的法律意识、建立农民利益表达机制的重要途径。依据社会公平与正义理论，农民为满足自我发展需要应平等地获得与社会其他群体相同的金融权利，但由于农业产业的弱质性，导致

① 李蕊．中国农地金融法治化进路研究［J］．江西社会科学，2022（9）．

农业主体也存在金融弱质性的问题。因此，要保障农民能实际享有金融权利，依据权利证成理论，必须将应然权利转化为法定权利，保障应有金融权在实践中的实现。要实现农民的金融权利，必须以社会公平为价值准则，通过现代经济契约保障农村金融回归“三农”本源，克服纯粹的资本逻辑对农村金融资源配置所产生的消极影响，形成农村金融市场上的利益增量的均衡分享机制。

农民金融权利法定化应涵盖三个方面：

一是均等的农民融资权利。将农民群体的融资权力法定化，保障农民享受到从正规金融机构获得贷款与服务的均等权利，摆脱物质贫困，获得进一步个人发展的机会。农民融资权利的法定化，既是缩小城乡发展差距的物质保障，也是对基于纯粹的商业逻辑下的农村信贷市场失灵局面的制度创新，有助于纠正现行“三农”金融资源要素配置准则下的“金融排斥”常态现象，实现利益分配协调。

二是农民的金融合作权利。真正意义上的农民金融合作是基于农民群体共同的金融利益诉求，为解决农户家庭生产中的融资需求而实行的一种金融供求自愿合作的制度安排。农村合作金融以社会价值为其核心目标的运行模式，内生于农村的合作金融机构，会员、客户与股东合为一体的制度设定保障了其“共有、共享、共用”的性质与模式。为农户会员创造社会价值是其根本价值所在，以满足普通农民、农户或农村企业成员的信贷需求为目标，从而客观上实现了服务农村社会价值的最大化，通过金融交易提升农民会员的经济发展能力与社会地位是其所追求的首要目标，这是当前以利润最大化为目标的商业性农村金融机构难以创造的独特的社会价值，而在广大的农村地区，大量的弱势群体对合作金融机构所提供的社会价值的需求尤为迫切。

三是农村区域发展权。解决城乡二元化发展问题，前提是赋予农村区域平等的发展权。农村与城市发展的不均衡一定程度上来源于区域在发展资源与利益的博弈中形成的地位不均等，映射在现实社会关系上表现为农村区域发展的不均衡与不充分问题，这一问题的本质是区域间发展权在法权形式中的冲突。区域发展权在国际社会中已达成普遍的共识，乡村振兴战略坚持“农业农村发展优先”实质也是为缩小城乡发展差距、逐步消弭城乡“二元化”结构。农村发展权法定化为协调城乡区域发展提供法治保障，高度契合了乡村振兴战略对“三农”发展的顶层设计思路，从法律保障上赋予农村区域发展的法定权利，在城乡资源和增量利益分配中融合区域发展与权利保障，满足在实践中切实落实农村优先发展的资源与利益分配诉求的法权保障。

二、分类推进农村"三性"金融立法，保障农村金融社会效益

（一）推进农村合作金融立法，保障社会责任与社会价值最大化

法制保障是真正意义的农村合作金融稳定发展的根本保障。农村和农民资金互助组织是当前主要的农村合作金融机构，在现阶段三种金融形态中，无论是发展水平、规模、机构数量还是其法规保障，农村合作金融依然是农村金融体系中最亟需补齐的短板。从法律高度保障农村合作金融体系的独立性，规避政策导向的摇摆不定，为农村合作金融发展创造健康的制度保障，以此推动农村合作金融组织的规范化发展。农村金融法制化的国际实践也显示，制度的设计是关键，制度的设计要充分体现对农村合作金融的引导和激励思路，为农村合作性金融发展形成良好的可持续发展机制。

我国合作金融立法具备一定的前期试验基础与经验，2007 年，银监会出台了《农村资金互助社管理暂行规定》和《农村资金互助社组建审批工作指引》，2015 年与 2017 年中央一号文件明确提出了农村金融立法的要求。除国家监管的规章政策外，部分省（自治区或直辖市）地方政府也出台了发展资金互助组织的实施细则。在此基础上，充分借鉴国际成熟的合作金融发展和立法的实践经验，总结农村资金互助社发展历程中的掣肘，在现有《农民专业合作社法》的制度框架内，出台农村合作金融或类金融、准金融等性质的金融管理条例，并配套操作细则。农村合作金融立法应充分体现自愿、民主、互助互利的发展思想与基本原则，对农村合作金融的法定形式、性质和法律地位、经营原则、设立条件、产权制度和法人治理结构、职能定位、使命与宗旨、业务范围、经营机制与体系层级、市场准入与退出机制、财务和审计管理内控机制、违规及处罚及监管体系等方面进行规范，是我国农村合作金融的发展有法可依、受法律保护和监管，顺应于农村经济发展的客观现实规律，内生于农村、服务于农民与农业发展的"农民自己的金融"。

（二）完善农村政策性金融立法，充分发挥其社会效益

农村政策性金融机构具有完全的支持乡村振兴和服务"三农"发展的社会责任。政策性金融基于国家信用，向农村注入产业扶持资金，引导各类金融资源流向农村，对市场上的商业化资金与各类民间资金的投资导向起到了示范性的倡导作用，有助于促进农村社会责任投资信心的增强，优化农村金融发展的生态环境。

中国农业发展银行是我国唯一的农业政策性银行，乡村振兴战略对中国农

业发展银行提出了进一步“明确自身职责与定位、加大对乡村振兴的中长期信贷支持与加强针对‘三农’发展特征创新金融服务”的要求。乡村振兴战略在农村供水节水、新一轮电网改造升级、广播电视与信息网络覆盖、城乡基础设施互联互通、可再生资源的开发与利用等重大基础设施建设完善和提档升级的规划中，亟需国家投入大量支持资金，政策性金融资金是重要的支持力量，同时也是将多元化资金和要素引向农村的重要调节机制。但由于受到业务范畴、定位不清晰等诸多因素影响，呈现出政策性金融支持有限，难以充分支“三农”的局面。

当前，农业发展银行主要发放粮油储备、农副产品收购与农产业开发等环节的贷款，其信贷资源的投放与资金运用的领域高度集中，对农村经济社会发展的信贷支持张力有限。同时，伴随着我国对粮棉流通体制改革的深化，农业发展银行传统的政策性业务也呈现出萎缩的趋势，而逐渐扩大商业性业务类型，部分商业银行对其新业务的参与使得农业发展银行与其他商业银行之间出现竞争的局面，甚至出现了其政策性业务与商业性业务的性质界限逐渐模糊的趋势，极易引起农村政策性金融的商业异化与政策性功能的缺位，不利于农村贫困地区的减贫脱贫和乡村振兴战略的实施。

因此，通过立法规范农村政策性金融机构的发展属性与定位，明晰农村政策性金融的性质特征、在金融体系中的地位、金融功能、运行目标与业务范畴，同时疏通农业发展银行与财政、政府、财政、中央银行及银行业监管机构等主体之间的关系，减少多头监管内耗，保障农业发展银行有效发挥出农村政策性金融职能，实现社会责任的最大化。通过农村政策性金融立法，进一步完善农村政策性金融机构支持“三农”的业务职能。一是丰富政策性农村金融支持“三农”发展的业务类型，在中国农业发展银行原有业务范围的基础上，立足乡村振兴战略实施的需求，拓宽其涉农贷款种类和业务。二是通过法定程序，完善政策性金融资金融通机制，优化对农村领域的信贷投放机制，以充分发挥出政策性资金在农村领域的支持效应。三是协同中国进出口银行与国家开发银行等其他政策性金融机构，共同建立政策性金融助力乡村振兴的法治格局。联合国家开发银行共同发挥对乡村振兴重点基础设施建设项目、扶贫项目、农业技术应用与开发项目等“三农”发展的支持职能，并与中国进出口银行在农产品出口贸易和农业的对外合作等涉农领域中的职能，充分发挥出政策性金融在“三农”领域和乡村振兴中的整体与协同效应，最大化释放出政策性农村金融支持“三农”与乡村振兴的经济效益与社会效应。

（三）完善农村商业金融立法，兼顾社会责任与商业利润双重目标导向

农村商业金融相关法律制度的设计应侧重在明确商业性农村金融机构支持乡村振兴和服务“三农”发展的社会责任，基于其市场化定位与市场化经营原则，以兼顾社会责任与商业利润双重目标导向，坚持以支持乡村振兴和服务“三农”发展为原则，充分履行支持乡村振兴和服务“三农”发展的社会责任。农业银行作为当前最大规模的农村商业金融机构，作为国家控股的大型国有商业银行机构，掌握了较大规模的社会金融资源，既是金融资源配置的重要载体，也是国家宏观经济政策、产业发展政策的重要执行主体，这要求商业性农村金融机构必须承担起支持乡村振兴和服务“三农”发展的社会责任。明晰商业性农村金融机构的社会责任的法定化属性，能有效保障国家坚持农业农村优先发展的重大战略的顺利实施，充分发挥出大型商业银行的资金规模效应，支持乡村振兴推进中的农业、农村发展亟需的规模化资金需求。依据社会责任信息披露制度，农业银行、邮储银行县级分支行均应定期公布支持乡村振兴和服务“三农”发展的社会责任报告，通过多方监督，约束农村商业性金融机构不偏离“三农”的市场定位与业务重心。

三、完善农村财产产权相关法律，激活产业兴旺资源要素

（一）完善农业法、物权法、担保法等相关法律制度

一是修订和完善《农业法》与《农业投资法》。建立起长效、稳定与可持续性的财政支农资金投入机制，扩容支农资金预算，针对性投入农业生产经营条件改善、农村基建、农村公共服务配套与优化等重点建设领域。二是修订现行制约农地流转的相关法律法规，准许农地承包经营权、经营权的分置、抵押和担保，奠定农地上市的法律基础，从而为农地流转创造有利的制度与法律环境。由于《农村土地承包法》《物权法》与《担保法》均禁止农地承包权与经营权抵押，较大程度上制约了农地资源的市场价值功能。科学合理的农地制度改革可以创新性地激活农村土地的金融功能，为“三农”发展创造更大的融资支持规模与融资支持机会，为新型农业经营主体的培育和发展以及农村集体经营的规模化提供更为富足的资源要素，对于推动农民致富、农村产业兴旺、农业现代化发展起到制度保障。三是激活农业资源的市场价值，是农村体制改革创新的目标之一，激发农业生产要素的金融功能与价值，盘活农村沉睡的资产，活跃农村要素市场，吸引各类要素资源流入农村，改善农村生产要素短缺的发展困境。

（二）建立农地金融制度，形成农村土地金融体系

基于实现与保护农民基本权益的目标，构建以政府为主导的农地金融体系，在现有的土地制度下，进一步完善农村土地金融相关的法律法规，制定农地经营权流转法律制度，形成农地经营权抵押贷款法律规范，使农地经营权实现可畅通流转、可抵押与可变现，以此为核心环节形成完整的农地金融体系。农地金融体系应以政府管控为主导，通过市场运作形式实现商业化流转。各级地方政府应成立相关机构，推进农地经营权抵押平台建设，完善农地经营权的抵押登记、资产管理与市场化流转等配套体系，推动农地经营权的有效抵押和流转。持续完善农地金融相关法律与制度供给，通过设置农村特区试点逐步探索农地金融的二级市场，逐步发展农地资本证券市场，探索设立国家层面上的农地金融机构，形成特色鲜明的农地金融体系，为新型农业经营主体、其他农村经济组织的培育和发展创造内生性的融资手段，满足农业的规模化、现代化发展的长期资金需求。

（三）完善农地抵押制度，创新农地金融产品

农地抵押是农地金融体系的核心建设内容，农地抵押是所有以农地为资产标的的金融产品创新基础。乡村振兴战略全面推进亟需加快推进农地抵押制度的建设与完善，形成农地承包经营权抵押与宅基地使用权抵押为核心的农地抵押制度体系。在充分分析当前较为成功的农地抵押平台试点经验的基础上，针对农地价值评估中出现的问题，完善与优化农地价值评估机制，并形成透明和充分的农地流转信息披露和信息共享机制，联合银行等金融机构，构建农地的处置与市场化流转等配套机制，从而对金融机构与农户双方的合法权益强化保障，做好农地抵押及市场化流转中的风险防范与控制。完善农地抵押制度，推进农地的市场化流转，赋予农户盘活生产要素的权益，满足当前新型农业经营主体、适度经营农场、农村集体经济组织对融资的迫切需求，有益于从农村内部激发农业生产要素的经济价值，为农业的规模化产业化发展创造良好的融资手段，同时也是实现城乡融合发展与城乡土地权益平等的重要保障。

（四）加快推动农业保险立法

完善农业保险立法，根据乡村振兴与农村经济社会转型进程中农业生产体系与经营体系发展的内在要求，修订与完善农业保险立法。鼓励地方政府推进农业保险改革试点，出台农业保险相关规章条例，奠定全国性农业保险法的实践基础。地方政府在《农业保险条例》框架下，细化当地政策性农业保险的实施规范与措施，明确政策性农业保险的职能及其性质定位，出台可操作性的标准化细则。为农业保险的多元化发展提供制度保障，鼓励政策性、商业性农业保险协同发展，成立专业政策性农业保险机构。通过立法建立农业保险机构的风险分担机制，保障农业保险机构的可持续性发展。改革与优化当前的保险政策，针对新型农业经营主体在农业规模化生产、提升土地集中利用率及商品化率较高等特征，进一步优化原有实施的统一保费补贴政策，可参照新型农业经营主体投保的种养殖规模，调整保险补贴比例，对规模化生产的新型农业经营主体提高补贴比例，提升保险产品对规模化农业生产的保障功能，针对性地发挥出农业保险制度对农业规模化与现代化发展的支持与保障功能。

第五节　明确金融体系分工，提升金融支持乡村振兴协同效率

乡村振兴战略是新时代“三农”发展的行动纲领，涉及内容多元化、复杂化、系统化，乡村振兴战略“二十字”目标的实现无法单独依靠某一种类型的金融支持，它是一项系统和多元化的金融支撑体系。因此，乡村振兴战略的金融支持应是政策性金融、合作性金融、商业性金融在社会责任导向下的协调、分工、合作。“三元”金融体系的市场定位均有各有侧重，但同时都担负着支持乡村振兴与服务“三农”的社会责任和职能，在业务上既有独立性，也有交叉重合性，只有实现“三元”格局的协调发展与激励均衡，才能充分发挥出金融支持乡村振兴与“三农”发展的正外部效应，切实提升金融对乡村振兴建设的承载力。因此，应统筹“三元”金融体系的支持功能，明确分工，对乡村振兴进程中的产业发展、农户分化、农村建设等领域的金融供给进行合理的分工，并形成反应灵敏的沟通协调机制，实现“三元”金融体系最大化的金融支持协同效率，共同发挥出社会责任外部效应，构建系统协调、有力保障乡村全面振兴的金融支持体系。

一、重塑新型独立农村合作金融体系

（一）构建创新、互助、多元共生的农村合作金融体系

重塑农村合作金融体系，坚持合作原则，发挥出内生于农村市场的组织优势，将农业资金循环用于农业。长期以来，我国农业原本稀薄的产业利润不断

地被转化为商业贷款利息，农村储蓄资金被商业性金融市场所抽离，使原本基础薄弱的农村市场面临金融排斥。当前乡村振兴和农业的发展所需要的是真正意义上的农村合作金融组织，以服务农村社员为生产经营导向，具有较强的将资金用于"三农"的内在动力。在乡村振兴战略和城镇化建设加速的推进下，尽管农村经济发展市场化进程加速，但现阶段我国农业生产依然是以分散经营的小农经济为主，小农户依然是农村市场广泛的主体，小农户贷款呈现出小额、分散的需求特征，这与内生于农村经济、小而灵活、依靠"社员即客户"的内在约束机制的农村合作金融形式理想匹配。农村合作金融的资金来源来自于农民社员，资金的投放也限定在农民社员，因此具有决策快速、管理灵活、信息可透明、农户间的乡村信任、广泛的群众基础等特征，完全匹配农村分散性农户的金融需求，具有一种天然的内在优势。同时，农村合作金融能有效弥补政策性金融与商业金融的短板，缓解农村金融市场上的"金融排斥"局面，增强农民互助互信，促进乡村文明。同时，农村合作金融也是一种能将农村储蓄资金留在农村，并且将农业利润与金融利润都留在农村内部的金融安排，具有防止农村资金外流、离农脱农的一种天然优势。

培育内嵌型农村合作金融组织。农村信用社改革最终走向商业性金融，新型农村金融机构也陷入经营困境，在此背景下农村合作金融依旧有着较大的发展空间。创建内生于农村、内生于农村社区、真正意义上的农村合作金融是我国农村金融机构自觉自主履行社会责任的亟需，也是我国农村金融机构改革与创新的重要突破点。因此，借鉴日韩农村合作金融的成功经验，培育和创新农村合作金融，构建基于服务小农经济目标，以地缘关系为纽带的农村合作金融体系，形成一种稳定的内生于农村的金融安排体系。通过发展农民互助性金融组织，提升农民在金融与经济发展中的主体性权益地位，充分发挥合作性金融组织在相对贫困治理、实现农民增收致富、优化乡村治理中的多元化的金融社会功能。

（二）继续探索新型农村合作金融组织机构

在合作金融运行模式下，由于对成员的农户、农民和农村企业之间的信息透明，无需农民提供抵押担保对其发放信贷，大大降低了商业性农村金融机构在信贷决策中因信息不对称而产生的高交易成本。同时在风险控制上，由于合作金融机构成员之间具有较强的社会联结性与稳定性，任何成员的恶意信贷违约行为都会受到其他成员持续的社会惩戒及入股资本损失的经济惩罚。因此，在合作金融成员内部形成了一种有效地社会约束机制，而这种机制是商业性金融机构在风险控制中所缺失的。与商业性金融追求盈利的目标截然不同，合作金融以满足农民家庭自身的融资需求为目的，通过利益共享和风险共担，对组织内部的成员公平提供互助、合作性的融资服务，以弥补农民家庭由于分散化、融资规模小、担保不足而遭遇差别待遇的农贷资金市场失灵的制度缺陷，实现让农民真正分享金融资源的利益。农民合作金融本身富有对乡村社会关系整合功能的价值，也是和谐、发展、公平与正义理念的体现。推进农民金融合作权的法定化，赋予农民社员金融合作的主体地位，保障农民合作金融模式的发展，填补当前农民合作金融真空，给予农民合作金融发展的政策空间，基于社区成员之间的信任关系发展金融合作，发挥出服务农村基层，服务农户，服务农业与农村发展，实现服务"三农"的宗旨，促进和推动农村合作经济与集体经济的培育、发展和壮大。

继续在农村集体经济组织基础上进行组织形式创新与运行模式创新，重点发展农民专业合作社的信用互助业务。培育推广小规模的乡镇信用合作组织，开展以村"两委"为核心的互助金融组织试点，充分利用村委会自身所具备的"政经一体"的特点，建立贫困村村级资金互助组织等。发展依托农村社区成立的农村资金互助合作社、依托专业合作社或供销社建立的农村资金互助组织。继续探索具有独立法人资格的农村合作金融组织形式与不具有独立的法人资格形式。

（三）规范农村合作金融组织内部治理机制

一是基于风险控制目标完善和规范法人治理结构。在内部机构设置上，职能也完整规范，实现明确分工，形成监督与协调机制，重点完善内部社员及资金投放等信息透明化。二是探索合作金融新型内部治理结构。例如，开展农村合作金融组织实施有限合伙制试点，按照入股资金的多少将入股的社员分为有限合伙人与无限合作人，分别承担有限责任与无限责任，普通合伙人则承担机构的组织管理责任，具有无限责任，对其尽责程度较高，也增强了其风险责任意识，避免当前合作组织中出现的实际控制人理由有限责任的立法规定逃避责任屡发的问题。三是探索社会股份入社。为充分利用社会资本，在保障农村合作金融性质不改变的前提下，循序渐进引入社会股份，合理分配股权比例，优化内部治理结构，吸引战略性社会出资人，并构建有效激励机制，对实际控制人的行为与股份主体进行激励或约束，充分发挥专业性与合作性治理机制的共同效应。四是探索农村合作金融机构组织与农村资金互助社的竞合模式，例如，搭建上下游资金融通合作机制，资金互助社充当上游资金渠道，对合作组织发放再贷款，充当中间贷款人，并行使下游贷款业务的风险监管职责。探索由村社代理农村资金互助社部分业务的模式，如代理发放农业贷款、农户贷款，或其他小额信贷贷款等业务。

（四）强化合作金融组织内部风险防范

坚持自愿、互助等原则，实行民主管理与透明化管理，增强风险防范意识，强化监管机构对合作金融组织业务开展指导和监督。当前，以农村资金互助社为代表的农村合作金融组织，其内部风险集中在融资渠道和资金运用上。在外部融资中，由于较为单一的资金来源渠道，外部“供血”不足，在融资中易产生非法吸储或者变相吸储的问题，应加强对该环节的风险管控。同时，应防范追求高投资利润回报而导致互助资金的外流，诸如投向非社员、非农户，甚至跨区域向非农行业、高风险与高回报率行业进行大规模投放，或者从事高杠杆率的担保等高违规投资与违规经营，致使其陷入不可持续发展的风险困境。

（五）破解农村合作金融机构组织的融资瓶颈

要提升农村合作金融机构对农业农村现代化发展的金融承载力，必须破解农村合作金融机构组织的融资约束，推动其做大做强，实现高质量发展。首先应处理好合作社的“内部放贷”与“内部吸储”的风险关联，以可持续发展为目标，扩大外部融资合作渠道，推动资金池增容扩建，防范内部治理风险与农业生产经营风险的关联。其次，尝试多元化类型的产权制度合作，积极寻求合作机制下的多种制度资源，进一步扩大合作金融制度的宽度。探索政府与农村资金互助社合作模式，通过开发性金融的政策性开发功能，发挥政策性金融对农村合作金融的培育与孵化作用，构架以县、乡、村为基础单元的某一区域内农村资金互助合作社系统，构建系统的农村合作金融体系与制度。建立联合融资机制，向农村资金互助社诸如长期稳定的资金来源，解决其生存与发展困境。再次，积极发挥出开发性金融对资金流的导向与引流作用，吸收各类社会资本构建起资金池，实现增资扩容的发展资金保障。探索依托资金池成立担保机构，为组织社员提供担保业务，并在自然灾害与系统性市场风险时期起到风险缓释的作用。另外，探索将农业保险引入农村资金互助社，设立专项保险基金对农民社员的金融权益进行兜底保障，并能通过保险运作机制转移农村资金互助社借贷业务可能发生的违约风险。最后，探索通过改变对农村资金互助社的刚性监管模式，实施包容性监管与柔性监管，遵循其小微和乡土的特征，保障其发展与运行的独立性。一定原则上放松对农村资金互助社融资方式的管制及对运行的严格限制，赋予其一定的自主发展和成长空间。

二、强化政策性农村金融资金引流功能

（一）明确乡村振兴战略中金融支持分工与定位

政策性金融作为国家宏观经济与产业政策的执行手段，具备引导市场商业化金融的流向，弥补商业金融资源市场化配置的缺陷等政策性功能。在乡村振兴战略的金融支持体系中，政策性金融的重点领域包括，治理“三农”领域内的金融资源配置不均衡，纠正农贷资金市场缺陷与监管政策失灵等扭曲问题，明晰作为农村基础设施鉴于与公共服务建设的保障者、农村新产业开发的价值发现者和组织者、政策与市场资源的联结者的战略使命，形成高效的多元化市场资金导入农村的引流机制，充分发挥出政策性金融对乡村振兴建设的金融先导支撑力量。

（1）支持农业供给侧结构性改革深化的统筹资金投放。按照乡村振兴战略的总体要求，政策性金融在现有“三农”业务框架下，扩大对农业生产的提质增效支持规模，例如加大对畜粮经饲统筹、农业三产融合、“种养加一体化”及农林牧渔规模扩张等重点领域的资金投放，以引导农业新业态、新技术与优质项目向乡村聚集为目标，坚持“科技支撑引领，绿色生态优先”原则，服务农业供给侧结构性改革纵深发展，培育农业农村发展新动能，发挥出政策性金融引资导流作用。

（2）重点支持“生态宜居”乡村与“数字乡村”基础设施建设。落实支持“十四五”期间的“基础设施到乡”的大型农村基础设施建设项目的综合金融服务，大力支持偏远农村水、电、污水和垃圾处理、电讯等农村基础设施建设的查漏补缺与更新升级。重点推进“数字乡村”建设工程，完善农村地区数字信息、移动通讯等基础设施建设，加强对特色乡村城镇化建设、特色农产业开发、乡村文化产业开发、建设生态宜居等领域的金融支撑。增加对欠发达地区的公共服务体系供给的资金投入。

（3）增强政策性金融对民间资本及市场资本的引资导流效应，大力培育和发掘乡村新的经济增长点。运用投资与贷款联动进行前瞻性投资产业布局，以对农业新技术、新创意与新业态为前瞻性战略投资领域，将单个产业投资或建设项目打包成项目组团，发挥引流机制组成投资资金团，协同重组各类金融资源，通过调整投资结构，整合与优化金融资源配置，引导生产资源向优势与特色农业产业资源集聚，并以此促进农村产业培育与发展的配套体系与投资环

境的完善与优化，大力支持具有更大的成长空间和经济价值的农村新产业与新业态的发展壮大，促进区域整体价值开发，形成农村新兴产业发展与区域整体发展协同发展的格局。

(4) 推进形成农地金融体系，发挥政策性金融主导作用。以农地承包经营权抵押贷款为核心的农地金融应在政策性金融主导下，实现市场化商业运行。政策性金融应通过财政资金的统筹配置，在完善农地流转经营、农村集体经营性建设用地入市、农地承包权抵押流转等领域发挥出助推器的作用，推进农地金融体系的完善。同时，政策性金融应搭建乡村产业振兴资金池，通过资金配置将农户增收、产业发展、竞争力提升与优化农村土地空间布局紧密联结，构建起助推整个区域内的农业规模化水平，实现农业的区域提质增效，助推乡村产业振兴目标的实现。

（二）支持政策性银行的多元化筹资，强化政策性资金供给能力

一是依据财政履行政策性银行的出资人职责要求，有效进行政策注资，保障政策性银行稳定的资本金供给。改革政策性银行的财政存款准备金制度，实行依据财政拨付周期调整比率的监管方式，进一步降低政策性银行的资本充足率监管要求，增加可发放信贷资金的富余度。二是完善政策性贷款与投资业务亏损的处置机制。可与财政部协同建立共管基金，双方并依据出资比例进行注资，作为常态化储备资金池，对发生的政策性业务亏损进行处置，保障资金政策性业务的资金流动性。三是进一步加大对涉农债券发行的支持力度，在原有政策限定的发行规模基础上扩大“三农”专项债发行额度，通过政策支持下调政策性银行债券筹资的成本。四是构建农村金融机构定投机制，通过发放委托贷款、投资政策性金融机构债券、银行同业借款等方式吸收农村金融机构的富余资金，以农村政策性贷款业务回流农村内部，实现农村储蓄资金的闭循环。五是转变财政支农资金的投放渠道。可在农业发展银行设立专项支农财政资金账户，由农业发展银行对财政支农资金进行代管，结合农业发展银行的“三农”资金投放业务进行灵活拨付，使财政支农资金系统实现高效、便捷循环与周转，提升财政支农资金的效率。

（三）创新农村政策性贷款供给机制

针对新型农村经营主体发展、农村新业态开发以及农业的规模化与现代化发展的融资需求特征，加大对涉农长期贷款投放机制的创新，可通过向农村金融机构提供批发贷款、贷款抵押担保形式、债券融资等多种方式，向农村金融机构导入低成本资金，有利于缓解农村金融机构“三农”贷款的成本，减轻

"三农"贷款业务成本压力，扩大农村金融机构的涉农贷款投放规模，同时创新对农业政策性贷款的投放，丰富政策性支农资金的供给渠道与方式。对于新型农业经营主体，探索通过循环贷款对其进行贷款额度循环授信，探索线上信用贷款方式，与农村金融机构联合贷款，将政策性支农资金供给进一步灵活创新，充分发挥出政策性支农资金对乡村振兴的保障作用，对商业化金融资源引流导向，刺激农村金融机构创新金融产品与服务。

三、重构农村商业性金融机构"三农"价值取向

（一）转变农村商业性金融体系被动式履责模式

重构农村商业性金融机构的"三农"责任意识体系，完善以追求利润最大化为效率的单一目标的内部治理机制，建立实质性的履责机制，改变原有的商业金融机构响应政策号召而采取的合规式履责态度，而向战略性的积极主动式履责方式转变。以中国农业银行为首的农村商业性金融机构以其规模化的经营、雄厚的资金实力、先进的技术网络、成熟的业务体系及较强的金融产品服务创新能等优势，能够更有效地支撑乡农业规模化与现代化转型发展的融资需求。在农业供给侧结构性改革与农业产业化与规模化发展转型中，农村商业性金融机构要强化服务地方实体经济、金融业务回归本源、树立专注于支持乡村振兴与服务"三农"发展，主动转变服务方式，重构"三农"金融产品、服务体系，积极破解产业兴旺、农民增收共同富裕、新型农业经营主体培育与发展等融资难的痼疾，切实提升服务"三农"的金融承载力。

（二）大力支持农村集体经济组织、新型农业经营主体的发展壮大

在全面推进乡村振兴进程中，农村商业性金融机构金融服务应重点集中在支持农村集体经济组织、新型农业经营主体的发展壮大等领域的规模化融资需求，对资金需求规模较大的农业龙头化企业、农业企业集群示范基地、大型农产品加工企业等新型农村经营主体，以及具备较好的市场前景、市场化较高的中小型县域涉农企业。农村商业性金融在资金投放方向上，应遵循农业的提质增效、绿色转型、品牌与特色培育的目标，服务于调整与优化农业产业结构、推进农业的规模化与产业化发展需求。农村商业性金融机构应基于自身雄厚的资金规模，渐进增加涉农贷款的投放规模，加大针对"三农"客户的金融产品与服务创新力度，大力支持和培育一批市场竞争能力强、能繁荣农村、富裕农民、带动面广、经济效益好、助推农业产业化发展的农村经营主体做大做强，对当地优势与特色产业的培育与规模化经营精准定向投放贷款，同时支持

农业科技的应用推广、产品培育，支持农村产业链融资，对形成支柱性的种养和加工上下游产业链的融资开发“打包融资”服务创新。

（三）创新、丰富服务“三农”的金融业务体系

丰富“三农”新主体、新要素与新业态的金融服务与产品，一是针对“三农”客户的融资、结算、金融理财、在线理财、证券投资等多元化的金融产品和服务需求，丰富金融产品类型，提供线上与线下金融服务与产品的供给，增加对当地农民客户的黏连度。二是积极响应城乡统筹协调发展战略，金融产品与金融服务供给遵循城乡一体化与均等化原则，创新新“三农”金融服务模式，开发农村劳动力转移就业、新型职业农民培育、返乡下乡、涉农创业者级农村电商创业等农民群众脱贫致富特色化与本土化的金融服务产品。三是创新农村绿色金融，支持农村、农业循环经济发展。通过面向乡村振兴领域，创新绿色金融产品和服务，通过绿色信贷、绿色债券等绿色金融产品，加大绿色金融业务对农村生态环境保护与治理项目的支持，联合地方政府搭建绿色基金，增加低碳农业与生态农业的绿色金融信贷供给，助力生态农业目标的实现。四是加大支持农村休闲农业发展力度。大力支持乡村文化资源、生态资源、民族传统要素资源等资源优势的开发，对乡村康养产业、旅游业、文化产业、休闲农业与生态产业的融资需求提高资金供给保障度，以金融供给保障推动乡村多元化的价值资源的经济功能的实现。

第六节　发展西南民族地区特色金融，精准支持乡村振兴

一、遵循地方经济发展规律，优化民族地区县域金融体系

（一）因地制宜发展民族地区农村合作金融体系

商业性农村金融无法取代西南民族地区具有深厚社会基础的合作性农村金融。在经济水平相对滞后、人均收入水平处在中低阶段的西南民族地区尤其是偏远农村，大型商业银行金融服务不能有效覆盖城乡金融需求，商业性金融满足农村小微和低收入农户金融需求的效率极为有限，同时，中低收入水平农户的金融需求也难以满足改制后大型农商行的大股东对资本回报率的预期要求。

因此，西南民族地区乡村振兴在很大程度上依然对合作金融有着客观、旺盛的需求。应遵循西南民族地区农村经济发展规律，积极扶持和培育适合中小农户生产经营特征的农村合作金融体系，充分发挥出农村合作金融在乡村振兴中的社会责任功能。

积极培育西南民族地区新型农村合作金融机构，鼓励组建规范的村级资金互助社，填补部分落后贫困地区合作金融空白，尤其是在“三州三区”等重点帮扶县域，建立贫困村村级资金互助组织，由地方政府、合作组织及相关组织协同联合搭建稳定的合作金融发展保障制度，重点保障金融组织的“合作”性与“内生”性，在业务范围、业务品种、担保形式、贷款额度等方面充分尊重农户意愿。针对农村合作金融组织缺乏独立的外部专业化审计体系的问题，建立统一的审计监督队伍，专司联合体内的审计监督，健全外部的审计监督制度实现监督管理。

（二）遵循地方合作金融发展规律，提升其整体可持续性

一是遵循当地农业经济发展所处阶段与当地农户的意愿，对农村信用社改革的时间表和改革的路径进行差异式的监管，不强制性要求合作社完成向股份制农商行的转变。鉴于当前西南民族地区农村信用社向股份制农商行改革已形成的实际格局，基于当地县域经济发展实际，可择其一作为主要改革方向，差别化推进农村信用社的改革。二是大力培育民族地区县域中小型本土法人金融机构组织。作为基层金融机构主力军，县域农信社作为地方金融法人，长期扎根民族地区，熟悉“三农”市场环境和“三农”服务需求，有文化习俗和信息上的优势以及服务的“三农”的感情。三是鼓励县域农信社法人相互联合，或探索县级农村信用社与资金互助社等新型组织联合模式，改善农村信用社实力单薄、竞争力弱的劣势，形成合力优势增强服务“三农”的履责能力。可借鉴浙江等发达地区的“农合联”形式，鼓励农村金融组织联合与再联合，推动西南民族地区县域内分散、小型、实力弱小的农信社联合成立县联社，再联合形成省联社。通过再联合，对上承接省联社，通过资金托管等纽带建立联系机制，并推动审计、培训等配套服务，对下为资金互助社提供审计、协调、服务等职能，有助于解决农信社和农民合作社自身缺乏资本和流动资金短缺的问题，提升民族地区合作金融的整体竞争力，增强其可持续发展动力。

（三）扶持民族自治县农村中小金融机构可持续发展

其一，加大对西南民族自治县基层中小农村金融机构的政策扶持，保障其可持续发展。首先，在货币政策工具上进行特殊倾斜，对民族自治县域内的中小农村金融机构实施存款准备金与再贴现进行差异化监管，减免民族自治县农村金融机构营业税与所得税，在其他全国性金融机构税收政策的基础上，对民族自治县中小农村金融机构年度新增涉农贷款另行增加营业补贴，尤其是对自治县内更为偏远的农村乡镇的金融机构按照业务规模与网点员工数设置补贴。针对西南民族自治的地区农业生产特征，在民族自治县域进一步推广支农再贷款政策，加大民族自治县域的支农再贷款力度。

其二，构建西南民族自治县农村金融机构风险补偿长效机制。由政府主导，财政出资成立民族自治地区涉农贷款风险补偿基金，并逐年按新增涉农贷款比例追加，发挥长效风险补偿分担自治县农村金融机构信贷风险机制。推进民族自治县互助保险发展，大力发展政策性担保业业务，建设和完善自治县域内的产权流转交易市场，有针对性扩展民族自治县域当地可用作抵押的涉农物资。

其三，加大对西南民族自治县农村金融机构的成本效益监管，防范经营绩效恶化、难以可持续发展风险。通过敞口指导、监管指引，强化民族自治县农村金融机构的成本管控风险意识，提高民族自治县农村金融机构成本效益的比控制能力，鼓励民族自治县农村金融机构进一步优化基层网点规划，布局小型化与智能化转型，降低基层网点的物理成本支出。充分运用乡村振兴多重优惠政策，借助数字乡村建设基于，逐步引进金融科技手段与数字金融模式，降低长期经营成本。

（四）构建常态化金融扶贫体系，对接乡村振兴与共同富裕

(1) 巩固金融扶贫成果，丰富扶贫金融服务模式和种类。防止西南民族地区集中连片贫困县已脱贫人口重新返贫，另一方面也要防止重点帮扶县产生新的贫困人口。分门别类、有针对性地支持建档立卡贫困户、已脱贫农户，继续保持对已脱贫农户与贫困边缘农户的金融精准滴灌作用，尤其是要保持小额信贷业务规模，发挥出小额信贷在脱贫农户子女教育、维持日常生产、创业投入等领域的重要保障作用。对于具备较强的潜在自我发展能力的脱贫户，重在金融赋能，通过提供担保贷款、优惠贷款与保险补贴、财政贴息相结合，扩大对其信贷支持额度，并在贷款发放业务流程上进行合理优化，一定程度上减轻脱贫农户的利息压力，助力农户的自我独立发展生计能力。对于具有扩大生产规模采用农业技术需求的农户，金融机构的贷款投放可针对农民创业技能培训、种养技术培训及其他实用类的技术技能培训等需求，设计灵活的贷款方案，合理优化贷款流程将外部金融扶贫与内在扶智相结合。金融机构应主动跟踪当地重点帮扶县的产业发展，对于重点帮扶县应以当地的特色农产品产业为载体，加大金融资源投入与支持，将新增金融机构基层网点向重点帮扶县下沉，完善配套金融服务。

(2) 构建多维金融扶贫，形成相对贫困治理长效机制。西南民族地区的相对贫困治理是一个长期持续的过程，金融扶贫应充分发挥出农村金融的社会责任，基于“共享”与“公平”理念，遵循“普惠”和“包容”原则，构建多元化的金融扶贫治理路径与方案，提升金融服务的可得性，缓解西南民族地区农村地区的金融排斥现象。探索可持续的多维主体共建的相对贫困扶贫体系。正向激励农村金融机构的放贷意愿，发挥对商业金融资源的撬动作用。激发农户积极参与农村合作金融的意识和热情，基于农村社会主体地位与主体意识，参与发展合作性金融，形成稳定的农村内部资金供给保障。进一步拓宽贫困治理资金来源渠道，吸引多元化的社会资本参与，探索由政府主导，各类金融机构与社会组织、地方政府共同参与，构建起基于农村信用基础的长效金融扶贫机制。同时，应完善农村金融扶贫的配套机制与措施，深化农村金融改革、完善农村金融制度规范、推进农村金融机构与组织创新、开发民族地区金融扶贫产品。基于多方机制形成政策合力，积极引导社会资本参与贫困治理，建立相对贫困治理长效金融支撑体系。

(3) 金融扶贫对接产业振兴与共同富裕。一是以当地特色与优势农产业发展为契合点，紧扣产业扶贫的利益联结机制，大力培育扶贫产业，推进金融扶贫资金向重点产业投放，重点支持能广泛带动农民脱贫、增收、致富的产业群体，引导贫困农户积极参与农民专业合作社、家庭农场、种养殖大户等新型农业经营组织，支持单个的家庭农场等适度规模经营向规模化与集中化经营转型，通过产业扶贫资金投放增强新型农业经营主体转型升级信心，带动贫困农户发展特色产业，提升贫困户自我发展的能力，将金融扶贫从外部资源扶贫转向农户内生可持续发展动力扶贫，创建具有融合“扶贫”与“产业发展”功能的特色乡村振兴模式。发挥出产业扶贫对贫困户与贫困边缘户的增收效应，实现金融扶贫与“产业振兴”的内在衔接。二是金融机构参与相对贫困治理聚焦重点领域应从“满足贫困人口基本需求”转向“挖掘自我发展能力”，以“学有所教、病有所医、老有所养、安居乐业”，谋求“生活高质量”为政策内涵，对金融扶贫形成常规化机制构建稳定的制度支撑，除财政性金融资源外，引流民间资本、商业金融资源及其他金融资源，结合国家层面扶贫治理政策、地方政府扶贫政策及金融机构金融扶贫模式，形成多元化与多合力共同驱动的金融扶贫长效机制，同时实现对扶贫金融资源的科学合理配置与其风险的有效防范和监管。

（五）构建乡村地区便民基础金融服务体系

其一，完善新型农村经营主体非融资需求性的金融服务，针对农产品市场销售、物资购买提供便捷的支付结算、转账等服务对接，并量身定制投资理财产品与服务。其二，发挥农村金融机构的区域优势，在银行物理网点无法覆盖的偏远乡镇设立便民金融服务站点，服务当地农户的基础金融服务需求，增设小额取款、账户余额查询、交易明细查询、转账等功能，同时通过支农惠农补贴发放、社保养老金支取、口头挂失、学费缴收、水电燃气费代收代缴与小额的现金借贷等一揽子金融服务，提升偏远山区农户的基础性金融服务获得的便捷度。其三，探索开展农村消费信贷业务，完善助学信贷，逐步开展农村家庭大额耐用消费品信贷、医疗信贷等其他类消费信贷业务。增加面向农村的个人消费信贷服务与产品的多元化供给，拓宽现有农村个人消费贷款业务范围，实现城乡居民金融服务均等供给。针对不同类型的金融需求灵活设计政策性贷款，例如针对农村宅基地建房农户开发按揭贷款，针对水库移民开发粮食贷款与创业贷款，灵活使用创业小额贴息贷款。其四，构建适合农户的财产性金融投资体系，增加供给乡村投资理财产品和多元化的投资理财服务，满足农户日益增长的投资理财需求。结合当前农村“三权”改革，重点开发各类国债、货币基金、银行大额存单等保本理财等风险较低的理财产品，增加农民财产性金融投资产品供给，同时做好农村居民理财的咨询服务与风险意识。

二、紧贴特色产业金融需求，精准支持民族地区产业兴旺

（一）加强金融支持壮大农村集体，推进农业现代化

大力支持西南民族地区合作社和集体经济组织快速成长，探索多种形式的金融产品与服务创新，针对不同类型的农村集体经济开发融资产品和服务。

（1）创新开发集体经济组织的自有资产增值与保值金融产品与服务。优化抵押贷款业务以及理财服务、资金托管服务等产品方案，实施针对性金融服务与产品供给。对于物业型农村集体经济而言，其主要的金融需求来自于自有资产的保值与增值，对银行金融机构的金融服务以投资理财与资金托管为主。对于资源开发型集体经济组织而言，由于其处于资源开发与投入期，起步阶段的开发运营对短期的开发性资金的需求规模较大，以开发性资金支持需求为主，亟需财政资金类的担保与抵押贷款等授信服务支持。

（2）创新面向集体经济组织的授信业务。为满足农村集体经济组织经营规模扩大与资金流动性和周转需求，针对专业化农场逐步推广土地经营权质押贷款与林权抵押贷款，鼓励商业银行围绕农地承包经营权抵押开发与设计存贷款、信托与投资、租赁与抵押等多元化金融服务与产品。例如，以农村集体资产为标的的抵押贷款、以农村集体资产收益为标的的质押贷款以及农村集体股权质押贷款。

（3）开发农村集体经济组织的供应链融资，探索农村资产信托、粮食信托、开发性债券等多种直接融资方式。因地制宜创新金融支粮服务产品，以试点的形式探索仓单质押贷款，开发设计农地预期收益保证贷款与粮食直补资金担保贷款等供应链金融业务。对纳入粮食生产保护区内的农业科技企业，创新支持信贷模式，通过扩大授信对象覆盖面，优化贷款业务流程，开发符合农业科技企业投资需求的抵押、质押和担保方式，为农业科技企业进行科技研发、科技成果转化与科技推广等环节提供金融服务支持与保障。

（4）探索农地证券化产品，大力支持农地规模化生产与经营，通过融资支持实现农地经营权经济价值的变现，为促进农业规模化与产业化发展激活生产要素动能，大力支持政府构建土地金融体系，形成符合农村经济社会变革与转型发展的农村土地金融系统。同时，大力发展专业大型农村设备融资租赁业务，例如现代化农机具与农田灌溉等水利设备融资租赁，支持农业适度规模经营。

（二）加大金融支持特色产业兴旺，助推农业三产融合发展

加大对西南民族地区特色农业培育和发展的金融投入力度，特色农业是西南民族地区乡村振兴的必然实现途径，也是金融资源投向和支持的重点领域。加快产业链等金融产品与服务方式创新，支持西南民族地区重点农业三产融合发展领域，增加信贷供给总量与灵活的供给方式。通过金融扶持培育新型和特色民族多元化产业发展模式，打造西南民族地区优势产业链，在现有产业布局基础上优化农业生产体系与业产品结构区域布局，将特色农业与优势农业做大做强，以金融资源投入推动特色支柱产业振兴。

充分利用丰富的特色农业资源与生态资源发展特色农产业，例如西南民族地区在家禽家畜养殖、特色中药材、特色蔬菜水果、特色花卉与高原茶叶、咖啡等特色农作物种植业的资源禀赋优势，金融支持应坚持“产业优先、特色优先、品牌优先”的发展思路，创新特色农业信贷产品和服务，使用特色产业贷款，加大对龙头企业、扶持种植、养殖企业和大户农民专业合作社等新型

农业经营主体的信贷支持。加大农产品加工业的金融支持，重点支持特色农产品加工业、创新型生物农业、社会化订单农业、工厂化农业等多种加工农业新业态，形成可持续的金融资源投入和稳定的资金支持。

加大金融支持西南民族地区乡村生态旅游业、休闲农业、创意农业等服务型农业开发。开发民族地区乡村的文化价值、生态资源价值与旅游资源价值是西南民族地区乡村振兴的一个重要路径。西南民族地区具有集文化价值、休闲价值、生态价值和经济价值于一体的丰富多样化的田园生态资源，目前共建成388个全国休闲农业和乡村旅游示范县、560个中国美丽休闲乡村，加大金融对乡村旅游业项目的培育投入，做大做强特色产业。

（三）充分开发西南民族地区绿色金融，探索金融支持生态宜居新模式

（1）发展绿色金融与支持生态农业与循环农业发展融合。将西南民族地区绿色金融发展资源与金融需求融合发展。一是加强金融支持乡村人居与农业生产环境的污染治理，节能减排，对部分污染严重的民族地区乡村水土治理、清洁能源进行改造，将绿色金融产品与服务创新发展融入乡村生态宜居建设。二是重点支持西南民族地区的循环经济发展，依托民族地区丰富独特的生态林牧业资源，大力发展林下经济、有机农业与循环农业经济发展，延伸循环农业经济产业链，创新开发特色绿色债券与绿色信贷产品与服务，增大绿色金融规模与产品供给。借鉴西方发达国家金融支持乡村复兴的成功经验，将政策性金融支持、财政补贴与商业金融支持结合，建立生态农业与循环经济发展基金，保持稳定的资金池的持续注资，为商业金融机构绿色金融发展提供国家信用支持与制度保障，切实支持西南民族地区乡村循环经济转型与绿色可持续发展。

（2）融合绿色金融与民族地区乡村生态田园发展，打造民族地区农村田园综合体。大力开发西南民族地区绿色金融，将循环农业与田园社区建设相结合，重点保护民族村寨，传承民族遗产和改善村民生活条件，建设生态宜居村寨。探索绿色金融支持农村自然生态与历史文化资源的有效运行模式，结合当地的绿色经济资源，出台配套的绿色金融发展细则，制定绿色农业产业与行业标准，完善绿色评估认定机制，对绿色农业项目提供差异化的绿色信贷支持，充分利用绿色经济的政策福利，进一步扩大对绿色行业主体的授信额度，提升绿色信贷资金的可得性。针对生态农业项目，创新开发农业绿色信贷产品，扩大农业绿色信贷供给，完善农业绿色信贷服务体系。同时，鼓励银行业与保险业金融机构结合当地生态农业项目投资试点，发行绿色债券与开发绿色保险等绿色金融业务并逐步推广。联合地方政府设立低碳产业发展基金与绿色产业基金，并逐步探索发展绿色农业资本市场，采用多种绿色产品与工具协同支持运行模式，降低绿色生产主体融资成本。

（3）探索西南民族地区金融支持乡村绿色发展的新模式。探索绿色金融资源配置促进“生态宜居”的有效路径和模式，确保信贷资金的投入符合生态宜居、绿色发展的要求，实现绿色金融“农户富”和“村寨美”的有机统一。金融机构应创新农村地区绿色信贷产品和服务，提升乡村绿色金融服务民族地区生态田园、循环农业、绿色农业的效率。以绿色责任投资为理念，鼓励各类金融资源向农业产业的绿色升级项目投资，定向投入新兴农业绿色发展团体项目，引导社会资源要素向健康养生、循环农业、绿色种养等领域流动，助推生态宜居、生活富裕、农业兴旺的美丽乡村建设目标。

（四）发展西南民族地区农业产业链金融

围绕当地优势特色农产品产业体系，探索农业产业链金融试点。基层农村金融机构基于当地优势与特色农业产业链特征，在产业内农业经营主体集群、生产、销售、物流仓储等环节，针对产销产出情况，因地制宜设计相匹配的农业产业链金融服务产品与模式。跟踪产业内部现金流，充分掌握产业发展的金融需求要素、融资依赖渠道、融资成本，获取融资需求与资信能力等信息，实施差异化的贷款供给策略，形成基于当地农业产业链的融资服务体系。由于西南民族地区农业资源分布的不均衡性，区域内的农业体系差异明显。在粮食生产功能区以及特色农产品优势区域，形成“政府搭台、金融机构唱戏、粮农受益”的多方联动机制，积极探索与推行“银行+保险+种粮适度规模农场”“政府+公司+银行+种粮适度规模农场”“银行+农村专业合作社+保险+小农户”等农业产业链金融支持模式，在实现融资支持的同时最大程度上转移和分散粮农的生产风险与市场风险，增强民族地区主要产粮区的粮食生产抗风险能力。另外，通过整合当地产业资源，营造品牌氛围，统筹文化旅游、特色小镇、田院农家等实体行业，在此基础上打造非农业产业集群和供应链金融。

三、建设西南民族地区“数字乡村+乡村振兴金融示范村寨”

（一）分类推进数字乡村与乡村振兴金融示范村寨试点

分类推进西南民族地区数字乡村建设与乡村振兴金融示范县、示范村寨试点建设。可借鉴浙江、云南等地区较为典型的数字乡村建设路径，从经济较为发达、地理优势明显的县域逐步推广。例如，云南开远市采用“数字技术+

高原特色农业”的建设模式，整合政府、农户与农业企业等资源优势，建设高原特色农业数字化发展产业链，探索传统农业向现代数字农业转型的民族地区数字乡村建设路径，具备了农村金融数字化转型基础。在西南民族的地区数字乡村建设项目的推进中，将乡村振兴金融示范县、示范村寨建设试点与数字乡村建设形成对接，进行金融政策优化、金融产品与金融服务创新，既保障数字乡村建设的金融支持与资金投入，同时，形成乡村振兴金融示范村寨可复制与推广的金融政策与金融创新经验，并逐步在西南民族地区县域铺开数字乡村与金融示范村寨试点建设。

（二）优化西南民族地区农村数字移动支付服务

（1）分类完善西南民族地区乡村金融基础设施配套。逐步完善西南民族地区农村金融信息化、权益清算体系等金融基础建设投入，进一步推进基础金融服务向乡村延伸。针对贫困人口、重点帮扶县持续优化金融基础设施，在具备条件的村寨布设 ATM 机、便民取款站点、便民 POS 机等移动惠农设施，提升物理网点和金融电子机具效能。尤其是要加强乡村振兴重点帮扶县、原深度贫困县、连片贫困区和偏远村寨地区金融基础设施建设，该类地区现有支付基础设施与服务基础薄弱，在推进数字化移动支付的进程中，应充分兼顾该类地区的特殊群体，在完善支付基础设施同时应结合实际，以解决特殊群体的支付服务短缺、获得服务困难等为主，避免由数字鸿沟导致农村金融服务可获得性降低现象，提升支付服务的便捷性和针对性，在此基础上有序发展与推广支付结算服务新方式与新渠道。在不具备开设银行物理网点和布设银行 ATM 机的村寨，增加布设普惠金融惠农存取款服务站点，保障农村留守老人小额取现等基本金融服务需求，破解偏远村寨无金融机构网点设置等困难。

（2）优化西南民族地区农村支付环境。补齐西南民族地区农村地区移动支付短缺村寨，加大农村支付服务的覆盖广度。首先解决农村电子支付设施建设投入不足、农村中小型金融机构汇路不畅通的问题，完善西南民族地区农村基础性结算支付等金融服务体系，提升村级移动支付服务点的覆盖率，搭建线上银行服务平台，接入市场上应用场景丰富的第三方支付平台。村镇银行、农村信用社等农村金融机构应充分利用联结城乡的网点优势，开展“三农”领域的特色业务，将对独立的农村支付清算网络纳入国家支付清算网络，促进农村资金形成闭环流转循环。

（3）鼓励当地中小型农村金融机构扩展农村支付服务覆盖度，丰富支付场景，增强支付服务与支付产品的灵活化供给，提升农村支付结算服务效率。

通过增加投放智能机，形成线上与线下支付结合的支付体系，利用手机银行、网上银行的电子移动支付功能推广数字化支付结算服务，升级“三农”场景的支付业务，尤其是农民消费升级、农业新业态、新型农业经营主体、返乡创业群体对支付服务的多元化需求。

（三）规避农村金融的数字鸿沟社会现象，合理规划基层金融机构网点布局

（1）因地制宜调整物理网点设置布局。西南民族地区乡村以小村落、独立村寨为主，由于贫困地区连片涉及的地域范围广，该类乡村社会经济发展程度存在较大的差异，其人口结构以乡村老龄化与幼童人口为主。由于县域经济发展的不均衡，即使在同一县域范围，临近县城和经济发达的乡镇线上化趋势类同县城居民，其互联网渗透率要远远高于偏远与经济落后的乡镇，对于设在这类线上化率高的乡镇的物理网点中，基础金融服务完全可被线上金融取代，同时网点的效益持续下降，则可关停或优化组合这类物理网点。在落后偏远的民族自治地区村寨，尤其是在线上化率极低的民族山区和深度贫困山区，由于当地基础设施建设滞后、年龄、文化水平等多种因素，大多数农民依然对物理银行网点有着刚性需求，更加倾向并形成了在物理网点办理存、贷等金融业务的习惯，为满足这类农民客户群体对传统物理金融机构网点的需求，保留并提升物理网点的服务水平与服务功能，充分发挥出乡村地区的实体金融机构物理网点优势，增强“三农”客户的黏性，避免撤并物理网点所导致的数字鸿沟现象出现。

（2）对县城区域网点进行区别规划。金融机构应统筹权衡社会责任与经济效益，考量线上业务和线下业务的配置，科学规划物理网点布局与线上服务的规划。金融机构可根据自身的大数据，或通过当地村委开展问卷调查，掌握农村居民的线上化数据。一方面，应保留精心打造、带有展示形象性质的农村金融机构标杆网点，尤其是客流量大、具有一定区位优势、机具智能、装潢现代、功能齐全的网点，将其建设为农村金融机构展示自身品牌形象的窗口及县域优质旗舰网点。同时，在网点内增加线上业务服务机具，提升传统物理网点业务效率，增加对乡村振兴相关金融惠农政策、银行文化展示等软件环境建设，打造网点金融服务“三农”的归属感与温度感。

（3）针对“新生代农民”积极发展线上金融服务网点，探索数字金融转型。新时代职业农民熟悉互联网与网络操作基本技能，对线上金融服务和产品的需求较为强烈，比较注重金融服务的体验感。伴随着农村通讯网络等基础设施的完善，农村线上金融服务与金融产品是农村金融供给方式转型的重要方向，满足新生代农民客户群体的需求是现代金融机构数字化转型的目标之一。

四、分类推进西南民族地区农村数字普惠金融转型

（一）提升农村数字普惠金融监管的精准度和效率

建立科学完善的县域普惠金融覆盖统计指标体系，动态评估和监测县域普惠金融的发展状况，提升普惠金融监管政策的精准度和效率。以监管促进大数据、区块链、云计算、人工智能等科技手段在普惠金融服务领域中的运用与推广，降低西南民族地区实体的金融机构网点的运行成本，建立农村金融风控模型及信用评价体系，降低资产坏账风险，进一步完善“三农”的数据档案库、农户信用信息系统，降低贫困农户信息收集和采验成本，优化金融扶贫中新型农业经营主体融资增信的相关政策，提高普惠金融业务供给的精准性和市场占有率，拓展普惠金融服务和产品在西南民族地区县域农村市场上的供给能力和服务覆盖度。

（二）以县域政府为主导，选择适配于当地经济发展的数字普惠金融模式

县级政府应基于当地经济发展特色，采取适配本地经济发展的数字金融模式，在西南民族地区较为发达、移动互联网基础设施完善的县域，选择重点发展数字支付、数字授信、数字理财等数字金融模式。在乡村振兴重点帮扶县等发展滞后的县域可探索在移动支付与互联网支付普及的基础上，以数字农贷、数字授信业务为重点数字金融业务模式，循序渐进发展特色数字金融业务，逐步向数字涉农保险、数字理财投资等数字普惠金融模式铺开，提升农村信贷服务可得性。同时，县域政府应实施优惠政策支持当地数字普惠金融发展，提升科技平台建设、农户政务和民生数据、数字金融监管以及数字金融专业人才培养水平。

（三）鼓励西南民族地区县域中小型金融机构布局数字化转型

金融监管机构应提升基层农村金融机构数字化转型的政策支持力度。由于普惠金融数字化转型需要较大的技术研发与运行组织再造，导致其风险承担加大、风险控制成本上升，转型成本高，对于县域中小型农村金融机构而言是一个漫长的转型过程，尤其是西南民族地区发展较为滞后的县域地区，基层农村金融机构的数字化转型意愿较弱，阻力较大。金融监管机构应提升农村金融机构数字化转型的政策支持力度，通过税收减免等优惠政策，降低中小农村金融机构数字转型的风险与成本，鼓励农业银行等大型商业银行积极开展乡村数字金融转型，提升广大中小农村金融机构对普惠数字金融的参与度。

鼓励县域金融机构积极创新数字普惠金融服务与产品，开发适合民族特色、农村、农民以及涉农中小企业需求的灵活、高效、便捷的数字普惠金融产品和服务，扩大农村数字贷款的覆盖度，提高农村数字授信的规模，开发数字农业保险产品和服务。基层农村金融机构应针对西南民族地区农村的经济社会特征，尤其是西南民族地区当地乡村产业特征，进行有针对性的数字金融服务与产品的开发，例如，高原特色数字农业金融、边境数字金融、小额农户数字金融、扶贫数字金融、坝区数字金融等，将数字金融产品与服务的创新充分结合当地乡村振兴建设的民族化、特色化与多元化的需求。

（四）对接数字乡村建设，分类优化西南民族地区农村数字普惠金融基础设施建设

对接乡村振兴与数字乡村农村基础设施建设任务规划。西南民族地区乡村数字普惠金融基础设施存在诸多建设短板，加强对数字金融转型条件成熟的西南民族县域地区的数字金融基础设施建设。在规模扩大、转型发展类村寨与城郊融合类村寨①，积极推广乡村网络设施的改造与升级，提高原有移动互联网通信基础设施的可用性，在实现“五通”的基础上加强数字金融基础设施建设。更新、升级与优化原有的乡村数字化基础设施网点布局，最大范围内提升行政村5G网络通达率与乡村光纤覆盖度，普及数字普惠金融终端设备。对于特色保护类传统村寨，基于传统金融设施布局，增加投放数字金融智能化设备的投放对农村金融服务站、网点进行智能化与数字化升级，完善线下与线上乡村金融基础设施布局，补齐乡村振兴重点帮扶县的通信基础设施短缺，搭建好数字普惠金融发展的硬件与软件基础设施，提升农村数字普惠金融的可得性与普惠性。

五、推动资本市场发展服务于乡村振兴

其一，借助当前农村“三权”改革的契机，充分利用好农地等乡村资产的权能，探索建立省域层面的“乡村振兴板”市场，扶持西南民族地区具备股权上市交易条件的龙头企业、涉农企业进入资本市场，通过“乡村振兴板”引导社会资本集聚乡村振兴。支持符合条件的新型农业经营主体通过债券和股权进行融资，鼓励县域优质龙头涉农企业抱团发行乡村振兴专项债，扩展直接

---

① 张广辉，叶子祺．乡村振兴视角下不同类型村庄发展困境与实现路径研究［J］．农村经济，2019（8）：32－41．

投融资渠道，通过定向增发、发行可转换债券获得资本市场融资支持，推进探索股权质押等间接融资方式，发挥资本市场服务乡村产业的规模化与现代化发展。其二，政府引导和鼓励风险资本支持西南民族地区乡村振兴领域。创新各类风险投资基金与金融机构联合开发农村金融市场，吸引农业风险投资机构及涉农投资基金等专业性投资机构对具有市场前景的农产业项目开发进行投资支持。其三，鼓励具备条件的新型农业经营主体综合运用信托、担保、农机租赁、农业保险、农产品期货与期权、农业产业投资基金等多元化资本市场工具与手段的相互配合，平抑农产品的市场价格波动和投资损失。在农产的富集与规模化产地，推进农产品期货市场的发展，为新型农业经营主体规避市场风险提供释缓途径。

六、探索西南民族地区政策性农业保险制度试点

（1）加快推进西南民族地区政策性农业保险制度试点。实行政策性农业保险制度试点，完善西南民族地区农业保险体系，切实发挥农业保险对农村生产与产业振兴的保障功能。政策性农业保险机构应将保险服务业务的重心向乡村基层下沉，增加涉农险种，尤其是开发乡村振兴特色产业险种，扩大涉农保险险种的覆盖面与参保农户与农业组织的覆盖面，鼓励农户积极参保，提升参保率，增加各类农业经营主体的保险供给。结合西南民族地区的产业特征，开发区域特色农产品“保险＋期货”类的创新保险项目，为提高农民财产性收入、改善农业产业结构、提高农民生活幸福指数提供风险补偿保障，加快推进西南民族地区农业大灾保险准备金制度的落地与执行，完善再保险制度。

（2）完善农业信贷风险补偿体系，分散基层农村金融机构的风险管理成本。设立涉农发展基金或乡村振兴基金，以政府为主导，纳入当地银行机构、保险机构及第三方投资中介机构，设定风险分担比例，以金融机构协同合作为主并同财政补充共建涉农风险融资资金池，履行对金融机构的涉农信贷风险补偿功能，分担基层农村金融机构承担的农业系统性风险成本，提升基层农村金融机构风险内控能力，促进西南民族地区基层农村金融机构的可持续发展。充分利用农村征信数据库、全国征信系统及第三方互联网征信平台，鼓励农村金融机构借助大数据与区块链等技术手段，提升风险管控效率，降低风险控制成本。

（3）创新农户农业信用担保。一是建立农业资产抵押担保评估体系，形成完善的市场评估机制，降低农地承包经营权等资产抵押的市场阻力，保障农

地等资产抵押担保能切实发挥出增信的功能，提升各类农村经营主体的融资能力与获得融资的市场机会。依据《物权法》，探索宅基地使用权、土地流转权、建设用地使用权以及林地等担保方式创新。农村中小企业探索仓单质押贷款、存货与收费权益抵押行动产质押、仓单质押、权益质押等担保形式，机械等实物纳入担保物的范围，创新农村有效担保物种类。二是培育立足服务地方经济的农业融资担保机构，组建专业的农业信贷担保公司，建立覆盖试点地区的业务网络。探索建立农户和农村小型企业融资担保基金，以社区资金、农村企业资金、农户资金等民间资金为主，实行民有民管会员制管理，克服政府出资建立的担保基金在管理上可能出现的委托代理成本。三是创新信贷担保方式，加快联合担保制度形成。将农户授信担保与农业产业化龙头企业连接，农业产业化龙头企业为其签约农户贷款提供信贷担保等方式。

第七节　优化西南民族地区乡村金融生态环境

一、提升西南民族地区法治水平，营造良好的金融生态环境

第一，优化西南民族地区执法环境，提高乡村地区治理法治化水平。强化西南民族地区农村民主与法治建设，实现法治认同与民族文化多元化耦合并存。健全金融机构维护自身利益及金融安全的制度与机制，营造良好的法治环境。地方政府部门应坚持依法依规办事，提升地方执法效率，降低农村金融机构信贷违约概率与信用风险处置成本。严厉打击恶意逃废金融债务、欺诈骗贷骗保等金融失信行为，维护民族地区良好的农村金融秩序，逐步培养形成农户和涉农经营主体的守信意识和契约精神。对于主观恶意逃废金融机构债务的农户，取消其贷款资格，并将失信行为共享至征信平台，录入征信“黑名单”，维护农村金融市场法治秩序，并对潜在的失信行为起到警示作用。

第二，依法规范农村地区民间借贷，针对农户加强民主与法治宣传，提高少数民族农户的法律意识与风险意识，降低金融机构潜在的信贷违约风险。充分发挥试点县域金融消费权益保护协会、农村金融消费维权联络点等组织的功能，完善民族地区农村金融消费纠纷多元化解机制。

第三，在农村金融机构与政务、公安机关等各职能机构之间建立信息共享

平台，实现数据信息的共享，降低金融交易中的信息不对称而产生的信用风险，通过信息披露与严格执法等途径保障金融机构的正当权益，逐步实现金融机构对农户的“愿贷”与“敢贷”。

第四，在西南边境县域和边境村寨设立“村级警银共建便民服务点”，联合公安执法机关完善基础设施，在人流量较大的边境服务站试点设立“村级警银共建便民服务点”，共同开展防范跨境电信网络诈骗、跨境赌博、反洗钱等宣传，提升宣传影响力与震慑力。

二、深化农村信用体系建设，融合乡村治理与信用观念

（一）完善新型农业经营主体农户信用信息采集机制

重点推进新型农业经营主体征信建设，缓解信息不对称约束下的融资瓶颈。在西南民族地区农村，村、寨级委员会是对当地农户的生产、生活信息掌握最为全面的部门，在农村信用体系建设中可充分发挥出信息采集与社会监督的职能，村支两委可基于对村民的生产、信用与家庭情况的掌握，搭建金融机构与农户之间的信息通道，协同央行推进农村征信体系的建设，并提高信息采集的精准度、降低信息采集的成本。另外，可充分利用农村集体经济组织对其社员的信息收集企功能，与村委形成完善的农户信息网络。在农户获得金融机构贷款资金后，村支“两委”可发挥社会监督的作用，助力于建设“诚信村”“示范村”，提高信用村与信用镇的“以信换贷”功能，从而为当地产业发展创造更多的获贷机会。在村寨级支委对农户信息采集的基础上，完善农村金融机构的信息库并与央行征信系统对接，同时通过互联网大数据平台，匹配采集农户的消费数据等方式形成互联网涉农数据平台，农村金融机构可进一步完善当地新型农业经营主体的信息数据库，补充现有央行征信系统中关于新型农业经营主体的信息盲点，搭建起新型农业经营主体信用体系，缓解农村金融机构信息不对称、提高贷前审查与贷后跟踪效率，有效防控“三农”贷款风险。

（二）建立和完善村寨集体征信档案，缓释道德风险问题

一是建立以村寨为单位、面向农户的信用信息数据库。配合地方政府部门建立市县联动、行业共享的地方信用信息平台，推进整村信用信息采集、评价、授信一体化发展，实现农户的信用信息与生产信息、信贷信息之间的共享与联动。二是完善奖惩机制。实行信贷申请农户信用水平与当地信用环境等级相挂钩，提升村寨整体的诚信环境建设在金融机构贷款决策中的权重，充分考虑当地的民俗民风等宏观信用情况。在集体经济发达的村寨，将乡村治理中的

各类荣誉与先进称号的评选与村民是否遵守金融诚信行为挂钩，并在集体经济组织年终分红、财政补贴发放中实施奖惩区别对待，对于征信良好的农村主体给予优惠贷款利息、优先放款等奖励行为，提升其综合金融服务的可得性，从而形成“守信光荣、失信可耻”的金融诚信意识与乡风导向。同时，通过农村各种集体经济组织的股权约束手段，对违约社员实施惩罚措施，提高社员的违约成本。三是充分发挥农村征信系统和县域中小企业信用评级支撑作用。将县域中小企业信用信息系统与“三信评定”、中小企业信用评级等挂钩。

（三）促进乡村文化振兴，繁荣民族地区金融文化

在乡村振兴战略全面推进与农村经济社会转型分化的背景下，提升西南民族地区乡村思想道德水准和科学文化素质，结合民族文化基因形成诚实守信文明乡风，建成新时代乡村社会道德规范与乡村治理体系，实现乡村有效治理目标。新时代良好的乡村社会乡风习俗与道德规范的形成，是乡村振兴战略实现治理有效目标的重要体现，有效促进形成农村金融资金的内部良性循环生态、完善农村征信体系以及防范与降低农村金融风险。在西南民族地区乡村治理与乡村文化振兴中，应将金融信用、诚实守信充分融合进文化传承、乡风观念、道德体系建设中，二者共同构成民族地区的乡村治理框架与治理内容，形成能传承西南民族地区乡村文化、社会理念与新时代社会主义道德规范的乡村精神文明体系。充分发挥乡村支委、集体经济组织、乡贤、适度规模经营主体以及道德模范的社会示范效应，渲染良好的现代乡村社会的乡风文明，将乡村文明建设与民族文化传承两大体系融入乡村治理与农村金融良性发展中，形成西南民族地区乡村金融发展与乡村文化精神文明建设的良性循环，实现西南民族地区乡村信用环境的优化与乡村民族文化的传承与繁荣。

三、加大乡村金融素养教育力度，培养农村金融人才

（一）密切联合村寨组织，加大乡村金融知识宣传和教育

提高民族地区农村金融消费权益保护与金融风险防范意识。金融机构应定期开展金融消费者权益保护知识宣传，以及普及农民防范金融诈骗、非法集资等金融安全教育。对脱贫农户、新返乡创业农民等群体普及金融服务与金融工具的应用，培养新型职业农民的金融意识。实施农民金融风险意识培育长效机制，将农民金融风险防范意识教育、诚信意识提升及安全投资理财金融知识教育融合起来，改变传统的农村信用观念，提高现代金融诚信意识与风险意识，培养农民的个人金融投资能力，改变农民金融素养低的局面。

将优化乡村信用环境与完善民族地区乡村治理、建构农村社区管理体系充分融合，农村金融机构应加强与各级村寨支委组织的紧密协同合作，村寨支委应将建设良好的信用环境作为乡村治理的重要领域与内容，基于诚信建设遵纪守法诚实守信的淳朴乡风，引导村民的金融守信行为，以此推进乡村信用生态的优化，使乡村治理与乡村信用环境建设二者之间形成共建、共促的密切关系。农村金融机构与地方政府应联合积极推广，参与村级建设、优化信用环境，在助力村级集体经济发展、扶持帮带农户、建设金融服务站点等方面为村寨提供多元化的金融服务。

（二）提升农村居民信息技术与数字金融素养

农户数字普惠金融素养是农村数字普惠金融发展的市场环境，西南民族地区乡村尤其是偏远村寨信息基础设施短缺，数字化技术的应用滞后，数字工具作用难以发挥，加上数字化认知水平较低，农户数字金融素养远远低于数字化普及的东部沿海发达地区乡村。西南民族地区应抓住当前数字乡村建设的重要机遇，由相关政府部门与农村金融机构加强普及西南民族地区农村数字普惠金融知识宣传。通过数字普惠金融团队下乡与“金融村官”驻村进寨，普及金融产品和金融工具知识，采用通俗易懂与趣味性的媒体形式传播数字金融知识，采用线上与线下相结合方式，提高农村居民对数字金融的认知、风险意识与操作技能。同时，建立乡村数字金融咨询服务站，通过县域各级基层政府组织实施数字普惠金融宣传与培训，鼓励新型农业经营主体、新型职业农民、家庭农场、返乡创业农户与回乡大学生掌握互联网等现代数字技术，能利用物联网、大数据等现代数字化手段获取金融服务与网络资源，提升数字金融风险识别能力，转型发展为“数字新农人”。提升数字金融素养，消除农村社会的“数字鸿沟”问题与传统金融的排斥，提升农户对移动支付、贷款发放、投资理财等数字普惠金融的接纳度。

（三）加强西南民族地区农村专业金融人才建设

一是完善民族地区农村金融行业职业道德标准体系，加强金融业从业人员的职业道德教育和金融伦理教育，增强当地农牧民客户黏性，促进民族地区农村普惠金融的发展。金融伦理水准的高低受到金融机构从业人员道德的完整性、整个金融行业的道德标准以及人们对金融伦理问题的主观理解等诸多因素影响，因此，金融行业道德建设是今后农村金融机构改革与发展的一个重要内涵，这在我国当前农村金融法律制度体系尚未健全的情况下显得尤为重要，尤其是在原生文化观念浓厚、人口整体素质不高的西南民族乡村地区。

二是加强西南民族地区农村金融人才队伍建设，吸纳熟悉农村经济规律、具备丰富地农村金融工作经验并善于管理的金融专业人才，能根据民族地区农户的差异化资金需求，创新多元化的金融服务和金融产品。搭建高等教育、职业教育等多层次农村金融人才培养体系，培养具备农业经济专业知识、对“三农”有热情、懂“三农”、并投身于乡村振兴、扎根农村普惠金融发展的农村金融人才团队，破解当前农村金融发展的人才瓶颈。

三是充实西南民族地区数字普惠金融人才，加大民族地区农村金融科技人员与数字普惠金融人才的培养与引进力度。培养本土化、专业化、民营化的农村金融人才，实施国家乡村振兴重点帮扶县、民族自治县等县域农村金融人才培养与引进工程，提升现有农村基层金融机构从业人员的素质，加强金融机构从业人员的职业规范、道德规范及专业技能的培养，提升西南民族地区县域集成整体农村金融组织的人才素质。大力引进农村基层金融技术人才，围绕满足农业、牧业经营主体的各项需求而产生的创业金融，针对当地农村社会基础和农户群体的现实需求，为农户能够便捷地获得金融产品和服务而提供技术支持，推进普惠金融发展，分享科技转型、数字普惠金融发展红利。

主要参考文献

[1] 中共中央 国务院关于实施乡村振兴战略的意见 [N]. 人民日报，2018-02-05 (1).

[2] 廖彩荣，陈美球. 乡村振兴战略的理论逻辑、科学内涵与实现路径 [J]. 农林经济管理学报，2017 (12): 795-802.

[3] 龙花楼，屠爽爽. 乡村重构的理论认知 [J]. 地理科学进展，2018 (05): 581-590.

[4] 叶敬忠. 乡村振兴战略：历史沿循、总体布局与路径省思 [J]. 华南师范大学学报（社会科学版），2018 (02): 64-69+191.

[5] 彭新万. 现代乡村发展理论述评及其对灾后农村重建的启示 [J]. 理论与改革，2009 (01): 146-148.

[6] 沈费伟，刘祖云. 海外“乡村复兴”研究——脉络走向与理论反思 [J]. 人文地理，2018，33 (01): 16-23.

[7] 吴晓萍，LIU H. W. 论乡村振兴战略背景下民族地区的乡村建设与城乡协调发展 [J]. 贵州师范大学学报（社会科学版），2017 (06): 54-59.

[8] 郑向群，陈明. 我国美丽乡村建设的理论框架与模式设计 [J]. 农业资源与环境学报，2015，32 (2): 106-115.

[9] 熊得平. 农村金融与农村经济协调发展研究 [M]. 北京：社会科学文献出版社，2009.

[10] 周立. 中国农村金融体系的政治经济逻辑（1949—2019 年） [J]. 中国农村经济，2020 (04): 78-100.

[11] 胡必亮等. 农村金融与村庄发展：基本理论、国际经验与实证分析 [M]. 北京：商务印书馆，2006.

[12] 时慧娜，许家伟. 国内外村落衰退研究的进展及启示 [J]. 云南社会科学，2019 (04): 67-74.

［13］温信祥等．日本农村金融及其启示［M］．北京：经济科学出版社，2014.

［14］李似鸿．农村金融在创新农村社会管理中的作用研究［M］．北京：经济管理出版社，2017.

［15］朱文忠．商业银行企业社会标准与机制研究［M］．北京：经济管理出版社，2009.

［16］李似鸿．金融需求、金融供给与乡村自治——基于贫困地区农户金融行为的考察与分析［J］．管理世界，2010（01）：74－87.

［17］唐青生．西部边疆民族地区“三农”金融发展模式创新研究［M］．中国金融出版社，2015.

［18］王晓巍，陈慧．基于利益相关者的企业社会责任与企业价值关系研究［J］．管理科学，2011，24（06）：29－37.

［19］李国平，韦晓茜．企业社会责任内涵、度量与经济后果——基于国外企业社会责任理论的研究综述［J］．会计研究，2014（08）：33－40＋96.

［20］约翰·罗尔斯．作为公平的正义［M］．姚大志译，上海：上海三联书店，2002.

［21］庇古．福利经济学［M］．朱泱等译，北京：商务印书馆，2006.

［22］刘长喜．利益相关者、社会契约与企业社会责任——一个新的分析框架及其应用［D］．上海：复旦大学，2005.

［23］袁康．重新审思金融：金融公平理念的勃兴［J］．财经问题研究，2018（01）：50－59.

［24］田春雷．金融资源公平配置的法学分析——兼论中国金融法的新价值［J］．法学评论，2013，31（03）：112－119.

［25］任瑞敏，高玉林．金融化语境中分配正义的经济哲学反思［J］．武汉大学学报（人文科学版），2016，69（03）：93－99.

［26］李刚，王再文．金融伦理缺失：我国农村金融效率低下的根源［J］．开发研究，2007（06）：136－138.

［27］张正平．微型金融机构双重目标的冲突与治理：研究进展述评［J］．经济评论，2011（05）：139－150.

［28］刘华芹．民族地区乡村振兴研究现状与展望——基于 CSSCI 文献的分析［J］．湖北民族大学学报（哲学社会科学版），2021，39（03）：88－100.

［29］王建娥．族际政治民主化：多民族国家建设和谐社会的重要课题

[J]. 民族研究. 2006 (05): 1 - 11 + 106.

[30] 郝亚明. 民族互嵌式社会结构: 现实背景、理论内涵及实践路径分析 [J]. 西南民族大学学报 (人文社会科学版), 2015, 36 (03): 22 - 28.

[31] 梁平, 郭曦, 马智利. 西南民族地区农村经济的特点与金融支持 [J]. 农村经济, 2005 (09): 65 - 67.

[32] 向玲凛, 邓翔, 瞿小松. 西南少数民族地区贫困的时空演化——基于110个少数民族贫困县的实证分析 [J]. 西南民族大学学报 (人文社会科学版), 2013, 34 (02): 124 - 129.

[33] 费孝通. 边区民族社会经济发展思考 [J]. 北京大学学报 (哲学社会科学版), 1993 (01): 10.

[34] 付寿康. 论乡村振兴中民族地区现代农业体系之构建 [J]. 财经理论研究, 2019 (03): 38 - 44.

[35] 沈茂英. 西南少数民族地区新农村建设的特殊性 [J]. 西南民族大学学报 (人文社科版), 2007 (03): 182 - 186.

[36] 范建荣, 龙寸英, 石晨阳. 民族地区乡村振兴战略实施的重点及对策——基于农户评价的调研与思考 [J]. 贵州民族研究, 2020, 41 (06): 121 - 127.

[37] 杨亦民, 叶明欢. 目标观: 深化农村金融组织变革的应然选择——基于机构观和功能观的实践演进视角 [J]. 湖南农业大学学报 (哲学社会科学版), 2016, 17 (01): 1 - 8.

[38] 袁洁, 杨亦民, 刘志成. 双重目标对农村新型金融组织发展的内在要求——基于经济利益与社会责任的视角 [J]. 农村经济, 2012 (08): 56 - 60.

[39] 李明贤, 樊英. 农村金融企业承担社会责任的机制设计 [J]. 云南财经大学学报, 2010, 26 (01): 93 - 98.

[40] 张运书, 高毅. 普惠金融视角下农村金融组织社会责任的法律规制 [J]. 东疆学刊, 2013, 30 (01): 73 - 79.

[41] 汪小亚, 李洪树. 提升乡村振兴金融服务能力 [J]. 中国金融, 2021 (08): 34 - 36.

[42] 程郁. 引导金融资源向农村回流的政策性机制研究 [J]. 经济纵横, 2019 (11): 58 - 69.

[43] 田杰. 新型农村金融机构、资金外流与乡村振兴 [J]. 财经科学, 2020 (01): 29 - 41.

[44] 王修华，赵亚雄，付盼盼．金融渗透、资金流动与多维贫困——来自中国县域的证据［J］．当代财经，2019（06）：47－58.

[45] 谭燕芝，刘旋，赵迪．农村金融网点扩张与县域资金外流——基于2005—2012年县域经验证据［J］．中国经济问题，2018（02）：72－82.

[46] 王伟，朱一鸣．普惠金融与县域资金外流：减贫还是致贫——基于中国592个国家级贫困县的研究［J］．经济理论与经济管理，2018（01）：98－108.

[47] 龙丹丹．边疆少数民族地区县域资金外流的原因分析和对策建议——以云南省文山壮族苗族自治州为例［J］．时代金融，2013（26）：264－265.

[48] 吕捷，郭俊杰，唐忠．利率管制放开会加速资本的离农化吗？［J］．管理世界，2016（12）：47－59＋187.

[49] 崔庆五．农村信用社"离农化"倾向及其回归路径［J］．现代经济探讨，2012（04）：32－36.

[50] 周振，伍振军，孔祥智．中国农村资金净流出的机理、规模与趋势：1978—2012年［J］．管理世界，2015（01）：63－74.

[51] 郭佳莲．农村金融支持乡村振兴战略的路径选择：基于全国11家省级农信的案例［J］．西南金融，2019（08）：54－62.

[52] 肖斌卿，李心丹，颜建晔．商业效率与社会效率：替代还是互补？——基于农村商业银行的面板数据检验［J］．复旦学报（社会科学版），2017，59（05）：117－129.

[53] 何仁伟．城乡融合与乡村振兴：理论探讨、机理阐释与实现路径［J］．地理研究，2018，37（11）：2127－2140.

[54] 刘志云．新发展理念与中国金融机构社会责任立法的互动［J］．现代法学，2019，41（02）：3－21.

[55] 付寿康．论乡村振兴中民族地区现代农业体系之构建［J］．财经理论研究，2019（03）：38－44.

[56] 陶雄华，程寨华．金融机构的社会责任与"三农"金融支撑体系重建——基于改革开放30年来"三农"金融支撑体系变迁的思考［J］．宏观经济研究，2010（08）：25－33.

[57] 张贺．农村金融的功能效应与普惠金融发展——嬗变中的"道德"与制度正义［J］．云南民族大学学报（哲学社会科学版），2017，34（03）：100－105.

[58] 赵常伟，索一冉．中国农村社区发展从传统到现代的嬗变——基于农民环境权与金融权之保护［J］．聊城大学学报（社会科学版），2013（06）：99－106.

[59] 田春雷．金融资源公平配置的法学分析——兼论中国金融法的新价值［J］．法学评论，2013，31（03）：112－119.

[60] 王劲屹．我国农村金融体系独立性重构研究——基于罗尔斯正义原则［J］．西南金融，2019（12）：61－69.

[61] 叶敬忠．乡村振兴战略：历史沿循、总体布局与路径省思［J］．华南师范大学学报（社会科学版），2018（02）：64－69＋191.

[62] 王亚华，苏毅清．乡村振兴——中国农村发展新战略［J］．中央社会主义学院学报，2017（06）：49－55.

[63] 孙同全．全面小康后的金融扶贫［J］．中国金融，2019（05）：62－64.

[64] 沈费伟，刘祖云．海外“乡村复兴”研究——脉络走向与理论反思［J］．人文地理，2018，33（01）：16－23.

[65] 廖彩荣，陈美球．乡村振兴战略的理论逻辑、科学内涵与实现路径［J］．农林经济管理学报，2017，16（06）：795－802.

[66] 刘合光．乡村振兴战略的关键点、发展路径与风险规避［J］．新疆师范大学学报（哲学社会科学版），2018，39（03）：25－33.

[67] 钟钰．实施乡村振兴战略的科学内涵与实现路径［J］．新疆师范大学学报（哲学社会科学版），2018，39（05）：71－76＋2.

[68] 温铁军，杨洲，张俊娜．乡村振兴战略中产业兴旺的实现方式［J］．行政管理改革，2018（08）：26－32.

[69] 丁武民．乡村发展过程中的金融支持研究［D］．中国海洋大学，2010.

[70] 张海鹏，郜亮亮，闫坤．乡村振兴战略思想的理论渊源、主要创新和实现路径［J］．中国农村经济，2018（11）：2－16.

[71] 李刚，王再文．金融伦理缺失：我国农村金融效率低下的根源［J］．开发研究，2007（06）：136－138.

[72] 潘妍妍，涂文明．破解农村金融发展不平衡不充分问题的经济逻辑与政策路径［J］．财经科学，2019（03）：28－38.

[73] 任瑞敏，高玉林．金融化语境中分配正义的经济哲学反思［J］．武

汉大学学报（人文科学版），2016，69（03）：93－99.

［74］王芳．我国农村金融需求与农村金融制度：一个理论框架［J］．金融研究．2005（04）：89－98.

［75］袁康．重新审思金融：金融公平理念的勃兴［J］．财经问题研究，2018（1）：50－59.

［76］张运书，高毅．普惠金融视角下农村金融组织社会责任的法律规制［J］．东疆学刊，2013，30（01）：73－79.

［77］李安安．逻辑与进路：金融法如何实现收入分配正义［J］．法商研究，2019，36（04）：27－38.

［78］陈蓉．金融回归实体经济本源的制度困境与金融法的矫治［J］．人民法治，2019（13）：26－29.

［79］袁康．金融公平的法律实现［D］．武汉大学，2015.

［80］刘叶云．我国农村金融企业社会责任及其践行研究［D］．湖南农业大学，2015.

［81］谢平，刘海二．中国农村金融改革的回顾、反思与展望［J］．南方金融，2019（03）：3－11.

［82］张兆国，梁志钢，尹开国．利益相关者视角下企业社会责任问题研究［J］．中国软科学，2012（02）：139－146.

［83］王睿，周应恒．乡村振兴战略视阈下新型农业经营主体金融扶持研究［J］．经济问题，2019（03）：95－103.

［84］周孟亮．脱贫攻坚、乡村振兴与金融扶贫供给侧改革［J］．西南民族大学学报（人文社科版），2020，41（01）：115－123.

［85］蒋远胜，徐光顺．乡村振兴战略下的中国农村金融改革——制度变迁、现实需求与未来方向［J］．西南民族大学学报（人文社科版），2019，40（08）：47－56.

［86］易远宏，王艳．制度经济学视角下农村资金外流问题研究［J］．金融理论与教学，2019（03）：30－35.

［87］田杰．新型农村金融机构、资金外流与乡村振兴［J］．财经科学，2020（01）：29－41.

［88］萧松华，谭超颖．中国商业银行社会责任评价指标体系构建探讨［J］．金融论坛，2009，14（08）：20－24.

［89］耿光颖，江锡国，石峰等．金融支持乡村振兴效果评价指标体系研

究 [J]. 金融纵横, 2019 (11): 55 -63.

[90] 韩晶. 企业社会责任的博弈模型分析 [J]. 财经问题研究, 2007 (10): 65 -68.

[91] 刘志云. 新发展理念下中国金融机构社会责任立法的参与机制探讨 [J]. 政法论丛, 2020 (05): 4 -14.

[92] 于乃书, 刘馨阳, 刘丹. 农村金融机构发展中的主体行为分析及激励机制构建 [J]. 中央财经大学学报, 2015 (10): 43 -51.

[93] 左停, 苏武峥. 乡村振兴背景下中国相对贫困治理的战略指向与政策选择 [J]. 新疆师范大学学报 (哲学社会科学版), 2020, 41 (04): 88 -96.

[94] 冯兴元, 孙同全, 韦鸿. 乡村振兴战略背景下农村金融改革与发展的理论和实践逻辑 [J]. 社会科学战线, 2019 (02): 54 -64.

[95] 杨皖宁. 乡村振兴战略下中国农村金融立法的完善 [J]. 北京理工大学学报 (社会科学版), 2019, 21 (04): 155 -161.

[96] 于忠龙, 张家华. 农村金融回归本源的法治化分析 [J]. 金融发展评论, 2018 (09): 107 -114.

[97] 于引, 赵雅玮, 周月书等. 农村商业银行双重效率同步性分析 [J]. 统计与决策, 2019, 35 (15): 168 -171.

[98] 王韧, 何正达, 郭晓鸣等. 相对贫困治理中的金融扶贫创新研究 [J]. 农业经济问题, 2021 (04): 59 -70.

[99] 王曙光. 中国合作金融的发展变迁 [J]. 中国金融, 2020 (02): 97 -99.

[100] 蒋永穆, 王丽程. 新中国成立70年来农村合作金融: 变迁、主线及方向 [J]. 政治经济学评论, 2019, 10 (06): 78 -94.

[101] 沈继奔, 王元伟. 构建新型农村合作金融 [J]. 中国金融, 2021 (01): 70 - 71.

[102] 曹雅涵. 乡村振兴的金融政策体系构建 [J]. 当代农村财经, 2019 (08): 62 -64.

[103] 陶雄华, 程寨华. 金融机构的社会责任与"三农"金融支撑体系重建——基于改革开放30年来"三农"金融支撑体系变迁的思考 [J]. 宏观经济研究, 2010 (08): 25 -33.

[104] 甘天琦, 李波, 邓辉. 农地三权分置改革与县域农业经济增长 [J]. 华中农业大学学报 (社会科学版), 2021 (05): 147 -157 +198 -199.

［105］胡小平，毛雨．为什么土地经营权抵押贷款推进难——基于四川省眉山市彭山区的案例［J］．财经科学，2021（02）：109－120．

［106］陈金至，宋鹭．从土地财政到土地金融——论以地融资模式的转变［J］．财政研究，2021（01）：86－101．

［107］张柏杨，刘佳颖，朱睿博．数字农业发展：国际经验、减排效应与金融支持——基于成都的案例分析［J］．西南金融，2022（01）：28－39．

［108］陈晓洁，何广文，陈洋．数字鸿沟与农户数字信贷行为——基于2019年欠发达地区农村普惠金融调查数据［J］．财经论丛，2022（01）：46－56．

［109］彭刚，张文铖．数字金融与后小康社会相对贫困治理［J］．中国物价，2021（12）：53－55．

［110］冯兴元，孙同全等．中国县域数字普惠金融发展指数研究报告2021［M］．北京：中国社会科学出版社，2021．

［111］朱健齐，操群，李文标．农民住房财产权抵押贷款：实践困境与优化机制［J］．福建论坛（人文社会科学版），2021（08）：48－58．

［112］董玉峰，赵晓明．负责任的数字普惠金融：缘起、内涵与构建［J］．南方金融，2018（01）：50－56．

［113］陈熹，张立刚．激发内生秩序：数字普惠金融嵌入乡村治理的路径优化［J］．江西社会科学，2021，41（10）：58－67．

［114］傅秋子，黄益平．数字金融对农村金融需求的异质性影响——来自中国家庭金融调查与北京大学数字普惠金融指数的证据［J］．金融研究，2018（11）：68－84．

［115］广西壮族自治区人民政府办公厅关于印发农村金融改革“田东模式”六大体系升级建设方案（2021—2023年）的通知．广西壮族自治区人民政府办公厅广西壮族自治区人民政府公报，2021（12）．

［116］刘晓东，陈江．乡村振兴视阈下农村金融供给改革与制度创新［J］．西南金融，2020（01）：54－61．

［117］蒋永穆，王丽程．新中国成立70年来农村合作金融：变迁、主线及方向［J］．政治经济学评论，2019，10（06）：78－94．

［118］王煜宇．农村金融法制化：国际经验与启示［J］．农业经济问题，2011，32（08）：102－109＋80＋112．

［119］龙超，叶小娇．农村合作金融社会价值、立法规制与我国农村合作金融发展［J］．金融理论探索，2019（05）：8－15．

［120］殷浩栋，霍鹏，汪三贵．农业农村数字化转型：现实表征、影响机理与推进策略［J］．改革，2020（12）：48－56.

［121］张勋，万广华，张佳佳等．数字经济、普惠金融与包容性增长［J］．经济研究．2019，54（08）：71－86.

［122］Simpson，Kohers. The Link Between Corporate Social and Financial Performance：Evidence from the Banking Industry［J］．Journal of Business Ethics，2002（2）.

［123］Moore. Corporate Social and Financial Performance：An Investigation in the U. K. Supermarket Industry［J］．Journal of Business Ethics，2001（3）.

［124］Ruf，Muralidhar，Brown，et al. An Empirical Investigation of the Relationship Between Change in Corporate Social Performance and Financial Performance：A Stakeholder Theory Perspective［J］．Journal of Business Ethics，2001（2）.

［125］Hassan，M. K.，Kayed，R. N. The Global Financial Crisis，Risk Management and Social Justice in Islamic Finance［J］．ISRA International Journal of Islamic Finance，2009，1（1）：1－35.

［126］Statman，Ethics. Fairness，Efficiency and Financial Markets［J］．Financial Analysts Journal，2005，49（6）：21－29.

［127］Claessens，Perotti. Finance and inequality：Channels and evidence［J］．Journal of Comparative Economics，2007（4）.

［128］Patrick. Financial Development and Economic Growth in Underdeveloped Countries［J］．Economic Development and Cultural Change．1966（2）.

［129］Denk O，Cournède B. Finance and Income Inequality in OECD Countries. OECD Economics Department Working Paper No. 1224．2015.

［130］Ocasio. Financing village enterprises in rural Bangladesh［J］．International Journal of Development Issues，2016（1）.

［131］Affleck，Mellor. Community Development Finance：A Neo-Market Solution to Social Exclusion?［J］．Journal of Social Policy．2006.

［132］Alfaro，Kalemli-Ozcan，Volosovych. Why Doesn't Capital Flow from Rich to Poor Countries? An Empirical Investigation［J］．The Review of Economics and Statistics，2008（2）.

［133］Kalemli-Ozcan，Reshef，Sø，et al. Why Does Capital Flow to Rich

States? [J]. The Review of Economics and Statistics, 2010 (4).

[134] Alfaro, Kalemli-Ozcan, Volosovych. Why Doesn't Capital Flow from Rich to Poor Countries? An Empirical Investigation [J]. The Review of Economics and Statistics, 2008 (2).

[135] Bittencourt. Financial development and inequality: Brazil 1985 - 1994 [J]. Economic Change and Restructuring. 2010 (2).

[136] Zhang, Zhang, Chen. Happiness in the air: How does a dirty sky affect mental health and subjective well-being? [J]. Journal of Environmental Economics and Management. 2017.

[137] Ghani, Kerr, O'Connell. Spatial Determinants of Entrepreneurship in India [J]. Regional Studies, 2014 (6).

[138] Kapoor. Financial inclusion and the future of the Indian economy [J]. Futures, 2013.

后　记

本书是我主持的国家社科基金项目（批准号：18XJY014；结题证书号：20231144）的最终成果，2023 年该基金项目顺利通过结项评审，并获得“良好”鉴定等级。在完成结项后，结合结项评审专家的意见，对书稿进行了系统的修改和完善。首先，竭力提升书稿的科学性。按照国家社会科学基金项目的结项要求，对书稿中涉及的数据、文献、政策进行了补充和更新，进一步加强国内外相关文献理论的深度梳理，对实证分析部分进行了完善，使本书更具严谨性与科学性。其次，按照出版要求，大幅提升书稿的规范性。

本书的顺利完成首先要感谢国家哲学社会科学规划办的支持。其次，要感谢我的恩师湖北大学朱小梅教授和广西大学黎鹏教授，两位老师严谨的治学精神和孜孜教泽，鞭策和激励我努力前行。我将秉承两位老师的学术思想和理念，刻苦钻研以期能在学术之路上越走越远。同时，感谢结项评审专家宝贵的意见和建议，让我受益匪浅。感谢家人对我无条件的爱和付出，使我能够静心尽力于学术研究。还要感谢我的团队成员和学生，我们组成调查组，一道冒着时好时坏的天气挨户走访完成问卷调查任务，获得第一手资料。感谢单位为我创造了一个宽松的学术环境，虽然即将出版的专著对该领域的学术贡献是微乎其微的，但这是对我四年研究的一种肯定。

农村金融经济问题与民族地区的经济社会发展问题研究一直是学术界和政策界关注的焦点领域，西南民族地区的乡村振兴与农村经济社会发展很大程度上倚赖坚实的金融支持。向为本研究提供了丰富而又高质量参考价值的学术文献成果致敬，严谨、科学的学术研究成果是笔者一直以来的追求，本书仅仅是经济学浩瀚知识海洋中的一滴水。

从实践中的现实问题上升到一个学术理论研究，并用规范的理论和实证来分析这个问题，我想这是我最大的收获。在学术道路上，我将继续从事自己热爱的农村金融研究，在充满激情和不断的打磨中获得质量更高的学术成果。

詹小颖

2023 年 6 月